教育部人文社会科学重点研究基地重大项目
“中国家事法改革研究”(16JJD820014)阶段性成果

非基于法律行为的不动产物权变动研究

法学格致文库

穷究法理 探求真知

刘耀东 著

中国法制出版社
CHINA LEGAL PUBLISHING HOUSE

序　一

当今社会，物权已然由“静的状态”中走出来，而日趋价值化与流动化。于是，财产的流转与利用变得极为频繁和重要，并为一国之经济发展所依存。因此，在整个物权制度体系中，物权变动的地位日益凸显。而在物权变动体系中，因物权变动的原因是否为民事法律行为，物权变动可分为基于民事法律行为的物权变动与非基于民事法律行为的物权变动。因基于民事法律行为的物权变动通常经由交易而实现，乃是人们意思自治行为之结果，物权变动的完成意味着交易愿望的满足，一国的交易秩序也由此而构成，可见，基于民事法律行为的物权变动对社会经济的发展意义非凡。也正因如此，自20世纪90年代末，随着我国民法学理论研究水平的不断提高、研究范围的不断扩大和争议问题的研究深入，民法学界对基于民事法律行为的物权变动，尤其是物权变动模式的著述不胜枚举。但相较于基于民事法律行为的物权变动，非基于民事法律行为的物权变动之研究则相对薄弱，学理研究并未给予充分的重视。

非基于民事法律行为的物权变动虽然无关交易安全的构建与维护，但依然在物权变动体系中占据着重要的一席之地，司法实践中的案件数量也是逐年增多。我国《物权法》在“一般规定”部分专节用四个条文对此予以规定，《民法典》物权编基本上吸纳了《物权法》的规定，仅删除了受遗赠导致物权变动的内容。非基于民事法律行为的物权变动，有的基于人民法院或仲裁机构的法律文书，有的基于人民政府的征收决定，有的基于遗产继承，有的基于事实行为，还有的基于法律直接规定，不同类型的非基于民事法律行为的物权变动彼此之间并不存在内在的逻辑关联，仅外在共同适用相同的物权变动规则。近几年，我对非基于民事法律行为的物权变动也做了一些研究，一些观点得到学界的认同。实际上，非基于民事法律行为的物权变动十分复杂，其并非单纯的物权法问题，而是一个物权法与民法其他部分如继承法、婚姻法，或者与其他部门法如行政法、民事诉讼法、刑法等之间的交叉问题。因此，对该问题的研究极具挑战性。

2015年，我参加了耀东的博士论文答辩，对他的博士论文印象深刻，之后也一直关注耀东的学术研究。本书是在耀东的博士论文基础上修改而成的，体现出如下三个特点：第一，选题具有极为重要的意义。如前所述，对于非基于民事法律行为的物权变动之研究我国学界着墨相对较少。本书的研究成果填补了相关问题的研究空白，富有建设性和创新性。第二，运用了类型化的研究方法。本书对非基于民事法律行为的不动产物权变动进行了类型梳理，再围绕每一类型所涉及的问题进行归纳探讨。第三，紧密结合司法实践。本书在每一部分的论述中特别注意查阅司法实践中的典型裁判，充分关注相关问题在司法实践中的做法，实现理论与实践的结合。

相信本书的出版，有助于推动我国物权法理论研究的进一步深化，并为司法实践提供理论指导。是为序。

房绍坤

2020年9月

序　二

在大陆法系的民法体系中居于重要地位的《民法典》物权编，以其体系完整、逻辑缜密、抽象性强等而独具特色。而物权变动，系市场交易最基本的表现形式，物权变动制度为《民法典》物权编中最具内涵与活力的法律制度，物权变动规则也构成了市场经济最基本的法律规则。尽管基于法律行为的物权变动是物权变动的主要、典型形式，但不能否认的是非基于法律行为的物权变动亦不少见。从某种意义上讲，包括依生效的法律文书与强制执行、政府的征收行为、事实行为、继承与法律的直接规定等基于非法律行为的物权变动，因其涉猎公法与私法、实体法与程序法领域，且其类型丰富而复杂，更兼有司法实践存在诸多困惑有待确定，故题述的选题更有研究价值与探索空间。但比较而言，学界对于该领域的研究重视程度明显不足，以此而论，作者以“非基于法律行为的不动产物权变动研究”作为当初的博士论文选题与本书的研究方向具有特别应当予以肯定的积极意义。

本书的特点在于：其一，微观层面，作者就非基于法律行为的不动产物权变动的各种原因或类型做了个性化的细致梳理与分析；宏观层面，就非基于法律行为涉及的共性法律问题做了高度归纳与总结，并由此形成了较为完整而系统的研究体系。其二，本书虽然以作者的博士论文为基础，但是作者始终未停止对于选题项下的最新立法与学术理论的跟踪与研究，即所谓“与时俱进”。如关于遗赠能否成为与继承平行的非基于法律行为不动产物权变动类型或原因的思考，事实上，作者在博士论文写作过程中就已经对于《物权法》的相关规则提出疑问，在《民法典》颁布后，作者就权威机构的观点再次提出自己不同的认识。作者较为深入地研究了我国物权变动所采纳的债权形式主义立场与遗赠的法律属性，对于该项跨越物权编与继承编的问题作出了细致入微的分析与辩驳，可谓把握了问题的核心与要害，体现了法学研究应当具有的严谨思辨能力与以理服人的研究作风。其三，研究路径清晰，逻辑严密。定位为绝对权的物权得以对抗第三人的正当性基础，基于物权变动的原因不同而各有依据，但是无论是基于法律行为还是基于非法律行为的物权变动，登记均彰显了其存在的价值，尽管于前者系“设权登记”，于后者为“宣示登记”。而对于“非经登记，不得处分”不完全条款的理解，则应当依据其是否涉及交易第三人而分别认定处分行为的效果。

本书作者刘耀东副教授，系本人所指导的2015届博士研究生。耀东博士属于有扎实法学功底，有自己学术判断与观点，善于思考，又有家国情怀，适合“做学问”的法律人。当然，在博大精深的民商法面前，作者对于包括本书研究方向在内选题的研究，依然有诸多缺憾和不足，这需要在日后的学术道路上不断予以完善与提升。

谨以此为序。

翟云岭

2020年10月

序　三

“序者，所以叙作者之意也。”论理，一本书的序文应当被视若“桥梁”和“药引”，介绍和评论该书的观点和特色。据此，严格地说，本文并不能称为序，只是以“序”之名，抒己之怀。

世上安得双全法，万物皆在取舍间。我入法学教育这一行，已有33年的光景。混“江湖”，虽说有点小名气，但自己深知不是靠学术水平赢来的，遇到邀请作评述之类的事情基本都是请辞或者婉拒。但是耀东小友商请我为他的大作作序时，我却欣然应允。个中的原因，是我与这位青年才俊之间过深的“交情”。我和耀东相识于2008年春，当时，担任作者硕士论文答辩委员会主席一职，无论是《论我国物权变动模式的立法选择》学位论文本身，还是作者答辩时的沉稳与思辨，都给委员们留下了极其深刻的印象，论文也获评辽宁省优秀硕士学位论文。基于爱才的缘故，8年后，把他作为“优博计划”引进辽宁师范大学法学院，我们成为同事，相处下来，对这位青年才俊有了更深的了解。我们之间，与其说是有师生之情，莫若说是忘年之谊。

“非基于法律行为的不动产物权变动研究”是耀东博士学位的论文选题，本书是在博士学位论文基础上，融入了学界最前沿的理论成果和实践认知的一部力作。我始终认为这是一部具有维度、深度和温度的学术专著，是一部可购买、能读进去的书。对于作者而言，一部学术作品是自我与心灵的对话，字里行间凝聚着作者的思想、情感和为人。

作品承载着思想。翟云岭教授所在的大连海事大学法学院厚重的学术底蕴和师风为其发展铺就了浓郁的学术底色，激发了无限的创意空间，积攒了研究的学术资本，以至于在本书的每个细微之处再现了这些原始积累。文字简劲峭拔，力透纸背。看得出，作者在创作的过程中怀着敬畏之心，穷尽巧思与智慧在历史与现代，在东方与西方法律制度文明中寻找共融点。从字里行间我看到一位青年才俊完成了洗礼，走向了学术成熟，以及油然而生的对学术前辈的敬重，对自己学术品行的珍视，对家国情怀的坚守。

作品承载着情感。作品的最高境界大概就是能够直接反映作者的品性和为人。作者赶上了好时代，按部就班地修完法科，获得士名，并能在黄金年代善鉴诸学，著书立说，严谨求实，不慕虚名。最为难得的是，一个青年人在一个浮躁的社会中，能够坚守内心的那份纯净，静坐书斋，眼中只有“学问”。

作品折射出人品。作者是一位清净淡泊之人，心中满是“江湖”。心中有着“大江大湖”般的悠然自若，行中有善，世事通达，深明厚慈。他以“大江大湖”之豁达胸襟，待上以敬，待下以宽，德爰礼智，满腹经纶，谦谦君子，温润如玉。“水深波浪静，学广语声低”，希望作者葆谦卑之心，蓄进取之志，不忧不惧，造福桑梓，以“江湖”之豁达与豪气，书写自己风骨法苑的快意人生！

丁　慧

2020 年 10 月于大连

目 录
Contents

引 言

一、问题的缘起

在商品经济社会中，“物权是目的，债权从来只是手段……法律上物权与债权的关系，就像自然界中材料与力的关系。前者是静的要素，后者是动的要素。在前者占主导地位的社会里，法律生活呈静态；在后者占主导地位的社会里，法律生活呈动态”①。“商品所有权如果不与买卖契约相结合，不转变为价金债权，其使用就不能产生。”② 因此，物权之变动无不因一定的原因而发生，在引起物权变动的原因中，法律行为（合同）或者说基于法律行为的物权变动占绝大多数。由此导致理论上对于非基于法律行为物权变动的关注和研究甚少。

不动产物权之变动，有因法律行为者，如《民法典》第 209 条第 1 款规定：“不动产物权的设立、变更、转让和消灭，经依法登记，发生效力；未经登记，不发生效力，但是法律另有规定的除外。”也有非因法律行为者，如《民法典》第 229 条至第 231 条规定的，因继承、法院或仲裁机构的法律文书、政府的征收决定、合法

① ［德］拉德布鲁赫：《法学导论》，米健、朱林译，中国大百科全书出版社 1997 年版，第 64 页。

② ［日］我妻荣：《债权在近代法中的优越地位》，王书江、张雷译，中国大百科全书出版社 1999 年版，第 13 页。

建造、拆除房屋等，于登记前即已取得不动产物权者，非经登记不得处分其物权。前者在学说上称为“绝对登记主义”；后者则在学说上称为“相对登记主义”。而实际上，作为一种法律现象，非基于法律行为的物权变动在日常社会生活中普遍存在。我国《物权法》虽然对此作了规定，但是其中仍不乏存在诸多问题与争议。首先，《物权法》第 29 条规定，因继承或者受遗赠取得物权的，自继承或者受遗赠开始时发生效力。对于该条规定，遗赠究竟能否与继承并列作为非基于法律行为物权变动的类型或原因？诚然，《民法典》第 230 条已将原《物权法》第 29 条规定中的“受遗赠”删除，但综观包括立法机关在内的“民法典解读或释义”均未能给予正确的解释。如立法机关编写的《民法典物权编解读》对此解释道：“继承开始后，所有继承人是基于法律的直接规定而取得物权，因此取得物权的生效时间始于继承开始。而根据《民法典》第 1124 条第 2 款规定，受遗赠人应当在知道受遗赠后 60 日内，作出接受或者放弃遗赠的表示；到期没有表示的，视为放弃受遗赠。这是因为遗赠本质上属于赠与关系。根据《民法典》第 657 条规定，赠与合同是赠与人将自己的财产无偿给予受赠人，受赠人表示接受赠与的合同。受赠人表示接受，赠与法律关系才成立。”① 可见该解释严重混淆了遗赠与赠与合同的区别。同时，在《民法典》物权编第 230 条删除受遗赠的情况下，如何与继承编第 1163 条规定进行衔接？还有根据《民法典》继承编第 1131 条规定，遗产酌给请求权人请求酌给遗产时，酌给遗产是否亦于被继承人死亡时发生物权变动？再者，遗产无人继承归国家所有时，遗产所有权自何时发生物权变动效力？

其次，对于“因人民法院法律文书”发生的物权变动，该“法

---

① 黄薇主编：《中华人民共和国民法典物权编解读》，中国法制出版社 2020 年版，第 62 页；石宏主编：《中华人民共和国民法典立法精解（上）》，中国检察出版社 2020 年版，第 300—301 页。

律文书”的含义究何所指？应否作限缩解释？人民法院作出的法律文书具体包括判决、裁定、调解书、决定以及各种通知、命令等。其中判决根据所处理纠纷（或法律关系）之性质分为民事判决、行政判决与刑事判决。而民事判决根据诉的性质和内容又可分为给付判决、确认判决与形成判决。凡此种种，皆为法律文书，是否均可直接引起物权变动的发生？此外，强制执行程序中法院作出的拍卖成交裁定、强制抵债裁定、以物抵债裁定及执行回转裁定等，是否属于导致物权变动“法律文书”范畴？不无讨论之余地。虽然2016年《最高人民法院关于适用〈中华人民共和国物权法〉若干问题的解释（一）》（以下简称《物权法司法解释（一）》）第7条以及《最高人民法院关于适用〈中华人民共和国民法典〉物权编的解释（一）》（以下简称《民法典物权编解释（一）》第7条对此已有进一步的解释，但仍有诸多未竟之问题。另外，虽然《民法典》第231条所规定的“因合法建造、拆除房屋等”事实行为发生的物权变动，自事实行为成就时发生效力，但能否基于该条的反面推论得出违法建筑物不得归建造人所有？即违法建筑能否因其违反行政法律规范而否定建造人对其所有权之取得？或言之，违法建筑的建造人能否于建造行为完成时取得该违法建筑的所有权？回答上述问题之前，尚有另一前提性问题，即违法建筑上有无所有权？违法建筑终究具有一定的占有、使用等经济价值，则其能否作为交易客体？涉及违法建筑物所有权之公法上的瑕疵、负担，能否影响其私法上的可处分性问题。若为肯定性回答，则受让人又处于何种民事法律地位？

最后，在《民法典》物权编之外的其他各编以及其他法律规定中，也存在着非基于法律行为的物权变动情形。因此种物权变动直接基于法律之规定而发生，亦无须登记，所以也属于非基于法律行为的物权变动。本书将其称为“基于法律规定发生的不动产物权变动”。例如，在转让附有不动产抵押担保的债权之情形，依据我国《民法典》合同编第547条及《民法典》物权编第407条之规定，该不动产抵押权之变动自也无须以登记为生效要件，盖其为债权让与之当然法律效果。再如，《民法典》合同编第 807 条所规定的承包人之建设工程优先权。因此，《民法典》物权编第 229 条至第 231 条关于非基于法律行为的物权变动的规定，仅为一种例示性规定，这种例示性规定并未穷尽非基于法律行为而发生的物权变动的所有情形。此外，依“房地一体”原则设立的不动产抵押权是否为法定抵押权？依夫妻财产制（包括法定财产制与约定财产制）发生的物权变动是否属于非基于法律行为的物权变动？对此本书在第五章专门进行讨论。

二、本书的讨论范围

在物权法上，首先，非基于法律行为的物权变动包括非基于法律行为的不动产物权变动与非基于法律行为的动产物权变动，本书仅以前者为研究对象。因此，因无主物先占、取得时效、遗失物拾得、添附等事实行为引起的动产物权变动，均非本书的研究对象。同时，本书的相关论述旨在从立法论的角度指出原《物权法》关于非因法律行为物权变动相关规定的缺陷或不足，《民法典》物权编第二章第三节关于非基于法律行为的物权变动之规定对原《物权法》第二章第三节所作唯一一处较大的修改就是删除了《物权法》第 29 条中的“受遗赠”，对于《民法典》物权编修改之处，本书将从解释论角度对修改之处进行解释。而除了《民法典》修改之处，本书在涉及相关条文以及引用相关文献时不再严格区分《物权法》与《民法典》。如《物权法》第 28 条规定与《民法典》第 229 条规定内容相同，进行相关论述时不再严格区分《物权法》第 28 条与《民法典》第 229 条。

其次，对于非基于法律行为的不动产物权变动，登记不再是物权变动之生效要件，不动产物权自相关法律事实发生时即生变动之效力。物权之公示公信原则仅适用于基于法律行为而发生的物权变动，因其涉及物权交易安全之维护，而不适用于非依法律行为发生的物权变动。据此，有学者认为这是对以登记为生效要件的形式主义物权变动模式之背叛。由此引出的问题是，法律做此规定的意义何在？或言之，非基于法律行为物权变动的正当性基础为何？所以，本书研究范围首先立足于非基于法律行为的物权变动与基于法律行为的物权变动的区别、非基于法律行为物权变动不以登记为物权变动生效要件的正当性基础以及大陆法系国家或地区对此问题的相关规定等问题进行论述。

最后，对于非基于法律行为的物权变动，有基于法院或仲裁机构的法律文书者，有基于继承者，有基于事实行为者，还有基于法律之直接规定者，不同类型的非基于法律行为的物权变动彼此之间并不存在内在的逻辑关联，仅外在共同适用相同的物权变动规则。所以，本书着重从非基于法律行为物权变动类型化的视角开展相关的研究。所谓类型化，“是指从现有的判例出发，使同类相聚，一类判例针对一类现实中的问题，具体分析此种类型的判断基准、要件以及法律效果，从而为法官提供具体的可操作性”①。类型处于“个别”与“普遍”之间的“中间位置”，是一种比较的、直观的抽象作用的产物。类型并不等同于实然维度“个别”的案件，而是在与其他个别实施比较之后，经由被发现的“共同点”而转化为“相对的普遍性”（即与“普遍性”相比具有“特殊性”）。②通过类型化研究发现每一类型非基于法律行为物权变动的共同点，实现相对普遍性的转化，进而将某些不属于该类型的情形排除，如《民法典》物权编第230条将“受遗赠”排除出基于继承发生的物权变动；同时，将某些本该属于某类型却被排除的情形纳入该类型之中，

① 于飞：《公序良俗原则研究——以基本原则的具体化为中心》，北京大学出版社2006年版，第119页。

② 顾祝轩：《制造“拉伦茨神话”德国法学方法论史》，法律出版社2011年版，第181页。

如将建造人对违法建筑的所有权取得纳入因事实行为而发生的物权变动类型。

三、研究意义与价值

物权体系的产生和发展是围绕土地权利展开的。古往今来，土地等不动产权利体系在绝大多数国家或地区之物权法或财产法中，均占据着极其重要的地位。毫不夸张地说，如果抽出不动产法，将会令整个物权法黯然失色。[①] 两大法系之物权法律体系以及所有权观念均直接源自不动产制度，不动产法因而成为两大法系的核心。德国民法严格区分不动产与动产，并非不动产日显重要，而只是使不动产取得了其原本应有的地位，从英美法系对该项划分的历史连贯性中也可以找到强有力的证明。[②] 由此可以看出，无论是大陆法系还是英美法系，无论是古代还是近现代，不动产法律制度一直都是财产法的核心。而不动产物权的归属和变动问题无疑又是不动产法律制度的核心。因此，研究不动产物权变动问题具有重大的理论和现实意义。在我国，自 20 世纪 90 年代末，随着民法学理论研究水平的不断提高、研究范围的不断扩大和争议问题的研究深入，民法学界对于基于法律行为的物权变动，尤其是物权变动模式的著述不胜枚举。其中具有影响力和代表性的著述有王轶教授的《物权变动论》、孙鹏教授的《物权公示论——以物权变动为中心》、肖厚国教授的《物权变动研究》与《物权变动的公示主义》等。但是相较于汗牛充栋的基于法律行为之不动产物权变动研究，我国学界对于

---

① 王利明、房绍坤、梅夏英：《物权法专题研究（上）》，吉林人民出版社 2002 年版，第 51 页。

② 王利明、房绍坤、梅夏英：《物权法专题研究（上）》，吉林人民出版社 2002 年版，第 54 页。

非基于法律行为的不动产物权变动的研究则著述寥寥。①

目前，我们对非依法律行为发生的物权变动远不如对基于法律行为发生的物权变动的关注多，不但在立法层面对非依法律行为发生的物权变动规定较少，而且在理论层面为实践提供的智识也极为薄弱，从而严重影响到许多疑难问题的处理和解决。国内学术界尚无关于深入研究非基于法律行为的不动产物权变动的专著，尤其是对非基于法律行为的不动产物权变动的类型化研究，而且对于《民法典》（包括原《物权法》）关于非基于法律行为物权变动的相关规定缺乏正确的理解。例如，《民法典》颁布之后出版的诸多关于《民法典》的理解与解读对于《民法典》第 230 条删除“受遗赠”的解释均难谓正确，甚至存在基本理论谬误。再如，《民法典》第 231 条规定的合法建造、拆除房屋等事实行为发生的物权变动，由此引发的违法建筑建造人能否自建造行为完成时取得违法建筑的所有

---

① 均为学术论文，主要有房绍坤：《导致物权变动之法院判决类型》，载《法学研究》2015 年第 1 期；房绍坤：《遗赠能够引起物权变动吗》，载《当代法学》2012 年第 6 期；房绍坤：《论因事实行为导致的物权变动》，载《山东社会科学》2014 年第 10 期；房绍坤：《法院判决外之法律文书的物权变动效力问题研究》，载《法商研究》2015 年第 3 期；程啸：《因法律文书导致的物权变动》，载《法学》2013 年第 1 期；张学文：《非依法律行为之不动产物权变动》，载《法学研究》2003 年第 1 期；屈茂辉：《民事法律行为之外的原因所致物权变动规则》，载《法学》2009 年第 5 期；张双根：《〈物权法〉第 31 条释义》，载《华东政法大学学报》2007 年第 6 期；王全弟、余轶峰：《非依法律行为的不动产物权变动研究》，载《复旦学报（社会科学版）》2005 年第 5 期；赵晋山：《非基于法律行为引起的物权变动》，载《人民司法》2007 年第 4 期；王明华：《论〈物权法〉第 28 条中“法律文书”的涵义与类型》，载《法学论坛》2012 年第 5 期；汪志刚：《如何理解物权法第 28 条中的“法律文书”》，载《西部法学评论》2011 年第 3 期；徐同远：《物权法第 28 条中的“法律文书”的类别及其具体类型》，载《天津法学》2011 年第 1 期；黄金桥：《论非基于法律行为的不动产物权变动——以我国〈物权法〉为参照》，载《唯实》2008 年第 5 期；刘耀东：《论基于继承与遗赠发生的不动产物权变动》，载《现代法学》2015 年第 1 期；刘耀东：《论基于法律文书发生的不动产物权变动——以〈物权法〉第 28 条为中心》，载《东方法学》2016 年第 1 期。

权问题，以及违法建筑之上是否存在所有权的问题等均有待深入研究。同时，笔者在类型化和具体论述中特别注重结合我国司法实践中的判例，以求做到理论学说与司法实务之间的贯通，通过对比分析司法实践中的相关裁判，可以清晰地认识相关条文在实务中的理解与适用，进而亦可明确相关规定所存在的问题。

总而言之，本书在依循上述问题导向之基础上，密切结合涉及相关问题的《民法典》新规定以及司法实务中的判例，并注重对《民法典》相关条文的解释，以求为我国司法实践正确理解与适用法律有所裨益。同时，在前人相关研究之基础上，笔者力图创立对有关非基于法律行为的不动产物权变动方面的民事立法与民事司法以及民法实践具有解释力的学说，以扭转长期以来民法学对非基于法律行为的物权变动理论关注不足的现状。

第一章　非基于法律行为不动产物权变动的基本理论

物权变动即物权之设立、转移、变更及消灭之状态。物权变动乃市场经济主体在社会生产过程中进行实体经济活动和虚拟经济活动的终极目标。“任何财产利益的转移皆须有法律上之原因，乃自罗马法以来的原则。”① 作为社会生活中一种重要财产利益的物权，其变动当然也需要有法律上之原因。实质上，物权变动乃人与人之间对于权利客体之支配与归属关系之“法律关系”之变革，此亦即为学说上所谓“物权变动之原因”。② 一般而言，不论何种物权变动之原因，在法律效果上并无差异，即均可导致物权变动之法效结果。然，物权变动之不同原因，在物权变动之发生要件中的地位及其作用，差异显著。引起物权发生变动之原因，除作为私法自治手段的法律行为外，尚有事实行为或事件（包括时间的经过）。在理论上，将因法律行为以外之法律事实以及直接基于法律之规定所发生的物权变动，统称为“非基于法律行为的物权变动”。因此，物权变动首先可区分为“基于法律行为之物权变动”与“非基于法律行为之物

① 苏永钦：《物权行为的独立性与无因性》，载《固有法制与当代民事法学——戴东雄教授六秩华诞祝寿论文集》，台北三民书局 1997 年版，第 134 页。

② 吴光明：《论基于法律行为之物权变动》，载《民法七十年之回顾与展望纪念论文集（三）物权亲属编》，中国政法大学出版社 2002 年版，第 119 页。

权变动”，非基于法律行为之物权变动又可进一步区分为“基于公法上之原因”与“基于私法上之原因”，前者如政府征收、法院判决；后者如继承、拾得遗失物、发现埋藏物、添附等。

私人经济领域的需求满足主要通过以资产交换为目的的合同得以实现。① 故，在现代社会经济生活中，依法律行为发生之物权变动乃物权变动中之大多数，居于极重要之地位，故而成为各国学者竞相研究之对象，相关著述，可谓汗牛充栋，不胜枚举。相形之下，非依法律行为之物权变动则“备受冷落”，概立法、学界对其在社会生活中的重要性尚缺乏认识，致使《物权法》之相关规定较为粗糙，文献著述亦甚寥寥。

第一节　非基于法律行为不动产物权变动的含义

所谓“非基于法律行为的不动产物权变动”，是指因法律行为以外的原因事实而引起的不动产物权之发生、变更、转移与消灭。在民法中，依法律行为发生之不动产物权变动为物权法的主要调整对象，而非依法律行为发生之不动产物权变动乃前者范围之外。故而，只有将依法律行为发生之不动产物权变动界定清楚，才能说明后者。

基于法律行为的物权变动之所以在社会经济生活中占据多数，是因为在规范社会生活的私法关系中贯彻私法自治原则。“没有哪一个法律秩序不贯彻私法自治原则……因为倘若不存在私法法律关系，则每个个体也就不可能通过意思自治为自己形成法律关系。”② 而“私法自治并不意味着个体可以按照自己的意思随心所欲地形成法律关系，而是只能选择那些为法律秩序所认可的行为类型来进行私法

① ［德］汉斯·布洛克斯、沃尔夫·迪特里希·瓦尔克：《德国民法总论》，张艳译，中国人民大学出版社2012年版，第63页。

② ［德］维尔纳·弗卢梅：《法律行为论》，迟颖译，法律出版社2013年版，第2页。

自治设权行为，此即法律行为。所谓法律行为，是指旨在产生特定法律效果之私人意思表示，该法律效果之所以依法律秩序而发生，是因为人们希望产生此种法律效果。法律行为之本质即在于作出旨在引起某种特定法律效果之意思表示，并且法律秩序通过认可该意思来判定意思表示所旨在进行的法律形成在法律世界中的实现”。①

在德国、瑞士等大陆法系国家或地区，法律行为存在着负担行为与处分行为的类型区分。负担行为，是指使一个人相对于另一个人（或若干人）承担为或不为一定行为义务的法律行为。② 负担行为通常情况下仅形成人与人之间的相对法律关系，它并不直接引起现存权利的变动。③ 其目的是使合同当事人承担一项给付义务，当事人所追求的主要法律后果是义务的产生。④ 而就处分行为而言，首先，其为直接作用于某项既存权利的法律行为，如转让、变更或消灭某项权利，或在某项权利上设定负担等。处分行为并非以产生请求权之方式，为作用于某项既存权利作准备，而是直接完成此种作用行为。⑤ 其次，处分行为是转让既存权利的行为，具有某种分配属性：其法律后果是对有关权利之归属予以变更，进而改变负担此种权利的财产之归属。同时，对于此种财产归属之变化，任何人均应予以尊重。最后，处分行为之法律效果是“绝对性的”，因而可以对抗任何人。反之，负担行为仅使行为人相对于另一人或某些特

---

① ［德］维尔纳·弗卢梅：《法律行为论》，迟颖译，法律出版社 2013 年版，第 26 页。

② ［德］卡尔·拉伦茨：《德国民法通论》，王晓晔等译，法律出版社 2003 年版，第 436 页。

③ ［德］维尔纳·弗卢梅：《法律行为论》，迟颖译，法律出版社 2013 年版，第 165 页。

④ ［德］迪特尔·施瓦布：《民法导论》，郑冲译，法律出版社 2006 年版，第 302 页。

⑤ ［德］迪特尔·梅迪库斯：《德国民法总论》，邵建东译，法律出版社 2001 年版，第 168 页。

定之人负担义务，因此其法律效果仅具“相对性”。[①] 基于法律行为存在着负担行为与处分行为的区分，在德国、瑞士等民法中，依法律行为发生的不动产物权变动中所谓的“法律行为”，系指以直接发生物权变动为目的之法律行为而言，亦即物权行为（处分行为），包含单独行为与契约，而非指物权变动之原因行为（债权行为）。[②] 但我国民法并未明文规定物权行为，物权变动的原因行为被视为合同等债权行为[③]，因此在不承认物权行为的国家或地区，依法律行为发生之不动产物权变动中所谓的“法律行为”系指合同等债权行为。

如上所述，在不承认物权行为的国家或地区，依法律行为发生之不动产物权变动中所谓的“法律行为”系指合同等债权行为。在此前提下，非依法律行为之不动产物权变动，当然是指合同等法律行为之外的法律事实。因此，所谓非依法律行为之不动产物权变动，是指不动产物权变动无须当事人意思表示之介入，只要具备特定之法律行为外之事实，即可发生法律效力的物权变动类型。在传统民法中，属于非基于法律行为而发生的不动产物权的法律事实主要有不动产取得时效、添附、先占、继承、强制执行、征收以及法定物权的产生等。

第二节 非基于法律行为不动产物权变动的正当性基础

如前所述，于非基于法律行为的不动产物权变动，登记不再是

① ［德］卡尔·拉伦茨：《德国民法通论》，王晓晔等译，法律出版社2003年版，第440页。

② 参考郑冠宇：《民法物权》，台北新学林出版有限公司2010年版，第40页；王泽鉴：《民法物权》，北京大学出版社2009年版，第56页。

③ 梁慧星：《中国民法典草案建议稿附理由·物权编》，法律出版社2004年版，第15—16页。

物权变动之生效要件，不动产物权自相关法律事实发生时即生变动之效力。据此，有学者认为这是对以登记为生效要件的形式主义物权变动模式之背叛。由此引出的问题是，法律做此规定的意义何在？或言之，非基于法律行为的物权变动的正当性基础为何？颇值讨论！正如法国学者马洛里指出，基于某种法律事实直接取得所有权，原则上并不多见，这是因为，当事人直接取得所有权只能在两种情况下发生：一是物上未设定所有权，当事人直接取得该物的所有权且未损害任何人的权利；二是物上设定所有权，所有权的直接取得是一种对他人利益的“掠夺”，但法律基于某种原因而予以认可。当然，为避免所有权被某种事实所破坏，此种情况下所有权的直接取得必须具备一定条件。而这种条件在不动产和动产是不一样的。①关于非基于法律行为的不动产物权变动无须登记即可直接发生法律效力之正当性主要存在以下三种观点。

一、公示替代说

该说认为，非因法律行为之不动产物权变动之所以无须登记即可直接发生物权变动效力，其根本原因是源于法律之规定，因为非基于法律行为的不动产物权变动类型必须由法律予以规定，所以法律规定替代了登记而发挥了物权变动公示的作用。“法律之规定较之于登记具有更加强烈的公示效果，因此基于法律对非因法律行为不动产物权变动之规定，无须将登记作为权利取得之生效要件。”②“法律规定、法院判决、裁定书等本身就具有与登记、交付等公示方法相同的法律效力，因而依据此类法律文书而进行的物权变动，无

① Malaurie et Aynes, Les biens, p. 149. 转引自尹田：《法国物权法》，法律出版社2009年版，第207页。

② 孙宪忠：《论不动产物权登记》，载《中国法学》1996年第5期。

须再进行一般的物权公示而直接发生效力。① 生效法律文书引起的物权变动是依据公法进行的变动，因为有公权力的介入，物权变动的状态往往比较明确，物权变动本身已经具有很强的公示性，能够满足物权变动对排他效力的要求②，甚至它们能够比登记更好地发挥昭示物权变动的功能，故没有必要再以登记作为物权变动之要件。"③ "当事人根据法院判决、政府之决定指令以及法律的直接规定而取得的物权，其比经物权公示而取得之物权效力更为强大，甚至更为优先。"④

二、社会实情符合说

该说认为："不经登记即取得不动产物权之规范意旨，首要在弥补登记生效要件主义之过于严苛，盖于非因法律行为所生之不动产物权变动，若仍贯彻需经登记后始生效力，不仅与社会实情不符，且将因而无法保护此等物权人。况因此等事由所生物权之变动或有法律可据，例如继承，或有政府机关之公权力之介入，例如强制执行、征收，其物权变动已经发生，且存在状态甚为明确，并无违背物权公示之要求，登记之迟缓亦无碍于交易安全，故不以登记为其生效要件。"⑤ "在因法律行为以外之法律事实所引起的物权变动情况下，物权变动究竟自何时起发生效力，需要由立法者考虑社会生

① 胡康生主编：《中华人民共和国物权法释义》，法律出版社 2007 年版，第 79 页；国土资源部政策法规司：《不动产登记暂行条例释义》，中国法制出版社 2015 年版，第 123 页。

② 杜万华主编：《最高人民法院物权法司法解释（一）理解与适用》，人民法院出版社 2016 年版，第 208—209 页。

③ 朱凡主编：《案例导读物权法及配套规定适用与解析》，法律出版社 2014 年版，第 36 页；刘保玉：《物权法学》，中国法制出版社 2007 年版，第 74 页。

④ 梁慧星：《中国物权法草案建议稿：条文、说明、理由与参考立法例》，社会科学文献出版社 2000 年版，第 189—190 页。

⑤ 谢在全：《民法物权论（上册）》，中国政法大学出版社 2011 年版，第 72 页。

活之实际情况而作出立法政策上的选择。否则，会使物的归属难以明确，进而不利于权利人的保护。唯有立法者直接规定物权变动的效力无须登记即可发生，方能清晰地确定物的归属，并为权利人提供足够的保护。”① 因此，非基于法律行为发生的不动产物权变动之所以僭越公示原则之要求，并非此种物权变动中的若干要素或为法院之判决，或为政府之决定，或为法律之直接规定等，其均具有与登记相同甚至更强的公示功能，实乃立法者基于社会生活实情，并保护依此种方式而取得物权之人的利益所作出的法政策选择。②

三、弥补产权过渡期间权属空白说

该说认为，非依法律行为之不动产物权变动之所以无须登记即可发生物权变动之效力，乃为了避免不动产产权过渡期间出现“权属空白”现象。因为不动产登记涉及国家专门机关的行为，其构成及过程相对比较复杂；动产交付往往也要经过一定的时间。因此，不动产登记和动产交付作为公示手段，虽然具有使权利关系明晰和保护交易安全的优点，但因其要求过于严格，也会给当事人带来不便，不尽符合交易便捷性的要求。因此，对于某些本身已经符合公示性要求的物权变动，例外地承认不以登记和交付作为其生效要件，正可以避免在产权过渡期间产生权利空白的状况。③ 因于非依法律行为之不动产物权场合，引起物权变动的法律事实必然先于登记而发生，倘若物权变动须待登记后始生效力，则不动产权属于产权过渡期间可能出现空白的现象，进而沦为“无主财产”。如在继承之场合，被继承人之民事主体资格将因其死亡而消灭，故其原来所享有

---

① 程啸：《因法律文书导致的物权变动》，载《法学》2013 年第 1 期。

② 张双根：《〈物权法〉第 31 条释义》，载《华东政法大学学报》2007 年第 6 期。

③ 杜万华主编：《最高人民法院物权法司法解释（一）理解与适用》，人民法院出版社 2016 年版，第 209 页。

的不动产物权亦随之消灭，此时如若法律规定不动产物权须待继承人登记后方可取得，则该不动产于继承开始至继承人办理移转登记之际，必将出现产权空白期，进而沦为无主物。[①] 因此，该“无主不动产”即可被他人先占而取得所有权，于此期间财产若被第三人侵害侵夺，继承人也无能为力，由此必然导致纷争。因此，基于社会生活实情，法律应该规定不动产物权仅因被继承人死亡即继承开始之际即移转于继承人，而无须办理产权登记，登记仅乃对已然发生的不动产产权变动之确认而已。

四、本书观点

上述各种学说都有一定的合理性，但笔者较赞同社会实情符合说。首先公示替代说之观点值得商榷，此说认为既然法律规定非基于法律行为的不动产物权变动无须登记即可生效，则法律规定本身即可替代登记而发挥公示物权变动的作用。可以说，该说仍停留在问题的表面而未触及问题之实质，并未正确回答非因法律行为之不动产物权变动，无须登记即可生效的正当性基础或法律规定背后之原因。何种法律事实可以直接导致物权变动，或者说非基于法律行为的物权变动包含哪些类型当然必须由法律加以明文规定，否则必将导致财产秩序的紊乱，但法律缘何如此规定，立法者基于何种政策考量或利益衡量而为此规定，则是真正需要回答的问题。不可否认，法院或仲裁机构的法律文书、政府的征收决定等因公权力的介入都具有一定程度的公示功能，如有学者认为：“法院或仲裁机构对物权纠纷进行的裁判，代表了公权力对于真实权属关系的确认、回复或纠正，比起民事主体基于法律行为或非法律行为引起的物权变

---

① 吴婉：《非基于法律行为之不动产物权变动研究》，西南政法大学2007年硕士学位论文，第11页。

动，更具有确定性或终局性。”① “此种情形下的物权变动，并非基于原权利人的意思表示，而是在无原权利人甚至法律有意识排除原权利人意思表示的情况下发生的物权变动，这种物权变动的方式所遵循的并不是一般性的物权公示原则，而是法律的直接规定。此依照公法进行的物权变动，由于有了公权力的介入，物权变动的状态往往比较明确，物权变动本身已经具有很强的公示性，能够满足物权变动对排他效力的要求，从而不必进行登记或者交付而直接生效。”② 如果在相应的法律文书生效后，不能直接发生物权变动效力，尚须进行移转登记或交付始可发生物权变动效力，则原权利人仍可继续处分其财产，原权利人的债权人亦可针对该财产申请强制执行，如此一来，无疑是对司法裁判或政府决定权威性、严肃性的挑战。③ 如法律规定虽然也具有一定的公示效力，但法律规定本身所具有的公示力与物权变动之公示截然不同。法律一旦颁行，即推定所有人均知晓该法律之规定，从而使人们的行为具有某种可预见性，此即法律的公示力。“法律总是通过规则体系和制度的相互联系——规则界定、构成且调节着制度；而制度又创设且实施着规则，并且解决关于规则的存在、范围、适用性以及运作的问题——把明确性、具体性、清晰性以及可预测性带入了人类交往中。”④ 而物权变动之公示，则是通过一定的表征方式将具体物权之权属变动信息昭示于外，以使社会公众知悉产权变动情况，从而明确自己对何人财产负担不

① 任重：《形成判决的效力——兼论我国物权法第 28 条》，载《政法论坛》2014 年第 1 期。

② 陈龙业：《最高人民法院研究室关于以物抵债调解书是否具有发生物权变动效力的研究意见》，载张军主编：《司法研究与指导》（2012 年第 2 辑），人民法院出版社 2012 年版，第 138—142 页。

③ 王利明：《物权法研究（第三版）上卷》，中国人民大学出版社 2013 年版，第 286 页。

④ ［美］约翰·菲尼斯：《自然法与自然权利》，董娇娇等译，中国政法大学出版社 2005 年版，第 214 页。

得侵犯之不作为义务。也就是说，法律规定之公示与物权变动之公示，虽然都具有使他人知悉的效力，但是两者欲使人知悉的内容不同：前者为法律规定本身的知悉，后者为物权权属变动的知悉。法律规范虽然具体、明确从而可以反复适用，但其仅是赋予一种事实状态以法律意义的一般性规定。所谓一般性规定，是指法律规则针对某一类事实状态作出规定，它适用于某一类人，而不是对某一件特定的事、特定的人作出规定。[①] 所以通过法律规定本身无法知悉某项不动产的权属变动信息，而通过登记制度则可较为清晰地知悉不动产权属变动的具体信息。而认为法院作出的判决书、调解书等法律文书本身具有与登记等公示方法相同的法律效力的观点也值得商榷。在当事人之间法院的判决书、调解书等法律文书本身具有与登记等公示方法相同的法律效力并无问题，但一旦涉及第三人则该法律文书本身自难以与登记等公示方法相提并论。例如，甲乙就共有房产（及相应的建设用地使用权）的分割产生纠纷，诉至法院请求判决分割共有物。经审理法院判决折价分割，由乙取得该房屋产权，对甲予以金钱补偿。该案判决于 2010 年 5 月 10 日送达当事人，根据原《物权法》第 28 条的规定，该房屋产权及相应的建设用地使用权自法院判决生效之日（即 2010 年 5 月 10 日）即归乙单独所有。但在当事人一直尚未办理过户登记手续，登记机关也未收到法院的判决的情况下，原共有人甲于 2010 年 10 月 20 日向第三人丙出示房产产权证书及共有人乙放弃优先购买权的声明（该声明系伪造，常人无法辨识真伪），从而将其对该房产所享有的份额转让给丙，价格合理，并于 2010 年 11 月 15 日办理了过户登记。待乙得知此事并主张该房产的产权时，第三人丙则援引原《物权法》第 106 条所规定的善意取得制度予以对抗。丙的主张自应得到支持。而如果乙于法院判决后即办理过户登记则第三人丙自无权主张善意取得。由此可

① 张文显：《法理学》，法律出版社 2002 年版，第 64 页。

见，法院的判决书、调解书等法律文书本身在不涉及第三人时确实可以起到与登记等公示方法相同的法律效力，但一旦涉及第三人该法律文书的公示效力自难与登记相提并论。

笔者认为，要弄清非因法律行为之不动产物权变动无须公示的正当性基础，首先要深究基于法律行为之不动产物权变动必须履行公示方式的原因或正当性基础。“虽然权利本身可作为交易之客体，但权利终究处于一种抽象的无形状态，不可触摸，在一定空间中不具有有形的存在。而权利之实现自然需要义务人之尊重。所以，抽象存在的权利必须通过一定的表征方式将其昭示于外，以便使人们对权利的主体、内容等有一个确定、便捷的知悉途径。唯有如此，义务人方可知悉自己需要尊重何种权利，不当损害他人权利之人始可知应向何人负其责任。同时，欲取得既存权利或以既存权利为客体而取得其他权利之人，也才可能准确确定与之交易的相对人，从而避免交易的落空。”① 而物权变动必须履行一定的形式，起源于罗马法和日耳曼法。尽管罗马法和日耳曼法的形式主义传统存在于不同时空，但在发展历程上，它们都经历了从仪式化形式（罗马法的要式买卖和拟诉弃权，日耳曼法的、缄默原则和拟制裁判），到简约形式（罗马法的交付，日耳曼法的交易文书、公开账簿），再到登记的过程。而登记作为这个传统的最终的标示性结果，其具有确证权利正当性和保持社会记忆的功能。其中，确证权利正当性是形式存在的基础，而保持社会记忆则是形式延续的基础，两者的协力产生了形式主义法律传统。② 形式对权利正当性的确证，与当事人移转权利的意思息息相关，它们之间是表里关系。当事人移转权利的意思不仅是权利变动的起因，更为权利正当性提供了基础和依据，因

① 李昊、常鹏翱、叶金强、高润恒：《不动产登记程序的制度建构》，北京大学出版社2005年版，第90页。

② 常鹏翱：《物权程序的建构与效应》，中国人民大学出版社2005年版，第50页。

而可以说，如果没有当事人进行权利移转的内心意思，就不可能有权利变动交易行为的展开。正如盖尤斯针对交付的意思指出："交付给我们的物为我们所有，因为没有什么比尊重欲将其物转让给另一个人的所有权人之意志更加符合自然的公平。"① 没有合法的交付原因就不能导致所有权的转移，转移所有权的东西并不是拟制的交付，而是通过交付表现出来的当事人双方的"赤裸裸的"意思。② 而当事人的意思毕竟属于主观范畴，必须透过一定的外在形式予以彰显折射，从而使当事人之间的物权交易为某种外来力量所见证，这不仅增加了交易的严肃性和交易的证明力量，也使得交易当事人的内心意思得到社会公众的认可。形式给权利的变动提供了正当性的标志，符合形式要求的行为也就具有标志权利变动的法律效力。不动产登记亦是如此，它不仅反映了交易当事人试图发生物权变动的内心意思，而且以外在形式更加彰显了此种意思。因此，登记正是通过将交易当事人内在的转移物权的意思外在化，并因此得到社会公众的普遍认可而具有确证权利正当性的作用。诚如黑格尔所言："有关所有权的取得和行动，必须采取和完成这种定在所赋予它们的形式。在社会中，所有权就是以契约和一定手续为根据的，这些手续使所有权具有证明能力和法律上效力。"③ 而"形式的本质意义，在于自在的法就得作为法而被制定。我的意志是一种合理的意志，它是有效的，而这种效力应得到别人的承认。这里，我和别人的主观性现在都必须消灭，意志必须达到确实性、固定性和客观性，但只

① ［意］桑德罗·斯奇巴尼：《物与物权》，范怀俊译，中国政法大学出版社 1999 年版，第 44 页。

② Vgl. Peters, Kauf und übereingung – Zum sogenannten Abstraktionsprinzip, Juristische Ausbildung, 1986, Heft 9, S. 458.

③ ［德］黑格尔：《法哲学原理》，范扬等译，商务印书馆 1961 年版，第 226—229 页。

有通过形式它才能获得这些东西”①。此外，形式的另一个重要功能在于使特定的社会成员产生记忆，正如梅因所言：“古代法中需要多种多样象征性的行为或言辞，其目的是使整个交易能深深地印在参与仪式的每一个人的记忆中；它们并且要求一个很大数目的证人到场。”② 再如，在中世纪英国的土地买卖中，由于包括土地所有人在内的许多人不识字，不会用书面记录时的一种替代方式是：土地买卖双方在被移转的土地之上要举行一个公开的仪式，原土地所有人当着公证人的面，把该土地上的一个土块和一根树枝作为“产权让渡证书”交给买受人。然后，由出席仪式的成年人痛殴一名目睹了该交易的孩子。严厉的毒打使孩子对这一天终生难忘。如此，通过对孩子的殴打，土地移转的一个活记录就产生了。③ 不动产物权变动的过程正是通过特定个体对交易的参与和记忆，再通过个体记忆的广泛传播，使其所产生的正当性后果经由时间而被普遍化。个体记忆渐渐地转化为社会中的集体记忆，从而形成了用法律外形（登记）表现出来的现实生活传统。因此，不动产物权交易通过有形的形式以及无形的特定个体的记忆而转化成为人们的生活习性，并成为人们在日常生活和交易中不断重复着的活动经验，逐渐形成以时间为连结点，把过去、现在和未来联系起来，具有集体记忆功能，并延续经验的传统。④ “演变和改革是缓慢而循序渐进的。个人之愿望、某一个人的理论对法律所产生的影响极其微小，甚至根本难以产生影响，因为法律必须代表广大民众的理想和愿望。遵循先祖的

---

① ［德］黑格尔：《法哲学原理》，范扬等译，商务印书馆 1961 年版，第 226—229 页。

② ［英］梅因：《古代法》，沈景一译，商务印书馆 2011 年版，第 176 页。

③ ［美］罗伯特·考特、托马斯·尤伦：《法和经济学》，张军等译，上海三联书店、上海人民出版社 1994 年版，第 205—206 页。

④ ［英］安东尼·吉登斯、斯科特·拉什：《自反性现代化：现代社会秩序中的政治、传统与美学》，赵文书译，商务印书馆 2001 年版，第 80—81 页。

某些习俗和传统，保留几百年前的某些标准，是理智的、必需的。更主要的是要改造这个世界，使其更好地造福于我们的子孙后代。”① 因此，笔者认为，在非因法律行为之不动产物权变动中，法律事实本身如同不动产物权交易中的登记一样，也同样具有确证权利正当性和保持社会记忆之功能。如我国台湾地区学者吴光明认为：“不动产物权取得，既不需当事人意思表示，又不需登记者，即当然取得物权，如依法律直接规定之取得以及依法院判决取得等。其本身即具有社会上之公示性，能够满足物权成立或移转之一般需求。”② 再如，建筑人对新建建筑物直接取得所有权、继承人因被继承人死亡而自然地继受其财产等，这些事实或行为的发生均具有确证权利变动的正当性以及保持一定范围的社会记忆功能。因而，非基于法律行为的不动产物权变动之所以无须登记即可发生物权变动的法律效力，是鉴于法律对社会生活实情的尊重。“任何人类共同体或者文化均有其起码的一致，否则人的社会生活（实践）就无从谈起，但这种起码的一致并非一蹴而就或缔结契约而产生，而是经由世代实践形成并流传下来的。”③ 财产权利不可能是与生俱来的天赋之物，也不可能根植于人的天性之中，恰恰相反，这些都是人类为了补救社会不便所进行的设计，它们是人为的，而不是自然的。④ 正是人性中的知性因素使人意识到自然的、未受教化的道德观念在克服人感情中的偏私天性的有限性，意识到生活中主要的混乱起源于我们所谓的外在之物，起因于那些外在之物在人与人之间的不稳

---

① ［美］约翰·梅西·赞恩：《西方法律的历史》，孙远申译，陕西师范大学出版社 2009 年版，第 311 页。

② 吴光明：《物权法新论》，台北新学林出版有限公司 2006 年版，第 82 页。

③ 李惠国：《流变与走向：当代西方学术主流》，社会科学文献出版社 2001 年版，第 37 页。

④ 郁建兴：《自由主义的批判与自由理论的重建》，学林出版社 2000 年版，第 231 页。

定关系，同时知性也让人们感觉到社会所带来的无限利益。[①] 于是，满怀希望和憧憬的人类只有通过全体社会成员所缔结的协议来稳定那些外在之物的占有，从而使每个人能够安享自己凭借幸运和勤劳所取得之财产。由此，每个人就会知道什么才是自己可以安全地占有的，而且情感中的偏私倾向亦可得到约束。所有物关系之稳定促进了人们心灵当中正义与非正义观念的萌生，如此便生发了权利和义务的观念。我们的财产是被社会法律、正义的法则确认为可以恒久占有的那些东西。正义的起源说明了财产的起源。划定财产、稳定占有物的协议是确立社会的一切条件中最必要的条件。[②] 法律规则总被依照具有规则导向性的裁决制度规定的制裁所支持，根据一种方式和形式，这些规则和制度的总和自身能借助具体化、恣意性的最小化，以及维持不同法律主体之间——既在法律主体之间又在这些法律主体与合法的权力机构——互惠性特质的这些特征去适应共同善，合理地引导这些规则和制度的总和去解决共同体内为了其共同善的任何协调性问题。[③] “任何（一切）资源都需要由确定之主体拥有，或者说必须明确确定的主体如何才能获得其对资源的所有权。”[④] 而不论是物权交易中的登记抑或是法律行为以外之事实均是确定主体获得对资源所有权的正当性之确证。“由于每个人都拥有自己的劳动，因此，当他将其劳动和物加以结合时，他就成了物之所

① ［英］休谟：《人性论（下册）》，关文运译，商务印书馆1996年版，第528—529页。

② ［英］休谟：《人性论（下册）》，关文运译，商务印书馆1996年版，第530—532页。

③ ［美］约翰·菲尼斯：《自然法与自然权利》，董娇娇等译，中国政法大学出版社2005年版，第220页。

④ ［美］迈克尔·D. 贝勒斯：《法律的原则——一个规范的分析》，张文显等译，中国大百科全书出版社1996年版，第89页。

有权人。"① "劳动使得人们在不对他人负担义务的情况下，对其建造、生产或创造的财产之大部享有所有权。"② 如建筑人取得新建建筑物之所有权即为其例。因此"当财产最初以这些方式被取得之后，它们随后就可以合法地依据协议，在没有强迫或欺诈的情况下由一个人转移给另一个人"③。

此外，"民法典作为现代市场经济基础结构之一环，需要的是一组排除政策干预的基本民事规则。因此，个体经济理论中的效率思维，包括效率的判准和其分析方法，都将成为最自然的盟友"④。"经济学认为，在资源稀缺之前提下，效率是所有社会制度的基本要求，民法规则的选择也必然将其考虑其中。如果对于契约法的内容加以分析，可知不论是强制性的门槛，抑或任意性的补充，通常均有引导降低交易成本的作用。"⑤ 由于基于法律行为之不动产物权变动，究其实质乃产权交易，如果产权没有界定清楚，就无法进行交易。而产权交易必然涉及交易成本，交易成本是指与转让、获取和保护产权有关的成本，由信息搜寻成本、谈判成本、缔约成本、监督履约情况成本与可能发生的处理违约行为的成本构成。这些信息搜寻成本和为契约作准备的成本都是先于交易而"沉淀"的。登记的公示与公信无疑可以降低交易成本，从而有利于提高交易效率。可以使产权完全或者被完整地界定，所有者和对它有潜在兴趣的其他人也可以从中获得充分的认知。如果产权不确定必将造成效率的损失，即将付出"无形的交易成本"。如果从机会成本的角度观察，

---

① John Locke, Second Treatise of Government, in Two Treatises of Government (P. Laslett, ed., Cambridge, 1963), §25.

② ［美］迈克尔·D. 贝勒斯：《法律的原则——一个规范的分析》，张文显等译，中国大百科全书出版社1996年版，第93页。

③ ［美］詹姆斯·戈德雷：《私法的基础》，张家勇译，法律出版社2007年版，第235页。

④ 苏永钦：《寻找新民法》，北京大学出版社2012年版，第93页。

⑤ 苏永钦：《寻找新民法》，北京大学出版社2012年版，第92—93页。

产权界定不清，事实上会导致“潜在”的交易成本无穷大，从而阻碍交易的顺利实现，任何交易都将成为不可能。[①] 换言之，降低交易成本，提高交易效率是基于法律行为之不动产物权变动要求登记生效的原因之一。“权利需通过一定的表征方式加以彰显，彰显权利的需要越强烈，则权利的表征方式越需明确与肯定，表征方式的表征功能也越需得到法律的保障。彰显权利的需要主要取决于两个因素：一为权利的对世性，二为权利作为交易客体的必要性与可能性。在这两个因素之中，后者更为重要。因为与表征方式相联系的一系列制度，主要是为交易的顺利完成提供帮助的。而对世性，涉及的是权利是否可以作为侵权法保护对象的问题[②]，权利是不是侵权法的保护对象，对权利表征方式的需要的影响并不明显。第三人侵权时，并不存在因不清楚侵犯的是谁的权利，而产生一定程度的保护需要。唯在涉及交易时，交易者需要知道其可以信赖的权利表征方式，需要知道作为交易标的的权利的具体构成，交易者也必须明确知道其应当和谁谈判，方可能完成交易。”[③] 而基于法律行为的物权变动，无疑涉及交易，故其对物权表征方式的需要就比较强烈。相反，在非基于法律行为的不动产物权变动场合，由于不涉及产权交易，从而交易成本自然无从谈起，对权利表征方式的需要也并不强烈，故无须登记即可发生物权变动。而“非经登记不得处分”又要求登记，则因其涉及产权交易。

---

① 钱弘道：《法律的经济分析》，清华大学出版社2006年版，第125—126页。

② 虽然债权等相对权也是侵权法保护的对象，但侵权法无疑主要是以保护绝对权为客体。拉伦茨教授认为，绝对权与相对权区别的意义主要在于对权利的保护，《德国民法典》第823条第1款针对的是绝对权，而其中“其他权利”是指其他所有的绝对权利，而且原则上只是指这些权利。参见［德］卡尔·拉伦茨：《德国民法通论（下）》，王晓晔、邵建东、程建英、谢怀栻译，法律出版社2003年版，第301页。

③ 李昊、常鹏翱、叶金强、高润恒：《不动产登记程序的制度建构》，北京大学出版社2005年版，第93页。

第三节　非基于法律行为不动产物权变动的要件

一、须基于法律明文规定之原因而发生

于非依法律行为之不动产物权变动之情形，因物权之变动并不取决于当事人之意思，而是直接依据法定之原因而发生，故不允许当事人通过合同自由约定之。也就是说，不动产物权因法律行为以外之原因而变动者，须有法定之原因发生。例如，因继承而取得不动产物权者，须有继承开始之事实发生；因出典人丧失回赎权而取得典物所有权，则须有出典人丧失回赎权之事实发生。所谓“法律行为以外之法定原因”，通常包括继承、征收、法院判决、强制执行、因公权力取得不动产物权等。既谓“法定原因”，各国或地区立法通常均定以明文，如《瑞士民法典》第 656 条之“继承、先占、强制执行、征收或法院判决等”。《韩国民法典》第 187 条之“公用征收、法院判决、继承、拍卖及其他法律规定”等。

二、须有特定的法律事实或事实行为发生

不动产物权变动因法律行为以外的原因而发生者，主要包括自然事实与事实行为，如新建建筑物、被继承人死亡、法院判决、拍卖、征收、自然灾害导致房屋灭失等。其中的事实行为必须是法律明确规定的特殊的事实行为，不包括一般的事实行为。法律之所以规定某些特殊的事实行为可发生物权变动之效果，是因为这些特殊的事实行为要么是国家公权力机关作出的具有严肃性、权威性的判决；要么是为了更好地保护权利人之利益，以定分止争。

此外，须注意的是，“非依法律行为而取得所有权者，对于取得

所有权之原因必须有相当之证明”①。因法律行为以外之原因而发生之不动产物权变动，虽不经登记即可发生效力，但因之而取得不动产物权者须就其取得物权之原因事实负举证之责任。

三、物权变动不以登记为要件

物权为绝对权，具有较强的排他效力，除权利人外之一切人均应尊重权利人之物权，而不得妨害或侵害权利人之物权。既然物权具有如此强大的效力，则其必须通过一定的方式以表征其归属，以至于他人能够轻易地识别。所以，在日常实际生活关系中，物权通常可以从外部加以辨识，如动产的所有权人常常是占有该动产之人，不动产的所有人则是不动产登记簿上所记载之人，故此，法律就这些生活事实为规范基础，进而对物权的公示方法予以类型化和法定化。② 即动产以占有为公示方法，不动产以登记为公示方法。因此，通常情况下，物权之发生变动也必然伴随着公示的变更，从而使物权变动昭然于外，进而为他人清晰地加以认识，以维护交易安全。而“交易安全之问题乃当代物权变动制度之核心，各国立法无论是在制定之初还是日后之修订完善，最终都要符合这一要求”③。故基于法律行为发生之不动产物权变动，必须通过法定公示方式向外界加以昭示，使他人知悉物权变动之事实，进而维护交易之安全。否则，无法产生物权变动之法律效果，因其将有害于交易秩序与安全。而在非依法律行为发生的不动产物权变动场合，因不动产物权之变动直接依据法律规定或公法行为而发生效力，或言之，因法律行为以外的原因而发生的物权变动不涉及物权交易，进而与交易安全之

① 谢在全：《民法物权论（上册）》，中国政法大学出版社 2011 年版，第 73 页。

② ［德］鲍尔、施蒂尔纳：《德国物权法》，张双根译，法律出版社 2004 年版，第 61 页。

③ 王茵：《不动产物权变动和交易安全》，商务印书馆 2004 年版，第 9 页。

维护无涉，故无须通过公示对外彰显其权利变动之事实。虽然在某些情况下，占有不动产已经形成一种权利的外观形式，而且能够在一定程度上表征不动产物权之归属，例如，继承开始后继承人已占有作为遗产之房屋；房屋建造人已占有其所建之房屋，但是不动产物权之变动并非因继承人或建造人占有不动产的事实而发生效力，而是因继承之开始、房屋建造事实之发生而发生。我国也有学者撰文主张，“应当承认并明确不动产占有的公示效力”① “应该赋予占有不动产者以准物权人之法律地位”②。但该观点均是针对“一房二卖”系基于法律行为（物权交易）而发生的不动产物权变动之情形而言。

总而言之，物权之公示公信原则仅适用于基于法律行为而发生的物权变动，因其涉及物权交易安全之维护，而不适用于非依法律行为发生的物权变动。

第四节　基于法律行为与非基于法律行为不动产物权变动的关系

物权作为抽象性观念而存在，通常情况下，其变动并不伴随任何外部的变更，但是当这种由抽象性的观念所支撑的物权被频繁地作为交易对象时，如果不从外部人为地给予某种可认知的表象，则交易安全自无法期待。③ 同时，由于物权具有排他性，且其变动产生的是排他性的效果，因此，在基于法律行为发生之物权变动，或言之在物权交易中，物权公示尤为重要。但对于物权公示在物权交

① 马新彦、邓冰宁：《论不动产占有的公示效力》，载《中国民法学研究会 2013 年年会论文集》。

② 陈永强：《未登记已占有的房屋买受人的权利保护》，载《环球法律评论》2013 年第 3 期。

③ ［日］我妻荣：《我妻荣民法讲义Ⅱ：新订物权法》，有泉亨补订、罗丽译，中国法制出版社 2008 年版，第 42 页。

易中可产生何种法律效果——以之为物权变动之“生效要件”抑或为“对抗要件”——则因各国而异。① 以法国民法、日本民法为代表的国家实行所谓的“意思主义”，即仅须当事人之意思表示即可发生物权变动之效力，物权变动无须任何外部的方式。与此相对，德国民法则实行“形式主义”，即物权之变动除了须有债权合意外，尚须另有物权变动之意思表示，且须践行法定之公示方式（登记或交付）始足发生效力。除“意思主义”与“形式主义”外，尚有介于两者之间的“折中主义”——“意思主义下之折中主义”与“形式主义下之折中主义”。前者是指物权变动，除债权合意外，无须另有物权变动之合意，唯尚须践行登记或交付之法定形式，始足以发生物权变动之效力，我国民法与西班牙民法采之；后者是指物权因法律行为而变动时，除债权合意外，尚须有物权变动之合意，且须践行登记或交付之法定形式，始足以发生物权变动之效力，然物权行为之效力受其原因行为即债权行为的影响，以瑞士民法、奥地利民法为其典型。

一、基于法律行为与非基于法律行为的不动产物权变动的区别

首先，在基于法律行为的不动产物权变动中，物权变动发生的内在动因是当事人变动物权的意思表示，或者说当事人的意思表示对物权变动的发生起着决定性的作用；而在非基于法律行为的不动产物权变动中通常并不存在当事人的意思表示，即使存在当事人的意思表示其也并不被法律所考虑和评价，更非影响物权变动的决定性因素。非基于法律行为发生的不动产物权变动其内在原因或理论基础乃立法者基于对社会生活实情的尊重，并为保护依此种方式而取得物权之人的利益所作出的立法政策选择。

---

① ［日］我妻荣：《我妻荣民法讲义Ⅱ：新订物权法》，有泉亨补订、罗丽译，中国法制出版社 2008 年版，第 43 页。

其次，基于法律行为之不动产物权变动，究其实质乃产权交易，如果产权没有界定清楚，就无法进行交易。而产权交易必然涉及交易成本，登记的公示与公信无疑可以降低交易成本，提高交易效率。同时，也可以使产权完全或者被完整地界定，所有人和对其有潜在兴趣之人亦可从中获得充分的认知。所以，降低交易成本，提高交易效率是基于法律行为之不动产物权变动要求登记生效的原因之一。物权乃是界定资源归属之权利，自需通过一定的表征方式加以彰显，而彰显权利的需要主要取决于两个因素：一为权利的对世性，二为权利作为交易客体的必要性与可能性。在这两个因素之中，后者更为重要。因为在涉及交易时，交易者需要知道其可以信赖的权利表征方式，需要知道作为交易标的的权利的具体构成，交易者也必须明确知道其应当和谁谈判，方可能完成交易。而基于法律行为的物权变动，无疑涉及交易，故其对物权表征方式的需要比较强烈。相反，在非基于法律行为的不动产物权变动场合，由于不涉及产权交易，交易成本自然就无从谈起，对权利表征方式的需要也并不强烈，故无须登记即可发生物权变动。而“非经登记不得处分”又要求登记，则因其涉及产权交易。

最后，根据私法的形式主义分析方法，形式是一种抽象的表达，将重要的特性彼此之间连接起来，因此一并决定物的特征。具有形式的物是一个单独结构的整体，特性的整体使它成为它自己。形式展现了性状、种类和统一：某物都有某种性状，这个性状是特征的集合，这些特征允许我们将某物定义为某一类。性状是一物的属性，组成了某物，使之成为统一的实体，它可以与其他同类的实体进行分类；种类则是该类物区别于他类物的特征，而统一是属性之间的连贯性。私法的连贯性就是私法的元素组成一个连贯的并具有规范意义的单元。① 构成物之形式的特征具体化

① ［加］欧内斯特·J. 温里布：《私法的理念》，徐爱国译，北京大学出版社2007年版，第29页。

不是一个物所有个体特性的详尽摘要；而是类似于一幅详细的带有实际比例尺的地图，复制了需要描绘的地形。对一物形式的解释需要区分该物定义性的特征和那些偶然性的特征。①因此，虽然作为形式的登记与法律行为以外之事实均具有印证、记忆不动产物权变动之功能，但是作为具体形式的登记与客观事实终究具有不同的性状，从而使得基于法律行为的不动产物权变动有别于非基于法律行为的不动产物权变动，进而形成彼此独立的结构整体。同时，虽然继承、法院判决、强制执行、公用征收等彼此毫无关联，但均属于非法律行为之具有法律意义上的客观事实，因此法律基于对社会客观自然实际的尊重赋予其法律效力——可直接导致不动产物权变动，从而使得本无关联的事实之间，展现出相同的性状特征，进而组成统一的并具有规范意义的私法单元——非因法律行为之不动产物权变动。

二、非基于法律行为的不动产物权变动与意思主义物权变动模式

在实行意思主义物权变动模式的法国，由于立法和学说实行

---

① 阿奎那对此做出的区别是：本质和特性只包括种类定义内的东西；人性包括所有属于人的定义内的东西，因此人才是一个人，也就是说，人性意味着人因此为人。现在，个体的事项，包括所有个体化的事件，不在该类的定义范围之内。因此，特定的肉体，这些骨头和这个特定事物的偶然品质，都不属于人性；但是也属于人的现实。这样，人的现实具有某些不属于人性的东西，因之，人性和人不是同一的，但是人性被当作人的形式部分，因为一物的原则在功能上被定义为关涉个体事物的形式成分。参见 Thomas Aquinas，Summa Theologica，I，Q. 3，Art. 3，in Introduction to St. Thomas Aquinas ，29（Anton C. Pegis，ed. 1948）。

“广义财产权”规则①，即“民事主体所拥有的财产（积极财产）与债务（消极财产）的总和，亦即属于民事主体之具有经济价值的权利义务的总和。一切可作为私人所有权标的的财产均属广义财产之列”②。不承认物权与债权之区分，故自然无物权变动与债权变动之严格界分，从而也就无法将基于法律行为发生的物权变动从法律根据的角度确定明确的规则。③ 基于法律行为的物权变动之一般特征在于，这种变动无论采用何种形式，其总是具有抽象性，即“所有权的转让与标的物的转让”不同，其无法“自我表现”：因为在客观上物权变动本身没有任何迹象，也没有任何特别形式的宣称，这种转让只能由当事人之间的协议（合同）予以确认。所以，《法国民法典》第 1138 条第 2 款规定，交付（交付标的物）义务的产生

---

① 在法国，广义财产理论是由 19 世纪法学家奥布里和罗创设的。广义财产为法律上的整体单位，其并不单独地考虑每一属于当事人的个别财产以及每一由当事人承担的具体业务，而是着重于当事人的积极财产和消极财产的总和，即积极财产与消极财产的相互结合。这一基本思想对于后来《拿破仑法典》的制定产生了重大的影响。虽然在该部法典中，广义财产的用语只是偶然所见（如第 878 条），但其思想观念所产生的立法原则集中表现于该法典第 2092 条的规定：“凡本人负债者，应以现有的及将来取得的动产及不动产履行其清偿义务。”法国学者认为，该条文含义深远：主体之财产由主体拥有的一切所构成，其积极财产（包括现有财产，即债务产生时债务人享有所有权的财产，以及将来的财产，即债务人后来取得的财产）被用于担保其消极财产（即债务人所承担的债务的全部）。这一广义财产理论的基本思想在长达百年之久的历史长河中，自始至终保持着其经典意义。参见尹田：《法国物权法》，法律出版社 2009 年版，第 8 页。

② 尹田：《法国物权法》，法律出版社 2009 年版，第 6 页。

③ 孙宪忠：《中国物权法总论》，法律出版社 2003 年版，第 194 页。

"使债权人成为所有人"。① 如前所述，在法国民法中裁判抵押权的产生与否取决于判决，但裁判抵押权也需要办理登记手续，登记与否对抵押权的产生虽然没有任何影响，但未经登记不得对抗第三人。②

日本民法对于"基于法律行为的不动产物权变动"采意思主义确定无疑，即物权变动仅因意思表示而发生效力，但在仅须意思表示即可转移所有权这一点上，其意思表示究竟为债权意思抑或为物权意思尚有争议，但在日本民法中物权变动未被要求采固定或法定形式，物权变动仅依意思表示——当事人的合意发生（无论主张何种物权变动理论，此点都不会改变）③，只要有意思表示就产生物权变动效力，但不登记不得对抗第三人，自无异议（《日本民法典》第 177 条）。那么，对于非因法律行为之不动产物权变动是否也适用此规则？换言之，于不动产物权变动时，是否不问其变动之原因（不区分依法律行为与非法律行为），而一概适用非经登记即不得对抗第三人之规定？

对此，一种观点认为："本条④仅谓，如买卖、赠与等，因当事人之意思表示，发生不动产物权之得丧变更者，应为登记，以对抗

① 该条款的原文是："自标的物应交付之日起，即使尚未现实交付，债权人即成为所有人，并负担该标的物受损的风险，但如交付人迟延交付，则标的物受损的风险由交付人负担。"对此可参见《法国民法典》第 938 条的规定："正式接受的赠与，经当事人双方的同意即告完成；赠与物的所有权即转归受赠人，无须其他的交付手续。"第 1583 条关于买卖合同的规定："当事人双方就标的物及其价金相互同意时，即使标的物尚未交付、价金尚未支付，买卖即告成立，而标的物的所有权即依法由出卖人移转于买受人。"

② ［法］弗朗索·瓦泰雷、菲利普·森勒尔：《法国财产法（上册）》，罗结珍译，中国法制出版社 2008 年版，第 489 页。

③ ［日］近江幸治：《民法讲义Ⅱ：物权法》，王茵译，北京大学出版社 2006 年版，第 49 页。

④ 《日本民法典》第 177 条规定："不动产物权的取得、丧失及变更，非依登记法规定进行登记，不得以之对抗第三人。"

第三人耳。依其见解，则继承、土地征收、取得时效等，非因当事人之意思，发生得丧变更者，纵无登记，亦得对抗第三人。理由为，前条①仅系规定物权因意思表示而得丧变更，本条则承其规定，定其对抗第三人之要件。故于因法律之规定，直接发生物权得丧变更者，不适用之。”另一种观点则认为：“同一条文之后项，通常虽系承接前项，唯认定其后条系承前条者，则不可无特殊之理由。且依第176条所谓之‘设定及移转’本条所谓之‘得丧变更’观之，前条仅示当事人以物权之设定及转移为目的之意思表示之效力，反之，本条则不问其原因如何，系凡指不动产物权之得丧变更。换言之，前条与本条，并无同一事项原则例外之关系，其规定之内容、目的，皆不相同。”② 即不动产物权变动不区分依法律行为抑或非依法律行为，均适用“未经登记不得对抗第三人”之一般规则。以不动产时效取得为例，一定期间内占有他人不动产的人，取得该不动产的所有权（《日本民法典》第162条）。换言之，不动产物权因时效取得者，仅须占有要件即可并无须登记即得以之对抗原所有人。但根据日本民法之规定，物权之得丧变更如无登记则不能以之对抗第三人，该规则对物权变动之原因未加任何限制。因此，其是否适用于非依法律行为之不动产物权变动，日本判例与学说立场不一。日本判例认为，第三人于时效完成前从原所有人处取得所有权并进行登记，则时效取得人无须登记即可对抗第三人。这是因为时效取得人以时效取得时，第三人是所有人即当事人，而非第三人。即使第三人受让不动产在时效完成前而其登记在时效完成后亦然。③ 倘若时效取

① 《日本民法典》第176条规定：“物权的设定及移转，只因当事人的意思表示而发生效力。”

② ［日］三潴信三：《物权法提要》，孙芳译，中国政法大学出版社2005年版，第25页。

③ ［日］近江幸治：《民法讲义Ⅱ：物权法》，王茵译，北京大学出版社2006年版，第80页。

得人基于取得时效取得不动产所有权后未办理登记期间，第三人从原权利人处取得不动产的，时效取得人不登记不得对抗第三人。日本最高法院1966年（昭和41年）11月22日判决：B从A公司接受了宅地和建筑物的赠与（昭和23年），其后A公司的董事长在B不知情的情况下，将该宅地和建筑物转让给C公司并办理了转移登记（昭和26年）。C公司知道该赠与，约定日后将登记无偿移转给B，但后来否认。于是，B对C公司主张时效取得，一审、二审认为时效取得以登记为必要，判决B败诉。发回重审：在考察取得时效的不动产所有权有无之际，不应只考虑当事人间的关系，与第三人的关系也应同时考虑。在此关系上，最终的问题是该不动产应何时由何人进行登记。即使时效完成，如无登记，则不能以时效取得的权利对抗其后完成登记的第三人，反之，在第三人完成登记后时效完成时，得以无登记之取得时效对抗第三人，此为本院既往之判旨，对此不认为有予以变更之必要。① 但是判例上的做法，受到了学说上批判，"如果像判例所说对于不动产取得时效完成前从原所有人处取得所有权并进行登记的人，时效取得人可以不需要登记即可同其对抗所有权的话，那就会变成可以用时效来补救不登记，这是不妥当的"②。理论上为解决判例所导致的不合理性，提出许多学说，诸如"登记时效中断说""基准时变更说""时效期间逆算说"等。但究竟哪种观点妥当，很难作出判断，以至于有学者认为："对于这个问题还是采用判例的观点较为妥当。不然，时效援用者通过纯粹对起算点的操作，使时效取得人与第三人的关系变得有时处于对抗关系有时处于不得对抗关系，

① ［日］近江幸治：《民法讲义Ⅱ：物权法》，王茵译，北京大学出版社2006年版，第81页。

② ［日］田山辉明：《物权法》，陆庆胜译，法律出版社2001年版，第77页。

第三人之地位明显会变得不稳定。”① 在遗赠、死因赠与中，受遗赠人基于遗赠取得之不动产所有权未登记不得对抗第三人（如继承人的债权人）。此外，强制拍卖、为实行担保物权而进行的拍卖等拍卖，虽非私法上的依当事人的意思表示而发生的物权变动，但实际上与其并无不同。因此，依拍卖取得的所有权为对抗第三人，亦以登记为必要。国家通过公用征收，取得的农地所有权，如缺乏所有权登记，也不能对抗从原所有人处受让该农地的第三人。② 唯一的例外，是基于新建的建筑物取得所有权，未经登记亦得对抗。因为此种情形不存在不动产物权的交易或适用于此的得丧变更。③ 第177条所谓之得丧变更，虽不问其原因如何，唯得丧变更，为物权变动之义，新建建筑物则不得谓为变动，故不包括在内。④ 因此，日本学者三潴信三言道，《瑞士民法典》（第656条）规定：因先占、继承、收用、强制执行，及判决之取得，在未登记前，取得人虽有所有权，唯非登记，不得处分，可供参考。但不得以之为日本民法之解释。⑤

再如，因遗赠发生的不动产物权变动，由于采意思主义物权变动模式的国家承认概括遗赠，受遗赠人享有与继承人同样的法律地位，故遗赠物之所有权自继承开始时即发生变动。而在特定遗赠场合，也同样如此。如法国民法，以某项不动产为标的之特定遗赠的

---

① ［日］田山辉明：《物权法》，陆庆胜译，法律出版社2001年版，第82页。

② ［日］近江幸治：《民法讲义Ⅱ：物权法》，王茵译，北京大学出版社2006年版，第90—92页。

③ ［日］我妻荣：《我妻荣民法讲义Ⅱ：新订物权法》，有泉亨补订、罗丽译，中国法制出版社2008年版，第99页。

④ ［日］三潴信三：《物权法提要》，孙芳译，中国政法大学出版社2005年版，第27页。

⑤ ［日］三潴信三：《物权法提要》，孙芳译，中国政法大学出版社2005年版，第28页。

受遗赠人，与在遗赠之前（遗赠之后的转让被视为遗赠的撤回）从遗赠人处购入该项不动产者之间的争议，根据誊记之先后而决定。实际上这原本是双重转让，只不过，因死亡原因而发生的物权变动的证书未誊记（登记），所以，特定遗赠的受遗赠人属于未经誊记不能对抗。① 日本判例也认为："遗赠只不过是根据遗嘱将财产权赠与受遗赠人的遗嘱人的意思表示而已。虽然遗嘱人的死亡期限是不确定的，但在基于该意思表示而发生的物权变动的效果方面则与赠与是相同的。因此，即使遗赠生效，在基于遗赠而发生的所有权变动未进行登记之际，应解释为该物权变动并未发生完全的排他性效力。而且从'民法'第177条广泛要求物权变动以登记为对抗要件的规定来看，其并没有将遗赠作为例外的理由。所以，即使是遗赠也应与不动产的双重转让等相同，应以登记为物权变动的对抗要件。"② 此外，《意大利民法典》第649条第2款规定："遗嘱人以其对特定物的所有权或享有的其他权利为遗赠的，受遗赠人自遗嘱人死亡时起即取得该所有权或其他权利。"《阿根廷民法典》第3766条规定："特定物的受遗赠人，自遗嘱人死亡时起即成为所有权人……"

综上所述，在实行意思主义物权变动模式的国家，基于法律行为之不动产物权变动仅依当事人之意思表示而发生效力，无须登记予以公示，唯物权变动未经登记不得对抗第三人；非基于法律行为之不动产物权变动亦仅依法律行为之外的法律事实之发生而发生效力，也无须办理登记，且同样适用未经登记不得对抗第三人之规则。在意思主义模式下，于物权交易此一关乎维护交易安全之重要领域都无须践行登记，不动产物权即可发生变动，则根据"举重以明轻"

① 《法国民法典》第1036条。

② 日本最高法院昭和39年3月6日判决，参见［日］近江幸治：《民法讲义Ⅱ：物权法》，王茵译，北京大学出版社2006年版，第91页。

之原则，于非物权交易之依法律行为以外之原因而发生的不动产物权变动领域，更无须践行登记要件。职是之故，在采意思主义的国家，区分基于法律行为之不动产物权变动与非基于法律行为之不动产物权变动并无实质意义。

三、非基于法律行为的不动产物权变动与形式主义物权变动模式

在实行形式主义物权变动模式的国家或地区，不论是“物权形式主义”抑或“债权形式主义”，为了实现物权的可识别性，在基于法律行为发生不动产物权变动时，法律要求必须践行法定公示方式——登记始可发生效力。换言之，在形式主义下，未经登记不动产物权无法发生得丧变更之变动效力，自更无甚得否以登记对抗第三人之问题。因继承、公用征收及其他法律上当然产生的物权变动，虽未经登记仍可发生效力。从以登记作为物权变动的生效要件的德国民法的立场来看，这是理所当然的。但是，法律上当然取得物权的人，如果要对其取得的物权作进一步处分，则首先必须进行变更登记，因此，其后的物权变动与登记是一致的。① 因此，只有在实行形式主义物权变动模式的国家或地区，区分基于法律行为与非基于法律行为的物权变动才具有实际意义，即基于法律行为的物权变动须以公示为生效要件；而非基于法律行为的物权变动则以具备原因事实为充分要件并不以公示为生效要件。

① ［日］我妻荣：《我妻荣民法讲义Ⅱ：新订物权法》，有泉亨补订、罗丽译，中国法制出版社2008年版，第97页。

第五节　大陆法系国家或地区非基于法律行为的不动产物权变动

一、罗马法与日耳曼法

非依法律行为之不动产物权变动可追溯至罗马法时期。在罗马法中，根据当事人的意思是否一致，可分为协议取得与非协议取得。前者是指所有权的取得须经当事人双方同意，由一方从另一方取得所有权，如要式买卖、交付等；后者则是指无须依照当事人的意思表示，得依法律或依法院裁判而取得，如先占、时效取得、分割裁判等。① 其中属于非基于法律行为的所有权取得，主要包括市民法所有权取得方式中的分割裁判、公卖、法定取得与时效取得。

分割裁判（Adjudicatio）又称为分析裁判、分析判决、分配裁判，是指法官通过判决分割共有物，终止共有关系，而使有关当事人各自独立取得所有权的方式。在数人共有一物情况下，往往因利害不同而出现意见分歧，致使权利不能行使，如彼此不能达成分割协议，只得诉请诉讼解决。在通常情况下，裁判只能确认权利②，而不能创设、移转或消灭权利，但分割裁判则属例外③，即具有创设、移转或消灭（变动）物权的效力。④ 也就是说，于通常审判，或使原告胜诉，或使被告胜诉，皆不过确定既存权利之判决，而非判决之后，始设定权利。而分割判决，乃废弃共有权，而代之以一个独立之权利（即单独所有权）。⑤ 如甲、乙、丙、丁共有住宅一

① 周枏：《罗马法原论（上册）》，商务印书馆 2009 年版，第 339 页。
② 确认之诉。
③ 周枏：《罗马法原论（上册）》，商务印书馆 2009 年版，第 360 页。
④ 分割共有物之诉为典型的形成之诉，如我国《物权法》第 99 条之规定。
⑤ 黄右昌：《罗马法与现代》，中国方正出版社 2006 年版，第 173 页。

所，在未经判归甲独有时，该屋为甲与乙、丙、丁所共有。迨判归甲后，甲之所有权为单独性质，此前乙、丙、丁于该屋上之所有权则移转于甲。分割裁判之判决即当然移转所有权，不必共有物之有无移转占有。① 分割裁判作为取得所有权的一种方式，适用于三种情况，即共有物分割之诉（actio communi dividundo）、遗产分割之诉（actio familiae erciscundae）与确定疆界之诉（actio finium ragundorum）。但是，需要注意的是，分割裁判移转所有权不同于“拟诉弃权”。② 拟诉弃权表面上是依法院判决而取得，但是由于诉讼是虚拟的或者说是假的，是当事人为转移所有权伪装进行的，究其实质仍然是一种协议取得③，即基于买卖（法律行为）的所有权取得。

公卖（bonorum sectio）即拍卖，在古罗马时拍卖乃出卖被没收之财产、战利品以及皇帝与政府私产的主要方式。公卖时在地上树一矛（sub hasta）作为标志，故公卖也称为“sub hasta”。采用公卖之方式移转上述财物，即可发生市民法上所有权移转的效力，即便是要式物也无须采用“要式买卖”或“拟诉弃权”之移转方式。

法定取得（leges），是指纯因法律之特别规定而直接取得所有权的方法，不以所有人的同意为要件，也无须另办所有权转移的手续。在罗马法中法定取得之典型为“遗赠”（legatum）即继承开始之时，遗赠物之所有权，不待继承人之交付，即直接转移受遗赠人。《十二铜表法》对此规定：“指物遗赠的物件，一经继承人接受继承，受遗赠人即直接取得该遗赠物的所有权。”此外，涉及不动产之法定取得

---

① 丘汉平：《罗马法》，中国方正出版社2004年版，第195页。

② 拟诉弃权（cessio in jure）又称为“法庭让与”，是通过拟制所有权确认之诉以谋求取得物权的一种做法。具体程序是：买卖双方必须亲自携带标的物或该物的标识物（如买卖不动产之情形）置于法官面前佯装诉讼，由买受人充当原告，并说道：“依照罗马法律此物应归我所有。”法官则当即询问被告（出卖人）：“你对原告的主张有异议吗?”原告回答无异议或默许，法官则判定该物为原告所有。

③ 周枏：《罗马法原论（上册）》，商务印书馆2009年版，第339页。

者，尚有“耕种闲置土地”即耕种他人闲置的土地、依法纳税满2年的，就可以无偿取得该土地的所有权。① 此土地所有权之取得纯粹依耕种及纳税之事实，与交易无涉，故为一种非依法律行为之所有权取得。

时效取得（Usucapio）是罗马法上的一项古老制度，其创设的原因恰如盖尤斯在《论行省告示》中所言：“为了公共利益创设了取得时效，以便使某些物的所有权不致长期地并几乎是永久地处于不确定状态，因为法律规定的取得时效期间对所有人寻找其物是足够的。”②《十二铜表法》规定，对土地、房屋持续占有2年，其他物品持续占有1年，即因时效取得所有权。时效取得在罗马法上经历了一个产生和发展的过程，其适用条件和期间长短几经变革，尽管法国大革命提出了私有财产神圣不可侵犯，但该制度为法国民法典毅然决然地予以继受，并为当代绝大多数国家的民法所承袭。

在日耳曼法，“占有（Gewere）为物权之形式之外衣”，物权之移转恒须移转Gewere，于标的物具有Gewere者，始有适法移转其物权之资格。标的物之处分亦必须就其Gewere为之，因Gewere之得丧，决定物权之得丧③，不动产亦然。日耳曼法对于基于法律行为的不动产所有权移转，素采公示主义。于物权移转之合意（sala，donatio）外，更须有占有之移转（traditio investitur）④，二者须同时

---

① 周枏：《罗马法原论（上册）》，商务印书馆2009年版，第363页。

② 周枏：《罗马法原论（上册）》，商务印书馆2009年版，第363页。

③ 李宜琛：《日耳曼法概说》，中国政法大学出版社2003年版，第63页。

④ 让与人与受让人双方于一定多数之证人面前以特定之言辞，交换移转之意思表示，约定为土地之让与。同时让与人以象征行为，以土块、草茎之属，象征移转之标的物，交付于受让人，占有之移转，始行终了。其后，更尚形式，须交付笏杖、手套等物。此则非用以象征有形之土地，而是象征土地支配力——权利——之交付。此两种行为相结合，始构成一个让与行为。因为在当时，所有权以及占有的观念，并无区别，“欲移转所有权，必须移转占有（Wer Eigentum übertragen will，übetragt Besitz）”。

同地为之，始能发生不动产（土地）物权转移之效果。及至成文法时代，虽亦有基于法院裁判取得不动产所有权者，但此种裁判取得如同罗马法中的“拟诉弃权”一样，是一种虚拟的裁判，而非属基于法院判决发生的不动产物权变动。其程序是由让与当事人至法庭向审判官为让与之意思表示。审判官当众为三次公示催告，凡有异议者，应立即提出。否则，即不得主张权利。因未出席法庭而未提出异议者，可于一年内提出，倘无人提出异议，受让人即于受让之不动产上，取得合法的 Gewere。[①] 罗马法上之所有权为个人主义的概念，奉行“一物一权主义”原则。但凡一物均应归属于个人私有，并任其独为排他性之支配。而在日耳曼法，其所有权则带有浓厚之团体主义色彩，其对物之支配绝少属于个人私有，均缘于亲族、家族或村落等团体生活。此外，罗马法上的所有权纯为私法上的支配权，而日耳曼法中的物权观念则为社会上身份支配关系的反映。因此，日耳曼法中的非因法律行为发生的不动产物权变动，主要为遗产的继承，即继承人因被继承人之死亡，毋庸事实上占有继承财产，于其继承开始之瞬间，即对继承财产，取得 Gewere。[②]

二、法国、德国、瑞士、奥地利民法

自 18 世纪晚期以来的法典化，被普遍认为是欧洲私法发展过程中的一个转折点。[③] 法典化终结了罗马法直接用于实践的“第二春”，自“继受”以来，罗马法为西欧和中欧的司法提供了基础，并成为一种共同法（ius commune）。在此过程中，罗马法吸收了教会法和本土习惯法的诸多成分，易言之，它不再是古代法，而已经

① 李宜琛：《日耳曼法概说》，中国政法大学出版社 2003 年版，第 80 页。
② 李宜琛：《日耳曼法概说》，中国政法大学出版社 2003 年版，第 58 页。
③ Franz Wieacker, A History of Private Law in Europe, tr. Tony Weir (1995), 257ff.

转型为一种现代法。① 作为资本主义世界第一部法典的《法国民法典》表现出与罗马法超强的一脉相承关系，致使罗马法在解释新法典、解决学术争论以及补充法律漏洞方面成为一种不可或缺的工具。《法国民法典》旨在统一法律，而非创设新法律。它终结了地方法的普遍多样性，并因此最终完成了“罗马法的继受”过程。② 在法国法系的民法典中，对于非依法律行为之物权变动均未设统一明文规定，而是散见于法典之各个部分。在《法国民法典》所规定的取得所有权的方式中，属于非基于法律行为发生的有遗嘱继承、时效取得与添附。继承人因为被继承人的死亡而取得所有权，占有人因为占有无主财产而获得所有权，均属于因为法律事件取得所有权。③ 此外，尚包括法定抵押权与裁判抵押权。《法国民法典》第 2117 条规定：“法定的抵押权④是依法律之规定产生的抵押权。裁判上的抵押权是依判决产生的抵押权。”第 2123 条关于“裁判上的抵押权”的规定，即裁判上的抵押权，依最终确定或先予执行的对席判决或缺席判决，利于取得该判决的人而产生。裁判上的抵押权，亦因具有执行令的仲裁裁决以及在国外作出并经法国法院宣告具有执行力的裁判决定而产生。也就是说，抵押权的产生与否取决于判决，虽然裁判抵押权也需要办理登记手续，但这只是为了取得对第三人的对抗效力，登记与否对抵押权的产生没有任何影响。由于裁判抵押

---

① Manlio Bellomo, The Common Legal Past of Europe, 1000 – 1800 (1995), 55ff.

② ［德］赖因哈德·齐默尔曼：《罗马法、当代法与欧洲法现今的民法传统》，常鹏翱译，北京大学出版社 2009 年版，第 9 页。

③ 张民安：《法国民法》，清华大学出版社 2015 年版，第 467 页。

④ 根据《法国民法典》第 2121 条的规定，除其他法典与特别法规定的法定抵押权外，得对其赋予法定抵押权的权利与债权为：1. 夫妻一方对另一方财产的权利与债权；2. 未成年人与受监护的成年人对监护人或法定管理人的财产的权利与债权；3. 国家、省、市镇行政区、公共机构对税收人员与会计人员的财产的权利与债权；4. 受遗赠人依第 1017 条规定对继承财产的权利与债权。

权基于判决而当然产生，债权人无需提出请求，债务人也无权提出异议，所以裁判抵押权在本质上是法定抵押权的一种特殊形态。[①] 此外，虽然法国法要求抵押权必须在抵押权登录处进行公告，而且不动产权利的变动与设置、不动产权利的“死因变动”以及宣告不动产权利的文书或判决也必须进行公告。但是对于宣告性文书或判决、死因变动、消灭原来已经公告的权利的文书与判决而言，不进行公告并不意味着对第三人不具有对抗效力，否则将有悖于此类文书或判决的性质以及调整这些文书的原则。但因此类文书或判决未进行公告而受到损害的人可以请求损害赔偿（1955 年法令第 30 条第 4 款）。[②]

德国民法也未对非基于法律行为的不动产物权变动进行系统的规定。《德国民法典》对因法院判决导致的不动产物权变动完全没有做出规定。在德国的司法实践中，添附是最重要的非因法律行为之物权变动类型。[③] 在德国民法中一些非依法律行为之物权取得，也广泛地采用登记主义。例如，因取得时效取得的不动产物权（《德国民法典》第 900 条[④]）、因除权裁判而取得的土地所有权（《德国民

---

① 于海涌：《法国不动产担保物权研究》，法律出版社 2004 年版，第 83—86 页。

② ［法］弗朗索·瓦泰雷、菲利普·森勒尔：《法国财产法（上册）》，罗结珍译，中国法制出版社 2008 年版，第 489 页。

③ Vgl. Wolfgang Lueke, Sachenrecht, Beck, 2009, Rn. 227.

④ 《德国民法典》第 900 条规定：“作为土地所有人被登记于土地登记簿而未取得所有权的人，如登记已存在 30 年，且其在此期间内自主占有土地，则取得所有权。在土地登记簿上，为某人的利益而登记其所不享有的其他权利，而它赋予占有土地的权利，或它的行使被依关于占有的规定加以保护的，准用前款的规定。对于该项权利的顺位，登记是决定性的。”

法典》第927条①)、因抛弃成为无主物的土地所有权的国家取得(《德国民法典》第928条②)、因强制执行的保全抵押权及假扣押的保全抵押权之取得(《德国民事诉讼法》第866条、第932条)。但在继承、征收、基于夫妻共同财产制取得的物权、法人解散后剩余财产之国库取得、因除权判决之不动产担保权之取得以及因强制执行拍卖土地所有权之取得，均不依登记即发生物权之变动，仅非经登记不得处分其不动产物权(《德国土地登记法》第40条)。例如，根据《德国民法典》第1922条之规定，被继承人死亡时其财产作为整体被转移给继承人。各种财产“自动地”且“一次性地”转移给继承人，即使该人并不知道被继承人的死亡，更无须合意和登记继承人即可成为土地的所有人。③ 对于依第873条基于法律行为发生的不动产物权变动而言，原则上对于任何一个关于土地或关于土地上的权利的处分行为都必须以合意和在土地登记簿上进行权利“变更登记”为必要条件。但对于继承、征收、夫妻共同财产制等非通过法律行为的物权变动而言，土地权利可无须在土地登记簿上登记而

---

① 《德国民法典》第927条规定：“(1) 30年以来，土地被他人自主占有，土地所有人的权利可以以公示催告程序的方式予以排除。占有的期间，以与动产取得时效期间相同的方式计算。土地所有人已被登记于土地登记簿的，仅在其已死亡或失踪，且30年以来，须经土地所有人同意的登记未在土地登记簿上进行时，始准许公示催告程序。(2) 取得除权裁定的人，因使自己作为所有人登记于土地登记簿而取得所有权。(3) 除权裁定做出前，第三人已被登记为所有人，或因第三人的所有权，对土地登记簿正确性的异议已被登记的，该除权裁定不对该第三人发生效力。”

② 《德国民法典》第928条规定：“(1) 通过土地所有人向土地登记处表示抛弃土地所有权，且该项抛弃被登记于土地登记簿，土地所有权可以被抛弃。(2) 被抛弃土地的先占权，归属于土地所在州的国库。国库因使自己作为所有人登记于土地登记簿而取得所有权。”

③ [德] 汉斯·布洛克斯、沃尔夫·迪特里希·瓦尔克：《德国民法总论》，张艳译，中国人民大学出版社2012年版，第383页。

发生变动，土地登记簿上的登记因权利取得而与真实的法律状况不符①，因此须通过“校正登记”的方式被附注在土地登记簿上。②

1912年的《瑞士民法典》是大陆法系民法中首次对非依法律行为之不动产物权变动做出系统规定的民法典。该法第656条规定：“取得土地所有权，须在不动产登记簿登记。取得人在继承、先占、征收、强制执行或法院判决等情况下，得在登记前，先取得所有权。但是，非在不动产登记簿上登记，不得处分土地。”③ 此外，尚包括基于夫妻财产制取得不动产物权以及基于特殊取得时效取得不动产物权④等情形。

在奥地利民法中，并没有严格区分基于法律行为之不动产物权变动与非基于法律行为之不动产物权变动，而将两者的变动统一采用登记生效主义。《奥地利民法典》第431条规定：“不动产的所有权，只有以取得不动产为内容的法律行为在以此目的在公共登记簿上登记时才发生转移。”此等登记称为地籍登记。同时为了办理不动产登记，经过认证的、以取得不动产为内容的法律行为的文书应以法律规定的形式或官方文书的形式完成，才能发生效力。⑤ 而在通过判决或其他司法文书以及遗赠取得的不动产物权的规定中，如同基于法律行为的不动产物权变动一样，均须办理地籍登记。“当根据终审判决、法院的遗产分割决定转让不动产或房屋的所有权时，应

---

① ［德］汉斯·布洛克斯、沃尔夫·迪特里希·瓦尔克：《德国民法总论》，张艳译，中国人民大学出版社2012年版，第383页。

② ［德］哈里·韦斯特曼：《德国民法基本概念》，张定军、葛平亮、唐晓琳译，中国人民大学出版社2013年版，第192页。

③ 《瑞士民法典》，殷生根、王燕译，中国政法大学出版社1999年版，第182页。

④ 《瑞士民法典》第662条规定：“（1）作为所有物，没有争议地连续三十年占有尚未在不动产登记簿登记的土地时，得请求所有权登记。（2）在前款的相同条件下，在不动产登记簿中记载的土地原所有人不明，或在三十年取得时效开始时，原所有人已死亡或被宣告为失踪，现占有人，同样取得所有权。”

⑤ 参见《奥地利民法典》第432条。

办理地籍登记（第431条至第433条）或文书的提存（第434条和第435条）。”① “基于遗赠取得不动产或房屋所有权的，此等财产应根据本法第431条至第435条的规定转让于受遗赠人。”②

除此以外，《意大利民法典》第2686条③、《韩国民法典》第187条也均对非基于法律行为之不动产物权变动设有明文规定。

三、小结及与我国立法的比较

基于以上论述可知，非基于法律行为的物权变动自罗马法时期即已存在。在罗马法上，非基于法律行为的物权变动，主要包括市民法中的分割裁判、公卖、法定取得与时效取得。而在日耳曼法上，因其所有权带有浓厚的团体主义色彩，个人绝少取得对物之支配，故属于非基于法律行为而发生的物权变动主要为遗产继承。至18世纪，民法法典化以来，作为大陆法系民法典范的法国民法与德国民法均未抽象出非基于法律行为之物权变动的一般规则，仅散见于继承、时效取得、夫妻财产制、征收等部分。与此相反，在瑞士、韩国等大陆法系的民法中则均设有关于非基于法律行为的物权变动的一般性规定。而且大陆法系各国或地区非基于法律行为的不动产物权变动情形主要涉及继承、法院判决、征收、取得时效及法律规定等。

在我国原《物权法》颁布之前，立法上并没有区分基于法律行为与非基于法律行为的物权变动。依据我国《城镇国有土地使用权

---

① 参见《奥地利民法典》第436条。《奥地利普通民法典》（2012年7月25日修改），周友军、杨垠红译，清华大学出版社2013年版，第71页。

② 参见《奥地利民法典》第437条。《奥地利普通民法典》（2012年7月25日修改），周友军、杨垠红译，清华大学出版社2013年版，第71页。

③ 《意大利民法典》第2686条规定：“为取得第2644条规定的效力，基于一个未登记的权利证书，有关取得、变更或者消灭第2684条第1项和第2项规定的权利之一的判决应当进行登记。”

出让和转让暂行条例》① 及《国家土地管理局土地登记规则》② 的相关规定所确立的“房随地走、地随房走”原则，即使当事人仅就房屋或土地使用权的转让达成一致，相应的土地使用权或该土地上的房屋权属根据法律规定也一并发生变动，不言而喻。前者属于基于法律行为的不动产物权变动，后者则属于基于法律规定（非基于法律行为）之不动产物权变动，但不论是前者抑或是后者，均应当办理相关登记。而《城市房屋权属登记管理办法》③ 的相关规定更是将房屋买卖、赠与、转让等基于法律行为之不动产物权变动与法院判决、继承等非基于法律行为之不动产物权变动合并在一个条文予以规定，均应当办理转移登记。有鉴于此，由学者起草的物权法草案均对非依法律行为的物权变动作了系统的规定。例如，由梁慧

① 《城镇国有土地使用权出让和转让暂行条例》第 23 条规定：“土地使用权转让时，其地上建筑物、其他附着物所有权随之转让。”第 24 条规定：“地上建筑物、其他附着物的所有人或者共有人，享有该建筑物、附着物使用范围内的土地使用权。土地使用者转让地上建筑物、其他附着物所有权时，其使用范围内的土地使用权随之转让，但地上建筑物、其他附着物作为动产转让的除外。”第 25 条规定：“土地使用权和地上建筑物、其他附着物所有权转让，应当依照规定办理过户登记。土地使用权和地上建筑物、其他附着物所有权分割转让的，应当经市、县人民政府土地管理部门和房产管理部门批准，并依照规定办理过户登记。”

② 《国家土地管理局土地登记规则》第 37 条规定：“有下列情形之一的，土地使用权转让双方当事人应当在转让合同或者协议签订后三十日内，涉及房产变更的，在房产变更登记发证后十五日内，持转让合同或者协议、土地税费缴纳证明文件和原土地证书等申请变更登记：（一）依法转让土地使用权的；（二）因买卖、转让地上建筑物、附着物等一并转移土地使用权的……”第 39 条规定：“因交换、调整土地而发生土地使用权、所有权变更的，交换、调整土地的各方应当在接到交换、调整协议批准文件后三十日内，持协议、批准文件和原土地证书共同申请变更登记。”第 46 条规定：“依法继承土地使用权和土地他项权利的，继承人应当在办理继承手续后三十日内，持有关证明文件申请变更登记。”

③ 《城市房屋权属登记管理办法》第 17 条第 1 款规定：“因房屋买卖、交换、赠与、继承、划拨、转让、分割、合并、裁决等原因致使其权属发生转移的，当事人应当自事实发生之日起 90 日内申请转移登记。”

星教授主持起草的“民法典草案建议稿”第255条至第260条规定了不必公示的物权变动，其中第255条规定，因法院判决、政府指令、法律规定发生的物权变动，自法院判决确定时、政府指令下达时或法律生效时生效。因继承发生的物权变动，自继承开始时生效。依遗赠发生的物权变动，准用此规定。因事实行为发生的物权变动，自事实行为成就时生效。依前三款发生的物权变动，如为不动产物权而未进行不动产登记的，如为动产物权而未交付占有的，权利取得人不得处分其物。① 由王利明教授主持起草的“民法典草案建议稿”第670条规定：“因征收、法院判决等行为而使物权设立、转让、变更或消灭的，自征收行为作出之日或法院判决生效时起发生效力。因继承或遗赠而使得物权设立、转让、变更或消灭的，自被继承人死亡之日起发生效力。因建造建筑物等事实行为而使物权设立或消灭的，自事实行为成就时发生效力。因前款法律事实而取得物权的，如果不办理登记，则不能处分该物权。”② 2007年颁布的《物权法》区分了基于法律行为的物权变动与非基于法律行为的物权变动，并于第28条至第30条对非基于法律行为发生的物权变动规则作了系统而明确的规定。但是，通过比较我国原《物权法》与大陆法系各国或地区的规定可以发现，大陆法系各国或地区并未将遗赠与继承并列作为非基于法律行为的物权变动情形，同时由于我国原《物权法》未规定取得时效制度，因而亦与其他大陆法系国家或地区有所差异。

---

① 梁慧星：《中国民法典草案建议稿附理由·物权编》，法律出版社2004年版，第50页。

② 王利明：《中国民法典学者建议稿及立法理由·物权编》，法律出版社2005年版，第18页。

第二章　遗产移转中的不动产物权变动

大陆法系发达立法例的成熟经验告诉我们，如果要具体化，就必须予以类型化。当对某一问题的分析从入口处出发找不到路时，可以思考从出口处出发逆向寻找路径。所谓类型化，“是指从现有的判例出发，使同类相聚，一类判例针对一类现实中的问题，具体分析此种类型的判断基准、要件以及法律效果，从而为法官提供具体的可操作性”①。类型处于“个别”与“普遍”之间的“中间位置”，是一种比较的、直观的抽象作用的产物。类型并不等同于实然维度“个别”的案件，而是在与其他个别实施比较之后，经由被发现的“共同点”而转化为“相对的普遍性”（即与“普遍性”相比具有“特殊性”）。② 在很多情况下，法律利用类型而非概念来描绘案件事实的特征。“类型”不同于“抽象的概念”，其并不借不可或缺的要素而被终局确定，它是由诸多要素有机形成的“整体图像”。类型化的方法是希望以一种与涵摄逻辑不同的方式，从事合理的归类。③

---

① 于飞：《公序良俗原则研究——以基本原则的具体化为中心》，北京大学出版社2006年版，第119页。

② 顾祝轩：《制造“拉伦茨神话”德国法学方法论史》，法律出版社2011年版，第181页。

③ ［德］卡尔·拉伦茨：《法学方法论》，徐显明译，商务印书馆2005年版，第183页。

民法的事实构成在各种法律事实的构成中，发挥着极其特殊的作用，例如“意思表示”，这类事实构成使得根据我们的意志去塑造我们自己的私法生活关系成为可能。如果我们意欲实现某个目的，就必须通过相应的“意思表示”对对方的付出负担义务，从而使“私法自治”得以实现，并且因此使法律命令以一种我们可以怀疑的绝对特点的方式听命于我们。① 物权法理论根据当事人的意思在物权变动过程中所起的作用，物权变动存在基于法律行为的物权变动与非基于法律行为的物权变动之别。我国《民法典》物权编第229条至第232条规定了非基于法律行为的物权变动。与基于法律行为的物权变动不同，非基于法律行为的物权变动直接依据法律规定而发生物权变动的效力。除遗嘱继承之外，通常与当事人是否存在追求物权变动效果的内心意思无关。② 有学者认为：“不论自然人死亡后，其遗产是由遗嘱继承人或者法定继承人继承，或由法定继承人以外的人通过受遗赠而取得，或由扶养人根据遗赠扶养协议而取得，遗产权利必然立刻转而由生者享有。”③ 在继承法中，法定继承、遗嘱继承、遗赠以及遗赠扶养协议的履行，均会导致遗产中的动产与不动产的物权发生变动。其中，法定继承并不是法律行为，基于法律行为而设计的物权变动规则对基于法定继承的物权变动自然无法适用。遗嘱继承是基于遗嘱这一法律行为而产生的，故而有学者将遗嘱继承与遗赠扶养协议均认定为遗产的意定移转方式。④ 不一而足，同样有学者认为：“《物权法》第29条规定的基于继承和遗赠的物权变动，实际上包含了基于法律行为的物权变动和非基于法律行为的物权变动两种情形。如果是遗嘱继承和遗赠，实际上都是通过

---

① ［德］卡尔·恩吉施：《法律思维导论》，郑永流译，法律出版社2008年版，第34页。

② 尹田：《物权法》，北京大学出版社2013年版，第77页。

③ 尹田：《物权法》，北京大学出版社2013年版，第93页。

④ 江平：《民法学》，中国政法大学出版社2011年版，第746—756页。

'遗嘱'这一单方法律行为进行的，性质上属于基于法律行为的物权变动；只有其中的法定继承，才属于非基于法律行为的物权变动。"① 还有学者则认为："遗嘱本身虽为法律行为，但其之所以适用非基于法律行为的物权变动规则，是因为尽管此种物权变动在性质上仍然属于基于遗嘱这一法律行为而发生，但是，此种法律行为只不过是单方法律行为，不同于作为交易行为典型表现形态的双方法律行为。因而并不适用基于法律行为的物权变动规则。一般来说，基于法律行为的物权变动中所谓的'法律行为'，在本质上是指与交易密切相关的双方法律行为而言，其典型表现形式是合同。"②

笔者认为，将遗赠扶养协议认定为遗产的意定移转方式是没有问题的，因为这种协议属于双方法律行为，但将遗嘱继承也认定为遗产的意定移转方式则是不妥的。遗嘱虽然属于单方法律行为，但遗嘱继承并非单纯的基于遗嘱行为而发生，而是由设立遗嘱（单方法律行为）和遗嘱人死亡（事件）两项法律事实的结合（称为"事实构成"）而引起。在此两项法律事实中，遗嘱人的死亡才是引起遗嘱继承的直接根据，而遗嘱行为的主要功能则在于决定遗嘱继承"如何发生"。③ 或言之，在遗嘱继承的情形，导致遗产继承物权变动的根本原因是被继承人死亡的事实，而遗嘱这一单方法律行为的效力不过是限制了遗产的分配，即决定了承受遗产物权的主体范围及其承继遗产的份额。④ 因此，基于法律行为而设计的物权变动规则对于基于遗嘱继承的物权变动也是无法适用的。正因如此，法律

① 王洪平：《公私法交融视域下的违法建筑问题研究》，中国人民大学出版社2020年版，第216页。

② 王利明：《物权法研究（上卷）》，中国人民大学出版社2013年版，第291页。

③ 尹田：《物权法》，北京大学出版社2013年版，第92—93页；房绍坤：《论继承导致的物权变动》，载《政法论丛》2018年第6期。

④ 尹田：《物权法理论评析与思考》，中国人民大学出版社2008年版，第291页。

上必须对因继承导致的遗产物权变动作出特殊的规定。故《民法典》物权编第230条规定，因继承取得物权的，自继承开始时发生效力。

第一节　因遗产继承发生的不动产物权变动

一、遗产继承的性质

1. 法律行为说

该说认为，继承可分为遗嘱继承与非遗嘱继承，即法定继承。遗嘱是法律行为，遗嘱继承是按被继承人意志取得财产权。在法理上，被继承人未立遗嘱，应推定愿意按法律规定处分身后财产，在这一意义上，法定继承也是按被继承人意志取得财产权。因此，继承取得物权属继受取得。继承人取得遗产无须任何表示，但继承人不作放弃继承之表示，视为接受继承之表示，法理上视为通过不作为形式取得遗产，并非不通过行为取得遗产。继承人取得遗产之行为是事实行为还是法律行为？继承行为既然是通过不作为形式为继承表示，应含效果意思。继承人如欠缺行为能力，由法定代理人行使继承权，通过不作为形式，代继承人为继承表示，亦含效果意思。因此，继承是法律行为，而非事实行为。①

2. 法律事实说

通说认为，继承乃法律事实而非法律行为。

笔者认为，法律行为说深受自然法学思想的影响。自然法学者认为，凡有权利与权利变动，其根据均应求诸个人意思，继承也不例外。被继承人的意思既不可磨灭，故随被继承人意思之变动，继承财产亦应由被继承人移转于继承人。如康德所言，“继承者，因死亡人与生存人意思合致，而将死亡人财产，移转于生存人”。权利既

① 李锡鹤：《民法原理论稿》，法律出版社2012年版，第671页。

以权利人意思为其基础，故权利人一旦死亡，其遗产随即陷入无权利人状态，然如置于不顾，权利关系将生混乱，因此，国家法律推测被继承人意思之所在，将与被继承人的意思相合致之人，规定为遗产继承人，并承认彼此之间的权利变动正当合法。[①] 但上述自然法学者所拟制的意思学说，忽略了继承中存在的其他因素，过于重视个人的意思，因而受到广泛的批判。[②] 继承开始的原因一旦发生，当然发生继承之效力，继承人继承权之取得，无须其另为意思表示或请求，也不问其知悉与否，更不因其继承权被侵害而受影响。在现代法制下，绝大多数国家或地区均采“当然继承主义”，继承一旦开始继承人均承受被继承人之遗产，而不论继承人是否知悉被继承人死亡之事实。因此，如若将继承尤其是法定继承认定为法律行为，则无法解释上述现象。且如果将继承认定为法律行为，那么因继承而发生的物权变动当然属于基于法律行为的物权变动，由此继承人非经登记或交付不能取得遗产所有权。如此，亦与前述大陆法系国家或地区民法典将继承规定为非依法律行为发生的物权变动类型相悖。

同样，对于遗嘱继承，如前所述遗嘱虽然属于法律行为，但因遗嘱继承而发生的物权变动也并非基于法律行为的物权变动。因为在遗嘱继承中，导致遗产物权变动的根本原因同样是遗嘱人死亡的事实，而遗嘱这一法律行为的效力不过是以遗嘱人的意思表示改变了法定继承人的顺序及遗产的分配，即决定了承受遗产物权的主体范围及其承继的遗产份额而已。同时应予注意的是，《民法典》物权编第230条的体系位置，该条规定于物权编通则，根据我国《民法典》编纂的体系性与科学性，民法典各分编通则相当于该分编的“小总则”。[③] 如孙宪忠教授认为：“除了总则编之外，在民法

---

① Kant，Methaphysische Anfangsgründe der Rechtslehe，§34.

② Endemann，Lehrbuch des bürgerlichen Rechts，Bd. Ⅲ Hälfte 1，S. 9.

③ 房绍坤：《民法典物权编用益物权的立法建议》，载《清华法学》2018年第2期。

典其他部分也还是大量适用了提取公因式的方法。《民法典》物权编分成各分编，各分编的第一章也是一般规定。这个一般规定在法律上叫作共同性规则，就是它在该部分是大家都要遵守的，如在物权编部分有通则，还有一般规定，这些部分都是要共同适用的。这与总则性的规定是一样的。"① 既然如此，按照"提取公因式"的立法技术，物权编通则之规定自应适用于物权编分则，用以指引分则中的具体规范。如根据《民法典》物权编第三分编用益物权第 371 条之规定，"以遗嘱方式设立居住权的，参照适用本章的有关规定"。则以遗嘱方式设立的居住权，应否适用第 368 条居住权登记生效主义之规定？笔者认为，此时自应适用物权编第 230 条关于因继承（包括遗嘱继承）而发生的物权变动规则之规定，而不应适用第 368 条居住权登记生效主义的规定。如有学者也认为："不论是登记生效主义还是登记对抗主义，其适用的基础是基于双方民事法律行为而产生的物权变动。遗嘱虽然是民事法律行为，但导致遗嘱生效的原因是遗嘱人的死亡，即遗嘱人死亡的事实是导致物权变动的原因。因此，通过遗嘱方式设立居住权的，可以参照《民法典》物权编第 230 条规定，自遗嘱生效即继承开始时，居住权设立，不以办理登记为设立要件。"②

遗产之继承自被继承人死亡时开始，继承人亦于此时取得被继

---

① 孙宪忠：《论民法典贯彻体系性科学逻辑的几个要点》，载《东方法学》2020 年第 4 期。

② 房绍坤：《论民法典中的居住权》，载《现代法学》2020 年第 4 期。但也有学者认为："根据第 371 条之规定，以遗嘱方式设立居住权的，参照适用本章的有关规定。因此，包含有居住权设立内容的遗嘱首先应当采用书面形式，之后居住权还必须进行登记，这样居住权才能有效设立。作为居住权设立基础的遗嘱有效的，所设立的居住权是否有效，还需要看居住权是否办理了登记。"（中国审判理论研究会民事审判理论专业委员会编著：《民法典物权编条文理解与司法适用》，法律出版社 2020 年版，第 386 页。）显然，该观点并未厘清《民法典》第 371 条参照适用的范围，混淆了《民法典》规范适用的体系性。

承人的遗产。继承人对遗产的取得无须主张权利，更无须具备一定的方式，甚至继承人是否知悉继承开始之事，也在所不问。因被继承人的民事权利能力自其死亡后，即告终止，所以权利主体也因而归于消灭。由此被继承人生前所享有的各项财产权利（包括动产物权与不动产物权）在法律上也均归于消灭。所以，在因继承而发生的不动产物权变动情况下，如果仍然适用不动产物权变动的公示原则，即物权自登记时生效，则由于登记通常需要一定的时间，势必导致遗产在被继承人死亡后至不动产登记前，处于无主状态。所以，遗产所有权于继承开始时即由继承人取得，而不受《民法典》关于物权变动公示原则规定的限制。

二、遗产继承第一阶段的物权变动

在继承人只有一人即单独继承的情况下，因为不涉及遗产分割的问题，所以遗产（不动产）所有权自继承开始时无须登记即由继承人取得。但在共同继承的情况下，虽然共同继承人亦于继承开始时取得遗产所有权，而无须登记，但因继承人为二人或二人以上，其共同取得的遗产尚存在遗产分割的问题，即从遗产由共同继承人共有的状态经由分割而转变为各继承人单独所有的状态与过程。职是之故，如同共有物的分割一样，遗产分割在各继承人之间也存在着物权变动的问题，那么此种物权变动是否也无须登记即发生效力?不无疑问。为便于分析问题，笔者将遗产所有权在被继承人与共同继承人之间的变动过程称为“遗产继承第一阶段的物权变动”，将遗产所有权在共同继承人之间经由遗产分割而发生的物权变动过程称为“遗产继承第二阶段的物权变动”（如下图所示）。遗产在此两个阶段的物权变动过程中是否均无须登记即可发生物权变动的效力，与各国或地区所采之“继承样态”及“遗产分割的效力模式”密切相关。兹述如下：

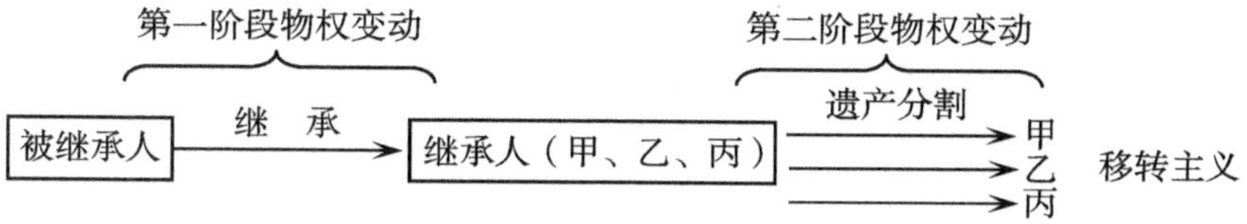

▲ 继承登记①

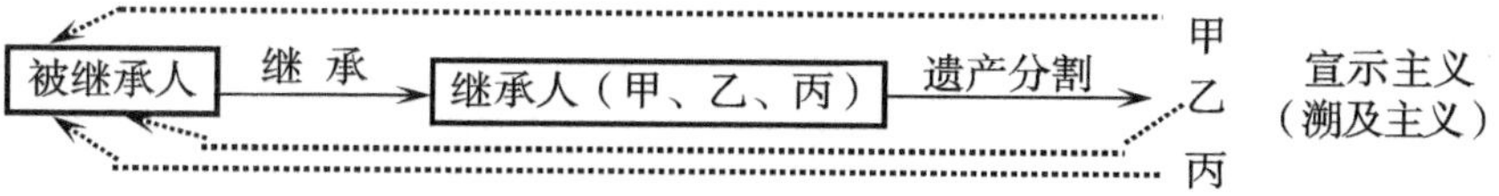

遗产继承第一阶段的物权变动，是指遗产所有权在被继承人与共同继承人之间所产生的物权变动过程。大陆法系各国或地区民法所规定的“因继承而取得的不动产物权，自继承开始时发生效力，未经登记即不得处分”即是对此阶段的物权变动而言。但是，此阶段之不动产物权变动是否均无须登记即可发生效力，则取决于各国或地区所采取的“继承样态”。各国法律都建立了一整套关于被继承人死亡后遗产移转于继承人的具体规则，但由于各国历史传统、文化习俗等不同，这些规则又体现出不同的特点，从而导致形成了不

---

① 我国台湾地区的继承登记程序主要分为三种情况：1. 一般继承登记程序：继承登记得由任何继承人为全体继承人申请，但其申请不影响其他继承人抛弃继承或限定继承的权利。继承人为二人以上，部分继承人因故不能会同其他继承人共同申请继承登记时，得由其中一人或数人为全体继承人之利益，就被继承人之土地，申请为公同共有之登记。其经继承人全体同意者，得申请为分别共有之登记。登记机关于登记完毕后，应将登记结果通知其他继承人。在无人承认继承的情形下，得由遗产管理人申请。依遗嘱内容已指定或选定遗嘱执行人时，则由遗嘱执行人申请。2. 胎儿继承登记的程序：胎儿为继承人时，应由其母以胎儿名义申请登记，等胎儿出生办理户籍登记后，再行办理更名登记。前项胎儿以将来非死产者为限。如将来为死产者，其经登记之权利，溯及继承开始时消灭，由其他继承人共同申请更正登记。3. 遗赠登记的程序：受遗赠人申办遗赠之土地所有权移转登记，应由继承人先办继承登记后，由继承人会同受遗赠人办理之；如遗嘱另指定有遗嘱执行人时，应于办毕继承登记及遗嘱执行人登记后，由遗嘱执行人会同受遗赠人办理之。继承人之有无不明时，应于办毕遗产管理人登记后，由其会同受遗赠人办理之。

同的物权变动规则。至于继承人如何继承遗产，亦即遗产如何移转于继承人，立法例上存在以下四种继承样态。

1. 当然继承主义。也称为“直接继承主义”，起源于日耳曼法。所谓“当然”，是指不论继承人是否知悉继承开始之事实，不论继承人是何人，也不论继承人是否存在将要继受遗产的意思表示。只要被继承人死亡，继承即开始，同时遗产上的一切法律关系，均由被继承人移转于继承人。在德国继承法上，该原则被称为“立即继承顺序”或“归属原则”，并通过“自主取得”来实现该原则。所谓自主取得，是指继承人无须其他中间步骤就可以获得遗产，即不需要任何机关或者第三人的行为来引起继承人身份的开始。甚至连继承人也不需要进行什么行为：即使他对继承开始和遗产一无所知，他也已经成为（遗产的）所有权人和占有人。① 在此种立法例下，被继承人财产上的一切权利义务，均自继承开始时当然地概括移转于继承人。不但无须继承人做出接受继承的意思表示，更无须各别地履行遗产移转的手续。也就是说，遗产的移转不以继承人的意思表示为必要条件。因而继承的承认，只具有消极意义，亦即维持原已发生的效力。反之，放弃继承则必须有继承人积极的意思表示，否则不发生放弃继承的效力。同时，为谋求时间上的连续性，放弃继承具有溯及力即溯及于继承开始之时。采当然继承主义者，主要包括法国、德国、葡萄牙、韩国、俄罗斯、埃塞俄比亚等大多数大陆法系国家或地区。②

---

① ［德］马蒂亚斯·施默克尔：《德国继承法（第五版）》，吴逸越译，中国人民大学出版社2020年版，第21页。

② 如《德国民法典》第1922条规定：“在某人死亡（继承开始）时，其财产（遗产）作为总体转移给一个或一个以上的他人（继承人）。”《韩国民法典》第1005条规定：“继承人自继承开始时起，概括承受与被继承人财产相关的权利义务。但专属于被继承人本人的权利义务，不在此限。”《俄罗斯联邦民法典》第1110条规定：“通过继承，死亡人的财产（遗产）依照权利概括继受程序，即作为统一的整体、在同一时刻、以不变的形式移转给他人。”

2. 承认继承主义。该继承样态起源于罗马法。所谓承认继承，是指遗产并不因被继承人的死亡当然地移转于继承人，而必须由继承人做出接受继承的意思表示，始可发生效力。所以在此继承样态下，放弃继承便具有消极意义，而承认继承则具有积极意义。同样，为谋求时间上的连续性，承认继承具有溯及力。现为意大利、俄罗斯、葡萄牙等国家和地区采用。如继承人在规定期限内没有接受继承，即视为放弃继承。因接受继承的表示溯及至继承开始时发生效力，故遗产实际上也是从继承开始即转归继承人，只是其并非当然地移转于继承人。

3. 法院交付主义。该继承样态乃“奥地利民法”所创①，遗产在继承人接受之前，被视为仍由被继承人（死者）占有。② 遗产欲发生归属于继承人的法律效力，必须由法院裁定将其交付于继承人始可。因此，在此继承样态下，承认继承乃积极请求交付遗产的意思表示。根据《奥地利民法典》第 797 条的规定，遗产要先通过一个法院程序（遗产认证程序）进行确认，然后才能转移给继承人。③奥地利主流观点认为，当被继承人死亡后，其遗产并非当然归属于继承人所有（占有），而是自动取得法人资格，此种资格之获取无需法院的判决或裁定。该遗产法人可以以自己独立的人格起诉或者应

---

① 《奥地利民法典》第 797 条规定：“任何人都不得擅自占有遗产。继承权纠纷必须由法院审理；遗产的移转，也就是其合法占有的移转，也必须由法院进行。”第 798 条规定：“在被继承人死亡后，法院在多大范围内必须依职权采取行动，以及解决遗产事务时必须遵守的期限和采取的预防措施，都由关于诉讼程序的特别规定予以确定。”第 819 条规定：“一旦合法继承人作出的接受继承的表示被法院所了解，且已完成其义务的履行，遗产就应当被移转给继承人，遗产诉讼程序随之终结。此外，为了实现不动产所有权的移转，继承人必须遵守本法第 436 条的规定。”第 436 条规定：“当根据终审判决、法院的遗产分割决定转让不动产或房屋的所有权时，应办理地籍登记或文书的提存。”

② 《奥地利民法典》第 547 条。

③ ［德］安雅·阿门特－特劳特：《德国继承法》，李大雪、龙柯宇、龚倩倩译，法律出版社 2015 年版，第 21 页。

诉，法院会为该遗产法人指定一个代表。遗产法人的主体资格，将因法院作出遗产所有权归属于继承人的决定而消灭。① 为进一步明确遗产的法律地位，《奥地利民法典》于 2015 年修改时（2017 年 1 月 1 日生效），第 546 条规定："随着被继承人的死亡，遗产将作为法人而承继被继承人的法律地位。"

4. 剩余财产交付主义。此继承样态为英国法所采。具体而言，遗产于继承开始时并不直接移转于继承人，而是必须选任遗产管理人（遗产受托人），并将遗产委其保管、清算。待遗产管理人完成遗产目录之制作，并于受领继承债权、清偿继承债务后，如有剩余始按应继份分配交付于各继承人。如德国学者施默克尔写道："在英国法和苏格兰法中，遗产转让给'个人的代理人'，或者是被继承人指定的遗嘱执行人，或者是由遗产法院所任命的遗产管理人。个人的代理人要管理遗产，清偿债务并将剩余部分分配给继承人。因此，他就有了受托人的地位且承担任务，要为作为受益人的继承人管理遗产并且最终在某个时候将遗产转让给他们。但是在德国，为了继承人的利益而接手管理遗产的人存在不同形式，他们不同于受托人，不是遗产的权利人。"② 所以，在剩余财产交付主义下，承认继承，乃行使剩余财产交付请求权，遗产管理人的移转行为是继承人取得遗产的必要条件。

因此，只有在实行"当然继承主义"与"承认继承主义"的国家或地区，遗产自继承开始时直接由被继承人移转于继承人，无须任何其他中间环节或步骤，因而上述两种立法例也被称为"直接继承主义"。反之，在实行"法院交付主义"与"剩余财产交付主义"的国家，遗产并非自继承开始时直接移转于继承人，而是经由"中

① H. Hausmaninger, The Austria Legal System, Manz, p. 258. 转引自房绍坤：《论继承导致的物权变动》，载《政法论丛》2018 年第 6 期。

② ［德］马蒂亚斯·施默克尔：《德国继承法（第五版）》，吴逸越译，中国人民大学出版社 2020 年版，第 21 页。

间人”之手后再移转于继承人。该“中间人”于法院交付主义是指遗产法人，于剩余财产交付主义则是指作为受托人的遗产管理人。[①]所以，仅在直接继承之情形，遗产在被继承人与继承人之间发生物权变动；而在间接继承之情形，遗产在被继承人与继承人之间并不直接发生物权变动，而是在遗产法人或遗产管理人与继承人之间发生物权变动。因此，在学理上，讨论遗产继承的物权变动通常是以直接继承为对象，而不包括间接继承下的遗产物权变动。我国《民法典》继承编[②]即采当然继承主义且为无条件的当然继承主义[③]，故我国原《物权法》以及《民法典》物权编均将因继承而发生的物权变动作为非基于法律行为之物权变动情形之一。

三、遗产继承第二阶段的物权变动

遗产继承第二阶段的物权变动，系遗产在各共同继承人之间因遗产分割而发生的物权变动，是否也无须登记即发生效力，则与

---

① 如按照法院交付主义，要实现不动产遗产的移转，继承人仍须完成不动产登记。对此，《奥地利民法典》规定，继承人作出接受继承的表示被法院了解，且已履行相关义务后，遗产就移转给继承人，遗产诉讼程序随之终结，但遗产为不动产的，继承人须办理不动产登记后才能实现遗产所有权的转移。

② 《民法典》继承编第 1124 条第 1 款规定：“继承开始后，继承人放弃继承的，应当在遗产处理前，以书面形式作出放弃继承的表示；没有表示的，视为接受继承。”

③ 以继承人对遗产债权人承担责任的不同，继承可分为限定继承与无限继承。大陆法系多同时承认限定继承与无限继承，并以无限继承为原则。继承开始后，由继承人在限定继承、无限继承、抛弃继承中进行选择，维护了继承人的选择自由。无限继承要求继承人以其所继承的遗产及其固有财产清偿遗产债务，虽最大限度地维护了遗产债权人的利益，但对继承人而言难免不公，有“父债子还”之嫌。而我国原《继承法》与《民法典》均坚持无条件的限定继承，也称为“绝对的限定继承”，是指继承人无须具备呈交遗产清册等条件只要承认继承就只能是限定继承。在无条件的限定继承原则下，由于继承人即使承认继承也只能是限定继承，对继承人而言有益无害，同时如果在规定的时间内，继承人不作出放弃继承的意思表示即视为接受继承，从而导致继承的承认与放弃制度流于形式。

各国或地区遗产分割的效力模式密切相关。根据遗产分割是否具有溯及力，其效力被区分为“宣示主义”与“移转主义”，兹述如下：

宣示主义，也称为“溯及主义”“宣言主义”，是指各共同继承人因遗产分割所取得的财产，被视为于继承开始时直接自被继承人处取得。也就是说，各共同继承人最终所分得的财产于继承开始时既已由各继承人单独所有。所以，遗产分割仅仅是将遗产已归诸各继承人单独所有之事实加以宣示而已。遗产分割具有溯及效力即溯及继承开始时生效。因此，遗产即使为不动产，也无须经由登记即可直接取得其所有权；遗产如为债权，也无须其他共同继承人通知债务人。采宣示主义的国家或地区主要有法国、日本、意大利、荷兰、葡萄牙、智利等。①

移转主义，也称为“不溯及主义”，其滥觞于罗马法。移转主义则认为遗产分割如同共有物之分割，即各共同继承人将其对遗产的应有部分的所有权互相移转而发生的一种新的物权变动关系。所以遗产分割后，各继承人才能就自己所分得的财产取得单独所有权，遗产分割因而具有创设的或移转的效力。移转主义主要为德国、瑞

① 《日本民法典》第909条规定：“遗产分割，溯及继承开始时发生效力。但不得侵害第三人的权利。”《法国民法典》第883条规定：“每一共同继承人均视为单独地并直接地承受其分配的财产，或单独地并直接地承受经拍卖而归属于自己的财产，并视为对遗产的其他财产从未享有所有权。”《葡萄牙民法典》第2119条规定：“遗产分割后，各继承人即被视为自继承开始时起其获分配之财产之唯一继受人，但不影响有关孳息之规定。”“澳门民法典”第1959条规定：“遗产分割后，各继承人即被视为自继承开始时起其获分配之财产之唯一继受人，但不影响有关孳息之规定。”《意大利民法典》第757条规定：“每个共同继承人，对包括在自己应继份中的全部财产，即使是在拍卖中取得的财产，均视为单独并且直接取得因继承而归属于他的全部财产；对于其他遗产则视为从未享有过所有权。”

士、西班牙①等所采。

综上所述可知，各国或地区民法对于因继承而发生的物权变动深受遗产分割效力模式的影响。在遗产分割的效力采移转主义的立法例下，遗产分割的过程如同共有物的分割，乃各共同继承人对遗产应有部分的所有权在其互相之间的交换与移转，从而使每个共同继承人就其所得之部分取得单独所有权的新的物权变动过程。这个新的物权变动过程如同“互换”，一方有权利的取得，同时他方也有权利的让与。② 所以，各共同继承人互相移转各自具有物权性质的应有部分的所有权，自属物权变动，而此物权变动过程因发生于各共同继承人之间，故自然有别于遗产在被继承人与共同继承人之间移转的第一阶段的物权变动过程。此物权变动过程即遗产继承中的第二阶段物权变动，其虽然也因继承而发生，但并非因继承而直接发生，而是继承人在完成相关继承事务（遗产清算、交付遗赠物等）之后，于其相互之间发生的新的物权变动，因此这种新的不动产物权变动须经登记始生效力。反之，在遗产分割的效力采宣示主义的立法例下，因遗产分割具有溯及力，所以遗产分割本身并不产生物权变动的问题，也正因如此，在宣示主义模式下并不存在因遗产（共有物）分割而产生的第二阶段的物权变动过程。各继承人对于遗产最终的取得均视为直接从被继承人处取得，即仅存在上述第一阶段的物权变动过程，所以遗产中的不动产无须登记即可直接发生物权变动的效力。因此，“因继承而发生的物权变动，自继承开始时发生效力”仅是对第一阶段的物权变动而言。也就是说，在遗产继承

① 如《德国民法典》第 2032 条规定：“被继承人留下一个以上继承人的，遗产即成为继承人的共同财产。”第 2033 条规定：“（1）各共同继承人可以处分其在遗产中的应有部分。共同继承人之一据以处分其应有部分的合同，必须做成公证证书。（2）共同继承人之一不得处分其在个别遗产标的中的应有部分。”《西班牙民法典》第 1068 条规定：“每个继承人视为独立拥有分割得到的财产。”

② 曹杰：《中国民法物权论》，中国方正出版社 2004 年版，第 92 页。

第一阶段的物权变动中，作为遗产的不动产物权无须登记即可自继承开始时发生效力。正因如此，此阶段的物权变动乃“非基于法律行为的不动产物权变动”；而在第二阶段的物权变动中，不动产物权欲生变动之效力仍须经由登记。

此外，尚应注意者，在遗产继承两个阶段的物权变动中“登记”在每一个阶段中的性质也不相同：第一阶段物权变动中的登记性质为“宣示登记”。在第一阶段的物权变动中，共同继承人虽然无须登记即可于继承开始时自被继承人处直接取得遗产，但“未经登记不得处分”。而分割共有物，各共有人互相移转其应有部分所有权，在性质上乃处分行为。所以，共同继承人未经登记不得分割遗产，此之所谓登记系“继承登记（性质为宣示登记）”。也就是说，共同继承人为继承登记乃遗产分割之前提。如我国台湾地区司法实务有认为，共有物分割其性质为各共有人之间应有部分的交换，系使共同共有关系变更为单独所有，自属处分行为。分割共有物，均以共有人存在处分权为前提，如果共有人对于共有物并无处分权可资行使，法院即无从基此而为裁判分割。于继承之情形，继承人虽于登记前已取得不动产物权，但未经登记不得处分。继承人在办理继承登记前，也不得以共有人之身份分割共有物，只是为力求诉讼经济起见，允许原告合并提起继承登记与共有物分割之诉。从而使通过一诉请求该死亡共有人的继承人办理继承登记，并于继承登记后与原告及其他共有人分割共有物（不动产）得以顺利实现。反之，如果原告不追加请求该死亡共有人的继承人办理继承登记，则因‘未经登记不得处分’该继承人因而就共有物并无处分权可资行使，法院也无从基于此而为分割裁判。最终，原告的分割共有物之请求，自不能获得准许。而本件之被上诉人作为被继承人某甲与某乙之继承人，至今未办理继承登记，则根据相关规定，自不得处分该应有部分。同时，上诉人未先行或同时请求被上诉人办理继承登记，而径直诉请分割共有物，自难谓适当。”有学者也认为，分割共有物既对物之权利有所变更，自属处分行为之一种，揆诸相关规定，此项因继承而取得之不动产物权，即非经继承登记不得办理分割。[①] 但继承人未为继承登记前，虽不得处分共有物，但仍可为遗产（共有物）分割协议，或言之，共同继承人于未为继承登记前所达成的分割协议仍然有效，其性质为债权契约，即依此协议各继承人（共有人）负有依协议之内容为给付之义务，遗产为不动产者，各继承人应协同办理不动产物权之移转登记，其不依协议内容履行者，共有人得诉请履行，该诉之性质为给付之诉，而非分割共有物之形成之诉。我国台湾地区实务中曾认为应有部分之继承人未办理继承登记，即与其他共有人协议分割共有之不动产，其分割协议不发生效力，盖共有物之分割性质上为处分行为，继承人应先办理继承登记后，始得处分。此一见解，与通说认为分割协议仅具有债权契约效力，各共有人负有依协议内容为物权移转之行为者不同，应系对分割协议仅具有债权效力之误解。[②] 第二阶段物权变动中的登记性质为“设权登记”。如上文所述，遗产分割乃遗产在各共同继承人间发生的新的物权变动，所以各继承人于遗产分割后，未经登记（性质为设权登记，而非继承登记）不能取得分得部分之单独所有权。唯须值注意的是，遗产分割的方法有协议分割、裁判分割与指定分割之分。依协议分割而发生的物权变动自然属于基于法律行为的物权变动，所以如遗产为不动产，自须经登记始生物权变动之效力。而在法院裁判分割的情形，因法院就共有物分割所做的判决乃“形成判决”，所以各继承人因法院分割裁判而取得的财产所有权无须登记，自分割判决生效时即发生物权变动之效力。盖此物权变动属于非基于法律行为的不动产物权变动，具体而言乃依法院

---

① 也有诸多判决认为，被继承人之遗产，既应归继承人继承，则分割共有物即为继承遗产之必然结果，从而是否经过继承登记均无关系，换言之，即认为分割共有物并不以继承登记为前提。

② 郑冠宇：《共有之法律关系》，载《法学丛刊》2010 年第 2 期，第 23 页。

判决而发生的不动产物权变动。①

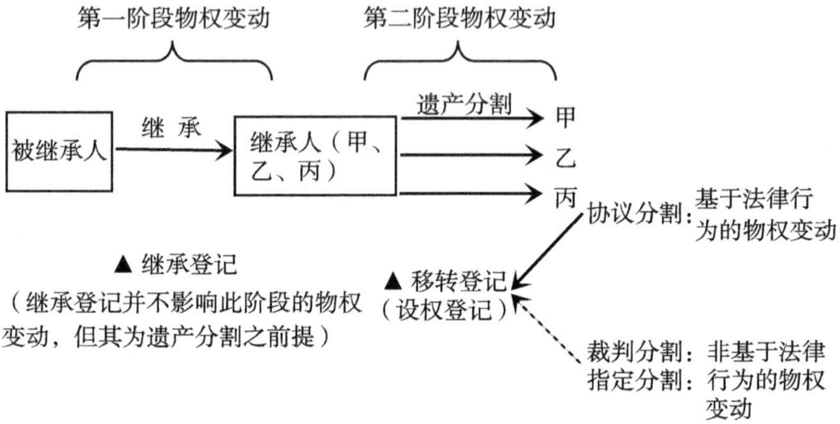

在我国，关于遗产分割的效力是采宣示主义还是移转主义，原《继承法》以及《民法典》继承编并没有做出明确的规定，学界对此也是莫衷一是。主张移转主义者认为："遗产一经分割，由继承人共同支配的共有物即转归各个继承人单独所有。各继承人的共有权也因而成为个人所有权。这种效力与分割共有物的效力并无不同。"② 主张宣示主义者则认为："遗产分割与通常的共有物分割不同，共同继承人自继承开始到遗产分割前，乃暂时的共同共有关系，遗产分割的效力应当具有溯及力，因为分割遗产只不过是将各共同继承人的应继份加以特定化而已，即一旦遗产分割完毕，各继承人

① 参见：郑冠宇：《共有之法律关系》，载《法学丛刊》2010 年第 2 期，第 27 页。房绍坤教授也认为，遗产分割应采创设主义，并应区分协议分割与裁判分割分别确定物权变动的效力。协议分割是当事人通过法律行为使共有物或遗产的所有权发生变动，故须依法办理不动产登记或交付动产。在协议分割中，当事人亦不得约定分割的效力溯及于共有关系成立之时发生。而裁判分割是通过法院判决（或仲裁裁决）的形式确定共有物或遗产的分割，该判决（裁决）为形成判决（裁决），自其生效时发生物权变动的效力，无须进行不动产的登记或动产的交付。参见房绍坤：《论民法典继承编与物权编的立法协调》，载《法学家》2019 年第 5 期。

② 李静堂、李成文：《继承法的理论与实践》，武汉大学出版社 1986 年版，第 161 页。

在遗产中的应继份就特定化从而为各继承人所专有。而通常的共有物分割则是从分割时发生效力。”① 折中说则认为：“关于遗产分割的效力，我国《继承法》原则上应采宣示主义。但是为了保护债权人的利益和交易安全，应当作如下三个方面的限制：首先，遗产分割的溯及力仅适用于现物分割。在折价分割的情形下，继承人不论是取得价金，还是因未取得价金而对其他继承人享有债权，其取得都不具有溯及力。其次，各共同继承人于遗产上所享有的应继份，在遗产分割前原则上不得为物权效力之处分。最后，互相担保责任。”②

宣示主义较之移转主义更符合继承的本质，因各继承人最终所分得的财产，均被视为直接承继于被继承人，遗产分割的溯及效力使得遗产中的不动产无须经由登记即可发生变动，从而更具有经济、便捷的优点。只不过宣示主义对交易安全的保护，则颇值考虑。而移转主义，虽然与继承的实质不相符合，但更有利于交易安全的保护。我国学界尽管对此存在较大分歧，但主张宣示主义者居多。③ 如由梁慧星教授、杨立新教授、杨震教授、陈苇教授等专家学者起草的“民法典草案建议稿”④ 与“继承法修正草案建议稿”等均采

① 刘春茂：《中国民法学·财产继承》，人民法院出版社2008年版，第456页。

② 马俊驹、余延满：《民法原论（第四版）》，法律出版社2015年版，第967页。

③ 郭明瑞、房绍坤、关涛：《继承法研究》，中国人民大学出版社2003年版，第174页；孙若军：《继承法》，中国人民大学出版社2010年版，第212页；杨立新、朱呈义：《继承法专论》，高等教育出版社2006年版，第311页；彭诚信：《继承法》，吉林大学出版社2007年版，第189页；陈苇：《外国继承法比较与中国民法典继承编制定研究》，北京大学出版社2013年版，第633页。

④ 第89条规定：“遗产分割溯及继承开始时发生效力，但不得损害第三人的利益。各继承人以其所得遗产的价值为限，对其他继承人分得的遗产，按继承比例承担与出卖人相同的瑕疵担保责任。继承人以其所得遗产的价值为限，对其他继承人因分割所得债权，按继承比例对债务人在遗产分割时的清偿能力承担担保责任。前项债权如未届清偿期或者附有停止条件的，则各继承人应就清偿时债务人的支付能力负担保责任。”

宣示主义，而由王利明教授、张玉敏教授主持起草的“民法典草案建议稿”与“继承法立法建议稿”则采移转主义。笔者认为，首先，宣示主义虽然具有一定的合理性，但存在害及财产秩序稳定之风险。所谓“具有一定的合理性”，是指继承人对于经遗产分割而最终分得的财产溯及至继承开始时享有所有权，如此虽然保持了财产移转的连续性，但使得受分割人无须承担存在于该财产之上的各种负担，显然有违公平。反之，如果采移转主义，仅在继承人单独继承时遗产乃直接继受自被继承人，而在共同继承时，继承人如果在受让不动产时为善意则可基于善意取得而取得所有权，从而不发生追夺担保（权利瑕疵担保）的问题。而在采溯及主义的情况下，则不论是单独继承抑或共同继承均不适用善意取得或公信原则之规定，继承人均应承受被继承人之瑕疵。其次，宣示主义仅适用于现物分割，在分割拍卖后的现金、变价的价金，或为未取得遗产本身的继承人取得对其他继承人的债权时，则继承人之取得不具有溯及力，只能自其取得时发生财产取得的效力。① 而且如果遗嘱禁止分割或继承人约定不分割的，则嗣后的分割也就只有移转的效力。而移转主义虽不如宣示主义符合继承之本质，但其更能说明遗产分割过程中的权利变化。而且其适用范围也不受分割方法的限制，不论是实物分割、变价分割抑或作价补偿，均有其适用。再次，遗产分割中的瑕疵担保责任会因采宣示主义而形同虚设。遗产分割的过程是一个从继承人共同共有到各继承人单独所有的过程，是各继承人（共有人）互相移转交换各自存在于遗产之上的潜在的应有部分，进而达到各个所有的过程。该过程与特殊买卖合同中的互易无异，所以买卖合同法中的瑕疵担保责任自有其适用。而且，即便是在采取宣示主义的国家或地区，为维护遗产分割中的公平也不得不例外规定

---

① 史尚宽：《继承法论》，中国政法大学出版社2000年版，第248页。

共同继承人互相间的瑕疵担保责任。[①] 正如史尚宽先生所言："于移转主义，遗产分割后共同继承人互负担保责任，乃当然之结果。然依宣示主义，因继承人直接自被继承人处取得受分割之财产，故分割后不发生担保责任之问题。然宣示主义之溯及效力终究为法律之拟制，并不能因此改变遗产分割，实质上为共同继承人间应有部分之相互移转。故'民法'为期遗产分割之公平以及应继份之贯彻，于溯及效力外，例外规定继承人相互担保责任。职是之故，'民法'虽于形式上仍维持宣示主义，但实质上已生有移转主义之结果。"[②] 最后，分割遗产与分割共有物无异[③]，而对于共有物分割的效力，我国原《物权法》及《民法典》物权编虽然对此未作明文规定[④]，但我国民法传统以及学界通说均采移转主义[⑤]，即各共有人于分割完成时取得所分得部分之完全所有权。因此，为了避免《物权法》上共有物的分割与《继承法》中遗产的分割在效力上产生矛盾，遗产分割的效力也应该采移转主义。

---

① 如《法国民法典》第884条规定："所有的共同继承人仅对因遗产分割之前的原因而引起的财产被侵害与追夺，相互负担保责任。所有的共同继承人就某一共同分割人对于归入其财产份额中的债务在遗产分割前就已经显露出来的无支付能力负担保责任。"《日本民法典》第911条规定："各共同继承人对其他共同继承人，与出卖人相同，按其继承份额负担保责任。"《意大利民法典》第758条规定："共同继承人之间仅应当就基于遗产分割前的事由发生的纠纷和追夺相互担保。"

② 史尚宽：《继承法论》，中国政法大学出版社2000年版，第249页。

③ 李双元：《比较民法学》，武汉大学出版社1998年版，第1020页。

④ 根据《物权法》第100条第2款关于共有人对分割所得的不动产或动产有瑕疵的，其他共有人应当承担瑕疵担保责任的规定，或许可以认为我国《物权法》采取了移转主义。《物权法》颁布之前的两个民法典学者建议稿均采移转主义。

⑤ 杨立新：《共有权研究》，法律出版社2007年版，第121页；王利明：《物权法研究（上卷）》，中国人民大学出版社2013年版，第748页；朱岩、高圣平、陈鑫：《中国物权法评注》，北京大学出版社2007年版，第321页。

四、因继承发生的物权变动与夫妻共同财产制间的冲突与协调

自原《物权法》颁布之后，实践中某地方法院受理了这样几起诉讼：

案例一：颜某某与林某某及林某均系夫妻关系。颜某某与林某某共生育颜某1、颜某2、颜某3三子女；颜某某与林某共生育颜某4、颜某5、颜某6三子；颜某4、颜某5、颜某6三人从小与林某某共同生活，形成抚养关系，相互有继承权。1990年10月19日，林某某死亡。1991年10月25日，颜某某与林某立下遗嘱并经厦门市公证处公证："……在颜某某、林某某与林某均百年之后，属于其二人的份额留给子女颜某1、颜某2、颜某3、颜某4、颜某5、颜某6共同继承，房屋所有权证由颜某6保管……"1991年12月1日，颜某某死亡。颜某某、林某某的各自父母均早年已故。经查明：厦门市之一房产以颜某某名义登记，实际系颜某某、林某某、林某三人共有，并依（2009）厦证内字第4048号公证书，颜某某、林某某、林某各占上述房产1/3产权份额；颜某1、颜某2、颜某3、颜某4、颜某5、颜某6均表示不按前述遗嘱继承，改按法定继承办理；颜某4、颜某5表示要求继承颜某某、林某某的遗产，林某、颜某1、颜某2、颜某3、颜某6均表示放弃对颜某某、林某某遗产的继承权；因此，兹证明颜某某、林某某的遗产由颜某4、颜某5二人共同继承，各继承1/3产权份额。叶某与颜某6于××××年××月登记结婚，2012年4月16日经判决离婚。叶某主张，根据《物权法》的规定，因继承或者受遗赠取得物权的，自继承或受遗赠开始时发生效力，故在叶某与颜某6夫妻关系存续期间，颜某6在继承开始时所继承的财产即取得相应的物权，应归属夫妻共同共有，颜某6放弃继承的行为无效或对叶某不发生效力。①

---

① 福建省厦门市中级人民法院（2016）闽02民终第1368号民事判决书。

案例二：原告赵某起诉被告杨某离婚，经法院调解双方均同意离婚，但就夫妻共同财产的范围问题争执不下。双方当事人早已分居，就在赵某向法院起诉离婚的前一天晚上，被告杨某的母亲突然病故。杨某的母亲早年守寡，20 世纪 90 年代协助其在海外经商的兄长回内地合资办厂，现已家财万贯。杨某是其唯一的儿子，也是唯一的第一顺序法定继承人。赵某得知其婆婆去世后，遂主张其与杨某的夫妻共同财产应当包括杨某继承其母亲的财产，包括房产、汽车、企业股份和现金等。而杨某则提出，其已经放弃了继承权，其母亲的财产应当由其舅父作为第二顺序继承人继承，故离婚诉讼中分割夫妻共同财产不应包括其母亲的遗产。

案例三：原告赵某（男）与被告严某（女）于 1991 年登记结婚。1999 年 5 月严某的父亲去世，在市内留有一套住房，但一直未继承分割，由严某母亲居住。2004 年 8 月 12 日赵某起诉离婚，20 日严某即公证放弃继承。2005 年 5 月，两人经法院调解离婚。离婚后，赵某以严某放弃继承之房产乃其婚姻关系存续期间因继承而取得，根据原《婚姻法》的规定应当属于夫妻共同财产为由诉至法院。请求法院判令严某放弃继承房产的行为无效，并就该房产中应当属于严某的部分进行分割。而严某则辩称，决定是否继承自己父亲的房产乃自己的自由，并不需要征得赵某的同意，因此其放弃继承房产的行为自属合法有效。①

离婚诉讼中或离婚后，作为继承人的原夫妻当事人一方放弃继承时，对此如何处理，分歧很大。一种观点认为，只要婚姻关系当事人一方放弃继承不违反法律规定，不属于司法解释规定的“放弃

① 陈苇：《中国继承法修改热点难点问题研究》，群众出版社 2013 年版，第 250 页。

继承权无效”的情形[①]即为有效，由于原配偶并未实际取得财产，所以不发生分割共同财产的问题。另一种观点则认为，作为继承人的夫妻当事人一方放弃继承属于权利滥用行为，违反诚信原则，故应认定放弃继承的行为无效。[②] 依继承法理及我国原《物权法》第29条的规定，继承人自被继承人死亡时即取得遗产所有权，继承人为多人时，遗产由全体继承人共同共有。此外，根据我国原《婚姻法》第17条及第18条的规定，婚姻关系存续期间因继承所取得的财产为夫妻共同财产，除非遗嘱指定该遗产由配偶一方（继承人）单独所有。因此，在不存在遗嘱指定遗产由一方配偶单独所有的情况下，继承人放弃继承也就等于变相处分了本属夫妻共同所有的财产（遗产），由此产生的问题便是一方配偶（继承人）放弃继承是否需要征得他方配偶的同意？同时，如果禁止继承人放弃继承或者放弃继承须征得他方配偶的同意，则无疑有悖于放弃继承的基本法理。那么，如何协调这一冲突和矛盾，颇值思考与研究。[③]

1. 放弃继承自由与《民法典》物权编第230条并不冲突

第一，当然继承主义与放弃继承自由。在罗马法中，法定继承人有“当然继承人”“必然继承人”与“任意继承人”之分，前者是处于“家父权”隶辖之下的家属，被视为死者人格的继续，也是被继承人家族的继续，要继承被继承人的家祀和人格，故不得拒绝继承。中者是指被家主解放的奴隶，同时被立为继承人，他们和当然继承人一样，不得拒绝继承。罗马人囿于宗祧观念，以死后无嗣为最大不幸，故每以遗嘱指定为继承人之人，立法者即推定死者生

① 《最高人民法院关于贯彻执行〈中华人民共和国继承法〉若干问题的意见》第46条规定：“继承人因放弃继承权，致其不能履行法定义务的，放弃继承权的行为无效。”

② 最高人民法院民事审判第一庭：《最高人民法院婚姻法司法解释（三）理解与适用》，人民法院出版社2011年版，第225页。

③ 房绍坤：《关于修订继承法的三点建议》，载《法学论坛》2013年第2期。

前有使此等正统继承人继承其宗祧与人格之意思，并根据家父权之作用，认定其正统继承人均有遵其遗意而继承之义务。[①] 故对于前两者而言，继承乃其义务而非权利，不得拒绝之。后者为被继承人死亡前非处于家长权下的法定继承人，他们有接受或放弃继承的自由。[②] 因此，所谓继承的拒绝，只限于任意继承人，只有对于他们，继承才纯粹是一种权利，继承人既可以接受，也可以抛弃。及至后来，裁判官法改为自权继承人，其有拒绝继承之特权。无独有偶，我国旧制中所谓的“继承”，主要是指直系卑亲属承继尊亲属在家族或社会中的身份或地位。家族中的身份主要是祭祀先祖之主祭权，而社会中的地位则是可以承袭之爵位。对于长辈遗留的财产，则主要在卑亲之间分配，称之为“析产”或“分析”。[③] 我国传统社会的宗法结构对继承有着决定性的影响，“宗法”即管摄天下人心，收宗族，厚风俗，使人不忘本，须是明谱系世族与立宗子法。[④] 宗法就缩微成继承法，其核心是嫡长子继承的父死子继、嫡庶有别的宗祧继承。因此，自不允许放弃继承。[⑤] 及至近代，由于旧制继承对继承人束缚过甚，有违民法基本精神，故自民国始，即废除旧制，继承仅为财产之承继。同时，采“当然继承主义”（Anfallprinzip），并辅之以“继承放弃自由”。所谓“当然”，是指不论继承人是否知悉继承开始之事实，也不论继承人为何人，也不论继承人是否有继承遗产的意思表示，继承一旦开始，则遗产上之一切权利义务于法律上即同时由被继承人移转于继承人。由此不难看出，当然继承主义

---

① 陈朝璧：《罗马法原理》，法律出版社2006年版，第503页。

② 周枏：《罗马法原论（下册）》，商务印书馆2009年版，第475页。

③ 赵晓耕：《身份与契约：中国传统民事法律形态》，中国人民大学出版社2012年版，第287页。

④ 张载：《张子全书·经学理窟·宗法（卷四）》，商务印书馆1932年版，第279页。

⑤ 日本旧民法第1020条规定：“法定家督继承人不得抛弃继承（家督的继承）。”此为身份继承不许抛弃在近代法上之典型代表。

乃宗祧、家族制度下当然继承制的残存物。因而近现代各国继承法，诸如德国、法国、瑞士及日本等①莫不承认继承人有抛弃继承之自由，即继承虽与任何人的意思无关，仅以被继承人死亡为唯一的法律要件所发生的法律效果，但非出于继承人本人之意思则不发生继承财产的归属问题。“任何人皆无义务承认为自己所开始的继承”，即任何人不得违背其意思，而强制赋予利益。放弃继承自由，系“当然继承主义”之产物，具有辅助之功能，以便调节当然继承主义不合于近代继承法理之处。继承抛弃自由也彰显了近现代继承法的功能由维持家之存续演变为注重继承人个人之生活保障，标志着法制文明的进步。

第二，关于放弃继承之标的。所谓“放弃继承的标的”，即继承人所放弃者究为何物？继承权抑或遗产所有权？有观点认为，根据原《物权法》第29条之规定，继承人放弃的不是自己的继承权，而是遗产所有权。就文义而言，放弃继承（有的国家或地区称为“放弃继承权”），所放弃者自应解为继承权。根据《最高人民法院关于贯彻执行〈中华人民共和国继承法〉若干问题的意见》（以下简称《继承法意见》）第49条及《最高人民法院关于适用〈中华人民共和国民法典〉继承编的解释（一）》［以下简称《民法典继承编解释（一）》］第35条之规定②，也可以得出上述结论。但继承权在继承开始前后的不同阶段其性质也不同。通说认为，继承开始前的继承权为“客观意义上的继承权”，其性质为“期待权”，不具备权利的具体实质；而继承开始后的继承权为“主观意义上的继承权”，其性质为“既得权”，是具体的、名副其实的权利。但同为继承开始后的继承权，在继承人尚未表示接受继承或放弃继承之前的继承权与继

① 根据我国《继承法》第25条之规定，我国继承法亦采“当然继承主义”。

② 该条规定：“继承人放弃继承的意思表示，应当在继承开始后、遗产分割前作出。遗产分割后表示放弃的不再是继承权，而是所有权。”

承人业已接受或放弃继承之后的继承权，两者权利性质无疑仍有差异。继承人承认（或接受）继承之后始能取得遗产之上的完全具体的权利，而在承认继承之前，继承人在继承财产上的权利完全可能因其抛弃继承而变为无权利状态。因此，在继承开始后，继承人为承认或放弃继承的意思表示前的继承权，实际上处于继承开始前“期待权状态”与承认继承后“既得权状态”的中间状态。在此状态下的继承人，虽非完全的、具体的遗产所有权人，但与继承开始前“仅有模糊期待”的继承人不同，此时的继承人权利义务范围业已确定但尚未固定，如欲成为完全的、固定的、具体的权利人，仅须为承认继承的意思表示或于抛弃继承期间未作任何表示即可。① 详言之，继承开始前被继承人可能转让其财产，此时继承人的继承顺序也无法确定且存在丧失继承权的可能，故继承开始前的继承权并非完全的、具体的权利，仅为一种“期待权”。一旦继承开始，继承顺序即于此时归诸确定，继承权的范围也有所确定，如继承人接受继承，随即即可取得完全的权利——“支配权的继承权”。若继承人未为明确的接受继承的意思表示而处于抛弃继承之法定期间，则继承人有将此权利变为完全的、具体的权利之权限，但此时尚无完全的、具体的权利存在。于此场合的继承人权利，也许可以之为“形成权的继承权”，系仅因继承人个人单方之意思表示即可发生相应权利关系变动之效果。此种形成权性质的继承权正是放弃继承自

---

① 我国原《继承法》及《民法典》继承编对于承认或放弃继承并未规定具体明确的期间，仅规定放弃继承应于继承开始后，遗产分割前作出。而遗产的分割在我国继承法中亦无时间限制，因而也是不确定的，如此不仅不利于督促继承人及时作出是否继承的选择，也会使遗产长期处于不确定状态，进而不利于交易安全和财产关系的稳定。我国学者大都建议承认或放弃继承的期间与接受遗赠的期间作相同规定，自继承人知道继承开始之日起 2 个月内作出承认或放弃继承的意思表示，逾期未表示的，视为接受继承。

由原则的体现。[1] 但我国有学者则认为：“从继承开始起至继承人实际取得遗产或表示放弃继承权为止，其继承权是介乎于继承期待权与实在的具体的既得继承权之间的一种权利。此种继承权可以称之为处于发展变化中的继承既得权。这种权利既不同于继承期待权，又不同于实在的继承既得权。”[2] 以“继承开始”与“继承承认或放弃期间之终点”将整个继承过程划分为三个阶段，继承权于不同阶段，性质各异，图示如下：

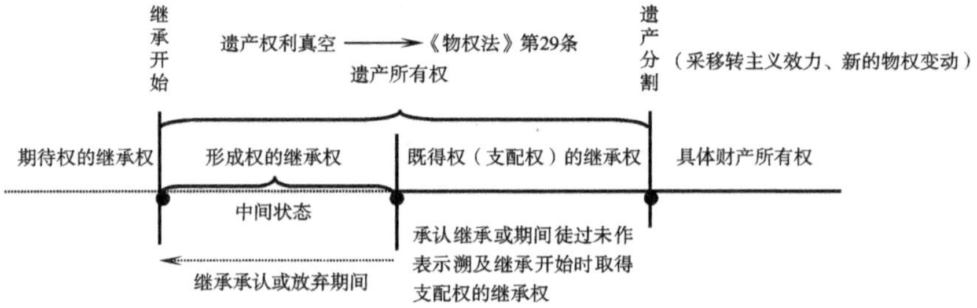

由此，继承人于继承开始后，承认或放弃继承期间所抛弃者，既非既得的财产所有权，亦非承认继承后的继承既得权，而是有转变为支配权的继承权可能的形成权的继承权。继承人只要于法定期间承认继承或不为任何表示，即可将此可能付诸实现；反之，如果继承人因其个人意欲，不欲使其发展成为支配权的继承权，而径行

---

① 遗赠也是如此，遗赠自遗嘱人死亡时即当然生效，至于受遗赠人是否知道、是否接受遗赠，均不影响遗赠的生效。遗赠生效的效力仅在于受遗赠人取得“受遗赠权”。详言之，受遗赠人的受遗赠权并非来自受遗赠人的承认，而是来自遗嘱人的遗嘱的效力，只要遗嘱生效，受遗赠人即当然取得受遗赠权。而接受（承认）或放弃遗赠只是对受遗赠权的承认或放弃，属于受遗赠权的处分。遗赠生效后是否会发生遗赠财产的所有权移转于受遗赠人的法律后果，则取决于受遗赠人是否接受遗赠。依据《民法典》之规定，受遗赠人应当在知道受遗赠之日起60日内作出接受或者放弃受遗赠的意思表示；到期没有表示的，视为放弃受遗赠。

② 刘春茂：《中国民法学·财产继承》，人民法院出版社2008年版，第423页。

予以抛弃，则此种权利发展可能性即行中断。如在法国民法，仅因被继承人死亡，尚不能决定谁为确定的继承人，即非待正在继承顺序上之继承人为承认之意思表示，或已徒过抛弃继承之法定期间，则不能决定该顺序之继承人为“确定的”继承人。因此，法国学者对未具备“（确定的）继承人”实质之继承人，即在继承开始后，而在抛弃或承认以前之继承人，均不称为继承人，而仅称为“可得继承之人”。所以，继承人放弃继承所放弃的并非遗产所有权，而是继承权且为“形成权的继承权”，遗产所有权的最终丧失仅为放弃继承所产生的间接效力。

第三，《民法典》物权编第230条之规范目的。根据原《物权法》第29条及《民法典》物权编第230条的规定，继承人自继承开始时起即取得遗产所有权，与此同时，继承人的继承期待权因继承人承认继承或于放弃继承期间不为任何表示而转化为继承既得权（支配权的继承权）。实际上，原《物权法》第29条及《民法典》物权编第230条的规范意旨是避免遗产权利处于无主状态，基于填补遗产权利真空所设。在因继承而取得物权的情况下，如果仍然适用物权变动的一般规则，势必导致遗产在被继承人死亡后至登记或交付以前，处于无主状态。① 如德国学者施默克尔认为：“根据‘立即继承顺序’或称为‘归属原则’：继承一开始，继承人立刻直接成为遗产的所有权人。《民法典》第1922条第1款提到‘继承顺序的时间点’是指被继承人的财产和权利归属于某个人不应当有片刻的不明确。必须非常明确，谁有权动用遗产，以及谁有义务承担遗产中财产和权利的责任。这类似于国家权力，在政府的交替中不允许出现无主的状况。”② 故在继承的情况下，不能够发生权利的中断。例如，在

① 最高人民法院物权法研究小组：《〈中华人民共和国物权法〉条文理解与适用》，人民法院出版社2007年版，第127页。

② ［德］马蒂亚斯·施默克尔：《德国继承法（第五版）》，吴逸越译，中国人民大学出版社2020年版，第20页。

继承人不知晓其获得遗产的情况下，并不是在其宣布接受继承遗产并且已经实际占有或登记的情况下，才真正享有遗产的所有权或其他物权，如果这样，将会出现权利真空，即无主物的情况，显然无法满足现实生活的需要。① 被继承人死亡后，其民事权利能力即告终止，其生前享有的财产权即行消灭。如遗产所有权待继承人为不动产登记或动产之交付始得享有，则在此期间遗产权利必然处于真空无主之状态。

综上所述，为防止遗产处于无主状态，原《物权法》第 29 条及《民法典》第 230 条规定因继承取得的财产，自继承开始时发生效力。遗产所有权虽自继承开始时即发生移转，但继承人能否取得既得权的继承权仍有赖于继承人于放弃继承期间的意思表示。继承人承认继承或未于法定期间内为抛弃继承的表示，则溯及自继承开始时取得既得权的继承权。反之，继承人抛弃继承，其所抛弃者乃形成权的继承权，而非支配权继承权，更非遗产的所有权，因其此时并未实际取得具体的遗产所有权。即使认为夫妻一方因继承所得的财产为夫妻共同财产，也只有在配偶一方（继承人）接受继承并经遗产分割实际取得财产所有权后，该取得始得转化为夫妻共同财产。如司法实践中相关裁判也认为："在被继承人去世后并未对遗产进行分割的情况下，继承人作出放弃继承的意思表示，系依法对自己权利的处分，是法律赋予继承人独有的权利，无须征得配偶的同意。《物权法》第 29 条的规定并不排斥继承人依据《继承法》规定享有的放弃继承的权利。继承人的配偶关于遗产自被继承人死亡后属于夫妻共同财产、继承人无权单方放弃的主张，于法无据。"② "继承人在遗产分割前作出的放弃继承权的声明的效力，追溯到继承开始时。故继承人放弃继承的，并未取得涉案房屋所有权，申请人（继

① 朱岩、高圣平、陈鑫：《中国物权法评注》，北京大学出版社 2007 年版，第 147 页。

② 参见北京市高级人民法院（2015）高民申字第 02979 号民事裁定书。

承人的配偶）所主张的夫妻共同财产尚未实际取得。”① 至于继承人因放弃继承而最终丧失了本可取得的财产，则是其放弃继承（退出继承关系）所产生的间接法律效果。所以，放弃继承无须他方配偶的同意，亦与《物权法》第29条无冲突可言。

2. 因继承与遗赠所得财产的法律性质

产生前述问题的根源不在于《继承法》之放弃继承制度与《物权法》第29条，而在于我国的《婚姻法》关于夫妻共同财产的规定。即关于在婚姻关系存续期间，配偶一方因继承、受遗赠（包括赠与）所得的财产究竟为夫妻共同财产抑或个人财产？该问题在婚姻法学界存在较大的争议，在修正1980年的《婚姻法》时也进行过激烈的争论，主要存在三种不同的观点，兹述如下：

一为“个人财产说”。主流观点认为，配偶一方于婚姻关系存续期间，因继承或受遗赠（包括赠与）所得的财产为个人财产。因为工资奖金、生产经营收益等通常都包含着另一方配偶在家务、劳动方面以及精神上、物质上的付出和支持，但是因继承、受遗赠或赠与所得的财产具有严格的人身属性。此类财产的取得虽发生于婚姻关系存续期间，但与婚姻关系本身毫无关联，配偶他方对此也无丝毫贡献，仅仅因存在婚姻关系即享有共有权，有失公允。若在婚姻法上规定夫妻一方继承的财产为夫妻共有，让本无继承权之配偶他方仅仅因为婚姻之缔结而取得遗产所有权，其结果无异于变相扩大了法定继承人的范围，从而造成《婚姻法》与《继承法》的冲突与不相协调。

实际上，“配偶一方因继承或受赠与（包括遗赠）所得的财产属于个人财产”也是大多数国家或地区的立法通例。② 如《瑞士民

---

① 参见海南省高级人民法院（2016）琼民中字第798号民事裁定书。

② 廖光中：《继承和受赠财产为夫妻共同财产质疑》，载《政治与法律》1988年第6期；陈苇：《完善我国夫妻财产制的立法构想》，载《中国法学》2000年第1期；章戈：《夫妻财产关系的几个问题》，载《法学研究》1985年第2期；王洪：《婚姻家庭法热点问题研究》，重庆大学出版社2000年版，第168页。

法典》第198条规定："根据法律的规定，下列财产为配偶一方个人所有的财产：……2. 配偶一方结婚时所有的财产，或在婚姻关系存续期间因继承或以其他无偿方式取得的财产……"《意大利民法典》第179条规定："下列物品属于夫妻个人财产：……（b）配偶一方在婚后取得的、在遗嘱或赠与文书中未特别表明属于共同财产的遗产或赠与……"《法国民法典》第1405条规定："在婚姻期间夫妻双方各自因继承、遗赠或赠与而取得的财产，仍为各自的个人财产。"《埃塞俄比亚民法典》第647条规定："配偶一方在婚后通过继承、受赠与而无偿获得的财产，仍为其个人财产。"《俄罗斯联邦民法典》第36条规定："夫妻在婚姻关系存续期间作为礼物、通过继承或基于其他无偿法律行为所取得的财产（夫妻个人财产），分别归各自所有。"《澳门民法典》第1604条及第1584条规定，因继承或赠与而取得之财产为个人财产，但赠与人或遗嘱人规定该等财产须归入共同财产内的除外。《菲律宾家庭法》第92条规定："下列财产不属于夫妻共同财产：一、夫妻单方在婚姻关系存续期间无偿取得的财产及其孳息；但遗嘱人、赠与人或财产授予人明确表示为夫妻共同财产的除外……"《越南婚姻家庭法》第16条规定："夫妻各方在婚姻关系存续期间单独继承或接受赠与的财产，各方均有权决定列入或不列入夫妻共同财产之中。"在美国，虽然各州法律规定有所不同，但一般而言，配偶各方在婚姻关系存续期间所得的所有财产均为共同财产，但赠与和继承所得除外。① 梁慧星教授主持起草的"民法典草案建议稿亲属编"第1680条规定："下列财产，为夫妻共同共有：……（四）双方共同受遗赠或者共同受赠与的财产……"明确将因继承而取得的财产排除在夫妻共同财产之外。随即在第1682条规定："下列财产属于夫妻一方所有：……（三）一方继承、受遗赠

① ［美］哈里·D. 格劳斯、大卫·D. 梅耶：《美国家庭法精要》，陈苇译，中国政法大学出版社2007年版，第66页。

或受赠与的财产……”①

二为“共同财产说”。少数学者认为，我国继承法所规定的继承人，都是与被继承人具有血缘或婚姻关系的人，这些人在被继承人生前通常对其尽过赡养义务，这就意味着其对死者生前做出过一定的贡献，因而并不能说一方配偶（继承人）因继承所得的财产与他方配偶完全无关。并且“帮助家庭完成养老育幼”是我国《继承法》的一项重要功能，只有将夫妻一方因继承或受遗赠（或赠与）所得的财产归夫妻共同所有，才能更好地实现上述家庭职责。② 在国外立法例中，采共同财产说的属于少数，如根据《德国民法典》第1418条的规定，配偶一方基于遗嘱或第三人向其无偿给予所得的财产为保留财产（系个人财产——笔者注），但以被继承人的遗嘱或第三人给予时指定该财产应为保留财产的为限。③ 此外《魁北克民法典》第450条规定：“配偶一方在夫妻财产制存续期间因继承或受赠所得的财产为个人财产，但以遗嘱人或赠与人规定了此等财产为该配偶的个人财产为条件。”

三为“折中说”。该说认为，将夫妻一方因继承或接受赠与所得的财产绝对地认定为个人财产或共同财产均有失偏颇。考虑到现实生活实践中，实际上是由夫妻双方共同履行对父母的赡养义务，因此夫妻一方因继承、遗赠、接受赠与等无偿方式所得的财产是否为夫妻共同财产，取决于他方配偶所尽赡养义务的多少以及婚姻关系存续时间的长短，如此更能体现权利与义务相一致的原则。④

---

① 梁慧星：《中国民法典草案建议稿附理由·亲属编》，法律出版社2004年版，第68页、第73页。

② 蒋月：《夫妻的权利与义务》，法律出版社2001年版，第145页；蔡福华：《夫妻财产纠纷解析》，人民法院出版社2003年版，第45—46页。

③ ［德］迪特尔·施瓦布：《德国家庭法》，王葆莳译，法律出版社2010年版，第114页。

④ 郑小川、于晶：《亲属法原理·规则·案例》，清华大学出版社2006年版，第29页。

我国2001年修正的《婚姻法》第17条即采取了“共同财产说”，学界及司法实务界对此条第4项规定之批判从未间断，但对于多数学者的质疑，立法并未作出相应的改变。相反，2011年《最高人民法院关于适用〈中华人民共和国婚姻法〉若干问题的解释（三）》[以下简称《婚姻法司法解释（三）》]第15条、《最高人民法院关于适用〈中华人民共和国民法典〉婚姻家庭编的解释（一）》[以下简称《民法典婚姻家庭编解释（一）》]第81条[①]以及《民法典》婚姻家庭编第1062条进一步延续了“共同财产说”。在《民法典》编纂过程中，也有意见指出，目前一些国家采用的婚后所得共同制一般是指夫妻通过劳动获得的财产，非劳动所得的财产，如继承、受赠的财产等应当规定为夫妻的个人财产。关于继承的财产，儿媳、女婿不在法定继承人范围之内，如果将一方继承的财产作为夫妻共同财产，等于扩大了法定继承人的范围，与继承法的规定相悖。而遗嘱继承则体现了强烈的个人意志，遗嘱人将其财产指定由特定的人继承，体现了对其所拥有财产的处分权，如果将夫妻一方因遗嘱继承而得到的财产视为夫妻共同财产，等于变更了遗嘱，违背了遗嘱人的意愿，限制了其对财产的自由处分权。[②] 但立法机关认为，上述观点在于维护个人财产权，是实行分别财产制的理论基础，因此与实行共同财产制的理念相对立。共同财产制更多地关注的是家庭，是夫妻共同组成的生活共同体，而不是个人，所以夫妻一方经法定继承或遗嘱继承的财产，同个人的工资收入、知识产权收益一样，均为满足婚姻共同体存在的必要财产，应归夫妻共

---

① 该条规定：“婚姻关系存续期间，夫妻一方作为继承人依法可以继承的遗产，在继承人之间尚未实际分割，起诉离婚时另一方请求分割的，人民法院应当告知当事人在继承人之间实际分割遗产后另行起诉。”

② 黄薇主编：《中华人民共和国民法典婚姻家庭编解读》，中国法制出版社2020年版，第104页。

同所有。①

但随着我国经济社会的快速发展和居民生活消费水平的不断提高，广大民众的个人财富得到了大幅度的积累和增加，房产、机动车等价值较高的生活资料普遍成为继承和赠与的标的。将此类财产作为继承人或受赠人与配偶他方共同共有的弊端不断显现。正如有学者分析：“按照《婚姻法》的规定，配偶一方因继承、接受赠与等无偿方式所得的财产，在绝大多数情况下均为夫妻共同财产。因为婚后一方通过法定继承方式所得的财产，不可能具有《婚姻法》第18条第3项所规定的条件。另外，婚后一方通过遗嘱继承、受遗赠或接受赠与所得的财产，除非遗嘱人或赠与人在遗嘱或赠与合同中明确表示只归配偶一方所有，否则仍然为共同财产。”② 而且如何理解《婚姻法》该条规定中的“确定”亦即究竟达到何种程度始可称之为“确定”。有人认为，只有原财产所有人在遗嘱或赠与合同中明确表示必须排除受赠人配偶权利的情况下，才能被认定为“确定只归一方所有”。如赠与合同中只有“赠与某某”尚不能构成“确定”，因为通常赠与合同也是如此，只有“赠与某某本人”或“完全由某某享有占有、使用、收益、处分权利”即排除了配偶方的权利方为“确定”。③ 如此严格的条件要求，致使遗嘱人或赠与人除了写明继承人或受赠人的姓名外，还必须写明将财产给予其“个人”所有，从而在遗嘱或赠与合同中是否存在“个人或本人”字样决定了遗产是否属于夫妻共同财产。这种规定更像是一种文字游戏，在我们通常的语言表达中，并没有在名字之后加上“个人”两字的习惯。④

---

① 黄薇主编：《中华人民共和国民法典婚姻家庭编解读》，中国法制出版社2020年版，第105页。

② 王洪：《婚姻家庭法》，法律出版社2003年版，第130页。

③ 裴桦：《夫妻共同财产制研究》，法律出版社2009年版，第128页。

④ 王竹青：《〈婚姻法〉第17条第4项立法之商榷》，载《河北法学》2012年第7期。

这种法律推定极可能违背遗嘱人或赠与人的意思，导致立法者的意思（推定的意思）凌驾于主体意思之上，有违意思自治原则。

所以，笔者认为对于上述冲突的解决，应当修改的是《婚姻法》而非《继承法》，即夫妻一方在婚姻关系存续期间，因继承、受遗赠或接受赠与所得的财产应明确规定为个人财产，除非遗嘱或赠与合同中确定归夫妻双方。也就是说，《民法典》婚姻家庭编第 1062 条第 1 款第 4 项（原《婚姻法》第 17 条第 1 款第 4 项）与《民法典》婚姻家庭编第 1063 条第 3 项（原《婚姻法》第 18 条第 3 项）规定之间的立法逻辑应当颠倒。如葡萄牙学者认为："夫妻各方因继承或赠与获得之财产并非源自使取得共同财产制有理由的夫妻双方的共同努力。没有必要区分是法定继承或自愿继承，或是遗产还是遗赠。但是，如果赠与人或遗嘱人规定须归入共同财产内，则归入之，如果慷慨行为是对夫妻双方共同作出的，应该理解为归入共同财产的意思。"① 一方于婚姻关系存续期间所得之财产是否属于夫妻共同财产应当以该财产是否包含着配偶他方的"贡献或协力"② 为标准（通过《婚姻法》第 40 条的规定③亦可推知）。如果一项财产的取得离不开他方配偶的贡献或协助，则应当认定为夫妻共同财产；反之，如果一项财产的取得（尤其是无偿取得的财产）与他方配偶的贡献无关，通常应认定为一方的个人财产。而《婚姻法》第 17 条规定的工资、奖金、知识产权收益、生产经营收益等无不体现包含着配偶他方在家务劳动、照料子女等方面的付出或物质上、精神上的帮助

---

① ［葡］威廉·德奥利维拉、弗朗西斯科·佩雷拉·科埃略：《亲属法教程》，林笑云译，法律出版社 2019 年版，第 479—480 页。

② 我国学者一般称之为"协力理论"。参见薛宁兰、许莉：《我国夫妻财产制立法若干问题探讨》，载《法学论坛》2011 年第 2 期；贺剑：《夫妻个人财产的婚后增值归属》，载《法学家》2015 年第 4 期。

③ 《婚姻法》第 40 条规定："夫妻书面约定婚姻关系存续期间所得的财产归各自所有，一方因抚育子女、照料老年人、协助另一方工作等付出较多义务的，离婚时有权向另一方请求补偿，另一方应当予以补偿。"

与支持。但因继承或接受赠与而无偿取得的财产，很难谓体现着对方配偶的贡献。值得说明的是，《民法典》婚姻家庭编第 1088 条将原《婚姻法》第 40 条修改为："夫妻一方因抚育子女、照料老年人、协助另一方工作等负担较多义务的，离婚时有权向另一方请求补偿，另一方应当给予补偿。具体办法由双方协议；协议不成的，由人民法院判决。"本条实际上是对家务劳动价值的认可，使经济地位较弱而承担较多家务劳动的一方在离婚时享有经济上的补偿。立法机关认为："做家务劳动的一方对维持婚姻所作的无形贡献是积累家庭财富的间接方式，对家庭财富积累的贡献与另一方是对等的，对家庭财产享有平等的所有权。家庭中的家务劳动者通过家务劳动、子女抚养而对婚姻的贡献，与另一方外出工作获取收入维持家计扶养家庭成员有同等的价值。因此，当婚姻关系终结之时，不论夫妻财产是分别财产制，还是共同财产制，离婚分割财产时，如果他们的利益得不到保障，将对子女的成长极为不利，对社会的稳定产生重大影响。"① 也就是说，根据《民法典》婚姻家庭编第 1088 条的规定，不论是夫妻分别财产制抑或共同财产制，只要一方因抚育子女、照料老年人、协助另一方工作等付出较多义务的，离婚时均有权请求家务劳动补偿。笔者认为，在夫妻双方实行分别财产制的前提下，承认离婚时的家务劳动补偿值得赞同。但夫妻共同财产制背后隐含的逻辑就是推定（上述立法机关也同样承认）夫妻双方对家庭的贡献是相等的。②"在取得共同财产制中，不仅带给婚姻的财产，而且以无偿方式取得之财产均不得归属共同财产。仅在婚后以有偿方式取得之财产才可归属于共同财产。这就是该制度定义的总思想，体

---

① 黄薇主编：《中华人民共和国民法典婚姻家庭编解读》，中国法制出版社 2020 年版，第 229 页。

② 当然，基于"协力或贡献理论"的夫妻共同财产制背后隐含的逻辑是推定，既然是一种推定，则可被推翻，即离婚时如果有证据证明某项或某几项财产并未体现夫妻他方的贡献或协力，则不应作为共同财产。

现夫妻双方仅仅在增强婚姻财产中合作的财产才可归属共同财产的思想。”① 既然如此，则不论夫妻双方的具体分工如何，也不论双方具体付出的价值多少甚至有无付出，“即便一方收入上亿元，另一方什么都没做，我们也应推定这上亿元的收入中有配偶一半的贡献，在此种背景下，再去探讨‘家务劳动’的经济价值，显然是重复计算”②。并且，在夫妻共同财产制背景下，再去探讨家务劳动价值，将引发一个危险的逻辑即“实质性地评价各方对家庭的贡献”，进而导致夫妻共同财产制的崩溃，最终导致原本保护家庭弱势一方利益的立法初衷沦为戕害其利益的工具。同时，《民法典》在规定夫妻一方因继承、受赠所得财产（并不体现另一方贡献）为夫妻共同财产时，立法机关在“权利（共同财产）取得上”强调共同财产制更多地关注的是家庭，是夫妻共同组成的生活共同体，而不是个人；而在“义务（家务劳动）承担上”反而抛开家庭生活共同体，强调一方个人的家务劳动价值，这种逻辑有违“权利义务相一致”原则，难谓公允！

尽管“共同财产说”认为，继承人继承遗产之前往往对被继承人尽过赡养义务，而赡养义务的履行通常需要他方配偶的协助，因此不能说因继承得到的财产与他方配偶完全无关。对此，有学者认为：“如果对方配偶对被继承人、赠与人有贡献，应给予必要的补偿。”③ 即通过赋予有贡献配偶以补偿请求权来弥补某些情况下将一方因继承所得之财产规定为个人财产所致之不公平现象。该项补偿请求权的基础，可准用《婚姻法》第 40 条之规定。此外，虽然依照《婚姻法》第 17 条第 1 款第 4 项之规定，因继承所得之财产为夫妻共同财产，但如要现实地取得具体的财产，仍有赖于遗产的分割。

① ［葡］威廉·德奥利维拉、弗朗西斯科·佩雷拉·科埃略：《亲属法教程》，林笑云译，法律出版社 2019 年版，第 474 页。

② 龙俊：《夫妻共同财产的潜在共有》，载《法学研究》2017 年第 4 期。

③ 裴桦：《夫妻共同财产制研究》，法律出版社 2009 年版，第 197 页。

遗产分割是抽象的遗产所有权转化为具体的财产所有权的时点，也是继承权全面向所有权转化的标志。根据《民法典婚姻家庭编解释(一)》第81条的规定，遗产分割更是离婚时另一方配偶请求分割作为夫妻共同财产的一方继承所得财产的条件与前提。但问题是遗产究竟何时分割，完全取决于继承人的意思。更何况我国的现实情况是，继承人通常不会在父母一方死亡而另一方依然健在的情况下，分割死亡父母一方的遗产，而是维持现状直到父母另一方死亡。尽管作为继承人的夫妻一方的继承权已经成为继承既得权，但出于尊重传统习惯和尊重老人情感等考虑，实际分割遗产时可能是几年甚至几十年之后的事情。有专门从事婚姻继承业务的律师也提出："鉴于现行离婚率逐渐增高，有的人结婚目的很明确，就是为了房子，甚至有骗婚现象，多数老人在立遗嘱时，都会主动提出或经律师或公证人员解释后态度非常明确地表示，遗产只给自己的子女，不给子女的配偶，即所谓'排除配偶共有权'。"① 并且，如果离婚时他方配偶请求分割一方继承所得的财产，继承人之间完全可能借故拖延遗产分割，如此势必架空《民法典婚姻家庭编解释（一）》第81条的规定，更使得《民法典》第1062条第4项规定形同虚设。私有财产制度建构在人类本能之利己心上，而所有权人往往希望于死亡后，将其财产留给其最亲近之亲属，因此承认遗嘱之自由，若未立遗嘱而死亡时，立法者乃推测被继承人之意思，以法定继承人之资格与顺序。也就是说，"法定继承本质上乃是对被继承人处分其财产意愿的最普遍、最一般的推定。法定继承是'推定的遗嘱'"②。因而可以说，不论是法定继承抑或是遗嘱继承均饱含着对被继承人生前意愿的尊重。那么，从被继承人的角度出发，将其毕生所累积的

---

① 杨晓林、段凤丽：《对法定继承的财产为夫妻共同财产之质疑》，载陈苇：《中国继承法修改热点难点问题研究》，群众出版社2013年版，第257页。

② 陈益民：《谈法定继承与遗嘱继承的统一》，载《政法论坛》1986年第5期。

财产留给自己的子女，在通常情况下无疑是一般人的最朴素、最自然的意愿，也是私有制得以确立的根本。《民法典》第 1062 条第 4 项规定无疑违背了被继承人的一般意愿（真实或推定的意愿）。

在《民法典》婚姻家庭编并未对原《婚姻法》作出修改的情况下，我们也可以作相应的解释。即使按照《民法典》婚姻家庭编第 1062 条之规定，因继承所得之财产为夫妻共同财产，也应将这里的“所得的财产”解释为遗产分割后继承人实际取得的财产。虽然根据《民法典》物权编第 230 条的规定，继承人自继承开始即取得遗产所有权，但其立法目的是避免被继承人死亡后其财产所有权陷入权利真空状态，即避免遗产成为无主财产。所以，继承人（夫或妻）只有经遗产分割而实际取得财产之后，其所取得的财产才能依据《民法典》第 1062 条的规定被认定为夫妻共同财产。此外，根据《民法典》第 1062 条第 4 项的规定，在婚姻关系存续期间，夫妻任何一方无论是基于法定继承抑或遗嘱继承所得的财产，除遗嘱明确为一方的外，均为夫妻共同财产。因此，也可通过颁布司法解释的方式对《民法典》第 1062 条第 4 项规定的“继承”予以目的性限缩解释为“遗嘱继承而不包括法定继承”，从而与《民法典》第 1063 条第 3 项规定的“遗嘱或赠与合同中确定只归夫或妻一方的财产”相对应。即因遗嘱继承所得的财产除遗嘱中明确为夫妻一方的外，为夫妻共同财产。如此可以在未修法的情况下，最大限度地弥补立法之不足，并减少一方因继承所得财产被归入夫妻共同财产的机会。同时，在此前提下，遗嘱人也可以通过在遗嘱中尽量明确遗产归一方所有的意思，来缓和立法之缺陷。

第二节　因遗赠发生的不动产物权变动

遗赠，是指遗嘱人通过遗嘱无偿给予受遗赠人以财产利益的单方法律行为。在我国立法上，遗赠的性质虽属法律行为，但与遗产继承适用同样的物权变动规则。即因继承或受遗赠而取得物权的，均不适用以登记或交付为物权变动生效要件的一般物权变动规则，而是于继承或受遗赠开始时发生物权变动的效力。[①] 此为我国原《物权法》第29条所明定。但是同时我们也注意到，在其他国家或地区的民事立法中，在物权变动方面并未将遗赠与继承同等对待，而是仅将遗产继承规定为非基于法律行为的物权变动类型之一。如《韩国民法典》第187条、《瑞士民法典》第656条等。

遗赠因遗嘱而发生，而遗嘱之法律性质为法律行为，则是否应将其纳入非基于法律行为发生的物权变动范围，在物权法立法过程中曾存在很大的分歧。如有学者认为："遗赠属于法律行为，受遗赠取得物权应属于基于法律行为的物权变动。受遗赠人还有一个是否接受遗赠的意思表示的必要，如果受遗赠人不接受遗赠，遗赠就不能生效。"[②] 还有学者认为："只有依法定继承发生的物权变动，才属于非依法律行为发生的物权变动，而依遗嘱继承或者遗赠发生的物权变动，则属依法律行为发生的物权变动，但考虑到遗嘱或遗赠均属死因行为，因此物权变动的时间上与法定继承相同，而与一般基于法律行为发生的物权变动不同，尤其是在标的物为不动产的场合，遗嘱继承与遗赠均不以办理登记为物权变动的要件，因此物权法将遗嘱继承和遗赠与法定继承一并予以规定。"[③]

遗赠能否与继承同样看待，从而遗赠标的物的所有权自遗赠开始时（遗赠人死亡之时亦即继承开始之时）即当然移转于受遗赠人？还是须经交付或登记始可发生遗赠标的物物权变动的效力？对此，笔者不敢苟同上述孙宪忠教授的观点，遗赠的确是自遗赠人死亡时

---

① 最高人民法院物权法研究小组：《〈中华人民共和国物权法〉条文理解与适用》，人民法院出版社2007年版，第127页。

② 孙宪忠：《中国物权法总论》，法律出版社2018年版，第366页。

③ 吴光荣：《物权诉讼：原理与实务》，人民法院出版社2009年版，第506页。

即当然发生效力，而且受遗赠人是否知悉遗赠开始之事实、是否为接受遗赠的意思表示，均不影响遗赠的生效。因遗赠乃无相对人之单方法律行为，故并不以相对人的同意为其生效要件。但是遗赠生效的效力仅在于使受遗赠人取得受遗赠权而非遗赠标的物之所有权。遗赠标的物之所有权仍须由继承人或遗产管理人经遗产清算后交付或登记与受遗赠人始能发生移转。受遗赠人为接受遗赠的意思表示仅仅是对受遗赠权的一种认可或承认，此从《民法典继承编解释(一)》第38条的规定中亦可得知。[①] 实际上，在物权变动方面，遗赠能否与继承同等对待并非取决于遗嘱本身是否为双方法律行为，而是与各国所采取的“遗嘱继承与遗赠关系的立法模式”以及物权变动模式密切相关。

一、遗嘱继承与遗赠同一立法模式

所谓遗嘱继承与遗赠同一立法模式，是指不区分遗嘱继承与遗赠的立法模式。凡是遗嘱人通过遗嘱的方式将遗产指定给予他人，不论遗产的内容是积极财产还是消极财产，也不论被指定之人是法定继承人抑或法定继承人以外的人，均称为遗赠。在采此模式的立法例中，遗赠均被区分为“概括遗赠”与“特定遗赠”。

所谓“概括遗赠”，也称为“包括遗赠”，是指遗赠人抽象地以其遗产的一部或全部作为遗赠的内容，例如给予受遗赠人以遗产的三分之一或全部的遗赠。于概括遗赠，不论是遗赠人的积极财产，还是其消极财产除一身专属者外，均可作为遗赠之标的，即包括权利义务一并为遗赠。而所谓“特定遗赠”，则是指遗赠人以具体的某特定财产为标的的遗赠。特定遗赠恒以权利以及其他积极财产上的

① 该条规定：“继承开始后，受遗赠人表示接受遗赠，并于遗产分割前死亡的，其接受遗赠的权利移转给他的继承人。”

利益为内容。[①] 唯应注意者，特定遗赠，并不限于特定物的遗赠，不特定物的遗赠，也为特定遗赠。如以债权为标的的特定遗赠，不论是种类债权、特定债权、选择债权抑或金钱债权等均为特定遗赠。且免除债务者，亦为特定遗赠。此外，不论是物权还是知识产权，凡非属一身专属性的财产权，均得为特定遗赠的标的。总而言之，以抽象的遗产的一定比例作为遗赠之标的者即为概括遗赠，反之即为特定遗赠。因此，该模式可称为“承认概括遗赠的立法模式”，大陆法系中的法国、日本、韩国、意大利、埃塞俄比亚等国即采此模式。如《意大利民法典》第 588 条规定：“遗嘱人在遗嘱处分中不论使用了怎样的称呼或表达方式，只要包括了遗嘱人的全部或部分财产，就是赋予受遗赠人以继承人资格的概括遗嘱处分。其他处分则是赋予受遗赠人资格的特殊遗嘱处分。”《日本民法典》第 964 条规定：“遗嘱人可以概括或特定之名义，处分其财产之一部或全部。但不能违反本法关于特留份份额之规定。”《埃塞俄比亚民法典》第 912 条规定：“概括遗赠是遗嘱人召集一人或数人接受其财产的全部或一部的单纯所有权或完全所有权的处分。”并且在承认概括遗赠的立法例中均规定：“概括遗赠的受遗赠人拥有与法定继承人相同的法律地位，享有与法定继承人同样的权利和义务。”[②] 法国最高法院民事庭（1851 年 8 月 13 日）即指出：“全部概括遗赠受领人，不论是否占有遗赠物，以及部分概括遗赠受领人，如同继承人本身一样，都是真正的部分概括继承人，享有相同的权利，承担相同的义务

---

① 如《法国民法典》第 871 条规定：“部分概括遗赠的受遗赠人与共同继承人一起，按照其获得利益的比例，分担遗产的债务与负担。但特定遗赠的受遗赠人，除遗赠的不动产上有关抵押权的请求权以外，对债务与负担不承担义务。”第 2012 条规定：“部分概括受遗赠的受遗赠人，应如同全部概括遗赠的受遗赠人，按照其个人分配份的比例，负担清偿遗产上负有的债务与负担，并且对受遗赠的财产上的抵押债务与债务，负全部清偿义务。”

② 《日本民法典》第 990 条、《韩国民法典》第 1078 条、《埃塞俄比亚民法典》第 915 条。

(负担)。”① 因此，既然概括遗赠的受遗赠人与继承人的法律地位一样，则作为概括遗赠标的的不动产自亦无须经登记而于遗嘱人死亡时即发生物权变动的效力，换言之，概括遗赠具有物权性的效力。正因如此，《法国民法典》第 1009 条规定：“如全部概括遗赠的受领人与依据法律规定可以保留部分遗产的继承人同时继承遗产，遗赠受领人对遗嘱人之遗产的债务与负担，按照其受领财产份的比例负清偿义务，并且对受遗赠的财产上的抵押债务与负担，负全部清偿义务；全部概括遗赠的受领人还应负担给付其他一切遗赠，但第 926 条与第 927 条所规定的减除情形，不在此限。”

对于特定遗赠而言能否直接导致物权变动则与物权变动模式密切相关。经笔者考察各国立法例得出：凡是承认概括遗赠的国家，其物权变动均采意思主义模式。因此，不仅概括遗赠具有物权性的效力，特定遗赠也不例外。如在法国民法，以某项不动产为标的之特定遗赠的受遗赠人，与在遗赠之前（遗赠之后的转让被视为遗赠的撤回②）从遗赠人处购入该项不动产者之间的争议，根据誊记之先后而决定。实际上这原本是双重转让，只不过，因死亡原因而发生的物权变动的证书未为誊记（登记），所以，特定遗赠的受遗赠人属于未经誊记不能对抗。然而，在两个特定遗赠的受遗赠人之间所产生的争议，因为在后的遗赠使得在先的遗赠失效（在先的遗嘱视为被在后的遗嘱撤销）③，故问题即在于确定遗嘱之先后。而在特定遗赠的受遗赠人与概括遗赠的受遗赠人之间，因为概括遗赠的受遗赠人与继承人拥有同等法律地位，所以其继受的乃是被继承人的权利和义务，因而，特定遗赠的受遗赠人总是优先于概括遗赠的受遗

---

① 《法国民法典（上册）》，罗结珍译，法律出版社 2005 年版，第 751 页。

② 《法国民法典》第 1038 条。

③ 《法国民法典》第 1036 条。

赠人。[①] 在日本民法也是如此，学说上关于特定遗赠，虽然存在“物权效力说”与“债权效力说”之分歧，但日本判例与多数学者均采物权效力说。[②] 日本判例也认为：“遗赠只不过是根据遗嘱将财产权赠与受遗赠人的遗嘱人的意思表示而已。虽然遗嘱人的死亡期限是不确定的，但在基于该意思表示而发生的物权变动的效果方面则与赠与是相同的。因此，即使遗赠生效，在基于遗赠而发生的所有权变动未进行登记之际，应解释为该物权变动并未发生完全的排他性效力。而且从‘民法’第 177 条广泛要求物权变动以登记为对抗要件的规定来看，其并没有将遗赠作为例外的理由。所以，即使是遗赠也应与不动产的双重转让等相同，应以登记为物权变动的对抗要件。”[③] “属于遗嘱人所有的特定不动产被遗赠时，标的不动产的所有权在遗嘱因遗嘱人死亡而发生效力的同时，移转至受遗赠人。因此，即使在有遗嘱执行人的情形中，作为基于所有权的排除妨害，受遗赠人也可以就上述不动产请求撤销为继承人或第三人所作的无效登记。”（最高裁判所昭和 30 年 5 月 10 日）[④] “继承人将遗赠标的不动产让与给第三人，或为第三人在遗赠标的不动产上设定抵押权，并作出登记的，继承人的上述处分行为也是无效的。受遗赠人无需登记遗赠标的不动产的所有权取得，即可对抗作为上述处分行为相对人的第三人。”（大判昭和 5 年 6 月 16 日）[⑤] 再如《巴西民法典》

---

① 参见［日］星野英一：《现代民法基本问题》，段匡、杨永庄译，上海三联书店 2012 年版，第 352—353 页。

② ［日］田山辉明：《物权法》，陆庆胜译，法律出版社 2001 年版，第 91 页。

③ 日本最高法院昭和 39 年 3 月 6 日判决，参见［日］近江幸治：《民法讲义Ⅱ：物权法》，王茵译，北京大学出版社 2006 年版，第 91 页。

④ 王融擎编译：《日本民法条文与判例（下册）》，中国法制出版社 2018 年版，第 904 页。

⑤ 王融擎编译：《日本民法条文与判例（下册）》，中国法制出版社 2018 年版，第 904 页。

第1923条规定："继承开始后，遗产财团中除遗赠附停止条件的外，既存的特定物成为受遗赠人所有。"《意大利民法典》第649条第2款规定："遗嘱人以其对特定物的所有权或享有的其他权利为遗赠的，受遗赠人自遗嘱人死亡时起即取得该所有权或其他权利。"《阿根廷民法典》第3766条规定："特定物的受遗赠人，自遗嘱人死亡时起即成为所有权人，并且其接受遗赠的权利可由其继承人继受。遗赠物的孳息、增值、损坏与灭失也由他享有或承受。"

综上所述，在采遗嘱继承与遗赠同一立法模式或承认概括遗赠的立法例，不论是概括遗赠还是特定遗赠都具有物权性效力，遗赠物的所有权均自遗嘱人死亡时起即发生物权变动之效力。唯应注意者，对于特定遗赠而言，因承认概括遗赠的立法例均采意思主义的物权变动模式，所以受遗赠人虽于遗嘱人死亡时即取得遗赠物之所有权，但该所有权的取得未经登记不得对抗第三人。而在概括遗赠的场合，因受遗赠人拥有与继承人相同的法律地位（均为权利义务的概括承受人），所以受遗赠人与遗赠人可视为同一人①，通常不发生对抗第三人的问题。

二、区分遗嘱继承与遗赠立法模式

区分遗嘱继承与遗赠立法模式系严格区分遗嘱继承与遗赠的立法模式。各国关于遗嘱继承与遗赠的区分标准又有所差异，主要存在三种立法例。

一为以"承受遗产之人是否同时负担遗产债务"为区分遗嘱继承与遗赠的标准。在此立法例中，凡仅承受积极财产的即为遗赠，凡既承受积极财产也负担遗产债务的即为遗嘱继承。至于遗嘱继承人与受遗嘱人的范围则不作任何要求，法定继承人范围以

---

① 如《奥地利民法典》第547条规定："一旦继承人接受了遗产，就遗产而言，其就代表被继承人。在涉及第三人时，继承人和被继承人被视为一个人。"

内或以外之人均可成为遗嘱继承人或受遗赠人。在此立法例下，遗嘱继承的本质是遗嘱人指定继承人（不论何人只要被指定，均可成为继承人）。采此立法例者，主要为德国、瑞士等大陆法系国家或地区。

二为在承受遗产之人是否同时负担遗产债务之基础上，以遗嘱人指定继承人的范围为标准区分遗嘱继承与遗赠。在此种立法例下，遗嘱继承人仅限于法定继承人范围以内之人，而受遗赠人则既可以是法定继承人范围以内之人，也可以是法定继承人范围以外之人。所以，究其本质，遗嘱继承只不过是遗嘱人对全体或部分法定继承人继承份额的调整与安排。采此立法例者，主要为日本。

三为在承受遗产之人是否同时负担遗产债务之基础上，以遗嘱继承人与受遗嘱人范围之不同区分遗嘱继承与遗赠。在此立法例下，遗嘱继承人只能是法定继承人范围以内之人，而受遗赠人则只能是法定继承人范围以外之人。我国原《继承法》与《民法典》即采此区分标准。在采“遗嘱继承与遗赠区分”模式的立法例中，通常不承认概括遗赠，遗嘱人不能抽象地将其全部或部分遗产赠与受遗赠人。倘若遗嘱人将自己全部或部分遗产赠与他人，则称为遗嘱继承而非遗赠。同样，继受遗产的人则是遗嘱继承人或指定继承人，而非受遗赠人。如《德国民法典》第 1939 条［遗赠］规定：“遗嘱人可以通过遗嘱将其财产上之利益给与他人，而并不指定该他人为继承人。”第 2087 条［指定继承人］规定：“被继承人指定将其全部或部分遗产遗赠与他人的，即使没有明示以该他人为继承人，也应认定其为指定继承人。而仅遗赠个别物件者，即使被继承人明示以受遗赠人为继承人，如有异议，也不得认定该受遗赠人为继承人。”《智利民法典》第 1097 条规定：“不论以何种字词称呼他们，即使其在遗嘱中被称为受遗赠人从而概括地受分配，亦为继承人。他们代表遗嘱人的人格而继受其一切可移转的权利与义务。”

正因如此，区分模式也称为“不承认概括遗赠模式”。如上所述，继承人不但继受遗产利益同时也负担遗产债务，而遗赠实际上即为遗产债务的一种。① 在罗马法上也区分遗嘱继承与遗赠，并且实行概括继承原则，即一个人（或几个人共同）继承另一个人的全部的权利和义务。遗嘱的首要目的就是确保遗产作为一个整体的转让。② 罗马法中通行的遗赠方式有四种形式，即指物遗赠、嘱令遗赠、容许遗赠与先取遗赠③，其中两种是基本形式。这两种基本形式的区别主要在于：一种使受遗赠人获得对遗赠物的物权；另一种则使受遗赠人获得针对继承人的债权，后者应当向前者实行交付。④ 这两种基本形式可以总结为"直接遗赠"与"间接遗赠"。直接遗赠的结果是，一旦遗嘱由于继承人的进入而生效，遗赠物的所有权就转移给受遗赠人，后者便可提起所有权之诉，以便从继承人或任何恰好占有该物的其他人手中取得它。间接遗嘱则并未赋予受遗赠人以对物的权利，它只是设立一种

① 如《德国民法典》第1967条规定："继承人对遗产债务负责任。除由被继承人招致的债务以外，涉及继承人本人的债务，特别是因特留份权利、遗赠和负担而发生的债务，也属于遗产债务。"

② ［英］巴里·尼古拉斯：《罗马法概论（第二版）》，黄风译，法律出版社2004年版，第251页。

③ 指物遗赠，即遗赠人直接移转遗赠标的物的市民法所有权于受遗赠人。这种遗赠发生移转所有权的效力，只要继承人承认继承，受遗赠人即可取得遗赠物的所有权，无须再由继承人将遗赠物的所有权移转给受遗赠人。此种遗赠是一种物权关系，也称为"直接遗赠"。嘱令遗赠，即遗赠人在遗嘱中命令其继承人，对受遗赠人为某项的给付。此种遗赠只发生债的关系，不发生物权效力，受遗赠人仅能向继承人请求权利的移转或其他给付。容许遗赠，即遗赠人令继承人允许受遗赠人取走遗赠标的物，此种遗赠也仅发生债的关系。先取遗赠，即遗赠人在遗嘱中命其共同继承人中的一人或数人在分割遗产时，先将所设定的某特定遗赠预先取走，故标的物须为遗产的一部分。先取遗赠是指物遗赠中的一种，受遗赠人同时也是继承人，对遗赠物享有物权。参见周枏：《罗马法原论（下册）》，商务印书馆2009年版，第593—595页。

④ ［英］巴里·尼古拉斯：《罗马法概论（第二版）》，黄风译，法律出版社2004年版，第283页。

针对继承人的债权。[①] 遗赠物如同死者的其他财产一样，转移给继承人，但受遗赠人可以对继承人提起对人之诉以迫使其转让该物。[②] 上述遗赠种类至优帝一世时已经统一，如果遗赠标的物是特定物且为遗赠人所有，原则上受遗赠人即直接取得遗赠标的物的所有权或享有他物权，受“物权诉”的保护；对于特定物以外的其他标的物的遗赠，受遗赠人则仅处于债权人的地位。至优帝一世时，受遗赠人与遗赠负担人之间视为准契约关系，不论遗赠标的物为特定物或种类物，属于何人所有，遗赠负担人都负交付原物和附属物的义务。[③] 在后世的法典中，“《德国民法典》放弃了罗马法中的混合模式即‘给付请求权遗赠’和‘所有权返还请求权遗赠’。在给付请求权遗赠的情况下，受遗赠人享有要求继承人交出遗赠物的请求权。这也是《德国民法典》中遗赠的唯一形式。而在所有权返还请求权遗赠的情况下，随着继承开始，受遗赠人已经获得了遗赠标的物的所有权，所以人们可以作为物主而要求占有人归还。所有权遗赠如今存在于《法国民法典》第 649 条中”[④]。“随着继承开始，继承人成为所有权人和占有人；而受遗赠人根据《民法典》第 2174 条只对继承人享有一项债权请求权。”[⑤] 因此，在“遗嘱继承与遗赠区分”模式中，遗赠只具有债权效力，即受遗赠人仅得请求遗赠义务人（系继

---

① 间接遗赠具有更大的灵活性，任何可构成直接遗赠的物品均可以此种方式遗赠，且不要求遗嘱人享有市民法上的所有权。实际上可以对某些属于他人之物实行遗赠。在此情况下，继承人必须为受遗赠人买下该物；如果所有主不愿意卖出，继承人则应当向受遗赠人支付价款。参见［英］巴里·尼古拉斯：《罗马法概论（第二版）》，黄风译，法律出版社 2004 年版，第 284 页。

② ［英］H. F. 乔洛维茨、巴里·尼古拉斯：《罗马法研究历史导论》，薛军译，商务印书馆 2013 年版，第 319—320 页。

③ 周枏：《罗马法原论（下册）》，商务印书馆 2009 年版，第 607 页。

④ ［德］马蒂亚斯·施默克尔：《德国继承法（第五版）》，吴逸越译，中国人民大学出版社 2020 年版，第 136 页。

⑤ ［德］马蒂亚斯·施默克尔：《德国继承法（第五版）》，吴逸越译，中国人民大学出版社 2020 年版，第 136 页。

承人）履行遗产债务。① 遗赠乃一种“死因处分”（Verfügung von Todes wegen）行为，然而，德国通说认为，死因处分之“处分”不过是日常词语，具有误导性。通常所理解的“处分”，是与负担行为相对应、直接发生权利变动的处分行为。而“死因处分”所表达的是，行为人生前最后一次对其财产作出概括性处置。简而言之，所谓死因处分，仅仅意味着，此类行为须待被继承人死亡始得生效。遗赠所生效力，并非令受遗赠人直接取得所有权，唯遗赠义务人有义务移转所给予的财产利益而已。② 所以，在区分模式下，遗赠标的物的所有权并非自遗嘱人死亡时即发生物权变动的效力，仍须经登记或交付始可生效。如《奥地利民法典》第437条规定：“因遗赠取得的不动产或房屋所有权，应根据本法第431条③至第435条的规定转让与受遗赠人。”第684条规定：“被继承人死亡后，受遗赠人

① 如《俄罗斯联邦民法典》第1137条规定：“1. 立遗嘱人有权要求一个或几个遗嘱继承人或法定继承人用遗产为一人或几人（受遗赠人）的利益履行财产性质的义务，受遗赠人取得请求履行此项义务的权利（即债权）。2. 对受遗赠人（债权人）和接受遗赠命令的继承人（债务人）之间的关系，适用本法典关于债权债务的规定，但从本编的规则和遗赠的实质得出不同结论的除外。”《德国民法典》第2174条规定：“遗赠为受益人而创设向被加重负担者请求给付被遗赠标的物的权利。”第2176条规定：“在无损于拒绝遗赠的权利的情况下，受遗赠人的债权发生于继承开始时。”《瑞士民法典》第562条规定：“（1）受遗赠人，对执行遗赠义务人，如未特别指定执行遗赠义务人时，则对法定或指定的继承人，有请求权。（2）遗嘱无特别约定的，受遗赠人的请求权自执行遗赠义务人接受遗产或不能抛弃遗产时生效。（3）如继承人不履行其义务，可促其移交遗赠之物；如其行为构成对遗嘱的违抗，可向其请求损害赔偿。”

② Brox/Walker, Erbrecht, 23. Aufl., 2009, Rn. 83f.; Lange/Kuchinke, Erbrecht, 5. Aufl., 2001, S. 623 f.; Dieter Leipold, Erbrecht, 17. Aufl., 2009, Rn. 768. 转引自朱庆育：《民法总论》，北京大学出版社2013年版，第150页。

③ 《奥地利民法典》第431条规定：“不动产的所有权，只有以取得不动产为内容的法律行为在以此目的在公共登记簿上登记时才发生转移。”

一般即时取得[1]对遗嘱财产的权利，既为受遗赠人本人而取得，也为受遗赠人的继承人而取得。但对于遗赠财产的所有权，仅能依本法第五章关于所有权取得的规定而取得。”

在我国台湾地区，理论学说关于遗赠能否直接导致物权变动也存在着较大的分歧。多数学者（陈棋炎、戴炎辉、戴东雄、郑冠宇、胡长清、李宜琛）认为，不论是概括遗赠还是特定遗赠，都只发生债权效力。既然“民法”未明确规定概括遗赠的受遗赠人有与继承人相同的权利义务，则自不宜将概括受遗赠人视为继承人，而认其具有物权效力。此外，指定继承人制度于“民法”修正时业已废除，而以遗赠（不论概括遗赠还是特定遗赠）纯为财产利益的无偿让与，故今后已不可能再出现“遗嘱人无直系血亲卑亲属时其概括遗赠可视为继承人的指定”之情形。尤其是“民法”采形式主义的物权变动模式而非意思主义，对于遗赠并未设有任何例外，故宜解释为不论概括遗赠抑或特定遗赠，均只有债权效力。但也有学者将遗赠区分为概括遗赠与特定遗赠。于概括遗赠，遗赠标的物自遗赠生效时，即当然移转与和移转于全受遗赠人所有，无须遗赠义务人为交付行为。而在无继承人之情形，因无遗赠义务人存在，故更不发生交付的问题。因此，概括遗赠应与继承同样解释，有物权之效力，只是遗赠财产中如有不动产，未经登记，其效力尚未完成。而在特定遗赠的场合，遗赠标的物通常先一度概括移转与和移转于全继承人，于遗赠生效之际，受遗赠人仅得向遗赠义务人及继承人请求遗赠物的交付，故特定遗赠仅具债权效力。[2] 我国台湾地区司法实践中认为，继承人自继承开始时，承受被继承人财产上一

---

① 此之所谓“即时取得”是指并不需要等待遗嘱继承人表示接受继承。就遗赠物所有权的取得，依据奥利地民法第 437 条之规定，需要经过交付或登记。参见《奥地利普通民法典》，周友军、杨垠红译，清华大学出版社 2013 年版，第 108 页。

② 范扬：《继承法要义》，商务印书馆 1935 年版，第 191—192 页。

切权利义务，各继承人于分割遗产前，对于遗产全部取得共同共有，亦即当然发生物权变动之效力；而遗赠固亦于继承开始时生效，唯受赠人仅取得请求交付遗赠物之债权，尚不当然发生物权变动之效力。综上所述，多数学者一方面承认概括遗赠，另一方面又否认受遗赠人与继承人享有相同的权利和义务，在理论上不无矛盾。依“民法”的规定，在限定继承场合，继承人须先为遗产债务之清偿后，始得对受遗赠人交付遗赠物。在无人承认继承场合，也同样规定遗产债务之清偿应先于遗赠物的交付。由此可见，受遗赠权的效力相较于一般遗产债权更为劣后，因此遗赠只具有债权的效力（林秀雄）。

由此可见，在采“区分遗嘱继承与遗赠立法模式”的国家或地区，因不承认概括遗赠，故遗赠仅为受遗赠人与继承人或遗赠义务人之间的债权债务关系，“在遗赠中，遗嘱人使继承人有义务将某遗产标的交付于受遗赠人。遗产并非涉及物权层面，而只是设定受遗赠人对继承人的债法请求权”①，其本质如同遗产债务一样，因而自与继承具有直接导致物权变动的效力有别。同时，在区分模式立法例中，其物权变动均采形式主义的物权变动模式，因此，遗赠物的所有权仍须为登记或交付始生物权变动的效力。

三、《民法典》物权编第230条的解释论

原《物权法》第29条规定：“因继承或者受遗赠取得物权的，自继承或者受遗赠开始时发生效力。”而《民法典》物权编第二章第三节关于非基于法律行为的物权变动之规定对《物权法》第二章第三节所作唯一一处修改就是删除了原《物权法》第29条中的“遗赠”，即《民法典》第230条规定：“因继承取得物权的，自继承开

① ［德］安雅·阿门特－特劳特：《德国继承法》，李大雪、龙柯宇、龚倩倩译，法律出版社2015年版，第253页。

始时发生效力。”需要说明的是，本部分内容以围绕原《物权法》第 29 条将“继承”与“遗赠”并列作为非基于法律行为的物权变动类型所存在的问题与争议，进而解释《民法典》物权编删除遗赠的正当性。

（一）遗赠效力的理论争议

我国《民法典》明确区分遗嘱继承与遗赠，但区分标准与德国、瑞士等国立法例有所不同。我国《民法典》是根据承受遗产之人与遗嘱人的关系来区分遗嘱继承与遗赠，即如遗嘱中指定法定继承人范围以内之人继受遗产的，且继承人概括地承受遗产之全部或一部者为遗嘱继承；反之，遗嘱指定法定继承人以外之人继受遗产的，则为遗赠。因此，仅改变法定继承人的应继份和继承顺序的就是遗嘱继承；将遗产赠给法定继承人以外的人的就是遗赠。关于遗赠的效力《继承法》与《民法典》继承编均未作出明确规定。对此有三种不同的观点。

1. 物权效力说。该说认为：“按照《物权法》第 29 条之规定，只要受遗赠人接受遗赠，不管财产是否实际被受遗赠人占有，都不影响受遗赠人获得所有权。即便法定继承人和遗产管理人已经实际占有该项财产，受遗赠人或者遗嘱继承人都有权要求其返还。应予指出的是，与遗嘱继承不同的是，遗嘱继承自遗嘱生效时起就发生物权变动的效果，但在遗赠中，物权变动则始于受遗赠人受遗赠之时，即在被继承人死亡后，根据遗嘱或遗赠协议，受遗赠人愿意接受遗赠，从而使遗赠发生效力，此时就应该发生物权的变动。”① 即认为，遗赠具有物权效力，因遗赠而取得物权者，自受遗赠人接受遗赠时发生物权变动的法律效力。如孙宪忠教授认为：“自法理上而

① 王利明：《物权法研究（上卷）》，中国人民大学出版社 2013 年版，第 291 页。

言，即使受遗赠人做出接受遗赠的意思表示，遗赠也是自遗赠人死亡时起即当然生效，而不是在受遗赠人做出接受遗赠的意思表示时生效。因此，在此种情况下‘受遗赠开始时’与继承是一样的。从物权变动的角度看，遗赠是与继承相关联的法律制度，所以把继承与遗赠导致的物权变动合并规定；但是它又明确地指出，因为遗赠发生的物权变动，在‘受遗赠开始时发生效力’。所以《物权法》将遗嘱发生的物权变动问题规定在‘继承’部分，法理上也没有问题。”①

2. 债权效力说。该说认为：“无论遗赠物是否为特定物，遗赠的效力都只能是债权的。受遗赠人于继承开始后，并不能直接取得遗赠物的所有权，仍须由继承人或遗嘱执行人为动产之交付或不动产登记始可取得遗赠物的所有权或他物权。同时，被继承人债权人之债权即遗产债权优先于受遗赠人的债权，继承人或遗嘱执行人须清偿遗产债务后，始应交付遗赠物。”② 如崔建远教授认为：“因受遗赠而发生的物权变动，应属于基于法律行为的物权变动。”③ “受遗赠人仅享有请求遗赠义务人交付遗赠物的权利，宜将接受遗赠后受遗赠人对遗赠物的权利界定为债权。这主要是考虑到受遗赠人只承受遗产上之利益，而不负担义务。如果立法将其界定为物权，则必将影响遗产债务之清偿等。”④ “遗赠尽管也于继承开始时生效，

---

① 孙宪忠：《中国物权法总论（第三版）》，法律出版社 2013 年版，第 339—340 页。

② 马俊驹、余延满：《民法原论》，法律出版社 2015 年版，第 955 页；房绍坤、范李瑛、张洪波：《婚姻家庭与继承法》，中国人民大学出版社 2007 年版，第 235 页；杨立新、朱呈义：《继承法专论》，高等教育出版社 2006 年版，第 200 页。

③ 崔建远：《中国民法典释评物权编（上卷）》，中国人民大学出版社 2020 年版，第 180 页；崔建远：《物权：规范与学说——以中国物权法的解释论为中心（上册）》，清华大学出版社 2011 年版，第 201 页。

④ 陈苇：《外国继承法比较与中国民法典继承编制定研究》，北京大学出版社 2013 年版，第 480 页。

唯受遗赠人仅取得请求交付遗赠物的债权，尚不当然发生物权变动的效力。”①

3. 折中说。该说认为：“在我国民法体系中，不能将遗赠的法律效力归为物权的或债权的，因为继承权（包括法定继承权与遗嘱继承权）和受遗赠权是一种独立于物权和债权的财产权。遗赠是遗嘱继承的从属部分，是遗嘱继承的一种特殊形式。所以，遗赠具有独立的法律效力，不同于物权和债权。”②“遗赠的效力不应简单地归属为债权的或物权的，不论遗赠物是否为特定物，受遗赠人只能请求遗赠义务人履行遗赠，而不能直接支配遗赠物。但受遗赠人的遗赠请求权并不属于债权请求权，受遗赠人既不是遗赠人的债权人，也不是遗赠义务人的债权人。受遗赠权优于继承人的继承权，但劣后于被继承人债权人的债权（系遗产债务）。因此，受遗赠人只能于清偿遗产债务之后始可接受遗赠物，而不能与遗产债权人平等地分配遗产。同时，继承人也只能在履行遗赠后方可继承剩余的遗产。”③

根据我国原《继承法》第25条第2款④以及《民法典》继承编第1124条第2款⑤规定之文义，受遗赠人须积极作出“接受遗赠”的意思表示方可取得受遗赠权。此与我国台湾地区相关规定恰好相

---

① 陈华彬：《物权法论》，中国政法大学出版社2018年版，第123页。

② 刘春茂：《中国民法学·财产继承》，人民法院出版社2008年版，第378页。

③ 郭明瑞、房绍坤、关涛：《继承法研究》，中国人民大学出版社2003年版，第144页。

④ 受遗赠人应当在知道受遗赠后两个月内，作出接受或者放弃受遗赠的表示。到期没有表示的，视为放弃受遗赠。

⑤ 受遗赠人应当在知道受遗赠后60日内，作出接受或者放弃受遗赠的表示；到期没有表示的，视为放弃受遗赠。

反。就立法技术而言，两者均属于推定规范①，但前者推定为放弃受遗赠，而后者则推定为承认遗赠。之所以如此，除了两者关于受遗赠人的范围规定不同外（我国原《继承法》与《民法典》继承编规定的受遗赠人只能是法定继承人以外的人，而我国台湾地区相关规定的受遗赠人既可以是法定继承人，也可以是法定继承人以外的

① 该两法律规范立法用语上均使用了“视为”，通常而言法律规范中的“视为”属于一种拟制，即“明知该事实为甲，但因法的政策上之需要，乃以之为乙而处理之是”（郑玉波：《法谚（一）》，法律出版社 2007 年版，第 39 页。），乃立法者基于特定的目的，针对微观层次的社会关系，有意地将明知为不同者而等同视之的立法技术，并且不允许依反证予以反驳或推翻。但是，使用“视为”的法律规范属于推定规范者，在立法上也时常有之。也就是说“视为”有时候表达的是推定性规范，有时候表达的是拟制性规范。所谓“推定性规范”是指基于某一事实可以得出另一事实或权利的具体法律规范。推定的含义是不知是否为 B（推定事实），但根据 A（基础事实）推定为 B，立法者并不确知这一判断（推定）是否与真实的事实相符，但是基于 A（基础事实）与 B（推定事实）之间在发生上的高度盖然性，将其确立为一种独立的法律规范。也就是说，在推定规范中基础事实 A 是明确的（当然须予以证明），但推定事实 B 则是不明确的，是需要认定的，而推定规范即要实现根据 A 去认定 B。推定规范的创制并非单纯建立在法律的价值考量基础上，其原初理由实际上是基于基础事实与推定事实之间的高度盖然性。推定性规范所推定的事实可能存在，也可能不存在，但存在的可能性更高；而拟制性规范所拟制的事实，本来就是不存在的，具有虚假性。拟制规范体现的是立法者的价值判断，不以事实为基础，现实的需要和价值上的考虑才是其真正的基础（参见王立争：《民法推定规范研究》，法律出版社 2013 年版，第 100—101 页。），而推定规范更多地关注的是事实因素的考量，涉及证明责任的分配。就《民法典》继承编第 1124 条而言，立法者并不是明知继承人放弃继承而将其拟制为接受继承，也不是明知受遗赠人接受遗赠而将其拟制为放弃遗赠。而是在继承人不做是否放弃继承的表示时，基于继承人不做任何表示（基础事实）与接受继承（推定事实）二者之间发生上的高度盖然性，而将其推定为接受继承。或言之，在继承人不做任何表示时，其接受继承的意思可能性更高，更符合继承人本人的意愿，亦与人们的生活经验相符，故法律将其推定为接受继承。同样，在受遗赠人知道遗赠事实的一定期限内，对是否表示接受遗赠未作明确表示的（基础事实），因大多数情况下是对接受遗赠并无兴趣，且受遗赠人为法定继承人以外之人，故其放弃受遗赠（推定事实）的可能性更高，也更加符合人们的生活感知，所以法律推定受遗赠人放弃受遗赠。

人)，更重要的是我国台湾地区所遵循的是典型的单方法律行为规范结构即单方法律行为一经作出即已生效，无需受益人作出肯认之意思表示以为迎合；若受益人不欲接受，得以意思表示否定之。而我国原《继承法》与《民法典》的上述规定，则类似于合同订立之“承诺”，而遗赠之意思表示则相应成为“遗赠合同”之“要约”。[①]而根据原《继承法意见》第53条[②]的规定，受遗赠人作出接受遗赠的意思表示后，于遗产分割前死亡的，其向他的继承人移转的是“接受遗赠的权利”，而非遗赠物之所有权。由此可见，在我国《继承法》中遗赠并不发生物权变动之效力。然而，这种原本清晰的法律格局，却因《物权法》第29条之规定变得模糊起来。如有学者所言：“《物权法》将遗赠与继承并列，同归‘非基于法律行为而取得物权’之情形的做法令人费解。之所以如此，立法者或许混淆了遗赠与遗嘱继承。”[③]

（二）原《物权法》第29条遗赠物权效力之质疑

《物权法》颁布之后，学者间对于原《物权法》第29条关于遗赠物权效力之规定，莫衷一是。多数学者认为，遗赠仅具债权效力[④]，

---

① 通过立法机关的解释也可以得出该结论：“根据《民法典》第1124条第2款的规定，受遗赠人应当在知道受遗赠后60日内，作出接受遗赠或者放弃遗赠的表示；到期没有表示的，视为放弃受遗赠。这是因为遗赠本质上属于赠与关系。根据《民法典》第657条的规定，赠与合同是赠与人将自己的财产无偿给予受赠人，受赠人表示接受赠与的合同。受赠人表示接受，赠与法律关系才成立。”参见黄薇主编：《中华人民共和国民法典物权编解读》，中国法制出版社2020年版，第62页。

② 继承开始后，受遗赠人表示接受遗赠，并于遗产分割前死亡的，其接受遗赠的权利移转给他的继承人。

③ 朱庆育：《民法总论》，北京大学出版社2013年版，第151页。

④ 陈苇主编：《外国继承法比较与中国民法典继承编制定研究》，北京大学出版社2011年版，第560页；房绍坤：《遗赠能够引起物权变动吗》，载《当代法学》2012年第6期；庄加园：《试论遗赠的债物两分效力》，载《法学家》2015年第5期。

《继承法》区分遗赠与遗嘱继承，即以遗产承受人与遗嘱人的关系来区分遗赠与遗嘱继承，不承认概括遗赠，遗赠人仅享有权利而不负担义务。同时，我国物权法在物权变动模式上采取债权形式主义。就此而论，《物权法》第29条赋予遗赠导致物权变动的效力就在物权法与继承法之间产生了冲突：一方面，我国原《继承法》第34条规定："执行遗赠不得妨碍清偿遗赠人依法应当缴纳的税款和债务。"《民法典》继承编第1162条对此并未改变。此时，若用遗赠物清偿遗赠人的债务、缴纳所欠税款，就等于用受遗赠人的财产清偿遗产债务，显然与我国法所规定的遗赠性质不符。我国《物权法》所采取的债权形式主义物权变动模式是合适的，民法典物权编应予坚持。同时，《继承法》所采取的遗赠立法模式也是符合我国实际的，《民法典》继承编应当继续采取这种立法模式。在此基础上，为消除法律规范的冲突，《民法典》物权编应当废除《物权法》第29条中关于遗赠导致物权变动的规定。① 而少数持肯定论的学者则认为，在《继承法》第34条已明确规定"执行遗赠不得妨碍清偿遗赠人依法应当缴纳的税款和债务"的情况下，即便物权法未承认遗赠的物权变动效力，"用受遗赠人的财产清偿遗产债务"和"遗产债权人的债权优先于受遗赠人的物权"的"怪象"同样有可能发生。例如，在遗产已被分割而遗产债务尚未清偿的情况下，依据《继承法意见》第62条的规定，受遗赠人同样可能需要用其所得遗产来清偿遗产债务，而这同样属于否定论者所说的"怪象"。也就是说，在现行法之下，导致以上"怪象"的根本原因并非《物权法》第29条，而是《继承法》第34条。正是该条的存在，决定了在某些情况下，受遗赠人也需要像继承人一样，在一定范围内负担起遗产债务的清偿义务——那种认为受遗赠人只承受遗产权利，而

---

① 房绍坤：《论民法典继承编与物权编的立法协调》，载《法学家》2019年第5期。

不负担遗产债务的观点不符合中国继承法的精神，即受遗赠人的物权取得在一定意义上乃是一种“附负担的物权取得”“直接赋予遗赠以物权变动效力并不会造成明显的体系冲突和给交易安全带来危害，反倒可以更好地贯彻因遗赠而生的物权变动原则上应与因遗产分割而生的物权变动保持规则适用上的一致性”①。

基于上文分析，遗赠的效力，或言之，遗赠能否与继承并列作为非基于法律行为的物权变动类型，取决于一国之“遗嘱继承与遗赠关系的立法模式”及其所采的“物权变动模式”。在我国所谓“遗赠”，即遗嘱人通过遗嘱无偿给予他人财产利益的行为。“该财产利益既可以是给予财产权利，也可以是免除财产债务，但遗赠的标的必须是积极的财产利益，而非权利义务的混合，更不能是财产义务。”② 而概括遗赠却包含给予负担债务之意义，故在本质上与我国继承法理的遗赠概念不无龃龉。因此，在我国法无明文规定的情况下，恐难承认概括遗赠制度。同时，根据前文之分析论述，因我国通说采债权形式主义的物权变动模式，故遗赠自难与继承并列而直接发生物权变动的效力，即遗赠只具有债权性效力。所以，我国原《物权法》第 29 条将遗赠与继承并列作为非基于法律行为的物权变动类型，与我国遗赠制度的立法模式存在矛盾与冲突。如有学者认为：“继承与遗赠被一同规定于《物权法》第 29 条，不免使人认为遗赠与继承均可直接引起物权变动。由此，产生物权效力的遗赠将导致承认意思主义的物权变动模式，打破现行法的既有安排。”③

---

① 汪志刚：《也论遗赠能否直接引起物权变动》，载《江西财经大学学报》2019 年第 1 期。

② 郭明瑞、房绍坤、关涛：《继承法研究》，中国人民大学出版社 2003 年版，第 138 页。

③ 庄加园：《试论遗赠的债物两分效力》，载《法学家》2015 年第 5 期。

我国《民法典》虽未明确规定遗产债权具有优先于遗赠的效力①，但根据《民法典》继承编第1162条规定之文义②，遗产债权实际上具有优先于遗赠的法律效力，亦即执行遗赠首先必须清偿遗产债务。而如果认为遗赠具有物权性效力，遗赠物于继承开始时即当然发生物权变动，则无异于用受遗赠人的财产清偿被继承人的债务，从而产生“债权（遗产债权）优先于物权”③ 的怪象。

至于上述肯定论者的观点，笔者认为存在诸多错误。一方面，其认为即使在物权法否认遗赠的物权变动效力的情况下，这种怪象依然会发生。并基于原《继承法意见》第62条及原《继承法》第34条之规定，进而认为受遗赠人与继承人一样，在一定范围内负担起遗产债务的清偿义务——那种认为受遗赠人只承受遗产权利，而不负担遗产债务的观点不符合中国继承法的精神。实际上其混淆了受遗赠人与继承人的法律地位，上述法律规定并非受遗赠人负担清偿遗产债务的义务，而恰恰是因为继承人在未清偿遗产债务的情况下即对遗产进行了分割并向受遗赠人交付了遗赠物。并且遗赠物的交付后于遗产债务的清偿，因为遗赠于遗赠人死亡而生效，至继承开始时方可确定，而遗产债务则在继承开始前即已发生且已确定；同时，遗赠乃无偿行为，受遗赠人仅有利益的享受，而遗赠人债权的发生则以有偿行为居多，多为对待给付；若使遗产债权与受遗赠同时受偿，不啻于由遗赠人一己之意思左右遗产债权人之命运，如此亦使债权人受损，有失公允（陈棋炎、黄宗乐、郭振恭）。故各国

① 如《瑞士民法典》第564条规定：“被继承人的债权人对于受遗赠人，有优先权。”《葡萄牙民法典》第2070条规定：“遗产之债权人及受遗赠人较继承人之个人债权优先，而遗产债权人之优先权则较受遗赠人优先。”

② 该条规定：“执行遗赠不得妨碍清偿遗赠人依法应当缴纳的税款和债务。”

③ 遗嘱人的债权人就遗赠物仅享有债权，而如果承认遗赠具有物权效力，则受遗赠人就遗赠物享有物权，而根据《继承法》之规定，执行遗赠须先清偿遗产债务，如此便会产生“债权优先于物权”的怪象。

或地区通常规定，继承人非于偿还遗产债务后，不得向受遗赠人交付遗赠物。所以，肯定论者只看到了表象而未了解其实质。另一方面，肯定论者认为直接赋予遗赠以物权变动效力可以更好地贯彻因遗赠而生的物权变动原则上应与因遗产分割而生的物权变动保持规则适用上的一致性。对此论者同样混淆了遗产分割的物权变动效力与遗赠物权效力。原《物权法》第 29 条规定的继承与遗赠的物权效力针对的是遗产（或遗赠物）在被继承人与继承人（或受遗赠人）之间的物权变动过程。如前所述，立法之所以规定继承的物权效力是为了防止遗产出现物权真空。而遗产分割针对的是遗产在继承人之间发生的物权变动过程。并且遗产分割应采创设主义，并应区分协议分割与裁判分割分别确定物权变动的效力。协议分割是当事人通过法律行为使共有物或遗产的所有权发生变动，故须依法办理不动产登记或交付动产。在协议分割中，当事人亦不得约定分割的效力溯及共有关系成立之时发生。而裁判分割是通过法院判决（或仲裁裁决）的形式确定共有物或遗产的分割，该判决（裁决）为形成判决（裁决），自其生效时发生物权变动的效力，无须进行不动产的登记或动产的交付。① 所以，为了更好地贯彻因遗赠而发生的物权变动与因遗产分割而发生的物权变动保持规则适用上的一致性，恰恰应当否定遗赠的物权效力。

此外，不论是法定继承还是遗嘱继承，继承人均为法定继承人范围内的人，如本文第一章所述，继承本身在一定范围内具有一定的社会记忆功能，同时在“未经登记不得处分”规则的配置与补充下，因继承而直接发生的物权变动不至于过分影响交易安全与财产秩序。反之，在遗赠之情形，受遗赠人均为法定继承人范围以外的人，且遗嘱通常具有私密性，其内容难以为外界所知悉。因此在物

① 参见房绍坤：《论民法典继承编与物权编的立法协调》，载《法学家》2019 年第 5 期。

权变动方面，赋予遗赠以与继承同样的法律效力，不利于维护财产秩序（交易安全）和物权实现的可识别性。

既然遗赠与《物权法》第29条之间存在矛盾与冲突，那么即应寻求解决之路径。对此，在民法典编纂过程中有学者提出了两种方案：一为在制定“民法典”或日后修改《物权法》时，将因遗赠所发生的物权变动从非基于法律行为的物权变动中剔除。① 二为以修改《继承法》为契机，明确规定“概括遗赠”。如杨立新教授建议：“将遗赠分为两种类型：一是对特定遗产的遗赠，遗嘱生效后，遗嘱执行人、遗产管理人或者占有遗产的继承人，负有向接受遗赠的受遗赠人移交相应遗产的义务；二是概括遗赠，概括承受全部遗产的受遗赠人，在接受与放弃遗赠意思表示的作出，以及权利的享有和义务的承担上，除另有规定外，视同为继承人，按照继承人的继承规则确定接受遗赠的规则。”②

至于我国继承立法是否应当承认概括遗赠，理论上存在肯定与否定两种不同的观点。肯定者认为：“遗赠人在不违反法律的强制性规定与公序良俗的情况下，如果遗嘱中明确含有概括遗赠的内容，则即应承认其具有法律效力。如此既可以最大限度地发挥遗赠的作用，同时也是对遗嘱人意思表示的尊重。”③ 否定者则认为：“既然遗赠是一种无偿给予财产利益的行为，那么遗赠即使附有负担，该负担也不能作为受遗赠的对价。而概括遗赠的受遗赠人因其概括地承受遗产权利和义务，故处于与继承人相同的法律地位。如此，不但有悖于遗赠的本质，而且必将动摇我国的法定继承制

① 房绍坤：《物权法的变革与完善》，北京大学出版社2019年版，第100页；刘耀东：《论基于继承与遗赠发生的不动产物权变动》，载《现代法学》2015年第1期。

② 杨立新：《民法分则继承编立法研究》，载《中国法学》2017年第2期。

③ 彭诚信：《继承法》，吉林大学出版社2007年版，第139页。

度。"[①] 绝大多数学者均对概括遗赠持否定观点。[②] 并且，在由我国学者起草的"民法典草案建议稿"以及"继承法修改草案建议稿"中，均依据"继受遗产的内容"和"遗嘱继承人与被继承人的关系"的双重标准区分遗嘱继承与遗赠。即遗嘱继承人只能是法定继承人范围内的人，并且概括承受遗产上的权利和义务；而受遗赠人则只能是法定继承人范围以外的人，并且只承受遗产上之利益（即积极财产）。[③] 继承本身并不是一个纯粹受益的过程，继承人在继受遗产权利（积极财产）的同时，尚须承受遗产义务（消极财产）。因此，通过遗嘱这种单方法律行为概括地将遗产指定由继承人以外的人承受难谓妥当。而且法定继承人以外的人通常不了解情况，或者可能因为没有及时申请遗产清单利益，从而导致承担遗产债务，也有失公允。同时，"外人"参与继承事务也不符合我国民间的继承传统。《民法典》通过之后，杨立新教授也认为："从我国原《继承法》和《民法典》继承编规定的遗赠，不包括概括遗赠，只包括特定遗赠。因为如果认可概括遗赠，就与遗赠的无偿性相违背，受遗赠人的地位实际上等同于继承人的地位，这也与我国继承法关于继承人的规定不符。"[④] 因此，有必要将只是纯粹接受遗产权利的受遗赠人与概括承受遗产权利与义务的继承人予以区分。凡遗嘱人通过遗嘱将其遗产的一定比例指定给予法定继承人的，不论在遗嘱中是表述为继承还是遗赠，均为遗嘱继承；而凡是将某项特定财产（包

---

① 张平华、刘耀东：《继承法原理》，中国法制出版社2009年版，第344页。

② 郭明瑞、房绍坤、关涛：《继承法研究》，中国人民大学出版社2003年版，第136页。

③ 梁慧星：《中国民法典草案建议稿附理由·继承编》，法律出版社2004年版，第176页。

④ 杨立新：《中国民法典释评继承编》，中国人民大学出版社2020年版，第121页。

括权利）指定给予法定继承人范围以外的人或组织，即为遗赠。①因此，承认概括遗赠无疑有悖于我国现在与未来的立法传统与继承观念。针对上述两种方案，《民法典》物权编最终采纳了第一种方案，将原《物权法》第29条规定中的“受遗赠”予以删除，最终形成了《民法典》第230条，该条规定：“因继承取得物权的，自继承开始时发生效力。”

（三）对《民法典》物权编第230条删除“受遗赠”的解释

《民法典》物权编第230条将原《物权法》第29条规定中的“受遗赠”予以删除，有学者给予了积极评价：“民法典物权编第230条删除了受遗赠导致物权变动的内容，是正确的选择。因为如果规定遗嘱可以导致物权变动，将会在物权编与继承编之间发生法律冲突。”② 正是由于我国民法采区分遗嘱继承与遗赠的立法模式以及债权形式主义物权变动模式，所以遗赠不具有直接导致物权变动的效力而仅具债权效力。遗赠不能与继承并列作为非基于法律行为的物权变动类型。

然而，立法机关的解释是：“继承开始后，所有继承人是基于法律的直接规定而取得物权，因此取得物权的生效时间始于继承开始。而根据《民法典》第1124条第2款的规定，受遗赠人应当在知道受遗赠后60日内，作出接受遗赠或者放弃遗赠的表示；到期没有表示的，视为放弃受遗赠。这是因为遗赠本质上属于赠与关系。根据《民法典》第657条的规定，赠与合同是赠与人将自己的财产无偿给予受赠人，受赠人表示接受赠与的合同。受赠人表示接受，赠与法

① 张玉敏：《中国继承立法建议稿及立法理由》，人民出版社2006年版，第102页。

② 房绍坤：《民法典物权编之检视》，载《东方法学》2020年第4期。

律关系才成立。"① 无独有偶，有学者也认为："在中国法上，将遗赠解释为单方法律行为不仅与中国法所规定的赠与（遗赠也是赠与的一种）乃是一项双方法律行为的法理性质不合，而且与中国《继承法》第25条第2款有关'受遗赠人未在知道受遗赠后两个月内做出接受遗赠的表示的，视为放弃受遗赠'的规定存在矛盾。在中国法之下，因遗赠而生的民事权利（不管是将其解释为债权还是物权）变动，并不能单依遗赠的意思表示的生效而生效，而是需以遗赠人已做出有效的遗赠意思表示和受遗赠人业已做出有效的接受遗赠的意思表示为前提，而这在法理上恰恰符合双方法律行为的结构。也就是说，将遗赠解释为双方法律行为是符合赠与的一般法理和继承法的上述规定的。"② 与此相反，最高人民法院对此的解释是："《物权法》第29条增加'受遗赠开始'一语并无必要。《物权法》第29条同时规定'继承开始'和'受遗赠开始'，容易导致混淆。应规定为：自继承开始之时，由继承人取得遗产的所有权。遗赠也准用同样的规定，从被继承人（遗赠人）死亡之时，即继承开始之时，遗赠财产的所有权就归于受遗赠人。到后来分割遗产时，如果受遗赠人放弃受遗赠，则该遗赠财产的所有权就归其他继承人。因此，不论法定继承、遗嘱继承还是遗赠，遗产均于继承开始亦即被继承人死亡之时转归继承人或受遗赠人所有。所以《民法典》删除了受遗赠，统一规定为：因继承取得物权的，自继承开始时发生效力。"③ 显然，立法机关的解释认为遗赠本质上是赠与，具有债权效

① 黄薇主编：《中华人民共和国民法典物权编解读》，中国法制出版社2020年版，第62页；石宏主编：《中华人民共和国民法典立法精解（上）》，中国检察出版社2020年版，第300—301页。

② 汪志刚：《也论遗赠能否直接引起物权变动》，载《江西财经大学学报》2019年第1期。

③ 最高人民法院民法典贯彻实施工作领导小组主编：《中华人民共和国民法典物权编理解与适用（上）》，人民法院出版社2020年版，第167页。

力，而最高人民法院的解释则是遗赠与继承一样具有物权效力。前者混淆了遗赠与赠与，后者则混淆了遗赠与继承。对于最高人民法院的错误解释结论，其理由本书已有论述，在此不再赘述。

此处仅对上述立法机关的解释，略陈管见。立法机关及相关学者均将受遗赠人须作出接受遗赠的意思表示视为对遗赠人遗赠意思表示的一种承诺，无疑混淆了遗赠与赠与，对遗赠的承认（接受）与放弃的意义也不甚了解。遗赠作为一种死因行为于遗赠人死亡时即继承开始时生效，而受遗赠人于遗赠生效后所作出的接受遗赠的表示并非承诺。如台湾地区学者林秀雄认为："遗赠不须受遗赠人为任何之承诺。原则上，于遗嘱人死亡时即生效力。至于受遗赠人若不愿接受遗赠，则依法于遗嘱人死亡后得抛弃遗赠。"且与死因给予行为一样，接受或拒绝遗产或遗赠的行为也均属于单方法律行为。[①] 学者陈棋炎、黄宗乐、郭振恭认为，正因为遗赠为单方法律行为，不问受遗赠人的意思如何，即于遗赠人死亡时当然发生效力；而遗赠通常又对受遗赠人有益，但纵为有益也不能违反受遗赠人意思而强制其受益，因此各国或地区立法通常赋予受遗赠人以承认与抛弃遗赠的自由。也就是说，只要遗赠生效，受遗赠人即当然取得受遗赠权——请求遗赠义务人交付遗赠物之权利。受遗赠人的受遗赠权并非来自受遗赠人的承认，而是来自遗嘱的效力，受遗赠人于遗赠生效后所作出的接受遗赠的表示只是对受遗赠权的一种承认而已；受遗赠人放弃受遗赠，则是对受遗赠权的放弃。[②] 受遗赠人为接受

① ［德］维尔纳·弗卢梅：《法律行为论》，迟颖译，法律出版社 2013 年版，第 160 页。

② 郭明瑞、房绍坤、关涛：《继承法研究》，中国人民大学出版社 2003 年版，第 143 页。如我国台湾地区学者林秀雄也认为："遗赠发生效力后，受遗赠人取得请求遗赠义务人交付遗赠物之权利，其是否抛弃该'受遗赠权'，乃其自由。"也就是说，遗赠生效后，受遗赠人取得的是受遗赠权，而受遗赠权是一种债权请求权。受遗赠人为遗赠之承认或放弃之意思表示，同样是对受遗赠权的承认或放弃。

遗赠的意思表示具有形成之效力，即接受遗赠后，受遗赠人即失去放弃遗赠之自由。职是之故，各国或地区民法也规定了遗赠的承认与拒绝期限。这如同在直接继承之情形下，继承人也有承认继承与抛弃继承之自由。如果按照上述机关与有关学者的解释逻辑，继承是否也因继承人作出承认继承的意思表示而认定其性质为双方法律行为？不论是直接继承抑或间接继承，被继承人死亡后，为避免遗产无主“闲散”，各国均为遗产提供了物权法上的明确归属。但“没有人可以被要求违反其意志地成为继承人，自主取得原则①只是说明继承人如何获得遗产，但不排除成为合法继承人的必要意愿，继承人享有自主决定接受还是拒绝遗产的权利”②。而遗赠与继承一样，基于“当然取得主义”，继承开始时，受益人依法直接获得债法请求权意义的受遗赠权，无需作出接受的表示。根据《德国民法典》第2180条的规定③，受益人也可以不拘形式地向被加重负担者作出拒绝的表示。与拒绝继承不同的是，法律没有对遗赠拒绝设定期限。④

（四）《民法典》物权编第230条与继承编第1163条的衔接

《民法典》继承编第1163条规定：“既有法定继承又有遗嘱继承、遗赠的，由法定继承人清偿被继承人依法应当缴纳的税款和债

---

① 德国继承法实行“自主取得原则”即继承人无须其他任何中间步骤即可获得遗产，从而确保了继承人随着被继承人的死亡直接获得遗产上的权利。

② ［德］马蒂亚斯·施默克尔：《德国继承法（第五版）》，吴逸越译，中国人民大学出版社2020年版，第52页。

③ 该条规定：“Ⅰ受遗赠人已承认遗赠者，不得再为拒绝。Ⅱ遗赠之承认及拒绝，应对受加重负担之人以意思表示为之。该意思表示仅得于继承开始后为之；意思表示附有条件或期限者，无效。Ⅲ于此情形，准用第一千九百五十条，第一千九百五十二条第一款、第三款及第一千九百五十三条第一款、第二款关于继承之承认及拒绝规定。”

④ ［德］雷纳·弗兰克、托比亚斯·海尔姆斯：《德国继承法（第六版）》，王葆莳、林佳业译，中国政法大学出版社2015年版，第95页。

务；超过法定继承遗产实际价值部分，由遗嘱继承人和受遗赠人按比例以所得遗产清偿。”该条来源于《最高人民法院关于贯彻执行〈中华人民共和国继承法〉若干问题的意见》第62条[①]，原条文的适用前提被限定于“遗产已被分割而未清偿债务”的场合，《民法典》删除了该限制并在表述上加以调整，使其适用范围扩张至遗产分割之前。原因在于无论是遗产分割前还是遗产分割后，被继承人所欠税款和债务都首先由法定继承部分的遗产清偿，超过法定继承遗产实际价值的部分，才由遗嘱继承人和受遗赠人按比例以所得遗产清偿。该规则并不因遗产分割与否而有所不同。本条旨在协调限定继承立法背景下遗产债权人的债权与继承权、受遗赠权之间的效力关系。对被继承人生前所欠税款和债权的清偿优先于遗嘱继承和受遗赠的执行，法定继承权的效力劣后于遗嘱继承权和受遗赠权。被继承人生前财产是清偿应当缴纳的税款和债务的责任财产，被继承人死亡时其遗产由其继承人概括继承，其生前所欠税款和债务依然是遗产上的负担，继承人对积极财产和消极财产一并概括承受。法定继承部分的遗产首先用于清偿债务，是对被继承人终意的尊重，符合遗嘱自由原则。在价值排序上，对债权人利益的保护优先于遗嘱自由。原则上只有清偿遗产债务后剩余的遗产，才能执行遗赠或在继承人间分配。未清偿遗产债务而将遗产分配的，不影响债权人优先于遗嘱继承和遗赠而实现债权的效力。[②] 如前所述，《民法典》第230条既已删除遗赠，亦即承认遗赠仅具债权效力，遗赠系遗产上之负担，与遗产债权居于同

---

① 该条规定：“遗产已被分割而未清偿债务时，如有法定继承又有遗嘱继承和遗赠的，首先由法定继承人用其所得遗产清偿债务；不足清偿时，剩余的债务由遗嘱继承人和受遗赠人按比例用所得遗产偿还；如果只有遗嘱继承和遗赠的，由遗嘱继承人和受遗赠人按比例用所得遗产偿还。”

② 孙毅、刘耀东：《中华人民共和国民法典·继承编释义》，人民出版社2020年版，第141页。

等地位，只不过其受偿顺序居于遗产债权之后而已。遗赠之交付之所以居于遗产债权之后，因遗赠于遗赠人死亡而生效，至继承开始时始得确定，而遗产债权在继承开始前即已发生。除此之外，遗赠概为单纯的无偿行为，受遗赠人仅承受利益，而遗产债权的发生则以有偿行为居多，且多为对待给付，如果使遗产债权人与受遗赠人同时受偿，无异于由被继承人以一己之意思左右债权人之命运，如若为此，势必损害遗产债权人利益，且在情理上亦有失公允。易言之，陈棋炎、黄宗乐、郭振恭所称“有优先权之遗产债权人在遗产清偿顺序中居于第一顺位；无优先权的普通遗产债权人为第二顺位；对于受遗赠人交付遗赠，其顺序为第三顺位；被继承人之债权人若在公示催告程序所公告之期限内未申报其债权，而又为继承人所不知者，其顺序为第四顺位。经过此四种顺序后，如再有剩余遗产，当然归属于继承人[①]”，此亦为大陆法系国家或地区的立法通例。但《民法典》继承编第 1163 条却将遗嘱继承人与受遗赠人在遗产债务清偿中置于同等地位，实乃立法缺陷。

有学者认为：“遗赠与遗嘱继承为单方、死因、无偿法律行为，基于被继承人的意思表示，遗嘱继承与遗赠的主要区别在于受遗赠人不属于法定继承人范围，两者在清偿顺序方面并无区分的必要。”[②] 还有学者认为：“以继受遗产的内容为标准区分遗嘱继承与遗赠是以继承责任的非有限性为前提，而我国继承立法贯彻的是‘绝对的（无条件的）限定继承主义’原则。并且《继承法意见》确立了遗嘱继承人与受遗赠人在遗产债务清偿中的平等地位。[③] 所

① 此之所谓继承人既包括法定继承人，也包括遗嘱继承人。

② 汪洋：《遗产债务的类型与清偿顺序》，载《法学》2018 年第 12 期。

③ 该司法解释第 62 条规定：“遗产已被分割而未清偿债务时，如有法定继承又有遗嘱继承和遗赠的，首先由法定继承人用其所得遗产清偿债务；不足清偿时，剩余的债务由遗嘱继承人和受遗赠人按比例用所得遗产偿还；如果只有遗嘱继承和遗赠的，由遗嘱继承人和受遗赠人按比例用所得遗产偿还。”

以，从最终意义上而言，不论是遗嘱继承还是遗赠都是对积极财产的承受（除非遗嘱继承人自愿承担额外的遗产债务）。所以，以遗产的概括承受还是特定的积极财产利益的承受为标准区分遗嘱继承和遗赠的实际意义不大。”《继承法意见》第 62 条及《继承法》第 34 条的存在，决定了在某些情况下，受遗赠人也需要像继承人一样，在一定范围内负担起遗产债务的清偿义务——那种认为受遗赠人只承受遗产权利，而不负担遗产债务的观点不符合中国继承法的精神，即受遗赠人的物权取得在一定意义上乃是一种‘附负担的物权取得’。”[①] 对此，笔者认为，该观点混淆曲解了继承人的限定继承与受遗赠人只承受积极财产。首先，遗赠本身乃遗产上所承载的负担。[②] 因遗赠属于纯粹受益的无对价的债务，故以被继承人的积极遗产多于消极财产（债务）为前提，且其受偿的顺位居于遗产债权之后。[③] 如果尚未清偿遗产债务，即先行交付遗赠，则势必损害遗产债

① 汪志刚：《也论遗赠能否直接引起物权变动》，载《江西财经大学学报》2019 年第 1 期。

② 如《葡萄牙民法典》第 2068 条规定：“遗产之负担包括：用于被继承人之丧葬开支及附随之宗教仪式之开支、因执行遗嘱而生之负担、因管理及清算遗产而生之负担、死者债务之清偿，以及遗赠之履行。”《意大利民法典》第 495 条规定：“如果债权人或受遗赠人未对遗产清单提出异议，继承人也不准备依第 503 条的规定提起清算程序的，则继承人在遗产价值范围内向债权人和受遗赠人实施清偿。”第 508 条第 3 款规定：“支付了保佐费用并且按照清偿顺序表清偿了债权人和受遗赠人之后的剩余遗产属于继承人。”张玉敏教授主持起草的《中国继承法立法建议稿》第 20 条规定：“遗产债务按下列顺序清偿：1. 遗产管理费用；2. 被继承人生前扶养的、无劳动能力的人的必要的生活费用；3. 被继承人生前所负债务；4. 遗赠。”

③ 如《葡萄牙民法典》第 2070 条规定：“一、遗产之债权人及受遗赠人较继承人之个人债权人优先，而遗产债权人之优先权则较受遗赠人优先。二、遗产之负担须按第 2068 条所指之顺序支付。”《韩国民法典》第 1036 条规定：“限定承认人根据前 2 条规定，非对于继承债权人清偿完毕之后，不得向受遗赠人清偿。”《智利民法典》第 1374 条规定：“如无债权人同时受偿的情形，也无第三人提出异议，则应随各遗产债权人的出现而向其清偿，在遗产债权人受偿后才可清偿遗赠。”

权人的利益。其次，不论是法定继承人还是遗嘱继承人，即使是在限定继承（哪怕是无条件的限定继承）的场合，其继承标的仍然是被继承人权利和义务的概括承受。如《韩国民法典》第 1031 条规定："继承人表示限定承认时，其对被继承人遗产上的权利义务并不消灭。"只不过使继承人可仅以其所得之积极财产为限而对遗产债务负担清偿义务而已。而遗赠既然属于遗产负担，则受遗赠人自不负清偿遗产债务的义务。最后，正因为遗赠是无偿受让积极财产利益，所以许多国家和地区民法均规定在遗产不能足额清偿遗产债务及交付遗赠时，须对遗赠予以扣减或削减。① 但这不意味着受遗赠人也对遗产债务负有清偿义务，实际上遗赠本身亦为继承人所继受的遗产负担。

如上所述，在传统继承法原理中，受遗赠权是对继承人或遗嘱执行人的债权。或言之，遗赠乃继承人的遗产债务，如根据《德国民法典》第 1967 条第 2 款的规定②，遗产债务包括被继承人的债务以及继承人的债务，也就是说继承人自己所面对的债务，其中包括特留份权、遗赠或者负担。③ 受遗赠人不是概括继承的主体，不承担遗产债务清偿的责任。那么，如何对《民法典》第 1163 条进行解释，便显得尤为重要。如何解释受遗赠人取得遗赠后的债务承担问题，有不当得利返还请求权、侵权损害赔偿请求权、继承法上返还

---

① 《瑞士民法典》第 565 条规定："继承人交付遗赠后，又支付其事前未知的遗产债务的，在可提出遗赠扣减的限度内，有权要求受遗赠人返还。"《奥地利民法典》第 692 条规定："如果遗产不足以清偿债务、支付其他应付费用，以及给付所有的遗赠，则受遗赠人应当承受遗赠的按比例扣减。"《智利民法典》第 1376 条规定："继承之的财产不足以支付所有的遗赠时，应依比例削减之。"

② 该条规定："Ⅰ继承人对遗产债务负其责任。Ⅱ除被继承人所负之债务外，其以继承人身份所负之债务，即因特留份权利、遗赠及负担所生之债务，均属遗产债务。"

③ [德] 马蒂亚斯·施默克尔：《德国继承法（第五版）》，吴逸越译，中国人民大学出版社 2020 年版，第 217 页。

不当受领的特别请求权等不同学说。继承人之为偿付，并非无法律上之原因，继承债权人之受领清偿，系本于其债权之存在，而基于《民法典》第230条之解释，遗赠亦发生债之效力，受遗赠人自得对继承人请求交付遗赠物，虽然继承人未为公平偿付，致其受领不当，但因有遗嘱依据故并非无权利而受领，自无不当得利之可言。该请求权亦非侵权损害赔偿请求权，因受遗赠人负返还义务，不以其具有故意或过失为要件，且仅返还其不当受领之数额为已足，并非损害赔偿责任。由于本条是将遗嘱继承人和受遗赠人并列规定为按比例以所得遗产清偿债务的义务人，因此受遗赠人承担的是一种法定债务。之所以是法定债务，是因为：首先，从债的内容看，受遗赠人并非返还不当受领的遗产或者损害赔偿，而是负担清偿遗嘱人生前债务的义务。其次，从债的发生原因看，受遗赠人虽与遗嘱继承人承担一定比例的清偿责任，但遗嘱继承人的责任产生于概括继承，即使遗产未分割也承担清偿责任；而受遗赠人的清偿义务并不来自概括继承，而是因其受领了遗赠，在受领遗赠前其本不负担清偿义务。因此，受遗赠人的清偿义务发生原因是遗产债务不足以被清偿前先行履行了遗赠的法律事实，从而依据《民法典》继承编第1160条所发生的法定债务。也就是将本条解释为“不当受领人返还义务”，亦即受害人（遗产债权人）求偿权的请求权基础。如此，被继承人的债权人（受害人）可以直接向受遗赠人行使清偿债务的请求权，从而有利于保护债权人并维护遗产债务公平分配原则。①

---

① 孙毅、刘耀东：《中华人民共和国民法典·继承编释义》，人民出版社2020年版，第143—144页。

第三节　因遗产酌给发生的不动产物权变动

《民法典》继承编第 1131 条规定："对继承人以外的依靠被继承人扶养的人，或者继承人以外的对被继承人扶养较多的人，可以分给适当的遗产。"该条是对近现代民法中的遗产酌给制度的规定。探讨遗产酌给情形下，酌给的遗产何时发生物权变动，首先应明确遗产酌给请求权的性质，即遗产酌给请求权人请求酌给遗产的主张，于被继承人死亡时是否立即发生物权变动，抑或其仅得请求继承人交付酌给一定的遗产。同时，该权利又可否解释为一种特殊的继承权。当然，如果解释为继承权，则与主张此权利具有物权效力无异，因继承权有物权之效力。

一、遗产酌给请求权的性质

关于遗产酌给请求权之性质理论上一直存在较大争议，存在"继承权说""债权说""附优先权的债权说"及"法定遗赠说"等。由于继承权只能由继承人享有，而遗产酌给请求权的主体乃继承人以外的人，故遗产酌给请求权并非继承权。债权说认为遗产酌给请求权作为债权主要是因为被继承人生前因某种原因所应该负担的义务或依据共同生活常理考虑对社会弱者的保护而产生。[①] 我国台湾地区多数学者均认为，遗产酌给请求权乃属遗产债权，系债权请求权，仍须交付或移转登记，始能取得受酌给遗产之所有权。通说认为，酌给遗产与遗赠同为无偿给予财产之行为，故其债权性质较一般普通债权更为薄弱，即以继承人积极财产多于债务者为必要，因此应优先清偿遗产债务。又酌给遗产含有死后扶养之思想，以受酌给人不能维持生活而无谋生能力为必要，

---

① 史尚宽：《继承法论》，中国政法大学出版社 2000 年版，第 171 页。

而受遗赠人不以此为要件，因此，受遗赠顺序宜在受酌给遗产之后。我国也有学者认为，遗产酌给请求权人分得适当遗产乃因其与被继承人曾有扶养扶助关系，故在被继承人死亡后，或出于对生存者生活条件的保障，或出于对生存者曾对被继承人所为的扶养扶助行为进行报偿，而非出于继承。且继承权本就只能由继承人享有，继承人以外的人自然不可能享有继承权。所以，将遗产酌给请求权定性为债权更为妥当。① 还有学者认为，遗产酌给请求权定性为法定遗赠更为合适。② 笔者认为，遗产酌给请求权就其性质而言，是继承开始后，基于被继承人生前扶养扶助或被扶养扶助的事实而产生的法定遗产债权。一方面，遗产酌给请求权不同于物权请求权，因为该权利并不指向遗产中的特定物，而是指向一个数额需要进一步确定的给付。另一方面，遗产酌给请求权也不同于继承权。酌给的含义就是没有像继承权那样明确的应继份额，而且不像继承人那样概括承受被继承人的权利和义务。遗产酌给请求权也不同于被继承人生前负担的债务。作为继承的效力，遗产酌给请求权自继承开始后才产生，并不属于被继承人的生前债务，而是以遗产为限的法定遗产债务。③

二、酌给遗产的物权变动

不论遗产酌给请求权定性为债权、法定遗赠抑或法定遗产债务，终究仅具债权效力，无从发生继承的效力，亦即遗产酌给请求权的行使并不能直接导致酌给遗产的物权变动。就继承人而言，遗产酌给应是其所负担的一种遗产债务，应遗产酌给权利人的请求而履行。

---

① 和丽军：《对遗产酌给请求权的反思与重构》，载《法治研究》2013年第10期。

② 张平华、刘耀东：《继承法原理》，中国法制出版社2009年版，第212页。

③ 孙毅、刘耀东：《中华人民共和国民法典·继承编释义》，人民出版社2020年版，第44页。

因此，在遗产酌给之情形下，酌给遗产的物权变动自应遵循物权变动的一般规则，即动产须经交付，不动产须经登记始可发生物权变动之效力。如我国台湾地区学者陈棋炎也认为："既然遗产酌给请求权为债权，则如受酌给之财产为不动产，则须经登记；如系动产则须经交付，始能发生物权变动之效力。"同时，还需要讨论的问题是，在酌给遗产为不动产之情形下，继承人是否需要先将酌给之不动产登记至自己名下，然后再为遗产酌给请求权人办理移转登记，即是否受《民法典》物权编第232条规定之约束？笔者认为，《民法典》物权编第232条适用的前提是继承人因继承而取得不动产物权的，其再行处分该不动产时应遵循"在先已登记原则"。而继承人向遗产酌给请求权人交付酌给遗产包括向受遗赠人交付遗赠物，均非处分已取得之遗产，而是履行遗产债务，故不符合《民法典》物权编第232条之适用条件。对此，史尚宽先生也认为，遗产中之不动产，如继承人未为登记，则应由亲属会议请求遗嘱执行人或遗产管理人，对受酌给该不动产者为移转登记；如继承人已将该不动产登记为自己名义时，则得由亲属会议或受酌给人，请求继承人为移转登记。受酌给之动产，未为继承人占有者，则由亲属会议取得占有后，再交付占有于受酌给人；如酌给之动产由继承人所占有时，则得由亲属会议或受酌给人请求其交付。①

第四节 无人继承遗产的物权变动

无人继承的遗产，是指遗产无人继承也无人受遗赠的情形。严格而言，是指无人继承又无人受遗赠，经清算并清偿各种遗产债务和应缴纳税款后剩余的遗产。对于无人继承遗产的处理，是各国或地区继承法中均面临的重要问题。从各国或地区立法规定来看，对

① 史尚宽：《继承法论》，中国政法大学出版社2000年版，第173—174页。

于无人继承的遗产通常均归属于国家，然各国或地区所采取的路径并不相同，可谓“殊途同归”，这主要取决于各国或地区对于无人继承遗产的性质界定。

一、无人继承遗产的性质

无人继承遗产的性质，主要有四种立法例。

（一）以国家或地方自治团体为最后顺序的法定继承人

既然国家为最后顺序的法定继承人，因此，严格而言并不存在无人继承的遗产。遗产管理人就任时，虽无继承人或受遗赠人，但终有继承人，而遗产管理人是该继承人的法定代理人。采此立法例的有德国、意大利、葡萄牙、秘鲁等国。[①]《德国民法典》第1936条规定：“继承开始时，被继承人无血亲、配偶或同性伴侣者，以其死亡时之最后住所地所属邦之公库为法定继承人；或其住所地不能确定者，以其居所地所属邦之公库为法定继承人。其余情形，以联邦国库为法定继承人。”而且其不得拒绝[②]、抛弃继承，对债权人负有限责任；国库的继承权须经特别确认程序，已排除其他继承人存

---

① 《意大利民法典》第586条规定：“没有其他继承人的遗产，归国家所有。该遗产的取得依法律规定进行，无需做出接受继承的声明，也不得放弃继承。”《葡萄牙民法典》第2152条规定：“无配偶、任何可继承遗产之血亲时，赋权予国家继承。”《俄罗斯联邦民法典》第1151条第2项规定：“无主财产按法定继承程序归俄罗斯联邦所有。”《菲律宾民法典》第1011条规定：“没有根据前面各节之规定被授权继承的人的，国家应继承全部遗产。”《魁北克民法典》第697条规定：“国家非为继承人，但一旦所有已知的相续人都放弃继承、在所知的范围内无相续人或无相续人主张继承，被继承人死亡后6个月，国家即以与继承人同样的方式占有被继承人的财产。国家承担被继承人的债务，但不得超过它取得的遗产的价值。”

② 《德国民法典》第1942条规定：“国库不得拒绝以它为法定继承人而归属于它的遗产。”

在的可能。①

（二）以无人继承的遗产为法人

日本承认继承人存在不明时，视为财团法人②，遗产管理人被视为遗产法人的代表，如将来继承人出现，则视该法人不成立，但不妨碍继承财产的管理人于其权限内所为行为的效力。③ 经管理清算而未被处分的继承财产，归属于国库。且在剩余继承财产全部移交完毕之前，继承财产法人不消灭，继承财产管理人的代理权仍就尚未移交的继承财产而存续。④

（三）直接规定无人继承的遗产归国家所有

此种立法例既不以无人承认继承的遗产为法人，又不以国库为最后顺序的法定继承人，而是以国库为剩余遗产的归属者。如《奥地利民法典》第 760 条规定："如果不存在有权继承的人，或者无人

---

① 《德国民法典》第 1966 条规定："只有经遗产法院确定不存在其他继承人后，才能由作为法定继承人的国库或对作为法定继承人的国库主张权利。" 应当指出，《德国民法典》将国家作为法定继承人在名称上有个发展过程。2009 年以前，其名称为国库。"在 2009 年改革之后，立法者放弃了国库一词，而改用了国家一词。《德国民法典》第 1936 条的标题改成了'国家的法定继承权'，原条文中的联邦州的国库和帝国国库则被改成了联邦州和联邦。" 参见袁治杰：《民法典制定中的国家与国库问题研究》，载《中国法学》2017 年第 3 期。

② 《日本民法典》第 951 条规定："继承人之有无不明时，继承财产视为法人。" 虽然不存在继承人，但如存在全部继承财产的概括受遗赠人时，不构成该条所谓的"继承人之有无不明"。因该法第五编第六章的规定，乃是规定了继承财产归属者不明时继承财产的管理清算等方法。概括受遗赠人与继承人有同样的权利义务，从遗嘱人死亡时起，原则上承继属于遗嘱人的一切权利义务。所以，存在全部继承财产的概括受遗赠人时，没有必要进行上述各规定中的各项程序。最判平成 9 年 9 月 12 日。

③ 《日本民法典》第 955 条。

④ 最判昭和 50 年 10 月 24 日。

接受遗产，则遗产作为无继承人的财产归属于国库。”① 《瑞士民法典》第466条规定：“如果被继承人没有任何继承人，其遗产归属于其最后住所地的州，或归属于依据州法所指定的乡镇。”

（四）以遗产管理人为被继承人的人格代表

遗产管理人被视为被继承人的人格代表，即为管理、清算遗产的目的，而认为由被继承人（死者）继承遗产。遗产管理人系遗产的信托所有人。依此立法例，于继承人有无不明时，暂时以遗产为被继承人之财产，遗产管理人即被继承人的代理人。如日后继承人出现时，将遗产交还于继承人，否则将剩余遗产移交国库。

我国《民法典》继承编第1160条规定：“无人继承又无人受遗赠的遗产，归国家所有，用于公益事业；死者生前是集体所有制组织成员的，归所在集体所有制组织所有。”与原《继承法》第32条相比，系限制了剩余遗产的用途，但依然延续了继承法的规定。② 由

---

① 遗产归属于国库的前提是，不存在任何继承人或受遗赠人，或者虽然存在但他们都不接受遗产。按照奥利地通说见解，国家享有的权利并非继承权。参见《奥地利普通民法典》，周友军、杨垠红译，清华大学出版社2013年版，第116页。

② 有学者认为：“民法分则继承编应结合我国国家和集体两种公有制形式并存的国情，借鉴德国《民法典》继承编的相关规定，并总结我国现行《继承法》的有关经验，将国家和集体所有制组织列为法定继承人，以根本解决继承人有无不明的问题。”（参见于晓：《继承人有无不明时的继承法完善》，载《政法论丛》2017年第6期。）笔者认为，我国《民法典》继承编的规定，实为“无人承受遗产”而非“无人承认继承”。并且我国继承法规定的无人承受的遗产未经继承人、遗产债权人、受遗赠人等利害关系人的公告搜索程序以及清算程序而直接归属于国家或集体组织。故《民法典》继承编应当在继承人有无不明时，明确规定继承人、遗产债权人等利害关系人的公告搜索程序，完善遗产管理人制度以及遗产清算制度。同时，为了避免国家与民争利，即使经过公告搜索继承人等利害关系人程序后，仍无人承认继承或遗产有剩余，宜将遗产归属于对被继承人扶养较多的人（并非法定继承人）或依靠被继承人扶养的人以及其他有密切关系的人，只有在不存在上述人等的情况下，遗产始可最终归属于国家或集体组织。至于是否应采德国等大陆法系国家将国家规定为最后顺序法定继承人的立法例，笔者认为原《继承法》及《民法典》的规定较符合我国的实际，即以国家或集体组织为无人承认继承遗产的最终承受人，遗产并不会处于无主财产状态，遗产管理人可视为遗产最终承受人的代理人。

该规定可知，我国关于无人继承遗产的性质采取了上述第三种立法例，即既不以无人继承的遗产为法人，又不以国库为最后顺序的法定继承人，而是直接归国家所有。

二、无人继承遗产国家所有与物权变动

国库作为最后遗产归属人的地位为各国立法之通例，但遗产归属于国库，是否因遗产管理人的交付而完成，亦即国库之交付请求权为债权请求权，抑或因继承人搜索公告期间之届满清偿债务及交付遗赠物后有剩余财产时，当然归属于国库系对于遗产管理人交付请求权为物权请求权。

在无人继承遗产采“国家为最后顺序法定继承人”的立法例，国家既然是法定继承人，则无人继承遗产所有权自应于继承开始时归国家所有，即属于基于继承发生的物权变动。在采“无人继承遗产为法人”的立法例，遗产自继承开始时即属于法人，经依法清算后，剩余遗产自遗产法人移转归国家所有，此即基于法律规定的物权变动。如在日本民法，继承人搜索公告期间届满，无人主张继承人权利时，遗产归属于国库，亦即遗产于公告期间届满之时当然归属于国库。在“直接规定无人继承遗产归国家所有”的立法例，无人继承遗产属于基于法律直接规定归国家所有，国库对遗产管理人之请求交付剩余遗产之“归属请求权”，其性质为物权请求权；盖该遗产于归属国库前，固须由遗产管理人先行清偿债权交付遗赠，但有剩余遗产即当然归属于国库之故，亦即国库之取得剩余遗产乃原始取得。因国库取得无人承认继承的遗产乃基于法律的直接规定而

取得，自无须为动产之交付与不动产之登记即可发生物权变动效力。①

① 剩余遗产交付国库后，未于公告期间申报登记的遗产债权人、受遗赠人及交付后出现的继承人，可否针对国库主张权利？日本民法明确规定遗产债权人及受遗赠人不得对于国库行使权利。在瑞士民法，被继承人未遗有继承人时，则遗产以曾祖父母及祖父母的兄弟姐妹之用益权的保留下，归属于被继承人有最后住所之州或依其州之立法归属于其州所定有权之地方自治团体。由地方自治团体为公示催告，虽于公告期内不为申报的债权（包括受遗赠人之债权）亦不被除斥。笔者认为，未于公告期间申报登记的遗产债权人及受遗赠人可否针对国库主张权利与国库或其他组织所取得的剩余遗产性质有关。关于国库或其他组织取得剩余遗产之性质，各国有两种立法例：一为原始取得说。上述日本民法即采此见解，认为国库所取得的遗产性质为原始取得，所以遗产上之负担也因此而消灭。二为继受取得说，也称为最后法定继承人说。而在德国民法、瑞士民法，因将国库规定为最后顺序法定继承人，故而其剩余遗产之取得性质为继受取得。遗产上原有的负担不因国家的取得而消灭，但国库或其他组织仅承担有限责任，以剩余遗产额为限承担责任。也就是说，遗产管理人将剩余遗产交付国库或其他组织后，遗产债权人及受遗赠人仍可行使其权利，剩余遗产移交后出现的继承人，亦可对国库或其他组织提起继承回复之诉。为避免国家与民争利，笔者认为应以继受取得说为宜，即债权人或受遗赠人于剩余财产的范围内，仍可对国库行使其权利。

第三章　基于事实行为发生的不动产物权变动

事实行为，是指不以行为人之内在意思表示为要素，因行为人的行为客观上符合法律之规定从而发生一定法律上效果的法律事实。由此可见，于民法上，法律对事实行为采取法定主义的调控方式，直接由法律确定事实行为所引起的法律效果，而非如法律行为其发生何种法律效果取决于行为人之意思表示。因此，《民法典》物权编第231条规定了因建造或拆除建筑物等事实行为发生的物权变动，亦无须登记即可发生法律效力。当然，法律只是基于某种政策上的考量，赋予某些事实行为以直接发生物权变动的效力，而并非所有的事实行为均可发生物权变动的法律效果。

所谓建筑物，是指定着于土地上或地面以下，具有顶盖、墙壁或梁柱，以供公众或个人居住、使用的构造物或工作物。我国台湾地区通说认为，建筑物系谓凡具有覆盖墙垣，足以蔽风雨，供出入而可达经济上使用之建筑物均属之，其屋顶纵未完工者亦同。[①] 建造建筑物，建造人自建筑物具备不动产的要件时，即当然取得该建筑物之所有权，纵使建造人尚未就该建筑物为不动产物权登记。且

① 谢在全：《民法物权论（上册）》，中国政法大学出版社2011年版，第16页；王泽鉴：《民法物权》，北京大学出版社2010年版，第42页。

在某些情况下，即使该建筑物已被登记在他人名下，如缺乏物权变动之事实或依据，其登记物权之效力也不能抵消该建筑物因合法建造所产生的物权效力。如在“张某某诉姚某某等分家析产案”①，法院认为：“在农村宅基地上合法建造的不动产，自合法建造时其物权便设立，该不动产物权受法律保护，不因没有办理物权登记而不具有物权。原告虽办理了对该不动产物权的登记，但未提交物权变动的事实或证据，故不能得出该不动产物权已合法变动的结论，其登记物权的效力不能抵消该不动产合法建造产生的物权效力。”②

第一节　基于建造建筑物等事实行为取得所有权的理论基础

建造或拆除建筑物均为典型的事实行为，法律之所以规定其无须公示即可直接导致不动产物权变动，从而将其归入非基于法律行为之物权变动，其主要理由或理论基础是什么？对此，有学者认为：“事实行为可直接导致物权变动的法律效果源于法律之规定，行为人有无发生此种法律效果的意思对该法律效果的发生并无决定性作用。”③ 还有学者认为：“依据法理，基于事实行为发生的物权变动当然自事实行为完成时发生法律效力。”④ 笔者认为，基于事实行为发生的物权变动其理论基础主要为：第一，建筑物如已具备遮风避雨之功能，即具备四壁及顶盖，即已形成民法上独立之“物”——不动产，为维护财产秩序，以避免沦为无主财产，即使没有办理登

① 云南省昆明市中级人民法院（2011）昆民二终字第753号民事判决书。

② 国家法官学院案例开发研究中心：《中国法院2013年度案例婚姻家庭与继承纠纷》，中国法制出版社2013年版，第214页。

③ 参见孙宪忠：《中国物权法总论》，法律出版社2009年版，第306页。

④ 参见梁慧星：《中国民法典草案建议稿附理由·物权编》，法律出版社2013年版，第80页。

记在法律上也应为其确定归属。第二，建造建筑物，建造人往往投入大量资金，依照“谁投资、谁受益”之原则，建造人自应取得所有权。生产和劳动是所有权取得的首要方法，建造人既为建造建筑物投入了资金和劳动，即使未办理登记也应使其取得所有权。并非所有的事实行为均可无须公示直接导致物权变动，法律正是基于对人的劳动价值的尊重赋予建造建筑物等事实行为具有物权变动的效力。第三，建造建筑物等事实行为不以是否办理初始登记作为所有权取得之依据，是因为事实行为本身通常均具有一定的公示和社会记忆功能，能够在一定范围内起到公示的作用。“事实行为就是一种事实上的行为，而这种事实上的行为通常都具有占有这种权利外观，从而可以认定物权变动的事实。”① 第四，规定建造人自建造事实行为完成时起取得建筑物之所有权有利于保护建筑物在登记之前免受第三人之侵害。即使在第三人侵害之场合，建造人作为所有权人亦得行使物权请求权以保护自己的权利。尤其是在一些经济不发达的农村地区，作为不动产的房屋并不强制要求登记，如果规定建造人不能基于建造房屋的事实行为而取得所有权，则极易产生纠纷和社会矛盾。第五，符合人们一般的生活习惯和朴素观念。通常的社会生活习惯和观念都认为房屋建造完成，即归建造人所有。所以，如果不承认通过事实行为可以直接导致物权变动，有违人们一般的生活习惯。

第二节　建造人取得建筑物所有权的时间

建造人之所有权取得系基于建造的事实行为本身而非基于法律行为而取得，亦非依法律规定而发生权利的变动，其性质为原始取得无疑。虽然因建造建筑物可直接取得该建筑物的所有权，乃无可

---

① 房绍坤：《论因事实行为导致的物权变动》，载《山东社会科学》2014年第10期。

争辩的事实，唯建造人究从何时取得建筑物的所有权？如何理解我国《民法典》物权编所规定的“事实行为成就时”？对此，依据最高人民法院的解释，所谓事实行为成就应根据各种事实行为的具体情况而定。如对于建造建筑物、制作家具而言，事实行为成就之时即为房屋建成、家具完成之时。还有观点认为，自己出资建造建筑物取得所有权，其所有权取得之时点应解为建筑工程完竣之时。[①]至于如何确定建筑工程之竣工日期，在我国首先适用承包方与发包方之间所签订之《建设工程施工合同》约定，《建设工程施工合同(示范文本)》(GF-2013-0201）第13.2.3条之规定：“工程经竣工验收合格的，以承包人提交竣工验收申请报告之日为实际竣工日期，并在工程接收证书中载明；因发包人原因，未在监理人收到承包人提交的竣工验收申请报告42天内完成竣工验收，或完成竣工验收不予签发工程接收证书的，以提交竣工验收申请报告的日期为实际竣工日期；工程未经竣工验收，发包人擅自使用的，以转移占有工程之日为实际竣工日期。”反之，如果《建设工程施工合同》没有约定或约定不明，则应适用法律规定，即“当事人对建设工程实际竣工日期有争议的，人民法院应当分别按照以下情形予以认定：(一）建设工程经竣工验收合格的，以竣工验收合格之日为竣工日期；(二）承包人已经提交竣工验收报告，发包人拖延验收的，以承包人提交验收报告之日为竣工日期；(三）建设工程未经竣工验收，发包人擅自使用的，以转移占有建设工程之日为竣工日期。”[②]。因此，建筑物建成之时与建设工程竣工之日并非同一，建设工程须待相关部门验收之后始可谓竣工，所以建设工程竣工之日要滞后于建筑物建成之时。笔者认为，建造建筑物，建造人自事实行为完成时

---

① 黄茂荣：《民法裁判百选》，中国政法大学出版社2002年版，第319页。

② 《最高人民法院关于审理建设工程施工合同纠纷案件适用法律问题的解释（一)》第9条。

取得所有权，应解释为建筑物建成之时而非建设工程竣工之日。在实务操作中，建筑物封顶即视为建成。

第三节　建造人取得建筑物所有权的要件

建造人依建造建筑物之事实而取得建筑物之所有权，尚须具备一定的条件。我国《民法典》物权编第 231 条、原《物权法》第 30 条特别强调建造房屋的“合法性要件”，即“建造建筑物必须有合法的建房手续，违章建筑不能取得物权”①。所谓“合法”主要是强调完成了特定的审批手续，取得了合法的土地权利，符合规划要求。包括：（1）建造人依法取得基地的建设用地使用权（如商品房开发），或宅基地使用权（农户建造住宅），或集体土地使用权（如兴办乡镇企业）；（2）建造人依法取得建设用地规划许可证、建设工程规划许可证、开工许可证、建设用地批准通知书等。因此，根据《物权法》第 30 条规定之反面解释，违法建筑不得归建造人所有。②否则即意味着鼓励人们擅自突破城市规划、违章建房，从而损害公共利益。违章建筑虽然也体现了一定的财产利益，但因为不是合法建房，总体上不应该作为物权受到物权法的保护。③

对此将于下文予以详述，笔者认为，建造人取得建筑物之所有权应满足两个条件：首先，须“自己出资”。只要有自己出资建筑之事实本身，不因是否由承揽人建筑抑或建筑执照为何人名义而有所不同，也不因是否为违章建筑，日后是否能办理登记而有所区别，

---

① 王利明：《物权法研究（第三版）（上卷）》，中国人民大学出版社 2013 年版，第 293 页。

② 崔建远：《物权法》，中国人民大学出版社 2011 年版，第 67 页。

③ 王利明：《物权法研究（第三版）（上卷）》，中国人民大学出版社 2013 年版，第 293 页。

均可原始取得建筑物之所有权。[①] 建筑之事实与建造执照之名义，未必一致。我国台湾地区实务认为，倘有自己出资建筑之事实，要不因建造执照为何人名义而有不同；反之，如无自己出资之事实，纵令登记为建造执照之名义人，亦不能当然取得建筑物之所有权。故建造执照之起造人名义虽得为认定系何人出资建筑之参考，但不能仅凭起造人名义，遂认定为建筑物之原始取得人。但此要件在我国大陆地区并不适用，在我国确定合法建筑物所有权归属的主要依据是基地权属，而非出资人。在集体土地上建成的住宅，其所有权归属于宅基地使用权人。在集体土地上建成的乡镇企业的建筑物，其所有权归属于集体土地使用权人。在国有土地上建成的建筑物，其所有权归属于建设用地使用权人。[②] 其次，须“以所有的意思兴建建筑物”。如我国台湾地区司法实践中认为，以所有之意思兴建房屋，即为原始建筑人而取得该房屋之所有权，其取得所有权非以登记为要件，至究以何人名义请领建造执照，在所不问。也就是说，只要满足上述两个条件，建筑人即可取得建筑物之所有权，其所有权之取得不因建设工程许可证记载的建筑人而受影响。建筑执照系建筑行政上之手续，并非取得所有权之法定证据，与建筑完成之房屋所有权谁属，系属两事，不得径以之认定为原始取得之证据方法。社会交易现实状况中常见的房屋合建或委建契约，所建房屋之所有权究系由何人原始取得，涉及该契约如何约定及其性质之问题，不可一概而论。但无论如何，何人为原起造人建筑之事实，当不能仅依建造执照或使用执照所载起造人名义为认定之依据。换言之，此等主管建筑机关实施建筑管理所为之行政措施，尚不足为认定所有

① 谢在全：《民法物权论（上册）》，中国政法大学出版社 2011 年版，第 76 页。

② 崔建远：《物权：规范与学说——以中国物权法的解释论为中心（上册）》，清华大学出版社 2011 年版，第 202 页。

权孰属之法定证据。[①] 通常而言，申请建筑执照之起造人，并系原始建筑人。且第一次所有权登记（即保存登记）亦系登记为起造人所有。以此，虽非不得推定申请建筑执照之起造人，即为原始建筑人，亦即原始所有权人。然如申请建筑执照之起造人，实际并非原始建筑人，不过由于其与原始建筑人有以土地与房屋所有权互为移转之约定，故使用其名义申请建筑执照，则不得因而变更原始建筑人原始取得所有权之事实，而认该申请建筑执照名义上之起造人系为原始所有权人。[②]

至于基于建造房屋等事实行为取得的所有权是否为完全的所有权，或言之，是否具有完全的所有权效力。一种观点认为："未经登记，不具有完整的所有权效力，不能处分该房屋，即建造人所取得的所有权为事实物权。"[③] 还有一种观点则认为："即使建造人未办理登记，仍然可以取得完整的所有权，例如，在广大农村地区大量的房屋均未办理产权登记，如果不允许农民转让房屋所有权，不利于保护农民利益。而现实中，农村的很多房屋都是没有登记的，却已经进行了转让，必须承认此种客观现实。"对此，笔者认为，该问题涉及财产的静态安全保护与动态安全即交易安全保护的冲突。在涉及交易安全时法律物权优先于事实物权而受保护，即使是在不涉及交易安全之财产权静态之场合，建造人所取得的所有权仍然受到"未经登记不得处分"规则的限制。因此，建造人未登记虽可取得建筑物之所有权，但其所取得的所有权效力不完整。

---

① 黄茂荣：《民法裁判百选》，中国政法大学出版社2002年版，第319页。
② 黄茂荣：《民法裁判百选》，中国政法大学出版社2002年版，第320页。
③ 孙宪忠：《论物权法》，法律出版社2001年版，第65页。

第四节　建造人能否基于建造行为取得违法建筑的所有权

建造人基于建造建筑物之事实而取得建筑物之所有权，系属因法律行为以外之事实而发生的不动产物权变动。但我国根据《民法典》物权编第231条（原《物权法》第30条）之规定，此之所谓“建造建筑物”是指“合法的建造行为”。由此，产生的问题是“违法建筑”① 在私法中的法律地位以及建造人能否基于建造事实本身而直接取得违法建筑的所有权，颇值讨论。

一、违法建筑的认定

何谓“违法建筑”？我国理论与实践并未形成一个统一的概念。对此，一种观点认为：“所谓违法建筑，是指未取得建设工程规划许可证或违反建设工程规划许可所核准的内容而在城市规划区内从事相关建设的，或者采取欺骗手段骗取许可而占地新建、扩建或改建的建筑物。”② “违章建筑，又称违法建筑，是指尚未取得建设工程规划许可证或者未按照建设工程规划许可所规定的内容而建设的建

---

① 在我国的法律语境中究竟使用“违法建筑”抑或“违章建筑”一直存在争论。在相关法律法规中也经常混用二者，如《最高人民法院关于适用〈中华人民共和国担保法〉若干问题的解释》（以下简称《担保法司法解释》）第48条规定中使用的是“违章建筑物”，而《国有土地上房屋征收与补偿条例》等行政法规中使用的是“违法建筑”。有学者认为：“违法建筑”与“违章建筑”虽为同义语，指称的对象相同。（参见蒋拯：《违法建筑处理制度研究》，法律出版社2014年版，第37页。）也有学者主张应统一采用“违法建筑”一词，弃用“违章建筑”术语，具体理由可参见王洪平：《公私法交融视域下的违法建筑问题研究》，中国人民大学出版社2020年版，第89—91页。本书对此表示赞同，故本部分除所引用的文献中出现“违章建筑”一语，均采用“违法建筑”概念。

② 朱伟：《违章建筑引起财产纠纷的处理依据》，载《政治与法律》1996年第4期。

筑物和构筑物。”[①] 另一种观点则认为：“违章建筑，系违反了法律法规或规章的强制性规定而建造的房屋。”[②] 还有一种观点认为：“违章建筑，实则违法建筑，系违反一切法律、法规以及部门规章的建筑均属之，并将违章建筑区分为违反私法的违章建筑与违反公法的违章建筑以及双重违法的违章建筑，但考虑到使用习惯，违章建筑和违法建筑可在同一意义上使用。”[③] 在我国台湾地区所谓“违章建筑”，则是指违反建筑法令的规定。如谢在全先生认为：“违法建筑系指因违反建筑法令之规定，而不能取得建筑执照，以致无从办理所有权登记的建筑物。”王泽鉴先生也认为：“违章建筑系指于建筑法令适用之地区内，未经当地建筑主管机关之审查许可，并取得建筑执照，而擅自建造的建筑物。”违章建筑可分为两种：“实质违建”与“程序违建”。前者是指建筑物的建造行为违反了建筑法令之实质性规定，无从依程序加以补正，从而使其变为合法建筑物的违章建筑；后者则是指建筑物的建造行为并未实质违法，也未妨碍都市计划，建造者可依一定程序申请并领取建筑执照的违章建筑。[④]

上述第一种观点将“是否取得政府机关的建设工程规划许可及是否符合规划许可”作为判断建筑物是否为违章建筑的标准，或言之，将违章建筑之“违章”界定为未取得或违反建设工程规划许可证并不妥当，并未言明违法之实质。违法建筑的实质是建筑物的建

---

① 仲伟珩：《从违法建筑的法律定位分析违法建筑纠纷的处理》，载最高人民法院民一庭：《民事审判指导与参考（第42集）》，法律出版社2011年版，第40页。司法实践中相关的裁判也是如此认定违法建筑，如“王某1与王某2房屋租赁合同纠纷上诉案”［山东省济南市中级人民法院（2020）鲁01民终7171号民事判决书］。

② 根据各地方政府的相关规定，违章建筑主要包括：1. 未申请或申请未获得批准，未取得建设用地规划许可证和建设工程规划许可证而建成的建筑；2. 擅自改变建设工程规划许可证的规定建成的建筑；3. 擅自改变使用性质建成的建筑；4. 临时建筑建成后超过有效期而未拆除从而成为永久性建筑的建筑物。

③ 杨延超：《违法建筑物之私法问题研究》，载《现代法学》2004年第2期。

④ 参见王泽鉴：《民法物权》，北京大学出版社2009年版，第81页。

造有违城乡规划或建筑法令，而未取得建设工程规划许可证或未按照建设工程规划许可证规定的内容从事建筑活动乃违章建筑的表现而非认定依据。而其他观点则均对违法作宽泛解释，即建造建筑物违反法律、行政法规以及部门规章均构成违法建筑。而我国台湾地区学者则均认为违章建筑是违反建筑法之规定而建造的建筑物。笔者认为，违法建筑有广义狭义之分，"狭义的违法建筑"是指"实质违法"，系违反建筑方面的公法性法律规范，妨害城乡规划的建筑物。一方面，在我国作为判断建筑物是否违章的法律依据主要有《建筑法》《城乡规划法》《土地管理法》《房地产管理法》等法律法规，均为公法性法律规范。如我国台湾学者朱柏松教授所言，"私法具有与公法不同的规范目的和功能。私法的目的仅在于对特定私法主体之间的权利义务作出价值判断，而其功能则在于确认权利义务的存在与否及其效力如何而已。与是否应当给予公法上的处罚、取缔甚至科以刑责，毫无关联。因此，违法建筑显然是一个公法上的概念"①。至于关于建筑方面的地方性法规和部门规章能否作为认定建筑物违章的依据，违法建筑的认定和处理涉及各方利益，而地方性法规和部门规章难免出于保护本地方和本部门的利益而设。因此，对于违法建筑的认定依据应当从严予以把握，仅限于全国人大及其常委会制定的法律和国务院制定的行政法规。另一方面，违法建筑的处理机关为行政机关，即建筑物是否违章须经相关行政机关（在我国为各地方的住房与城乡建设局）的认定和处理。而"广义的违法建筑"尚包括"程序违法"，系并未违反建筑法令，仅在申请政府批准许可等程序方面存有瑕疵的建筑，因而可以通过事后补正消除其违法性。

---

① 朱柏松：《论越界、违章建筑之法律效力》，载《月旦法学杂志》2004年第1期。

二、违法建筑在私法上的定性

在德国、瑞士等欧陆国家建筑物被定位为土地的重要成分。因此在欧陆各国，建筑物无论是否为违法建筑，都是土地的重要成分，只要建造人对土地有所有权或地上权，均能取得违法建筑的所有权。但我国法律将土地和建筑物视为两种彼此独立的不动产，违法建筑独立于土地权利，建造人对其能否享有不动产所有权，是私法在定位违法建筑的利益形态时所面对的首要问题。如前所述，违法建筑因违反公法法律规范而受到法律的否定性评价，尤其是在实质违法的情况下，违法建筑物尚要面临被拆除或没收之命运。问题是，违法建筑物是否因其违反公法规范即无私法上所有权之存在?① 或言之，违法建筑能否作为物权客体，在私法上能否承载所有权? 对此，我国学界有两种截然不同之观点："违法建筑物上有所有权说"② 与"违法建筑物上无所有权说"③。

---

① 大陆法系各国民法典均未对违章建筑的私法地位作出明确规定，唯《俄罗斯联邦民法典》第222条规定："进行违章建筑的人，不取得违章建筑物的所有权。"

② 周友军：《违章建筑的物权法定位及其体系效应》，载《法律适用》2010年第4期；刘武元：《违法建筑在私法上的地位》，载《现代法学》2001年第4期；杨延超：《违法建筑物之私法问题研究》，载《现代法学》2004年第2期；成协中：《违法建筑的物权地位研究》，载《改革与开放》2012年第3期；张俊：《论依法行政中公权力与私权利的界限——以违法建筑的归属及其利用为视角》，载《辽宁教育行政学院学报》2011年第3期。

③ 黄刚：《违法建筑之上存在权利吗?》，载《法律适用》2005年第9期；冯桂、黄莹：《论非法物之物权》，载孟勤国、黄莹主编：《中国物权法的理论探索》，武汉大学出版社2004年版，第349页；王利明：《物权法研究（第三版）（上卷）》，中国人民大学出版社2013年版，第86页；杨才然、范杰商：《占有人对违法建筑有无合法权利》，载《人民法院报》2004年9月28日；马俊驹、余延满：《民法原论（第四版）》，法律出版社2010年版，第331—332页。

（一）违法建筑物上有所有权说

该说又分为如下三种不同的观点：

1. 动产所有权说。此说认为，既然违法建筑物不能进行所有权初始登记，且受到法律的否定性评价，因而不能成为法律意义上的不动产，也不能成为不动产物权的客体。但虽然建筑物之整体属于违章建筑，而作为动产的建筑材料本身仍属合法。因此，可认为因建造人享有作为动产的建筑材料的所有权，进而对该违章建筑享有动产所有权。① 但另有学者认为，在违法建筑私法利益形态的选项中，虽然动产所有权应是正解，但在此所谓的动产所有权，不是构成违法建筑的材料所有权，而是指以可否登记作为是否为不动产的甄别标准。受制于登记禁止机制，由不同建筑材料合成的违法建筑在整体上属于动产，对应的利益形态因此是动产所有权。②

2. 不动产所有权说。该说认为，建造人基于建造行为本身取得建筑物之所有权不因该建筑物违章的“先天违法性”而受影响。因为“无论合法建房或者违章建房，均于事实行为成就之时，亦即房屋建成之时，产生所建成房屋的不动产所有权，建房所用的砖瓦木石的动产所有权亦同时消灭。即使属于违章建筑，也发生房屋所有权。建房所用的建筑材料的动产所有权也要消灭”③。至于建筑物是否违章乃行政管理机关基于公法做出的评判，但这种否定性评价不应影响其在私法上的法律地位。所以，尽管违章建筑不能登记从而获得权利的确认，但是基于其不动产的性质，其权利仍然归属于建

---

① 周友军：《违章建筑的物权法定位及其体系效应》，载《法律适用》2010 年第 4 期；陆淳：《违章建筑的分割与占有》，载《人民法院报》2005 年 5 月 25 日。

② 参见苏永钦：《违章建筑与小产权房》，载《法令月刊》2015 年第 4 期；常鹏翱：《违法建筑的公法管制与私法因应》，载《法学评论》2020 年第 4 期。

③ 梁慧星：《中国民事立法评说》，法律出版社 2010 年版，第 103—104 页。

造人。只有有自己出资建筑的事实，不因为建筑是否为违章建筑，日后不能办理登记而有所区别，均能原始取得建筑物之所有权。

3. 折中说。该说以违章建筑能否补正为标准，视具体情况将其认定为不动产所有权或动产所有权。具体而言，如果违章建筑能够补正为合法建筑，则其法律性质即为不动产所有权；反之，在不能补正为合法建筑的情况下，因该违章建筑一旦被拆除即转变为脱离土地或建筑物而单独存在的建筑材料（成为动产），故其性质为动产所有权。①

（二）违法建筑物上无所有权说

该说基于论者所持理由之不同，又可分为以下两种不同的观点：

1. 无法登记无所有权说。② 该说认为，根据我国相关法律、法规规定，违法建筑不能办理建筑物初始登记，所以只有建筑物建成、存在的事实，当然也就因此不能取得所有权。③ 法律之所以规定违章建筑不能办理所有权登记，其意在反对于违章建筑物上成立所有权。而我国台湾地区判例允许违章建筑物取得所有权，已与法律之意旨相悖。④

2. 违法或损害公共利益无所有权说。该说认为，只有合法建造

---

① 参见仲伟珩：《从违法建筑的法律定位分析违法建筑纠纷的处理》，载最高人民法院民一庭：《民事审判指导与参考（第42集）》，法律出版社2011年版，第46页。

② 1990年建设部发布的《城市房屋产权产籍管理暂行办法》（现已失效）第18条规定："凡未按照本办法申请并办理房屋产权登记的，其房屋产权的取得、移转、变更和他项权利的设定，均为无效。"依此规定，新建建筑物自然也须办理登记始取得所有权，那么违章建筑自因无法办理登记而无所有权。在比较法上，采此立法例者，唯《俄罗斯联邦民法典》第219条当之，该条规定："建筑物、构筑物和其他应进行国家登记的新建不动产的所有权，自国家登记之时发生。"

③ 黄刚：《违法建筑之上存在权利吗?》，载《法律适用》2005年第9期。

④ 冯桂、黄莹：《论非法物之物权》，载孟勤国、黄莹主编：《中国物权法的理论探索》，武汉大学出版社2004年版，第349页。

的建筑物始能于建成后发生物权变动之结果，即建造主体对建设工程审批手续齐全的合法建造物，自建造行为成就时当然取得相应房屋的所有权，而不以登记为生效要件。[①] 如为违章、非法建造所形成的违章建筑，不能按照《物权法》第30条之规定取得所有权。[②] 如有学者认为："违章建筑不能取得物权，否则就意味着鼓励人们擅自突破城市规划、违章建房，从而损害公共利益。违章建筑总体上不应该作为物权受到物权法的保护。"[③] 司法实务上也认为，违法行为不应取得权利。对土地以及地上建筑物的管控，在本质上反映了一种社会公共利益。如果没有国家规定的土地管理制度、建筑管控制度，那么建筑物就可以随意建造并以此取得完整的所有权，这种私权的绝对化势必导致整个社会混乱无序，最后私权也得不到良好的保护。从公法与私法的关系角度看，这属于"行使所有权的自由因社会公共福利而受到公法的限制"的情形。因此，即使某一违法建筑并未直接侵害到某个民事主体的具体权利，但其实际上仍然触及了社会公共利益之妨碍，故私法上亦不应承认在违法建筑上成立不动产所有权。[④] 此说在我国司法实践中也颇为盛行，可谓居于有影响力的地位，如在"王某1与王某2房屋租赁合同纠纷上诉案"，二审法院认为："违法建筑因建设行为的违法性，不能发生设立物权

---

① "毛某某、重庆市××房地产公司申请执行人执行异议之诉再审案"，最高人民法院（2019）最高法民申6917号民事裁定书。

② 王利明：《物权法研究（第三版）（上卷）》，中国人民大学出版社2013年版，第293页。司法实践中的裁判可参见"黄某某、朱某某资源行政管理：土地行政管理（土地）再审案"[最高人民法院（2018）最高法行申1665号民事裁定书]。

③ 王利明：《物权法研究（第三版）（上卷）》，中国人民大学出版社2013年版，第293页。

④ 杜万华主编：《〈第八次全国法院民事商事审判工作会议（民事部分）纪要〉理解与适用》，人民法院出版社2017年版，第369页。

的法律效果，建造人对违法建筑也不享有物权权益。"① 2011 年山东省高级人民法院印发的《全省民事审判工作会议纪要》② 及最高人民法院《第八次全国法院民事商事审判工作会议（民事部分）纪要》第 21 条③即采此说。

根据以上观点，既然违章建筑的建造人对违章建筑物并无所有权，也不能办理所有权登记，则只能承认其属于一种占有权，即建

① 山东省济南市中级人民法院（2020）鲁 01 民终 7171 号民事判决书；"范某某、田某某物权确认纠纷上诉案"［辽宁省盘锦市中级人民法院（2020）辽 11 民终 213 号民事判决书］；"董某某、赖某经贸行政管理（内贸、外贸）行政赔偿案"［江西省赣州市（地区）中级人民法院（2020）赣 07 行赔终 7 号行政赔偿判决书］；"徐某 1、徐某 2 确认合同无效纠纷上诉案"［山东省临沂市中级人民法院（2019）鲁 13 民终 9736 号民事裁定书］；"李某某、平顶山市某某商贸有限公司确认合同效力纠纷上诉案"［河南省平顶山市中级人民法院（2019）豫 04 民终 3581 号民事裁定书］；"芷江金笙侗寨、田某某建设工程施工合同纠纷上诉案"［湖南省怀化市中级人民法院（2019）湘 12 民终 2138 号民事判决书］；"杨某某、王某某相邻关系纠纷再审案"［贵州省毕节市中级人民法院（2018）黔 05 民再 67 号民事裁定书］；"牒某某、李某某物权保护纠纷二审案"［四川省乐山市中级人民法院（2018）川 11 民终 1459 号民事裁定书］；"山东省某某房地产开发有限公司与某某总队相邻关系纠纷"［山东省济南市中级人民法院（2018）鲁 01 民终 4110 号民事判决书］；"张某某、饶某某相邻采光、日照纠纷二审案"［湖北省十堰市中级人民法院（2018）鄂 03 民终 2068 号民事裁定书］等。

② ［鲁高发（2011）297 号］该《会议纪要》指出："依据城乡规划法的规定，违法建筑是指未取得建设工程规划许可证或者未按照建设工程规划许可证的规定进行建设的建筑物和构筑物。根据《物权法》第 30 条之规定，因合法建造房屋等事实行为设立或消灭物权的，自事实行为成就时发生效力。违法建筑因违法建设行为的违法性，不能发生设立物权的法律效果，建造人对违法建筑也不享有物权权益，因此，因违法建筑的归属和内容发生争议的，人民法院不予受理，告知当事人向有关行政主管部门申请解决。"

③ 该条规定："对于未取得建设工程规划许可证或者未按照建设工程规划许可证规定内容建设的违法建筑的认定和处理，属于国家有关行政机关的职权范围，应避免通过民事审判变相为违法建筑确权。当事人请求确认违法建筑权利归属及内容的，人民法院不予受理；已经受理的，裁定驳回起诉。"

造人对违章建筑物的占有作为一种事实状态而受法律保护。[1] 违章建筑作为一个整体，已经构成一个不动产，在法律上一旦认定建造人取得了违章建筑的所有权，则违章建筑即可产生对抗第三人的法律效力。如若拆除则于法无据，甚至构成对建造人所有权之侵害。因此，建造人不能对违章建筑享有所有权，但这并不意味着违章建筑完全不受《物权法》的保护，我国《物权法》关于占有保护制度的规定对违章建筑也应当是可以适用的。[2] 同时，建造人或其他占有人享有的并非是所谓的“占有权”，而只是由于其实际的管理与控制，形成了占有的事实状态，其基于占有的事实状态而受占有制度的保护。[3] 如在“薛某某、西安××学院租赁合同纠纷再审案”，最高人民法院认为：“案涉房屋建设未取得土地审批手续，也未取得建设工程规划许可证，亦未经主管部门批准，违反了《土地管理法》和《建筑法》的强制性规定。但××公司作为案涉房屋的建设方，依建设对案涉房屋取得占有，享有管理与控制权。案涉房屋未被行政机关拆除前，仍具有一定的使用价值。本案薛某某请求权的行使不以其作为合法的所有权人为前提，二审认为腾退房屋以及租金请求权是以对案涉房屋享有所有权作为前提，适用法律错误。”[4] 在“潘某某与宋某 1、郭某某、宋某 2 保管合同纠纷再审案”，再审法院同样认为：“根据《物权法》第 30 条的规定，基于违章建筑不能设立所有权，不能提起所有权诉讼。就本案而言，宋某 3 一家对车库基于车库为违章建筑不能享有所有权，但由于其实际管理并控制车库，形成了对该车库事实上的占有。根据《物权法》第 245 条

---

① 广东省江门市中级人民法院（2018）粤 07 民终 1091 号民事裁定书。

② 王利明：《物权法研究（第三版）（上卷）》，中国人民大学出版社 2013 年版，第 86 页。

③ 杜万华主编：《〈第八次全国法院民事商事审判工作会议（民事部分）纪要〉理解与适用》，人民法院出版社 2017 年版，第 369 页。

④ 最高人民法院（2019）最高法民再 330 号民事裁定书。

'占有的不动产或者动产被侵占的，占有人有权请求返还原物；对妨害占有的行为，占有人有权请求排除妨害或者消除危险；因侵占或者妨害造成损害的，占有人有权请求损害赔偿'的规定，宋某3一家对车库享有占有利益，除执法机关依法处理外，法律规定禁止他人进行非法占有和损害。本案中车库虽然作为违章建筑，但因火灾被损坏，依照法律规定，不能支持宋某3一家作为占有人提出的基于所有权要求恢复原状等诉讼请求，但宋某3一家基于其对车库的占有利益，就火灾造成的车库损失，有权请求赔偿。"①

（三）建造人基于建造行为能够取得违法建筑所有权

我国《物权法》颁布后，对于第30条规定的理解争议较大，因为对其进行的学理解释，总是陷入自相矛盾之境地——如对该条依反对解释，建造人对违法建筑不能取得其所有权，那么违法建筑作为民法上的"物"其权属又归谁所有？岂能因此而成为"无主物"？若成为"无主物"，这又与《物权法》关于"物有其主，物尽其用"的立法原则相悖。

实际上，"无法登记无所有权说"于法无据，诚然根据《房屋登记条例》以及《不动产登记暂行条例》等法律法规之规定，违法建筑无法申请办理初始登记，但无法办理登记并不依此否认其上的所有权等物权之存在，登记之目的无非在于确保交易安全，

① 吉林省高级人民法院（2014）吉民再申字第19号民事裁定书。但也有裁判持相反立场，如在"张某某、应某某侵权责任纠纷上诉案"，二审法院认为："《物权法》第三十条中'合法建造'的表述即排除了违法建筑依建造事实行为取得物权的可能性。而享有合法物权是主张物上损害赔偿请求权的前提。张某某所建玻璃钢构露台亦涉嫌属违章建筑情形，如前所述，对于违章建筑的认定和处理，属于国家有关行政机关的职权范围。如人民法院支持违章建筑所有者的损害赔偿诉请，即等同于通过民事审判变相为违章建筑确权，这显然违反《城乡规划法》等法律、行政法规的规定。"参见河南省漯河市中级人民法院（2020）豫11民终114号民事判决书。

对外传递物上之权属信息，而基于建造建筑物等事实行为产生的物权，建造人本就无须登记即可自建造行为完成时取得物权，或言之，于此情形建造人取得建筑物所有权本就无须登记，又何来无法登记而无所有权之说？此亦为各国民法区分基于法律行为之物权变动与非基于法律行为之物权变动之意义之所在。如我国台湾学者谢在全先生认为：“自己出资建筑之建筑物，与依法律行为而取得者有别，纵未经登记亦不在‘民法’第758条，所谓非经登记不生效力之列，易言之，原始起造人在完成建筑物时，依事实行为取得建筑物所有权，乃非依法律行为发生不动产物权变动类型之一种，无待登记，即生变动之效力，准此，违章建筑物之起造人于建筑完成时取得其所有权，违章建筑物不因其无从办理所有权登记，而丧失物权客体之资格，是以，违章建筑物之建筑人取得民法上之不动产所有权，乃民法之不动产所有人，其地位与其他不动产所有人完全相同。”而将建造人对违法建筑物的占有作为一种事实状态而受法律保护，其不合理之处也至为明显，基于违章建筑的违法性，其上自无任何本权故为无权占有；建造人明知建筑物违章而为占有，又属恶意占有。在否定违章建筑所有权的前提下，建造人对违章建筑的占有即缺乏正当的权源。而在物权法体系中，占有制度则是建立在本权（物权或债权）之上，缺乏占有的正当权源，占有自无从谈起。对于合法建筑物尚可根据公共利益之需而予以征收进而予以拆除，则对于违章建筑赋予所有权予以拆除反而于法无据，令人费解。

至于“违法或损害公共利益无所有权说”也不能成立。首先，我国司法审判中颇为盛行的观点“违法建筑因建设行为的违法性，不能发生设立物权的法律效果，建造人对违法建筑也不享有物权权益”，存在明显错误。因为依建设行为而取得物权，不是“设立”物权——不涉及意思表示要素，是基于“事实行为”而非“法律行为”产生的物权。其次，“物之本身并无合法与违法之性质区分①，只是因当事人之违法行为而使其转化为非法财产”②。违法的是行为，而不是房屋，而且违法行为应仅限于违反公法而言③，也就是说，“违法物”之概念是指行为人取得该物之行为违反了公法规范。如有学者认为：“违法物这个概念的产生，出于国家管制的需要，违法与否，往往由体系庞杂的公法规则进行限定。根据公法的规制技术，违法物的制造人或持有人摆脱不了不能按照自己意愿控制违法物的命运，还要因此而承担行政或刑事责任。”④ 私法上违法行为的法律后果是使得行为本身存在效力瑕疵或产生侵权责任，但并不因此而导致行为客体物成为违法物。因此，行为人之取得物之行为纵因违反公法规范而构成违法行为，但其违反公法之违法行为不应导

① 有学者认为：“违法财物包括三种：一为‘主体违法的物’；二为行为违法的物；三为物之本身违法。对于前者而言，物之本身并不违反法律，只是占有该物的人（主体）存在违法的情形，如无资质的厂家生产的合格产品、非医疗机构或其他法定机构持有的麻醉药品、缺少法定手续的违章建筑等即属其例。对于中者而言，物之本身同样也不违法，而只是主体获得对其占有的行为违法，如走私的物品、抢劫、盗窃或抢夺的物品等。对于后者而言，物之本身即为违法，不论何人占有，以何种方式占有，都不能改变其自身之违法性质，如盗版的音像制品、质量不合格产品、存在质量问题必须予以拆除的违章建筑物等。”参见冯桂、黄莹：《论非法物之物权》，载孟勤国、黄莹主编：《中国物权法的理论探索》，武汉大学出版社 2004 年版，第 356—358 页。依笔者愚见，法律（不论是公法抑或私法）调整的对象永远是人之行为，而物其本身并不存在合法抑或违法之属性问题，其作为人之行为的对象或客体，是中立的。法律对所谓“违法财物”的否定评价，究其实质是针对主体取得该物之行为，而非物之本身。

② 应松年：《行政处罚法教程》，法律出版社 2012 年版，第 75 页。

③ 如有学者认为：“违法物这个概念的产生，出于国家管制的需要，违法与否，往往由体系庞杂的公法规则进行限定。根据公法的规制技术，违法物的制造人或持有人摆脱不了不能按照自己意愿控制违法物的命运，还要因此而承担行政或刑事责任。”参见常鹏翱：《物权法的展开与反思》，法律出版社 2007 年版，第 63—64 页。

④ 常鹏翱：《物权法的展开与反思》，法律出版社 2007 年版，第 63—64 页。

致阻却于私法上取得物之所有权。① 公法与私法存在不同的规范功能，如德国学者毛雷尔教授认为："私法以个人之意思自治为出发点，其任务是规范法律行为的实施，调整私人之间潜在的或已发生的利益冲突。而公法特别是国家法与行政法，以作为主权者的国家为调整对象，作用在于确定国家权力的基础和界限。"② 所以将公法

① 通过我国《著作权法》之修改也可合乎逻辑地推论："私权取得行为之违反公法性并不影响私权取得之阻却效果。"原《著作权法》第 4 条第 1 款规定，"依法禁止出版、传播的作品，不受本法保护。"此即学界通说所认为的"内容违法的作品不受法律保护，不能取得著作权"。而新修正的《著作权法》第 4 条则规定："著作权人行使著作权，不得违反宪法和法律，不得损害公共利益……"删除了原法中的"违法作品不受著作权法保护"的规定。如此可以看出，著作权法已经承认了对于违法作品作者依然可以取得著作权。

② ［德］哈特穆特·毛雷尔：《行政法学总论》，高家伟译，法律出版社 2000 年版，第 40 页。在我国刑法学界和司法实务界，对于公法与私法之间的不同规范功能及其在法律效果上的区分是有着清晰的认识的。如，最高人民法院与最高人民检察院联合制定的《关于办理受贿刑事案件适用法律若干问题的意见》规定："国家工作人员利用职务便利为请托人谋取利益，收受请托人的房产、汽车等物品，虽未变更权属登记或以借用他人名义的方式办理权属变更登记的，均不影响其受贿罪的认定。"根据《物权法》关于物权变动规则的规定，在房屋权属未办理过户登记的情况下即认定依然成立受贿罪是不可思议的。但该司法解释很好地诠释了公法与私法之间不同的规范功能，刑法上对于是否构成犯罪的认定与民法上的不动产物权变动规则不相关联，应予区分。再如，日本名古屋高等裁判所公布的一则判例：一被告通过欺诈的手段在其两次嫖娼过程中使对方免收嫖资共计 2800 日元。原审判决认为：双方的卖淫合同有违公序良俗应为无效，故被告使用欺诈手段使对方免收嫖资不应认定为其获得了财产上的不法利益，所以被告的行为不构成诈骗罪。但名古屋高等裁判所则认为：虽然原审根据《日本民法典》第 91 条之规定，认定卖淫合同因违反公序良俗原则而无效。但是，民事上的合同有效与否与刑事上是否构成犯罪，两者在是本质上是不同的问题，毫无关联。如诈骗罪此类以侵害他人之财产权为本质的犯罪其应受处罚，是因此种违法行为本身有扰乱社会秩序之危险，而并非仅单纯地保护受害人的财产权。在扰乱社会秩序此点上，被告采用欺骗之手段不论在通常之交易中抑或于订立卖淫契约时，没有任何本质上的差异。嫖资亦可成为诈骗罪之对象，故原审认定不构成诈骗罪适用法律有误。参见《日本高等裁判所刑事裁判特报（第二卷）》，第 1276 页，转引自张明楷：《法益初论》，中国政法大学出版社 2000 年版，第 521 页。

规范之管制效力转嫁于私法上物之所有权的取得，有待商榷。① 我国台湾地区实务即认可违章建筑之上得成立所有权，且作为新生产之物，其所有权的取得遵循非基于法律行为之物权变动规则。即使不能办理所有权登记，也不影响建造人取得违章建筑之所有权，原因在于建筑执照并非取得所有权的法定依据，仅为建筑行政上的手续。② 在我国台湾地区规定下，“除土地外并无其他标的被直接排除私有，即使在交易和持有、使用上均受严格限制的武器、毒品，或纳入管制的保育类野生动物、古物，其创造者、先占者、发现者仍可原始取得所有权，继承也未受到任何限制。但这种理论上得为私有，实际上几乎被排除一切权能的动产所有权，如毒品，和不得私有已无差别。但立法者宁可保留空洞的所有权，也不轻易宣示特定物上不得建立所有权的政策，使得从公法上的行为规范要转介为所有权‘不发生’的私法规范，必须特别谨慎。比如各式各样的违章建筑，即使是即报即拆的新违建，法院也从来没有否定起造人的原始取得”③。也就是说，公法管制和私权自治完全是两个独立的体系，违法建筑的私权属性根本不受公法管制的影响。其实，我国法律法规原来对待违章建筑之所有权取得原则上是持肯定态度的，如《城乡建设与环境保护部关于房屋所有权登记工作中对违章建筑处理的原则意见》（〔88〕城房字第95号）第4条规定：“……只要房屋建筑正规，结构合理，经过一定的申报审批程序，给予批评教育或

---

① 如有学者认为：“公法规范可以‘限制’所有权的行使，但其不能在是否可以取得所有权的问题上‘指手画脚’。”如《阿根廷民法典》第2611条规定：“仅为公共利益而对私人所有权设置的约束，由行政法规范。”参见王洪平：《违法建筑的私法问题研究》，法律出版社2014年版，第40页。

② 参见王泽鉴：《民法物权（第一册）》，中国政法大学出版社2001年版，第116页。

③ 苏永钦：《从动态法规范体系的角度看公私法的调和——以民法的转介条款和宪法的整合机制为中心》，载苏永钦：《民事立法与公私法的接轨》，北京大学出版社2005年版，第100页。

适当罚款之后，可以补办手续，确认其所有权，发给产权证件……”第5条则更进一步规定：“违章建筑不论其能否给予从宽确权处理，一律都要进行登记……”① 虽然该规定也渗透着公法管制的影子，但经过相应的公法管制措施之后建造人终能自始取得所有权。但后来的《城市房屋权属登记管理办法》则采取了“一刀切”的做法，即“凡是对于违章建筑申请所有权登记的，登记机关应当作出不予登记的决定”。有学者认为：“就该条字面含义而言，并不能得出违章建筑不能作为所有权客体的结论。因为建造人取得建筑物之所有权为原始取得，从建筑物具备法律意义上的不动产之时起，投资人即取得该物之所有权，即使没有办理登记。于此意义上，违法建筑不得登记，并不能否定违法建筑作为不动产所有权客体的价值，但基于‘非经登记不得处分’的机理，该所有权的处分权能因此而被排除。”②《城市房屋权属登记管理办法》第5条第1款规定：“房屋权属证书是权利人依法拥有房屋所有权并对房屋行使占有、使用、收益和处分权利的唯一合法凭证。”这意味着，只有经过登记并取得房屋权属证书，权利人才能依法拥有房屋所有权并对房屋行使占有、使用、收益和处分的权利。因此，实际上不能登记的违章建筑已被剥夺了承载不动产所有权之资格。③ 这种认识和做法使得违法建筑因违反公法管制规范而不能成为不动产所有权的客体。如此一来，违法建筑虽在客观上或者说物理意义上是不动产，但并不能成为法律意义上的不动产。此时的法律评价标准已经变成纯粹的禁止性的

① 如此规定的缘由和宗旨是“确保城市规划的实施和严格执法，保障产权人的合法权益，维护社会的安定与团结，促进房屋所有权登记发证工作的顺利进行。”

② 常鹏翱：《物权法的展开与反思》，法律出版社2007年版，第65页。

③ 采相同立场的还有1999年国务院办公厅《关于加强土地转让监管严禁炒卖土地的通知》（国办〔1999〕39号）指出：“农民的住宅不得向城市居民出售，也不能批准城市居民占用农民集体土地建设住宅，有关部门不得为违法建造和购买的住宅发放土地使用权证和房产证。”

公法规范，私法和私权失去了存在的空间。那么，既然物权之归属问题乃纯粹的私法问题①，并且物之本身并无合法与违法之区分，则建筑物是否已经完成所有权初始登记，以及是否属于违法建筑，均不影响建造人取得所有权。建筑物乃主要的“定着物”，“定着物系民法上的概念，其建筑是否符合建筑法规，有无建筑执照，能否办理所有权登记，均不影响于定着物的本质。因此违章建筑亦系定着物的一种，具有独立的所有权”②。如有学者认为：“‘物’本身是一个中性的法律概念，不论是被名为‘合法财产’之物还是‘违法财产’之物，其上都存在着民法上的所有权。就房屋等建筑物而言，不论是合法建造的建筑物还是违法建造的建筑物，建筑物所有权的取得与建造行为之合法或者违法无关，除‘无主物’之外，凡‘物’之上都存在着所有权。”③ 对此，最高人民法院的相关裁判也持肯定立场，“动产与不动产的分类是依据财产的物理属性，即使建造行为违法，也不能改变违章建筑的不动产属性”④。建造建筑物，建造人自事实行为（建造行为）完成时即取得建筑物之所有权，乃事实判断问题。只要建筑物建造完成即事实行为完成建造人自动直接获得所有权。至于所建造的建筑物是否因违反公法规范进而属于违法建筑，则是价值判断问题。建造建筑物（事实判断）乃私法之范畴，只要建造行为完成，建筑物本身即为私法上之“物（不动产）”，即可成为所有权之客体，与是否为所有权初始登记无涉；反之价值判断系建

① 当然并非所有的私权归属问题都是纯粹的私法问题，如特许物权之取得、专利权之取得，就介入了强烈的公法因素，甚至可以说是因公权力的介入而形成的私法效果。具体可参见［日］美浓部达吉：《公法与私法》，黄冯明译，商务印书馆1988年版，第167—168页。

② 施启扬：《民法总则（修订第八版）》，中国法制出版社2010年版，第182页。

③ 王洪平：《公私法交融视域下的违法建筑问题研究》，中国人民大学出版社2020年版，第155页。

④ 最高人民法院（2013）民申字第50号民事裁定书。

筑物是否为违法建筑，乃行政管理事项，属于《城乡规划法》《建筑法》《城市房地产管理法》等公法之范畴。因而，“应特别强调一个观念，违章建筑的问题，并不在于它不得成为所有权的客体，而是在于，当所有权人要处分该违章建筑时，应按规定先经登记，始得处分”。

因此，对于违法建筑不能因其违反行政法律规范而否定建造人对其所有权之取得。有人之所以基于违法建筑对于公法规范之违反，进而否认建造人对其享有所有权，是因为担心如若仅仅通过公法对违法建筑进行处理，不足以有效遏制违章建筑的泛滥，甚至有鼓励人们擅自突破城市规划、违法建房的嫌疑，因而企图通过否定违法建筑所有权的方式达到规范建筑市场秩序之目的。对此笔者认为，自建筑物建造完成之时，其便自然成为民法上之“物”且为独立于土地之不动产，自应有其权利主体。否则要么沦为无主物，要么归国家所有。而且如果违法建筑妨害了相邻建筑物的通风、采光等便利，相邻建筑物的所有人或管理人应向何人请求排除妨害?① 国家对建筑物的管制，重在合理安排特定区域内的整体建筑布局，使私人的建筑动向符合整体规划，行政主管机关在此主要是引导私人建设自由的运用方向，此种行政具有“引导行政”② 的特点。公法管

① “法律是行为规范，只评价规范行为。除行为外，法律概不评价。除行为之性质外，无合法非法问题。任何‘非法之物’概念，均非其文字意义，如所谓违章建筑，其实是违章建造的行为违法，并非建筑物违法。所谓盗版产品，其实是盗版行为违法，并非产品违法。这意味着‘违法’修饰的是行为之性质，非行为之后果；或者说，违法的是人，不是物。违法制造之可占有产品，不可任意流通，但仍有交换价值，仍属财产之范畴，必须规定其支配者，即成为物权客体，是一类特殊的民法之‘物’。”参见李锡鹤：《民法原理论稿》，法律出版社 2012 年版，第 202—203 页。

② “引导行政”的目的是对社会、经济和文化生活的全部领域进行广泛、适时的促进或者引导，例如，区域规划、支持结构薄弱的经济行业、资助文化事业等措施。与此相对的是“秩序行政”，其作用是排除有关危险，以保障公共安全和公共秩序。例如，道路交通管理、流行病防治等。参见［德］哈特穆特·毛雷尔：《行政法学总论》，高家伟译，法律出版社 2000 年版，第 8 页。

制旨在惩治违法建设行为，消除违法建筑的负面作用，引导其他主体进行合法建设，至于建造人对违法建筑能否享有法律认可的利益或享有何种利益，以违法建筑为标的物的交易行为有无法律效力，则属于私法调整的任务。① 违法建筑的产生只是背离了特定的行政目标，要受到特定的行政管制，如被强行拆除。但这不能否定它作为实体物、作为物权客体存在的意义。因为建筑物本身既非不可有物②，也不是诸如枪支、弹药之类的对社会公共秩序具有高度危险性的限制物，由建造人原始取得建筑物所有权，并在当事人信息互通的前提下允许其流通，倒也能“物尽其用，人尽其责”，既不至于浪费该建筑物的经济效用，还能确保权利人的利益。我国台湾地区司法实务突出地表明了这一点。③ 只不过为了避免公法（国家）管制目的的落空，甚至鼓励违章建筑的生成，建造人虽可取得违法建

---

① 常鹏翱：《违法建筑的公法管制与私法因应》，载《法学评论》2020 年第 4 期。

② 在罗马法上，物可被分为“可有物”与“不可有物”。前者为一切可以为个人所有的物，又称为“财产物”，包括一切个人的财产和无主物，均得为权利的客体；后者则是不能作为个人所有权客体的物，主要是那些应归神灵所用、受神灵保护的神法物和公众使用之物（人法物），又称为“非财产物”。（参见周枏：《罗马法原论（上册）》，商务印书馆 2009 年版，第 299—303 页。）这种区分旨在区分神与人、公益与私益的界限，凡是与神灵或公益有关的物，尽管已经符合物的一般性标准，且即使其生成源于个人的劳动和智慧，它仍然不能成为物权的客体。（参见［意］彼得罗·彭梵德：《罗马法教科书》，黄风译，中国政法大学出版社 1992 年版，第 187 页。）“不可有物”的存在实际上表明了国家通过对物的限制，为人对物的权利以及基于这些权利所为之行为划定了禁入范围，以此达到神与人、公益与私益协调并存的目的，从而确立良好的社会秩序。这种禁入范围直接由法律规定，立法者垄断了判断物是否为不可有物的权力。因此，凡是违背这些规定而生成或持有不可有物，这些物对生成者或持有者而言就是违法物。这种源自罗马法的物之类型划分，在当代依然具有适用的价值。比如，假币的存在必然有违国家控制金融的目的，假币就属于不可有物，即任何人都不能制作持有假币。假币的生产违背了法律规定又属于违法物。因其生成已经给社会公共秩序造成了危害，故而应禁止此类物上承载物权。也就是说，不可有物生产本身即为不法，既无从承载物权，也不能作为交易的标的。

③ 常鹏翱：《物权法的展开与反思》，法律出版社 2007 年版，第 72 页。

筑之所有权，但因其违章终究不可避免地要受到相应的制裁，如罚款、强制拆除等；同时，还应在私法上限制权利人的利益，使其并不能保有相应的利益，如违法建筑在因可归责于他人的原因而被毁损时，不能按照合法建筑的市场价值计算侵权人应承担的赔偿数额。崔建远教授也曾举例说明："甲擅自用A宗行政划拨土地和乙合作建造A酒店，违反了有关部门关于划拨土地用途和划拨土地不得用于商业经营的规定。在这种背景下，建成的A酒店可否根据《物权法》第30条的规定确定所有权？否定者认为，《物权法》第30条规定的是合法建造的房屋自事实行为成就时产生所有权，[①] 甲违反划拨土地的用途和划拨土地不得用于商业经营的规定，显然违法，故不得根据《物权法》第30条确定A酒店的所有权。其认为，甲享有A宗土地的建设用地使用权，便阻止了建成的A酒店归国家所有。假如不适用《物权法》第30条的规定确定A酒店的所有权，A酒店就会成为无主物。无主物在利用、对抗侵权行为、流转等许多方面都显现出弱点，这种方案显然不是合适的选择。莫不如把《物权法》第30条关于'合法建造'的合法缩小解释，不包括甲违反划拨土地的用途和划拨地不得用于商业经营的规定，使得A酒店产生所有权，效果更佳。"[②] 董学立教授也认为，应对《物权法》第30条的文义采"限缩解释"方法，即违法建造建筑物不能取得因违章建筑而占用的国家所有或集体所有的土地用益物权。至于违章建筑物，其本身的权属应归属于建设人所有。不唯如此，则不能维护建设人的权

① 有学者认为："《物权法》第30条规定只是例示性地列举了'合法建造'的物权取得效力，条文中的'等'字足以表明这条规定的含摄范围是开放的，而非封闭的。'违法建造'这一事实行为的物权取得效力包含在了'等事实行为'的范围之内。故自解释论上完全可以认为，依据《物权法》第30条规定基于'违法建造'这一事实行为是可以成立违法建筑所有权的。"参见王洪平：《违法建筑的私法问题研究》，法律出版社2014年版，第76页。

② 崔建远：《物权：规范与学说——以中国物权法的解释论为中心（上册）》，清华大学出版社2011年版，第201—202页。

利以及因“物”的存在而产生的社会秩序。[①] 冉克平教授则认为：“从解释学的角度而言，也不能依据《物权法》第 30 条的反面推论得出违章建筑物不得归建造人所有。因为反面推论并非纯属逻辑操作，而是具有规范目的性评价活动，在为反面推论时，实际上就排除了法律漏洞的存在。所以，《物权法》未规定违章建筑的建造人是否能够取得建筑物所有权，形成法律漏洞。结合违章建筑自身的特点以及法律的规范目的，可以类推适用《物权法》第 30 条的规定，违章建筑的建造人能够依建造行为的完成取得建筑物所有权。”[②] 还有学者认为：“《物权法》第 30 条规定采取的是‘列举 + 概括’的立法模式，‘合法建造’‘拆除’只是一种例示性列举，‘等事实行为’并不排除‘违法建造’。解释上‘违法建造’作为一种事实行为包含在了‘等事实行为’的范围之内。”[③] 更有学者认为，违法建筑物也由建设用地使用权人或宅基地使用权人取得建筑物所有权。至于建造建筑物违反了公法规定，发生公法上的效果，如责令拆毁、罚款等，就足够了，不宜自始就不发生所有权产生的效果。[④] 由此可见，不论是基于限缩解释还是类推适用，均承认建造人依然可自建造行为完成时取得违法建筑所有权。众所周知，《民法典》物权编第 231 条规范的是基于事实行为而发生的物权变动，而“事实行为的构成离不开事实效果，事实行为无需评判事实效果合法与否，合

---

① 董学立：《违法建筑物的继承权与占有》，载《法治研究》2017 年第 1 期。

② 冉克平：《物权法总论》，法律出版社 2015 年版，第 331—332 页。反面推论是类推适用的一种论证方法，即由法律规定的构成要件而导出与法律效果相反的推论。唯此项构成要件须为法律效果的充分且必要条件，即该构成要件已被穷尽列举出可能发生的法律效果。此应依解释加以认定，故反面推论非纯属逻辑操作，而是具有规范目的性评价活动。若肯定就某项规定得为反面推论时，即排除了法律漏洞的存在，而无类推适用的余地。参见王泽鉴：《法律思维与案例研习——请求权基础理论体系》，作者自刊 2019 年版，第 254 页。

③ 王洪平：《违法建筑的私法问题研究》，法律出版社 2014 年版，第 180 页。

④ 崔建远：《物权：规范与学说——以中国物权法的解释论为中心（上册）》，清华大学出版社 2011 年版，第 202 页。

法性对事实行为的构成要件没有意义，也不是其规范点”[1]。如加工行为是典型的事实行为，其中并不存在合法性判断，即便盗贼加工赃物，只要符合加工构成要件，并不妨碍其取得加工物的所有权。[2]此外，根据我国《城乡规划法》第64条[3]之规定，对于实质违法之建筑物应限期拆除，不能拆除的则应没收实物或违法收入，基于该条规定可知，没收实物或违法收入的前提必然是违法建筑非国家所有。而且，无主物主要是针对动产而言，不动产纵为无主物也不得因先占而取得所有权。[4] 所以，企图否认建造人对违法建筑享有所有权以规范建筑市场秩序之目的，无异于“竭泽而渔”，有悖于私法传统，且可能导致公权对私权的严重干预。“立法者不应轻易地宣示特定物之上不得建立所有权的政策，使得从公法上的行为规范要转介为所有权‘不发生’的私法规范，必须特别谨慎。”[5]

---

① 常鹏翱：《事实行为的基础规范》，载《法学研究》2010年第1期。

② 常鹏翱：《事实行为的基础规范》，载《法学研究》2010年第1期。

③ 《城乡规划法》第64条规定：“未取得建设工程规划许可证或者未按照建设工程规划许可证的规定进行建设的，由县级以上地方人民政府城乡规划主管部门责令停止建设；尚可采取改正措施消除对规划实施的影响的，限期改正，处建设工程造价百分之五以上百分之十以下的罚款；无法采取改正措施消除影响的，限期拆除，不能拆除的，没收实物或者违法收入，可以并处建设工程造价百分之十以下的罚款。”

④ 古罗马法对无主物采取先占自由主义，对无主物不区分动产与不动产，一律允许先占人取得所有权。但日耳曼法规定，不动产只有国家有先占权，法律允许先占人取得动产所有权。现代国家多采用日耳曼法，对不动产不允许由个人先占取得，而是由国家享有先占权。参见姚瑞光：《民法物权论》，中国政法大学出版社2011年版，第70页。

⑤ 苏永钦：《从动态法规范体系的角度看公私法的调和——以民法的转介条款和宪法的整合机制为中心》，载苏永钦：《民事立法与公私法的接轨》，北京大学出版社2005年版，第100页。

三、违法建筑的处分

（一）违法建筑转让合同的有效性

如上所述，建造人自建造行为完成时即取得建筑物之所有权，并不因建筑物被认定为违法建筑而受影响。依据非因法律行为之不动产物权变动规则，不动产物权虽无须登记而变动，但处分该物权时须先办理登记始可为之。因违法建筑无法办理所有权初始登记，所以自然得出结论违法建筑不得也不能作为交易客体。我国相关立法也是持此立场。如《担保法司法解释》第 48 条①、《城市房地产抵押管理办法》第 3 条②、《城市房地产管理法》第 38 条③及《最高人民法院关于审理城镇房屋租赁合同纠纷案件具体应用法律若干问题的解释》第 2 条④。一些地方政府颁布的规范性文件也是明确禁止违法建筑作为交易标的。⑤ 我国司法实践，基于上述规定基本上

① 该条规定："以法定程序确认为违法、违章的建筑物抵押的，抵押无效。"

② 该条规定："本办法所称房地产抵押，是指抵押人以其合法的房地产以不转移占有的方式向抵押权人提供债务履行担保的行为……"

③ 该条规定："下列房地产，不得转让：……（六）未依法登记领取权属证书的……"

④ 该条规定："出租人就未取得建设工程规划许可证或者未按照建设工程规划许可证的规定建设的房屋，与承租人订立的租赁合同无效。但在一审法庭辩论终结前取得建设工程规划许可证或者经主管部门批准建设的，人民法院应当认定有效。"

⑤《重庆市政府关于进一步加强主城区违法建筑整治工作的通知》［渝府（2010）98 号］规定："责成土地房屋权属登记机构对规划、国土房管、综合执法部门抄告的违法建筑及其占地、附有违法建筑的房屋，不得进入市场交易，不得办理转让、抵押等房地产交易和登记手续。"《青岛市政府关于加强违法建筑查处工作的意见》［青政字（2012）66 号］规定："国土房管部门负责依法对违法建筑违法占地行为，进行制止和查处，对经相关部门查证，属违法建设的房屋，不得办理产权过户、抵押等交易手续。"

均将关于违法建筑的买卖合同、抵押合同、租赁合同①认定为无效。如在“刘某某与缪某某房屋买卖合同纠纷上诉案”，二审法院认为：“系争房屋的买卖因房屋系违法建筑而归于无效。”② 在“乐某某、李某某房屋买卖合同纠纷上诉案”，二审法院认为：“因违法建筑未取得规划、消防验收等手续，在使用过程中存在诸多安全隐患，故禁止民事主体就违法建筑订立租赁关系。举轻以明重，涉讼房屋楼顶加盖的构筑物已经行政机关确定为违法建筑并要求强制进行拆除，故该违法建筑已经无法通过采取改正措施消除对规划实施的影响，放任其进入市场流通势必会造成更多不确定的安全隐患。故案涉《居间合同》无效。”③ 在“朱某某与方某某房屋买卖合同纠纷再审案”，再审法院认为：“虽然涉案《二手房买卖合同》系双方当事人的真实意思表示，但因买卖双方实际系对存在公共安全隐患的违法建筑物进行交易转让，违反了法律法规的效力性强制性规定，故涉案《二手房买卖合同》应当认定为无效合同。”④ 还有裁判认为：“因违法建筑

① 《商品房屋租赁管理办法》第6条规定：“有下列情形之一的房屋不得出租：（一）属于违法建筑的；（二）不符合安全、防灾等工程建设强制性标准的；（三）违反规定改变房屋使用性质的；（四）法律、法规规定禁止出租的其他情形。”如在“西安市碑林区××酒家与西安统一征地管理办公室、西安市碑林区永宁村村委会房屋租赁、侵权赔偿纠纷上诉案”，判决指出：“本案租赁合同中所租赁的房屋是永宁村未经批准在自己所有的集体土地上建造的，按照国务院《村镇建房用地管理条例》和《陕西省国家建设征用土地和农村建设用地管理办法》的规定，该房属于违章建筑，不能取得合法的房屋所有权证书，不能出租，永宁村未经批准擅自建房并将该房出租给该村之外的其他单位，等于将集体土地所有的土地直接进入市场，该租赁合同是无效的，一审判决认定租赁合同有效，判决解除合同（终止履行）是错误的，应予纠正。”参见唐德华主编：《民事审判指导与参考》（2000年第3卷），法律出版社2000年版，第192页。

② 上海市第一中级人民法院（2020）沪01民终5470号民事判决书。

③ 重庆市第一中级人民法院（2020）渝01民终727号民事判决书。

④ 广东省深圳市中级人民法院（2018）粤03民再215号民事判决书。

的买卖行为而发生的纠纷不属于人民法院的受案范围。”①

对此，我国台湾地区学者认为：“违章建筑若具有继续性，且能遮避风雨，可达经济上使之目的，而拆开后即丧失其经济利益与价值，则仍不失为定着物，而且具有独立之不动产所有权。违章建筑因受法律限制，不能为所有权登记，虽无法为所有权之处分，但仍具有所有权，仍得为交易客体。”② 我国台湾地区实务也认为，违章建筑，虽不能就其向主管机关办理登记，但并不因此而不得成为交易或让与之标的。

一方面，违法建筑可区分为程序违法与实质违法。程序违法，是指建筑物并未妨碍城市规划，建造人可依一定的程序予以补正。而实质违法，则是指建筑物无从依一定的程序予以补正，从而不能使其变为合法建筑。③ 并有学者提出了实质违建的认定标准。④ 对

① 如“李某某与闫某某房屋买卖合同纠纷上诉案”［江苏省连云港市中级人民法院（2016）苏07民终3250号民事裁定书］；“刘某与程某某，李某某房屋买卖合同纠纷二审案”［新疆维吾尔自治区乌鲁木齐市中级人民法院（2017）新01民终703号民事裁定书］。

② 林诚二：《民法总则（上册）》，法律出版社2008年版，第263页。

③ 王泽鉴：《民法物权》，北京大学出版社2009年版，第81—82页。我国也有学者认为，程序违建是指可采取改正措施消除对规划实施的影响的违法建筑；实质违建是指不能采取改正措施消除对规划实施的影响的违法建筑。参见王洪平：《公私法交融视域下的违法建筑问题研究》，中国人民大学出版社2020年版，第299页。

④ 有下列情形之一的，应认定为实质违建：（一）未取得建设工程规划许可证，且违反控制性详细规划的强制内容、规划条件或者城乡规划技术标准建设的建筑物、构筑物或超过合理误差的建筑部分；（二）已取得建设工程规划许可证，但不按照建设工程规划许可证许可的内容进行建设，超过合理误差的建筑部分；（三）未经批准进行临时建设，或者临时建筑物、构筑物超过批准期限不拆除的；（四）已批准进行临时建设，但不按照经审定的建设工程设计方案施工，违反规划条件或者城乡规划技术标准，超过合理误差的建筑部分；（五）未取得乡村建设规划许可证或者未按照乡村建设规划许可证进行建设，违反村庄规划强制性内容、城乡规划技术标准，超过合理误差的建筑部分；（六）其他依照有关法律法规规定应当认定为实质违建的情形。参见王洪平：《公私法交融视域下的违法建筑问题研究》，中国人民大学出版社2020年版，第300页。

于实质违法建筑而言，因其背离或超越了建设工程规划许可划定的利益边界，难以为国家和政府所容忍，故无论如何都不可能按照违法建筑的现状来补发或变更规划许可，只有让建造人拆除违法建筑，回到建设行为未发生时的原初状态，始可消除其负面作用。我国《城乡规划法》第64条已经区分“程序违法”与“实质违法”，并对此规定了不同的处罚方式，但是相关法律在认定以违法建筑设立的抵押无效时，却未区分程序违法建筑与实质违法建筑进而作出不同的效力规范。这无疑大大增加了公权侵害私权的可能性。建造人对违法建筑有无物权，与合同的效力没有直接关联，根本理由是合同在当事人之间产生相对性的债的关系，合同效力并不因当事人一方有无物权而受影响。换言之，即使根据《民法典》物权编第231条规定不承认建造人对违法建筑享有物权，也不能因此否定以违法建筑为标的物的合同效力。公法管制指向的是违法建设行为，公法管制的程度决定的是违法建筑于行政法上是保留还是拆除的命运。私法调整指向的是应否承认建造人对违法建筑的利益与利益形态及其交易。因此，即便合同有效，也不影响公法管制的实施。“对以违法建筑为标的物的合同效力进行评价的基点，仍在于仅指向违法建筑的形成，而并不涉其交易的公法管制，私法完全不应因标的物为违法建筑就直接否定合同效力，而是应根据私法中的法律行为效力规范进行评价。而且，合同有效不会消除违法建筑的违法状态，公法管制的措施仍能实施。”① 当然，以违法建筑为标的物合同的确违反效力性规定或公序良俗的，自当无效，但这是法律行为判断的一般准则，与标的物是否属于违法建筑无关。

另一方面，《民法典》物权编第215条（原《物权法》第15条）确立了债权行为与物权行为相区分的原则，根据该原则合同的

① 常鹏翱：《违法建筑的公法管制与私法因应》，载《法学评论》2020年第4期。

效力不因标的物的物权是否登记而受影响。《民法典》第232条所谓之“处分”是指物权处分行为，即使处分不动产物权时未经登记，仅仅是处分不发生物权变动的效力，以该不动产物权为内容的债权合同仍为有效。[①] 换言之，虽然不能为违法建筑办理所有权之初始登记，但并不因此而影响就其所签订的买卖合同之效力，即买卖合同等债权行为仍为有效。出卖人固然可实际交付违法建筑物，但无法就其办理所有权变更登记。我国司法实践中只有少数裁判基于区分原则而认定违法建筑买卖合同有效，如在“申某某与泰州市××纸业有限公司确认合同无效纠纷上诉案”，二审法院认为：“当事人之间订立有关设立、变更、转让和消灭不动产物权的合同，除法律另有规定或者合同另有约定外，自合同成立时生效；未办理物权登记的，不影响合同效力。换言之，物权变动的结果并不必然影响导致物权发生变动的合同效力，即案涉转让合同所涉建筑物虽未办理准建手续，但此仅对物权变动的结果即受让方取得案涉建筑物的所有权或使用权产生障碍，但不能就此否定案涉转让合同的效力，此其一；其二，上诉人上诉认为案涉合同因违反法律、行政法规禁止性规定以及损害社会公共利益而归于无效，但现行法律、行政法规并未对涉及违章建筑所有权归属的合同效力作出明确判断，虽然《城乡规划法》第64条、第65条对所谓违章建筑列举了责令停止建设、限期改正、罚款、限期拆除等处罚措施，但上述规定系对行政主管部门在行政执法过程中如何适用法律提供依据，属公法范畴，且被上诉人嗣后亦在履行补办手续，在此情形下否定合同效力，既无法律规定，也易造成社会资源的浪费，动摇交易市场的稳定性。”[②] 在“滕州市××公司与张某某及商某某返还财产纠纷再审

① 最高人民法院物权法研究小组：《〈中华人民共和国物权法〉条文理解与适用》，人民法院出版社2007年版，第131页。

② 江苏省泰州市中级人民法院（2017）苏12民终2850号民事判决书。

案”，最高人民法院认为：“虽然涉案房屋建成后多年，滕州市规划局出具的《关于对滕州市百货总公司商务办公楼违法建设的性质认定意见》与滕州市城市管理局出具的《责令限期拆除决定书》认定涉案土地系国有划拨土地，涉案房屋未取得规划许可证，房屋为违章建筑，但不能以此作为认定该案房屋买卖协议无效的依据。首先，虽然违章建筑不能办理所有权登记，但建造人可以遵循基于事实行为发生物权变动的规则而取得所有权；其次，即使涉案房屋被滕州市人民政府认定为违章建筑，建造人百货公司对该建筑也享有不动产所有权。虽然百货公司无法办理物权登记，但无法登记只能导致所有权不能转移，转让的房屋是否属于违章建筑不是导致合同无效的法定因素，不影响房屋买卖合同的效力。”① 在“河南某1置业有限公司与河南某2置业有限公司建设用地使用权转让合同纠纷案”，最高人民法院认为：“《城市房地产管理法》第37条、第38条（2007年修正后为第38条、第39条）的规定是行政管理部门对不符合规定条件的土地在办理土地使用权权属变更登记问题上所作出的行政管理性质的规定，而非针对转让合同效力的强制性规定。”②

综上所述，违法建筑转让合同的效力取决于转让合同本身。违法建筑转让合同不同于一般转让合同的特殊之处即在于其标的物的违法性，但标的物的违法性并不能直接当然地等同于法律行为自身的违法性。违法建筑的转让所违反的并非效力性强制性规定，而只是取缔性规定，因此违法建筑的违法性并不能导致转让合同的必然无效。将违法建筑转让合同定性为有效，也不会影响公法上对违法建筑管制措施的实现。基于区分原则，违法建筑能否办理物权登记，也不应影响违法建筑转让合同的效力。

① 最高人民法院（2013）民申字第50号民事裁定书。

② 最高人民法院（2006）民一终字第26号民事判决书。

（二）违法建筑受让人的民事法律地位

违法建筑系不动产，具有一定的经济价值，得为交易客体。既然违法建筑仍可作为交易之客体，则买受人能否取得违法建筑之所有权？对此，我国台湾学者谢哲胜教授认为，违章建筑的所有权在建筑至符合不动产的要件时，所有权即由起造人取得，因为违章建筑无法办理登记，所以可以解释为只要有移转所有权的意思表示一致而且有履行的行为（移转占有），即发生所有权变动的效力。但我国台湾地区法院不采此见解，而是创设了“事实上处分权”的概念，认为违章建筑所有人只是移转事实上处分权给违章建筑之买受人，受让人所取得之事实上处分权，较之所有人之权能，实属无异。事实上处分权概念，是用来特指在违法建筑转让中，出卖人虽欲转让违法建筑所有权，但事实上处分权固可定性为物权，究竟属于何种物权？我国台湾地区实务固然承认事实上处分权的法律地位，也同时认为其除了不能登记致不能为法律上处分外，较之所有权人各项使用、收益、处分权能，实属无异。但另一方面又意识到，事实上处分权人既非合法之所有权人，自不得享有所有权人完全相同的保障。学说实务上对于此事实上的处分权更是争议很大，或认为属于事实上所有权，或认为属于“未登记之不动产所有权（杨芳贤）”，或认为属于“习惯法物权”或“类似所有权的习惯物权（蔡明诚）”，或认为属于“带所有权属性的用益物权（陈重见）”。买受人并不能取得违法建筑所有权，其取得的只是“事实上处分权”而已。但为何当事人双方转移所有权的合意产生的是事实上处分权，事实上处分权人在违章建筑受侵害时寻求救济的规范基础是什么，事实上处分权人对建造人的债权人能否提起执行异议之诉等疑问丛生（林诚二）。虽然事实上的处分权概念遭到了一些学者的批评与质疑，但也有部分学者给予积极评价，认为：“我国台湾地区法院在物权法的框架内，为因应法律交易之实际需求，不拘泥于不动产登记之窠臼，由所有人处分权能中获致灵感，承认事实上处分权概念，一方面，将其限缩为弱于所有权的权能，使其形式上不具有等同于所有权的权利性质，但实质上却使其汇集所有权的重要权能；另一方面，又扩张其概念内涵，使其得继承或成为转让标的，并在特定条件下承载法条所指的'所有权转让'功能，运用方式灵活而有弹性，展现了法官的智慧，值得肯定（许政贤）。"

按我国台湾地区司法实务之见解，既然违章建筑之买受人不能取得所有权，则此时出卖人可否再行主张所有权归自己所有？对此，我国台湾地区实务认为，原建筑人出卖该建筑物时，根据一般法则，其既然负有交付该建筑物于买受人的义务，则事后又以存在不能为登记之弱点可乘，而随意随时主张该所有权乃其原始取得，并诉请确认。果如此则交易安全势必将无以确保，故此情形，应予驳回。买受人受领交付而取得事实上处分权，出卖之原始建筑人即不得再以其不能登记为由主张所有权为其原始取得。按第三人对执行标的物享有足以排除强制执行的权利，是指就执行标的物享有所有权、留置权、质权等情形之一者而言；又如债务人系买受违章建筑之买受人并受领交付而取得事实上的处分权，原始建筑人即不得再以其不能登记为由主张所有权为其原始取得而诉请确认，其基于所有权而请求撤销查封，亦无由准许。由此可见，不论出卖人是否交付违章建筑，其均不可再行主张所有权之原始取得。但如果出卖人交付违章建筑物，则买受人因交付而取得了该建筑物之事实上的处分权。因此，就实质违章而言，相关部门限期拆除还地之处罚决定应向买受人为之。因建筑物之拆除系事实处分，仅能向有事实处分权之人行使。虽然违章建筑因其不能为移转登记，从而不能进行不动产所有权的转让，但如让与人与受让人之间无相反之约定，则应认为让与人已将该违章建筑之事实上的处分权移转与和移转于全受让人。同时，拆除房屋自然为事实上的处分行为，因此唯有事实上之处分权者，始有拆除之权限。

就我国法制而言，事实上处分权的概念显然不能为学说和实务所承认，也难以纳入既存的民事权利体系之中。笔者赞同王洪平教授之观点①，既然违法建筑之上存在着所有权，那么建造人即有权将其让与他人，诚为自然之理，根本无须大费周章地论证其所转让的权利是何种不同于所有权的权利。即便是违法建筑所有权与合法建筑所有权不可同日而语，也并不能影响建造人将其原始取得的所有权移转与和移转于全受让人。违法建筑所有权之公法上的瑕疵、负担，并不能影响其私法上的可处分性，只不过受让人基于继受取得之法理，也当然继受该违法建筑之上的瑕疵与负担而已。实际上，根据2012年《最高人民法院关于转发住房和城乡建设部〈关于无证房产依据协助执行文书办理产权登记有关问题的函〉的通知》的规定，对于执行程序中处置因不具备初始登记条件而未能办理初始登记的房屋时，原则上实行“现状处置”，即处置前应披露不具备初始登记条件的房屋现状，买受人或承受人如欲取得则应按照房屋的权利现状取得，同时后续产权登记等事项也由买受人或承受人自负其责。也就是说，违法建筑并不属于法律、行政法规禁止买卖的物品或财产权利，其有使用、收益权能，具有财产价值，仍然可以处分，只不过买受人只能按照权利现状取得相应的建筑物，并承受相应的权利瑕疵。

第五节　违法拆除建筑物能否导致物权变动

拆除建筑物自然也可以导致物权变动，此种物权变动是指所有权的客体灭失，导致建筑物（房屋）所有权消灭，但是相应的建设用地使用权或宅基地使用权并不随之消灭。然而，如同违章建造建

---

① 王洪平：《公私法交融视域下的违法建筑问题研究》，中国人民大学出版社2020年版，第240页。

筑物一样，对于违法拆除建筑物能否直接导致不动产物权变动（即不动产物权消灭）也同样值得讨论。对此有学者认为："根据我国《物权法》第30条的规定，只有合法的事实行为才能取得物权，非法的事实行为不能取得物权，但非法的事实行为可导致物权消灭。"① "不论是合法拆除还是违法拆除，都能够导致物权的消灭。因为拆除行为之所以能够导致物权消灭，与其合法性无关，其真正的原因是标的物的灭失。"② 但也有学者认为："根据我国《物权法》第30条的规定，导致物权变动的事实行为须为合法行为，如合法建造房屋、合法拆除房屋等。"③ 换言之，违法拆除房屋不属于可导致物权变动的事实行为，不能直接导致物权变动。笔者认为，该问题涉及《民法典》物权编第231条（原《物权法》第30条）规定的结构问题，即"合法"一词是仅修饰"建造"还是修饰"建造、拆除房屋等事实行为"。从该条使用的标点符号分析，顿号前后连接的是"合法建造"与"拆除房屋"，表示的是并列关系，或者说该条是对基于事实行为导致的物权变动的规定，而合法建造、拆除房屋只是法律作出了几种典型事实行为的列举。"合法"一词修饰建造意在表明，立法者特别强调只有合法的建造行为才能取得物权，以排除违法建造取得所有权的可能。而至于拆除房屋因其导致的是物权的消灭并非取得，故无须特别强调其是否合法，不动产物权均因拆除行为而消灭，盖物权以有体物为客体，物已不存，权利何在。如有学者认为："物权因标的物灭失而灭失，此乃物权消灭的一般情形，而标的物灭失的原因行为——拆除，既可能是合法拆除，也可能是违法拆除，亦即违法拆除也同样会导致物权因物之毁损灭失而

① 郭明瑞：《物权法》，中国法制出版社2009年版，第61页。

② 房绍坤：《论因事实行为导致的物权变动》，载《山东社会科学》2014年第10期。

③ 朱岩、高圣平、陈鑫：《中国物权法评注》，北京大学出版社2007年版，第147页。

灭失。”① 但也有学者认为：“本条是关于合法的事实行为导致物权变动的规定”②，即认为“合法”一词是修饰“（建造、拆除房屋等）事实行为”。由此还涉及另外一个问题，也就是事实行为是否包括违法行为？对此，德国与我国台湾地区通说均以事实行为为合法行为（适法行为）的亚分类。③ 常鹏翱教授也认为：“事实行为的构成离不开事实效果，这是它与侵权行为的共性。但与侵权行为不同，事实行为无需评判事实效果合法与否，合法性对事实行为的构成要件没有意义，也不是其规范点。合法与否在行为范畴中的规范作用在于：在归责意义的标准上，它决定着侵权行为的构成；在拘束力意义的标准上，它决定着法律行为的效力。无论如何，在构成要件的平台上，合法与否并非合法行为的基本规范点。换言之，行为的合法与违法之分并非同一层级上的对立。法律行为和事实行为自身不考虑合法与否，但一旦加入违法因素，就会转向侵权行为，从而产生法律规范上的衔接。非要在性质上判断侵权行为是否为事实行为，意义只存于臆想而不在规范之中。”④ 而我国学界通说则认为：“事实行为包括合法行为，也包括不法行为，不法的侵权行为亦在其列。”⑤ 所以，如果认为只有合法的事实行为始可导致物权变动，也与我国学界通说不符。此外，立法机关对该条规定的立法理由谓：“所谓事实行为应是指不以意思表示为要素的能够产生民事法律后果

---

① 王洪平：《公私法交融视域下的违法建筑问题研究》，中国人民大学出版社2020年版，第178页。

② 朱凡主编：《案例导读物权法及配套规定适用与解析》，法律出版社2014年版，第37页。

③ 施启扬：《民法总则》，中国法制出版社2010年版，第235页；王泽鉴：《民法总则》，北京大学出版社2009年版，第193页；郑玉波：《民法总则》，中国政法大学出版社2003年版，第240页。

④ 常鹏翱：《事实行为的基础规范》，载《法学研究》2010年第1期。

⑤ 王利明：《民法总则研究》，中国人民大学出版社2012年版，第183页；李永军：《民法总论》，中国政法大学出版社2008年版，第168页；马俊驹、余延满：《民法原论》，法律出版社2010年版，第74页。

的法律事实。这一定义表明：首先，事实行为是人的行为，是人的一种有意识的活动；其次，事实行为是一种法律事实，即能够在人与人之间产生、变更或终止民事法律关系；最后，事实行为不以意思表示为要素，即行为人是否表达了某种心理状态，法律不予考虑，只要有某种事实行为存在，法律便直接赋予其法律效果。”① 可见立法机关并未特别强调事实行为的合法性问题。因此，不论是合法拆除房屋抑或违法拆除，均可直接导致不动产物权的消灭。

因事实行为导致的物权变动，自事实行为成就时发生效力。就房屋的拆除而言，究竟拆除到何种程度才能认定为“事实行为成就时”，则应当根据社会交易的一般观念予以判断。具体而言，如果只有房屋之一部分被拆除，修复后仍不失其与原房屋之同一性，则似乎不应认定为事实行为成就（即房屋灭失）。反之，如果房屋已完全被拆除，或者房屋虽一部分被拆除但已无法修复或修复后已失去其与原房屋之同一性，则即应认定拆除房屋之事实行为成就，该房屋所有权即归于消灭。②

① 全国人大常委会法制工作委员会民法室：《中华人民共和国物权法条文说明、立法理由及相关规定》，北京大学出版社2007年版，第46页。

② 最高人民法院物权法研究小组：《〈中华人民共和国物权法〉条文理解与适用》，人民法院出版社2007年版，第130页。

第四章　基于公法上的原因发生的不动产物权变动

第一节　因法律文书发生的不动产物权变动

《民法典》物权编第229条（原《物权法》第28条）规定了基于人民法院或仲裁委员会作出的法律文书所导致的物权变动，该条规定虽未明确列举有关引起物权变动的生效法律文书的类型，但并不意味着包括调解书在内的所有法律文书均可导致物权变动，其重点在于强调物权变动的时间以法律文书生效时为准。至于何种生效法律文书能够导致物权变动，还应结合其他法律、司法解释的规定、物权变动的基本法理以及当事人之间的基本利益平衡和交易安全综合考虑。应当认为，导致物权变动的人民法院的法律文书，是指直接为当事人创设或者变动物权的判决书、裁定书、调解书，此类文书具有与登记等公示方法相同的效力，因而无须再进行一般的物权公示即可直接发生物权变动效力。因此，可以导致物权变动的生效法律文书必须具有直接导致物权变动的内容，并以此为限。①《物权法》颁布之后，理论上对于第28条规定中的"法律文书"的理解存在很大争议。一种观点认为，只有那些具有形成效力的判决书、调解书及裁决书才属之。至于人民法院或仲裁委员会的其他类型的法律文书，都不具有直接变动物

① 最高人民法院（2018）最高法民再445号民事判决书。

权的效力。① 另一种观点则认为，凡是法院或仲裁委员会作出的直接为当事人创设或变动物权的判决书、裁决书、调解书等，都具有与登记或交付相同的公示效力，属于《物权法》第28条规定的法律文书。② 为明晰该生效法律文书的范围，2016年《物权法司法解释（一）》③ 第7条④与2020年《民法典物权编解释（一）》第7条对导致物权变动的裁判文书的类型进行了规定。众所周知，《民法典》诸多条文大量吸收了最高人民法院所颁布的司法解释，但《民法典》物权编第229条并未吸收上述物权法司法解释的规定，而是继续沿用原《物权法》第28条之规定，所以依然有对该条进行解释适用的必要。此外，虽然该条解释相对明确了《物权法》第28条规定中的"法律文书"的具体指向，有利于统一司法裁判，但对于学术界的某些争论（如以物抵债调解书可否导致物权变动）⑤ 并未给予积极回

① 崔建远：《物权法（第二版）》，中国人民大学出版社2011年版，第64页；韩松等编：《物权法（第二版）》，法律出版社2013年版，第99页。

② 全国人民代表大会常务委员会法制工作委员会编：《中华人民共和国物权法释义》，法律出版社2007年版，第78—79页。

③ 在该司法解释征求意见讨论过程中，一种观点认为："导致物权变动的人民法院、仲裁委员会的法律文书，是指直接为当事人创设或者变动物权的判决书、裁决书、调解书。"另一种观点则认为："该法律文书应当仅限于形成判决书、裁决书，以及人民法院在执行程序中作出的拍卖成交裁定书、以物抵债裁定书。确认判决书、裁决书以及调解书均不在此限。"

④ 该条规定："人民法院、仲裁委员会在分割共有不动产或者动产等案件中作出并依法生效的改变原有物权关系的判决书、裁决书、调解书，以及人民法院在执行程序中作出的拍卖成交裁定书、以物抵债裁定书，应当认定为物权法第二十八条所称导致物权设立、变更、转让或者消灭的人民法院、仲裁委员会的法律文书。"

⑤ 如在"邹城市××房地产开发有限责任公司与中国农业银行股份有限公司××分行、山东省济宁××圆房地产开发有限公司合资、合作开发房地产合同纠纷案"，最高人民法院认为："第16号调解书的内容，是对××公司与××圆公司之间以房抵债协议的债权关系的确认，并不能直接产生《物权法》第28条规定的物权设立、产生等效力。××公司关于其基于第16号调解书已经直接取得物权的观点，系对法律的错误解读，不予采信。"参见最高人民法院（2013）民提字第97号民事判决书。结合《物权法司法解释（一）》第7条之规定，案涉以物抵债调解书能否导致物权变动，该条司法解释并未明确。

应。众所周知，人民法院作出的法律文书具体包括判决、裁定、调解书、决定以及各种通知、命令等。其中判决根据所处理纠纷（或法律关系）之性质分为民事判决、行政判决与刑事判决。而民事判决根据诉的性质和内容又可分为给付判决、确认判决与形成判决。凡此种种，皆为法律文书，是否均可直接引起物权变动的发生，均有进一步在理论上研究讨论之必要。

一、民事判决与刑事判决可直接导致物权变动

“行政判决，是指人民法院代表国家，对被诉的具体行政行为是否合法，作出的具有法律约束力的判定以及对被诉的具体行政行为的效力作出权威性处理。”① 因而，也就是说，行政判决主要是对被诉的具体行政行为的合法性与适当性予以评价，判决本身并不直接涉及物权变动的问题。尽管某项具体行政行为可能涉及物权变动的问题，但其并非行政诉讼审理的对象。根据行政判决与被诉具体行政行为的关系，行政判决分为“维持判决”“确认判决”“撤销判决”“履行判决”“变更判决”与“驳回诉讼请求判决”。其要么确认被诉行政行为是否合法；要么维持被诉具体行政行为的效力；要么责令被告限期履行法定职责；要么判决变更被诉的具体行政行为②，总之，不论何者都与物权变动无涉。因此，行政判决不属于《物权法》第 28 条规定的“法律文书”。

在刑事判决中，涉及物权变动者主要为没收财产的刑事判决。所谓“没收财产”是把犯罪分子个人所有财产的全部或一部，强制无偿地收归国有的刑罚方法。我国《刑法》规定了两种没收财产：

① 姜明安：《行政法与行政诉讼法》，北京大学出版社、高等教育出版社 2002 年版，第 375 页。

② 姜明安：《行政法与行政诉讼法》，北京大学出版社、高等教育出版社 2002 年版，第 375 页。

一为一般没收，即《刑法》第59条规定的没收财产；① 二为特别没收，即《刑法》第64条规定的没收犯罪分子违法所得之财物、违禁品等。② 前者是指没收犯罪分子个人所有的财产，即属于犯罪分子本人所有的财产及其在与他人共有财产中其应有的份额。后者则是没收犯罪分子违法所得的财产，依法应予返还受害人的财产除外。③ 笔者认为，不论是一般没收抑或特别没收，被没收财产之所有权自刑事判决生效时即直接发生物权变动（归国家所有），无须为登记或交付。如果此类刑事判决不能直接导致物权变动，仍须登记或交付后始归国家所有，则势必会阻碍没收财产这一刑罚目的之实现，也必将有损刑事判决的权威与尊严，更不能达到惩罚犯罪之目的。

相较于行政判决与刑事判决，民事判决无疑是时常与物权变动问题密切关联，其当然属于《物权法》第28条所规定的“法律文书”之列。但民事判决可根据原告是追求清偿其所声称享有的实体请求权或仅仅是确认某一有争议的、其所声称存在或者不存在的法律关系以及形成其与对方的具体法律关系，区分为三种不同的诉讼类型和判决种类：要求（被告）给付或者判处的起诉和判决为给付之诉、给付判决；要求有拘束力地确认某一法律关系存在或不存在的起诉和判决为确认之诉、确认判决；要求变动或消灭一定法律状态（权利义务关系）的起诉和判决为形成之诉（也称权利变更之诉）、形成判决。“给付之诉和确认之诉都是主张在诉讼之外已经出现的法律后果，对它们进行确定性的认定并且宣告现行是什么，因

---

① 《刑法》第59条规定：“没收财产是没收犯罪分子个人所有财产的一部或者全部。没收全部财产的，应当对犯罪分子个人及其扶养的家属保留必需的生活费用。在判处没收财产的时候，不得没收属于犯罪分子家属所有或者应有的财产。”

② 参见张明楷：《论刑法中的没收》，载《法学家》2012年第3期。

③ 参见曲新久：《刑法学》，中国政法大学出版社2011年版，第221—222页。

而是宣示性的。与此相反，形成之诉和形成判决希望引起一种现在还没有出现或者没有被注意的效果，亦即创造一种现在还不存在的法律后果或没有判决就不会存在的法律后果，因而是设定、变更或撤销一种法律关系。形成判决宣告将来变更什么，因而是设权性的或权利变更性的。形成判决发生既判力之后权利变更才最终发生。"① 因而问题是确认判决、给付判决与形成判决是否均为《物权法》第 28 条所谓之"法律文书"。司法实践中也不乏涉及该问题之判决，如有裁判认为："睢阳区农联社辩称取得冷钢厂的财产是依据商丘市中级人民法院（2000）商经二初字第 48 号民事调解书和商丘市中级人民法院（2001）商经二初字第 62 号民事调解书及协议合法取得的。根据《物权法》第 28 条规定，因人民法院、仲裁委员会的法律文书或者人民政府的征收决定等，导致物权设立、变更、转让或者消灭的，自法律文书或者人民政府的征收决定等生效时发生效力。这里所指的法律文书，并非指人民法院作出的所有法律文书，均可直接引起物权变动。能够直接引起物权变动的法律文书仅限于形成判决。所谓形成判决，是指变更或者消灭当事人之间既已存在且无争议的民事法律关系的判决，如分割共有物的判决。而确认判决、给付判决以及各种通知、决定或命令等，虽然亦由人民法院作出但均不能直接导致物权变动。调解书虽然与确定判决有同一之效力，但就物权变动事项所作的调解，尚无与形成判决同一之形成力，因此也不能直接引起物权变动。"②

二、给付判决、确认判决与物权变动

法院判决乃法院之意思表示。法院判决有给付判决、确认判决及

---

① ［德］罗森贝克、施瓦布、戈特瓦尔德：《德国民事诉讼法（下）》，李大雪译，中国法制出版社 2007 年版，第 665 页。

② 河南省商丘市中级人民法院（2008）商民二初字第 37 号民事判决书。

形成判决之分。认请求为存在，而命履行之判决，为给付判决；至于确定某法律上效果或法律关系存在不存在之判决，为确认判决；认原告有可致某法律上效果之权利，而使生此项效果之判决，为形成判决，亦称为创设判决，又称为“变更权利之判决”。此三类法院判决，是否均为使不动产物权顿生物权变动效力之判决，诚有讨论之必要。

（一）给付判决不能导致物权变动

所谓给付判决，是指原告主张对于被告有特定的私法上之请求权，被告有给付之义务，以求法院所为之判决。例如，请求命被告为一定金额之支付、特定物之交付、一定之作为或不作为、一定之意思表示（例如，命被告会同原告向地政机关申请办理土地所有权移转登记）。① 在我国司法实践中，对于未办理过户登记的不动产，法院能否作出确权判决？例如，房屋买卖双方订立买卖合同后，尚未办理产权过户登记手续时，买受人向法院提起诉讼要求确认该房屋买卖合同有效并判令出卖人办理房屋产权过户登记手续。对此，人民法院可否直接作出确权判决？一种观点认为，从充分保护买受人利益的角度出发，法院应当予以确权。因为《物权法》已明确规定人民法院作出的法律文书是物权变动的依据之一。另一种观点则认为，法院不应当予以确权，房屋买卖合同有效只能产生债权效力，并不能产生物权变动效力。因为《物权法》明确规定登记才能产生不动产物权变动的法律效力。② 笔者赞同第二种观点，法院不能仅仅依据当事人之间的房屋买卖合同即判决确认房屋产权归属，买卖合同仅产生债权的变动，物权的变动有赖于登记。第一种观点混淆了物权变动原因与物权变动结果的区分。法院应当判决的是判令出

---

① 姚瑞光：《民事诉讼法论》，中国政法大学出版社 2011 年版，第 237 页。

② 《广东省高级人民法院关于 2009 年度广东省法院民事审判工作若干具体问题分析的报告》，载最高人民法院民一庭：《民事审判指导与参考》（第 41 集），法律出版社 2010 年版，第 44—45 页。

卖人协助买受人办理所有权移转登记，而非直接依据当事人之间的合同确认物权归属。唯应注意，“命被告履行不动产物权登记之判决，性质上系给付判决，原告于取得该确定判决后，尚须持该判决向地政机关办理登记，登记完毕后，始能取得不动产物权”①。我国台湾地区司法实践中认为，关于命被上诉人办理所有权移转登记之确定判决，在性质上应属给付判决而非形成判决，故尚须上诉人办毕所有权移转登记后，始能取得系争土地之所有权。自难谓上诉人于该所有权移转登记事件之判决确定时，即取得系争土地所有权。既然嗣后上诉人至今仍未办毕所有权移转登记，则其尚未取得系争土地之所有权，殊无异议！故而，上诉人本于所有权而请求排除被上诉人之强制执行，自难谓正当。最高人民法院在“大连××钢管有限公司与大连保税区××钢铁工贸有限公司、株式会社羽田钢管制造所、大连高新技术产业园区××塘街道办事处物权确认纠纷一案”中也指出：“在物权确权纠纷案件中，根据物权变动的基本原则，对于当事人依据受让合同提出的确权请求应当视动产与不动产予以区别对待。人民法院对于已经交付的动产对其权属自可予以确认。对于权利人提出的登记于他人名下的不动产物权归其所有的确权请求，人民法院不宜直接判决确认其权属，而应当判决他人向权利人办理过户登记。”② 在“陕西××发行集团汉中市南郑区新华书店有限责任公司（原陕西××发行集团南郑县新华书店有限责任公司）、刘某泉再审案”，最高人民法院认为：“《物权法》第 28 条所称的‘法律文书’，应当以生效之时即能够直接导致物权设立、变更、转让或者消灭的法律文书为限。在‘××公司与南郑××书店公司合资、合作开发房地产合同纠纷一案’中，陕西省汉中市中级

① 谢在全：《民法物权论（上册）》，中国政法大学出版社 2011 年版，第 75 页。

② 最高人民法院（2011）民提字第 29 号民事判决书。

人民法院作出的（2018）陕07民终246号民事判决，判令××公司向南郑××书店公司返还案涉土地并配合办理过户手续。从该判项表述来看，其在性质上为判令××公司向南郑××书店公司履行相应给付义务，因而该判决生效之时并不能够直接导致案涉土地权属的变动，故不属于《物权法》第28条规定的情形。”① 因此，给付判决并无形成力，不能直接导致物权法律关系的变动，当事人仍须依据判决办理过户登记后，始能发生物权变动之效力。所以，《民法典》物权编第229条所谓之“法律文书”并不包括人民法院作出的给付判决在内。如史尚宽先生认为：“作为因法院判决而取得不动产物权者，此之判决乃直接将所有权判与原告之判决，而判决仅确定被告人负有移转所有权之义务者，自不在其内。”②

但如果当事人之间存在真实的移转不动产所有权的意思，尤其是买受人已经占有该不动产或出卖人已交付不动产产权证书时，纵使未为不动产物权变更登记，也应当承认不动产所有权已发生变动。按照区分原则，当事人之间的合同当然已经成立生效；出卖人移转其房屋所有权的意思，也已经通过具体的交付房屋的实际占有的行为得到证明。所以，即使出卖人撕毁合同以未登记为理由要求返还房屋，无论如何不能得到支持。正确的做法是许可当事人补办登记。而所谓补办登记手续，就是认可物权变动已经发生，一些地方法院也认可了登记之外的其他公示方式产生物权变动的效力。这些做法与《德国民法典》第873条第2款相同。③我国也有部分学者提出了不动产占有的公示效力，认为“仅仅依据登记作为确定不动产权属关系的做法，将导致虽然未进行登记但是已然实际占有不动产的买受人的权利得不到优先保护的不公

① 最高人民法院〔2019〕最高法民申2060号民事裁定书。
② 史尚宽：《物权法论》，中国政法大学出版社2000年版，第35页。
③ 孙宪忠：《中国物权法原理》，法律出版社2004年版，第282—283页。

平结果。尤其是在不动产一物二卖的特殊情况下，应当承认不动产占有的公示效力，使对不动产的占有和登记一样成为取得所有权的生效要件。我国物权法虽然在不动产所有权的取得时仍然坚持登记公示效力的绝对化，但是在不动产上地役权和土地承包经营权的特殊情形，承认登记并非取得权利的生效要件，这充分说明只要具备充分的理由，物权法并不排斥例外的存在”①。不动产登记可以作为物权变动的最佳公示方式，但是不能作为唯一方式，因为登记之外确实存在着交付等其他公示方式。此外，在我国商品房交易实践中，开发商都是在向小业主交付房屋多年之后，才能够将“大产证”办理为“小产证”，为小业主办理过户登记的手续。《物权法》第142条确定了该“但书”规定，其实就是许可当事人提出证据来否定不动产登记，许可买受人在获得占有交付之后，尚未办理不动产登记手续之前，否定不动产登记簿的记载，而主张自己的所有权。《物权法》第142条但书的含义是在房屋交易中尤其不涉及第三人时，即使尚未办理不动产过户登记手续，买受人也可以依据“相反证据”，取得房屋的所有权。该条规定的“相反证据”正是指当事人之间达成的、与不动产登记簿记载不一致的、移转房屋所有权的合意及合意推动下的交付等行为。根据该但书条款的规定，在房屋买卖合同合法生效之后，买受人支付房款，出卖人亦交付房屋于买受人占有使用，这其实就是双方达成的履行合同（移转所有权）的合意。若对方接受，就意味着合同已经履行完毕，房屋所有权从出卖人移转至买受人。即使尚未办理不动产过户登记手续，也不会改变买受人已取得所有权的事实。② 甚至有学者认为：“不动产交付的法律效果使得买受人取得

---

① 马新彦、邓冰宁：《论不动产占有的公示效力》，载中国民法学研究会2013年年会论文集。

② 孙宪忠、杨丽美：《房屋交易已交付但未登记的确权问题》，载《中国应用法学》2020年第3期。

了‘类似所有权的权利’。出卖人将不动产交付买受人之后，即不再享有占有、使用和收益的权能，从而无法将同一内容的占有、使用再为处分。当不动产所有权的占有、使用与收益权能均被转移之后，出卖人对不动产的所有权已成为一种没有任何权能的‘空虚所有权’。如湖州市中级人民法院在一判决中指出‘在买受人已履行了全部合同义务并实际占有该不动产之后，出卖人即已没有什么剩余的权利了，其唯一应当做的就是履行办理过户登记手续的义务’。”① 《最高人民法院关于人民法院民事执行中查封、扣押、冻结财产的规定》（以下简称《民事执行查封、扣押、冻结规定》）第17条规定：“被执行人将其所有的需要办理过户登记的财产出卖给第三人，第三人已经支付部分或者全部价款并实际占有该财产，但尚未办理产权过户登记手续的，人民法院可以查封、扣押、冻结；第三人已经支付全部价款并实际占有，但未办理过户登记手续的，如果第三人对此没有过错，人民法院不得查封、扣押、冻结。”在此种情况下，善意第三人虽尚未取得不动产物权，但人民法院在执行程序中也不得对其查封、扣押、冻结。同时，在执行异议之诉中，法院可支持善意第三人之诉讼请求，将该不动产的物权权属确定给他，并应停止对该项不动产之执行。② 根据《最高人民法院关于人民法院办理执行异议和复议案件若干问题的规定》第28条③、第

---

① 陈永强：《未登记已占有的房屋买受人的权利保护》，载《环球法律评论》2013年第3期。

② 《广东省高级人民法院关于2009年度广东省法院民事审判工作若干具体问题分析的报告》，载最高人民法院民一庭：《民事审判指导与参考》（第41辑），人民法院出版社2010年版，第45页。

③ 该条规定：“金钱债权执行中，买受人对登记在被执行人名下的不动产提出异议，符合下列情形且其权利能够排除执行的，人民法院应予支持：（一）在人民法院查封之前已签订合法有效的书面买卖合同；（二）在人民法院查封之前已合法占有该不动产；（三）已支付全部价款，或者已按照合同约定支付部分价款且将剩余价款按照人民法院的要求交付执行；（四）非因买受人自身原因未办理过户登记。”

29 条①的规定，最高人民法院也在某种程度上承认了不动产的占有具有一定的公示机能。此时法院可直接作出确权判决，同时判令当事人补办登记手续。“不动产物权原则上虽以登记为其生效要件，但这并不意味着物权这一私权是由政府登记机关所赋予的。私权本来就是权利人的，登记只不过是基于维护交易安全而由政府部门加以确认。绝不能因为法律将登记规定为物权变动的生效要件，而错误地认为财产权是政府赋予的。② 所以，在审理涉及物权归属的内部纠纷中，不能唯登记论。”③

（二）确认判决也不能导致物权变动

确认之诉，即原告主张特定之法律关系不明确，证书之真伪，作为法律关系基础事实存在与否，或其他不明确而有确认必要之事项，以求法院为判决之诉。④ 确认判决仅止于确认法律关系、证书真伪或其他不明确事项以使其明确而已，故确认判决无强制执行的执行名义，此其与给付判决之不同；不动产物权确认判决并无变更

---

① 该条规定：“金钱债权执行中，买受人对登记在被执行的房地产开发企业名下的商品房提出异议，符合下列情形且其权利能够排除执行的，人民法院应予支持：（一）在人民法院查封之前已签订合法有效的书面买卖合同；（二）所购商品房系用于居住且买受人名下无其他用于居住的房屋；（三）已支付的价款超过合同约定总价款的百分之五十。”

② 在理论与司法实践中存在着一种认识缺陷，就是把不动产登记当作行政管理上的赋权行为，而没有认识到它只是物权变动原则下的公示方式。在物权法上，当事人依据物权变动的意思表示来推动物权移转的效果时，需要将这个意思表示予以展示，从而达到既保护第三人又满足物权排他性效力的法律效果，不动产登记因此成为不动产物权变动的公示方式。不动产登记毫无行政管理上的法理意义，更不是依据行政管理权为物权变动赋权。参见孙宪忠、杨丽美：《房屋交易已交付但未登记的确权问题》，载《中国应用法学》2020 年第 3 期。

③ 张勇健：《在全国高级法院民一庭庭长座谈会上的总结讲话》（2013 年 4 月 12 日），载最高人民法院民二庭：《民事审判指导与参考》（第 54 辑），人民法院出版社 2013 年版，第 38 页。

④ 姚瑞光：《民事诉讼法论》，中国政法大学出版社 2011 年版，第 237 页。

既存物权状态之效力，仅系对物权既有状态的司法确认。依照物权确认判决，当事人对涉诉不动产物权依据其权利取得的法律事实而自始享有或自始不能享有，但无论如何并未引起物权变动的发生。[①]

在我国司法实践中，所有权确认之诉时有发生，尤其是面对种种“房屋限购”政策及“限贷”规定，当事人为了达成交易之目的，通常采取借用他人之名义购买房屋即“借名购房”“挂名购房”。[②] 由此，便导致房屋的实际出资人（购买人）与房屋登记名义人不一致的现象频频发生，进而在两者之间产生纠纷，诉至法院要求确认房屋之所有权。对此，在学说与司法实践中，一种观点认为，记名登记的情形也属于登记簿记载的权利主体错误，因为真实的权利人是借名人而非登记簿记载的被借名人，即“物权说”。[③] 如在“邹某 1 诉邹某 2 所有权确认一案”，原告邹某 1 因为年龄原因不能办理贷款而借用其子被告邹某 2 之名义订立房屋买卖合同，并以其名义交纳首付款，办理了贷款手续。法院判决涉诉房屋归原告邹某 1 所有。[④] 在“云南烟草公司保山市 × × 县烟草分公司诉张某某所有权确认一案”，× × 烟草公司因受昆明当地房屋购买政策的限制以公司员工个人名义购买一套商品房以作公司驻昆明办事处使用，但由于产权登记在被告个人名下，于是双方产生了纠纷。法院判决讼争

---

① 尹田：《物权法》，北京大学出版社 2013 年版，第 89 页。

② 应予说明的是，借名购房根据房屋的性质区分为两种情况：一为借名购买政策性保障住房，包括经济适用房、两限房、廉租房及公租房；二为借名购买商品房。对于前者，因其是有限产权，产权主体、收益权、处分权以及对价等均受限制，故借名购买违反了社会公共利益，借名购房合同应当认定为无效。在此只讨论后者。

③ 杨代雄：《借名购房及借名登记中的物权变动》，载《法学》2016 年第 8 期；陈耀东：《借名购买经济适用房合同效力及物权归属探讨》，载《法治现代化研究》2017 年第 2 期；冉克平、黄依畑：《借名买房行为的法律效果研究》，载《财经法学》2020 年第 2 期；马一德：《借名买房的法律适用》，载《法学家》2014 年第 6 期。

④ 天津市南开区人民法院〔2011〕南民初字第 2579 号民事判决书。

房屋归施××烟草公司所有。① 另一种观点认为，借名登记的情形不属于登记簿记载的权利主体错误，借名人与被借名人之间就不动产归属的纠纷属于合同纠纷，借名人有权提出给付之诉，请求被借名人按照约定将不动产转移登记到自己的名下，即所谓的"债权说"。② 如在"李某某诉张某某所有权确认纠纷上诉案"，二审法院认为："李某某于本案中实际系主张借用张某某名义购买系争房屋，从而形成张某某代持的事实。如其主张成立，则双方形成借名购房的债权债务关系。李某某基于债权债务关系直接要求确认对系争房屋享有所有权，于法无据。相关当事人仅可依合同关系要求相对方履行合同义务。"③ 实际上，在借名购房关系中，借名人并不能提起确权之诉，法院对此作

---

① 云南省昆明市中级人民法院〔2012〕昆民一终字第418号民事判决书。类似判例还有"孙某所有权确认纠纷申诉案"［北京市高级人民法院（2017）京民申1921号民事裁定书］；"张某1与何某某、张某2所有权确认纠纷上诉案"［广东省韶关市中级人民法院（2015）韶中法民一终字第773号民事判决书］；"王某与王某某所有权确认纠纷上诉案"［内蒙古自治区呼和浩特市中级人民法院（2018）内01民终864号民事判决书］；"曾某某、宋某某所有权确认纠纷上诉案"［山东省聊城市中级人民法院（2017）鲁15民终1712号民事判决书］；"黄某某、王某所有权确认纠纷上诉案"［河北省承德市中级人民法院（2018）冀08民终2705号民事判决书］。

② 程啸：《不动产登记簿的权利事项错误与不动产善意取得》，载《法学家》2017年第2期；司伟：《论不动产登记与权属确认——兼论对〈物权法司法解释一〉第2条的理解》，载《法律适用》2016年第5期；马强：《借名购房案件所涉问题之研究——以法院裁判的案件为中心》，载《政治与法律》2014年第7期；周峰、李兴：《隐名购房行为的法律性质认定与执法对策研究》，载《法律适用》2012年第8期。此外，常鹏翱教授在"无讼"主办的民法典系列讲座"民法典物权编基本原则的实务运用"中谈到借名购房问题时也持此观点。

③ 上海市第一中级人民法院〔2017〕沪01民终4425号民事判决书。类似判例还有"江苏××建设集团有限公司诉刘某某所有权确认纠纷案"［北京市丰台区人民法院（2014）丰民初字第660号民事判决书］；"刘某1与刘某2房屋买卖合同纠纷上诉案"［北京市第三中级人民法院（2016）京03民终12496号民事判决书］；"杨某某与胡某某所有权确认纠纷上诉案"［北京市第三中级人民法院（2014）三中民终字第10845号民事判决书］。《北京市高级人民法院关于审理房屋买卖合同纠纷案件若干疑难问题的会议纪要》［京高法发（2014）489号］第10条也规定："借名人以出名人（登记人）为被告提起诉讼，要求确认房屋归其所有的，法院应当向其释明，告知其可以提起合同之诉，要求出名人为其办理房屋过户登记手续。"

出的判决也并非确认判决。一方面，虽然根据《民法典物权编解释(一)》第2条“当事人有证据证明不动产登记簿的记载与真实权利状态不符、其为该不动产物权的真实权利人，请求确认其享有物权的，应予支持”之规定，许多法院将借名购房纠纷案由确定为“物权确认之诉”并判决确认房屋产权归属于借名人，但实际上并未清楚地认识物权确认之诉的内涵与价值。借名购房表面上看似不动产登记簿的记载（出名人、登记人）与真实权利状态（房屋应归借名人）不一致，但此种不一致并不符合物权确认之诉实体判断标准。物权确认之诉是就某种权利或法律关系的存在与否予以确认或宣告，其本身并未引起物权的变动，而仅仅是将物权归属于某人的事实予以确认而已。那么，既然是将物权已归属于某人的事实予以确认，则该人必须确实已经享有物权，如非基于法律行为（如继承）而取得不动产物权之人，因其取得物权不以登记为生效要件，进而导致不动产登记簿记载的权利人与真实权利人不一致，所以物权取得人(真实权利人）自可请求判决确认其为权利人。而在借名购房纠纷中，借名人客观上并未取得房屋所有权，其所取得的仅仅是依据借名购房合同请求出名人协助办理房屋过户登记的债权，因此法院不能直接判决确认借名人为房屋所有权人，而只能判决出名人协助借名人办理房屋过户手续。另一方面，根据《物权法》的规定，要取得房屋所有权，不仅需要有效的原因行为作为要件，而且需要具备登记作为生效要件之一，两者缺一不可，因此，所谓的“事实物权”因欠缺法律规定的设立或变更一个物权所应具备的生效要件而不能成其为物权。所以，在借名购房纠纷中，借名人要求出名人协助办理过户登记的请求权基础是基于借名购房协议所产生的债权请求权，借名所购房屋只有转移登记至借名人名下始归借名人所有，法院不能依据借名购房合同而直接判决确认房屋归借名人所有。借名人与出名人之间关于房屋所有权归属的约定，仅具有债权效力，出名人因此对借名人负有协助办理房屋产权过户登记之义务，若判决借名人依据借名购房协议而直接确认对其房屋享有所有权，则违背了物权变动法定要件，混淆了债权关系与物权关系。

综上所述，在物权法领域，确认判决通常在两种情形下发生，一是登记错误；二是非基于法律行为发生物权变动。前者如在夫妻之间产生的确认之诉。夫妻双方于婚后购买的房屋，但产权登记在妻子张某某的名下，后因夫妻感情恶化李某请求妻子与其一起将产权登记变更为夫妻双方。但张某某拒绝，并认为既然房屋产权登记在自己名下，则房屋即归自己单独所有。法院最终判决确认讼争房屋为夫妻共同所有。① 受诉法院针对上述案件，无一不是在查明案件事实之基础上，将房屋产权判归真正的权利人（事实上的权利人、实际出资人或购买人）而非登记权利人。因此，表面上真正的房屋产权人看似是基于法院的判决而取得房屋所有权，实际上事实权利人本来就对讼争房屋拥有所有权，法院判决只不过是对该房屋权属事实予以确认而已，系确认判决。正如有学者所言："虽然，确认判决，亦有生疑似形成之效果者，如就母再婚后所生子女确定其父之判决是。唯此种判决仍为确认判决，而非以判决直接形成父子（女）之效果。"② 因此，确认判决并未改变既存的不动产权属状态，亦即法院判决并未导致不动产物权发生变动。由此，确认判决自难谓属于具有形成效力之变动物权的"法院判决"之范畴。实践中，有许多地方法院均错误地将确认判决作为可直接导致物权变动的原因。③

---

① 河南省郑州市上街区人民法院〔2012〕上民初字第27号民事判决书。

② 姚瑞光：《民事诉讼法论》，中国政法大学出版社2011年版，第238页。

③ 如浙江省余姚市人民法院〔2012〕甬余民初字第784号民事判决书，"原、被告之间因位于×××的房屋权属问题产生争议，因人民法院作出的法律文书，导致物权变动自法律文书生效时发生效力。现浙江省宁波市中级人民法院对原、被告间的房屋权属纠纷既已作出终审判决且已生效，因此原、被告双方应当按照判决确认的内容认真履行。"类似判例还有"深圳市宝安区人民法院〔2012〕深宝法民三初字第1404号民事判决书""海南省海口市中级人民法院〔2013〕海中法民（环）终字第73号民事判决书"等。

也有不少学者混淆了可直接导致物权变动的法院判决之类型，将“确认判决”错误地认为可直接导致物权变动之法律效果。如王利明教授在其著述中写道：“甲认为登记于乙名下的房产乃属自己所有，于是向登记机构提出申请要求变更登记[①]，但遭到登记机关的拒绝。于是，甲便向法院提起诉讼，请求确认房屋产权归自己所有。争议房产经二审法院判决归甲所有，因此在当事人之间自判决生效之日起，即发生物权变动之法律效果。也就是说，人民法院的判决或仲裁委员会的裁决一旦生效，即在当事人之间发生物权变动的效力，而无须履行法定的公示方法。”[②] 上述观点也是将作为不动产物权表征方式（公示方式）的“登记”绝对化，即不动产物权的归属绝对依据登记而定。实际上，物权公示原则是为保护交易安全，提高效率而在不动产交易领域确立[③]的一项重要原则。但是有些不动产的归属争议并不能适用该原则，如错误登记、挂名登记、未登记等均应依照当事人的意思表示以及相应的证据加以认定。不动产物权登记所产生的公示公信力，是对社会公众产生的外部效力，即善意第三人有理由相信（积极信赖）该登记所表征的权属信息为真实，进而据此与登记之权利人进行交易，法律也应当对善意第三人基于此种信赖所取得的权利给予绝对性的保护。但应需注意者，不动产登记簿之记载所产生的仅仅是一种正确性推定效力，亦即推定被登记的权利人为真实的权利人，但在不涉及善意第三人之情况下，当事人如有相反之证据证明其为真正之权利人者，则亦可推翻法律对不动产登记簿记载的正确

① 实际上应当请求的是“更正登记”而非变更登记。法院最终判决房屋归甲所有，甲并非因判决而取得争议房屋产权，而是事实上该房屋本系甲所有，法院之判决只不过是对该事实加以确认而已。因而甲、乙之间不存在因法院判决导致的物权变动问题。

② 王利明：《物权法研究（第三版）（上卷）》，中国人民大学出版社2012年版，第283—284页。

③ 吴庆宝：《最高人民法院专家法官阐释民商裁判疑难问题（民事裁判指导卷）》，中国法制出版社2012年版，第1页。

性推定，从而维护事实上的公正。① “要正确理解登记与不动产物权变动的关系，既要严格贯彻法律关于登记制度的规定，又要根据案件具体情况充分发挥民事审判的物权确认功能，合理确定物权归属。要特别注意区分不动产物权登记的内部和外边效力。不动产物权原则上以登记为生效要件，但这并不意味着物权这一私权是由政府登记机构赋予的。私权本来就是权利人的，登记只是政府部门的确认，绝对不能因为法律将登记规定为物权变动的生效要件，而错误地认为财产权是政府赋予的。在审理涉及物权归属的内部纠纷中，不能唯登记论，要以审查基础法律关系为抓手，查明真实的权利状态。”② 最高人民法院在“兰州××房地产开发有限公司与景泰县人民政府、景泰县第五中学合同纠纷一案”③ 中也指出：“不动产权属证书并不具有代表不动产物权的功能，其作用仅是证明证书所载法律事实或法律行为曾经发生，至于证书的有无和存在与否不能直接决定实体法律关系的存在与否。因此，在诉讼中，不动产权属证书仅具有证明作用，在有其他证据证明不动产实际权利状态

---

① 如广东省江门市〔2014〕江中法民一终字第354号民事判决认为：“我国不动产物权采取登记生效原则，登记是物权公示公信原则的必然要求，实践中在保护因信赖物权登记而取得不动产的善意第三人的适用上取得了明显成效。但是，在对物权权属有争议的当事人之间，登记的不动产物权权利人虽然在法律上推定为真正的权利人，但这种效力只是法律上的‘推定’，并非绝对‘真正’不可推翻。事实上，如果事实物权人有相反证据证明该不动产权属登记有瑕疵，是可以推翻这种法律推定，从而维护事实上真正物权人的权益。物权法虽然对不动产权属采取登记生效原则，但是并不绝对，如不动产异议登记制度，正是为了保护事实物权人而派生出来的登记制度。此外，在物权法之外的其他民事法律中，也体现着对事实物权人的法律保护。如在婚姻法中规定如果是夫妻婚后购置的房产，但房屋权属证书登记在一方名下的，应当认定为夫妻共同财产。所以，法院在司法实践中应根据案件当事人的证据材料，结合日常生活经验规则，在充分查明事实的基础上维护真正物权人的权益。”

② 最高人民法院民一庭：《民事审判指导与参考》（第54辑），人民法院出版社2013年版，第38页。

③ 最高人民法院〔2013〕民一终字第45号民事判决书。

与不动产权属证书记载不一致的情况下，应当依法确认实际权利状态。”①

三、形成判决、形成裁决与物权变动

对于某些法律关系而言，即使存在实体上已经变更的条件，但如果没有法院的裁决，其现存的法律关系仍然是有效的。当事人为了使现存的法律关系发生变动，并产生相应的法律效果，就只有向法院提起诉讼，此即形成之诉。② 形成之诉也称为“权利变更之诉”，系变更或消灭当事人之间一定权利义务关系的诉。形成之诉既非确认也非实现现存的法律状态，而是改造现存法律状态并创造新的法律状态。形成之诉所形成的形成判决不需要执行，随着形式既判力的发生塑造即产生，无须任何强制措施。判决的塑造一般情况都是纯粹被动的塑造：法律关系被解散或被消灭。③ 其特点在于：第一，双方当事人对特定的民事法律关系的存在并无争议，唯对于是否应当变动这一民事法律关系存在争议；第二，当事人之间存在的民事法律关系需要等到法院作出的形成判决生效后始能发生变动。④ 故唯有此种诉讼所形成之“形成判决”始能直接引起物权变动的发生。如我国台湾地区判例认为，因法院的判决而取得不动产物权，不以登记为生效要件。然此之所谓“判决”，即仅指依其宣告足生物权法上取得某不动产物权效果之力，且恒有拘束第三人之必要，而对于当事人以外之一切第三人亦有效力者（形成力也称创效力）而言。准此以解，唯形成判决（如分割共有物的判决）始足当之，即发生形

---

① 刘德权、王松：《最高人民法院司法观点集成（民事卷3）》，人民法院出版社2014年版，第1443页。

② 张卫平：《民事诉讼法》，中国人民大学出版社2013年版，第132页。

③ ［德］奥特马·尧厄尼希：《民事诉讼法》，周翠译，法律出版社2003年版，第188—189页。

④ 谭兵、李浩：《民事诉讼法学》，法律出版社2009年版，第46页。

成力即创设力，故不待登记，其权利状态即已明确，因此非经登记不得处分其物权。而不包含其他判决在内。日本民诉法学者中村英郎先生认为："形成之诉按照其成立依据的不同，大致分为三类：1. 需经裁判行使的形成权。具体而言，是指虽然承认当事人一方具有对既存权利关系的变更权（形成权），但为了防止其权利滥用，在行使这些权利时允许国家进行适当的介入。2. 权利关系变更请求权。对于允许私人自由处分的法律关系，法律虽然承认当事人一方的变更权，但是其中也存在像形成权那样，通过一方的意思表示并不能发生效果，而必须依照当事人之间的合意才能发生具体效果的权利，这就是所谓的权利关系变更权（德国民诉法称之为更生请求权）。双方对于这类请求权的合意无法达成时，一方当事人可以向法院提起诉讼，通过判决要求变更法律关系。3. 针对国家的形成要求权。具体而言，是指对于不允许当事人自由处分的权利关系，即由国家持有的形成权，原告向国家提出要求变更既存权利关系的情形。例如撤销欺诈行为的诉讼。"①

私法上的权利关系，通常只要依据法律行为及其他法律要件事实即可使其发生变动的法律效果。因而，一般无需通过提起诉讼之方式予以实现，且变动之后的权利关系通常也不致发生问题。例如，出卖人如欲解除买卖合同，其只要基于一定之要件事实向对方做出解除之意思表示即可。因而，无须以提起诉讼之方式请求予以解除合同，并且法律上也不认可其具有提起此种诉讼的利益。在向对方做出解除合同的意思表示后，双方如果对解除的效果产生异议，则只要直接提起返还标的物的给付之诉或对买卖标的物的所有权提起确认之诉即可。而形成之诉所预设的处理是，法律行为或其他一定的要件事实之发生，不会直接导致法律关系变动，而只有在当事人通过诉讼来主张存在符合该要件的事实，且法院也认可其存在，并

---

① ［日］中村英郎：《新民事诉讼法讲义》，陈刚、林剑锋、郭美松译，法律出版社 2001 年版，第 106—107 页。

以判决宣告法律关系变动时，（在该判决确定时）才产生变动之法律效果（换言之，任何人不能主张这种法律关系的变动，或者主张以其变动为前提的法律关系）。[①] 总之，法律只是在个别对于需要谋求法律关系安定性的情形，或者需要对多数关系人作出划一性变动的情形，才特别地就“依据形成之诉来进行这种法律关系变动”做出规定。形成之诉的共同标识可以归结为，只要形成判决没有确定，就不能向任何人主张作为诉讼标的的法律关系的变动。

形成之诉与实体法上的形成权存在一定的联系，通常在于实现实体法上的形成权，是形成权的行使方式，人们关于形成权的纠纷，形成了形成之诉，关于形成之诉的判决就是形成判决，形成判决具有形成力。其逻辑关系是：形成权—形成之诉—形成判决—形成力。[②] 我国大多数学者将形成权定义为：“仅依权利人单方之意思表示，无须他人协力即可使法律关系发生变动的权利。”[③] “形成权在于赋予权利人单方面的——无须他人参与的——对某一既存法律状况施加影响的权利。通常，它通过发出意思表示得以实现。若权利人实施其权利，则新的权利可能被创设，已存在的法律关系可能被变更或终止。”[④] 实体法上的形成权，依据其行使方式之不同，可被区分为单纯形成权、形成诉权和形成反对权。其中，“单纯形成权”，是指仅须形成权人以其单方之意思表示进行，当其意思表示到达相对人或为相对人所了解时发生效力。无须求助于法院，也无须强制

① ［日］新堂幸司：《新民事诉讼法》，林剑锋译，法律出版社2008年版，第149页。

② 张卫平：《民事诉讼法》，中国人民大学出版社2013年版，第132页。

③ 黄立：《民法总则》，中国政法大学出版社2002年版，第69页；王利明：《民法总则研究（第二版）》，中国人民大学出版社2011年版，第438页；朱庆育：《民法总论》，北京大学出版社2013年版，第504页；许中缘、屈茂辉：《民法总则原理》，中国人民大学出版社2012年版，第294页。

④ ［德］汉斯·布洛克斯、沃尔夫·迪特里希·瓦尔克：《德国民法总论》，张艳译，中国人民大学出版社2012年版，第378页。

执行。而“形成诉权”（Gestaltungsklagerecht），则是指形成权人必须通过司法途径加以行使，并通过法院的判决确定其效力的形成权。[①]“在法律关系参与人或公众的重要利益存在遭受损失的风险的特殊情况下，法律不赋予参与人通过其意思表示独自实施形成权的权限。相反，他必须通过申请或诉讼实施其权利，形成权通过支持诉讼的判决（形成判决）得以实现。因此，权利人并不享有形成权，而只享有‘形成诉权’。”[②] 所以，形成诉权是一种包含了公法要素并且只能通过诉讼途径才能够被有效行使的形成权。形成之诉乃是形成诉权行使的必要方式。就此而言，确认之诉并非所确认的法律关系存在与否的必备要素，同样给付之诉也非给付请求权实现的必要途径。在这两种诉的类型中，仅当诉讼当事人对于法律关系是否存在、给付义务是否应当履行存在争议时，方可能发生。而对于形成之诉，无须当事人对于形成权之存在与否，也无须当事人对于形成权是否应当获得满足发生争议，只要当事人意图行使其实体法所赋予的形成诉权，就必须提起形成之诉。因此，形成之诉本质上并非争议解决机制，而仅仅是形成诉权的行使方式。[③] 正因如此，葡

---

① 如因重大误解或显示公平的民事行为的变更权或撤销权、债权人的撤销权、可撤销婚姻的撤销权等。法律之所以规定此类形成权的行使必须采用诉讼的方式，一方面是因为这些形成权的行使对相对人的利益影响巨大，须由法院居中裁决，方能保证其结果的公平；另一方面是为了使这类形成权的行使得到控制，避免在形成权行使是否有效问题上出现不确定性。特别是在行使形成权必须具备特定理由的情况下，就会出现这种不确定性。而通过具有既判力的判决，形成行为才能发生效力，那么这种不确定性就可以避免了。这种形成诉权在德国主要出现在亲属法和公司法领域，因为在这两个领域上述不定期性尤其令人无法忍受。参见申卫星：《形成权基本理论研究》，载梁慧星主编：《民商法论丛（第三十卷）》，法律出版社2004年版，第27页。

② ［德］汉斯·布洛克斯、沃尔夫·迪特里希·瓦尔克：《德国民法总论》，张艳译，中国人民大学出版社2012年版，第379页。

③ 申海恩：《私法中的权力：形成权理论之新开展》，北京大学出版社2011年版，第201页。

萄牙学者平托将形成权定义为："仅以自由意思行为或以自由意思行为连同公共当局行为，产生施加于对方之不可抗拒的法律效果的权利。"房绍坤教授也将其概括定义为："依当事人的意思表示或须经法院确认当事人的意思表示而使民事法律关系发生变动的权利。"①而"形成反对权"，也称为形成抗辩权，② 是指在某些情况下，形成权相对人可对形成权人行使的一种反对权，其目的是使形成权的效力在一定程度上失去作用。③ 所以，"形成之诉，非于私法上有形成权者概得提起，其形成权之行使，若仅以意思表示为之，即可生形成之效果者，无提起形成之诉之必要，受意思表示之人，对于形成之效果有争执时，当事人得提起给付或确认之诉，以求解决，故私法上之形成权，依法须经法院以判决宣告，始能使法律关系或其他事项发生、变更或消灭者，方可提起形成之诉。例如，同为被欺诈，在撤销因被欺诈而为之意思表示，不得提起形成之诉，在撤销因被欺诈而结婚，则必须起诉撤销之"④。

由此可见，"并非所有的形成权都可以适用形成之诉和形成判决，而毋宁是只有那些不能通过单方意思表示行使的、而必须以（起诉和）支持性判决为前提的权利才能适用（形成诉权）。只要被告通过自己的表示或者协助能够变更，人们就称之为'非真正的形成之诉'。如果只能通过起诉和判决引起变更，则称为'真正的形成

---

① 房绍坤：《导致物权变动之法院判决类型》，载《法学研究》2015 年第 1 期。

② 如根据《德国民法典》第 574 条第 1 款的规定，如果出租人终止租赁合同将会对承租人及其家庭或其他亲属造成的困难，大大超过了继续租赁给出租人造成的困难，那么承租人可以对出租人的终止提出异议，并向其请求租赁关系的继续。出租人提出终止租赁乃是行使形成权，而承租人合理的异议权会使出租人的终止权失去效力。

③ 申卫星：《形成权基本理论研究》，载梁慧星主编：《民商法论丛（第三十卷）》，法律出版社 2004 年版，第 27 页。

④ 姚瑞光：《民事诉讼法论》，中国政法大学出版社 2011 年版，第 238 页。

之诉'"①。真正的形成之诉即是依据判决使权利关系及法律关系发生变动的诉讼。承认这种请求的判决即为形成判决，而使权利关系及法律关系发生变动的效力就是形成力，在观念上这种判决并没有相应的强制执行内容。② 所以，在确认判决、给付判决与形成判决中，只有基于实体法上的形成诉权所产生的形成性判决始可直接引起物权变动。我国司法实践中，也有裁判持此见解，如在"李某某与阮某某、张某某海上、通海水域人身损害责任纠纷再审案"，广东省高院认为："在民事诉讼中，根据诉的性质和内容可以将诉分为确认之诉、给付之诉和形成之诉三种，与之相对应的，人民法院作出的裁判也可分为确认性裁判、给付性裁判和形成性裁判。确认性裁判旨在确认某种法律关系是否存在。给付性裁判旨在确认原告针对被告的权利，并命令被告向原告给付，具有执行力而不具有变更权利义务关系的形成力。上述两种裁判均不能直接导致物权变动。形成性裁判旨在改变现存法律状态并创造新的法律状态，仅与物权变动相关的形成性裁判可产生直接变动物权的法律效力。《物权法》第28条和《物权法司法解释（一）》第7条所规定的能够引起物权变动的法律文书应仅限于可导致物权变动的形成性裁判的法律文书。"③

四、形成性调解书可直接导致物权变动

许多国家或地区所规定的能够直接引起物权变动的法律文书仅限于法院判决。那么，由法院作出的调解书是否属于法律文书之列？甚有争议。我国台湾地区学者认为："和解或调解，均须经当事人之合意始能成立，与判决程序系由法院以公权力强制地解决民事纷争

---

① ［德］罗森贝克、施瓦布、戈特瓦尔德：《德国民事诉讼法（下）》，李大雪译，中国法制出版社2007年版，第666页。

② ［日］高桥宏志：《民事诉讼法制度与理论的深层分析》，林剑锋译，法律出版社2003年版，第60—61页。

③ 广东省高级人民法院〔2016〕粤民申3905号民事裁定书。

之本质不同。”[①]“依民事诉讼法成立之和解或调解，虽与确定判决有同一之效力，但就不动产物权变动事项所为之和解或调解，尚无与形成判决同一之形成力，仍须当事人持和解或调解书办理登记后，始生物权变动之效力。”[②] 有学者认为：“在民事调解中，法院对当事人之间协议的内容是否合法作出判断，其公权力的介入仅体现在确认协议的合法性上。调解书与判决书具有同等效力，是指调解书对当事人的羁束力和执行力，非经履行和法院强制执行，不能产生物权变动的效力。物权变动受物权法规制，债的履行受合同法调整，民事调解书调整的是债，而不是物权变动，其效力并不当然及于物。”[③] 因而，调解书不属于法律文书之范畴，不能直接导致物权变动。另一种观点则认为：“当法院制作的调解书具有形成力、能够导致物权变动时，也应属于我国《物权法》第28条中的法律文书之列。”[④]“根据我国《民事诉讼法》第89条[⑤]之规定，由人民法院作出的民事调解书，具有与民事判决书同等的法律效力，据此法院有关形成之诉的民事调解书，也能够直接产生不动产物权变动之效力，故而应属于法律文书之列。”[⑥] 最高人民法院也有法官认为：“对法律规范可以有多种解释方法，但必须严格限制通过其他解释方法得出与文意解释相矛盾的现象发生。从文意来看，立法者对法律文书的定义并未给解释者提供任何解释空间。调解书属于人民法院作出的法律文书有相关法律

---

① 姚瑞光：《民事诉讼法论》，中国政法大学出版社2011年版，第1页。

② 谢在全：《民法物权论（上册）》，中国政法大学出版社2011年版，第75页。

③ 石少红：《当事人利用法律文书规避执行问题的司法应对——以物抵债民事调解书能否直接引起不动产物权变动》，载《山东审判》2012年第1期。

④ 程啸：《因法律文书导致的物权变动》，载《法学》2013年第1期。

⑤ 即2017年修正后的《民事诉讼法》第97条。该条规定：“调解达成协议，人民法院应当制作调解书。调解书应当写明诉讼请求、案件的事实和调解结果。调解书由审判人员、书记员署名，加盖人民法院印章，送达双方当事人。调解书经双方当事人签收后，即具有法律效力。”

⑥ 尹田：《物权法》，北京大学出版社2013年版，第89页。

的明确规定。且我国台湾地区的相关规定系明文排除了调解书，其对《物权法》第 28 条有关词语的解释作业不具有参考性。"① 笔者赞同第二种观点，法院调解虽然是以当事人间的合意（达成调解协议）为基础，但其与法院判决具有同等效力，只不过前者包含了当事人的意思，而后者不以当事人的意愿为转移，或言之，后者较前者具有更强的公权力因素。"生效的调解书具有形式上的约束力、实质上的确定力、形成力及执行力②。其中所谓'形成力'是指如果调解的目的是形成一定的法律关系，且调解又确认了一方当事人的形成权，那么该调解书就具有形成力。"③ 或言之，只有形成性的调解书才属于可直接导致物权变动的法律文书。④ 如在"珠海经济特

① 最高人民法院民二庭：《民事审判指导与参考》（第 59 辑），人民法院出版社 2015 年版，第 77 页。

② 形式上的约束力，是指当事人以及人民法院在调解生效后，即受到调解的约束。当事人不得对调解不服，提起上诉。案件诉讼因调解生效而告结束，当事人不得对案件继续争议，法院也不能撤销和变更调解书的内容。实质上的确定力，是指案件争议的法律关系因为调解而发生确定的法律效力，当事人双方不得提出与调解标的相反的主张，法院也不能在其他诉讼中作出与该调解标的相反的判断。调解的这一效力与判决的既判力内容相同。执行力，是指有给付内容的调解具有强制执行的效力。调解协议不能成为执行根据，只有调解书才能成为执行的依据。参见张卫平：《民事诉讼法》，中国人民大学出版社 2013 年版，第 238 页。

③ 张卫平：《民事诉讼法》，中国人民大学出版社 2013 年版，第 238 页。

④ 如在"涂某 1 因与被申请人周某某、涂某 2、林某执行分配方案异议之诉再审案"，再审法院即认为：给付性调解书非属《物权法》第 28 条所规定的法律文书，"涂某 1 与涂某 2、林某通过调解协议确已达成抵押合意并约定办理抵押手续，涂某 1 据此主张二审应适用物权法第 28 条而未适用。但《物权法司法解释（一）》第 7 条已明确，物权法第 28 条所称导致物权设立、变更、转让或者消灭的人民法院、仲裁委员会的法律文书是指人民法院、仲裁委员会在分割共有不动产或者动产等案件中作出并依法生效的改变原有物权关系的判决书、裁决书、调解书，以及人民法院在执行程序中作出的拍卖成交裁定书、以物抵债裁定书，并不包括当事人约定办理设立抵押权的调解书。即生效调解书约定办理抵押登记属给付性质，本身并不发生设立抵押权的效力。涂某 1 据此主张就该房屋的拍卖款优先受偿缺乏事实和法律依据"。浙江省高级人民法院〔2017〕浙民申 408 号民事裁定书。

区××××有限公司、中国工商银行××××分行金融借款合同纠纷上诉案”，二审法院认为：“《物权法》第28条所规定的法律文书仅指形成性法律文书，不包括给付性法律文书与确认性法律文书。《物权法司法解释（一）》第7条对于能够直接产生物权变动效力的法律文书类型作出了明确指引。根据（2000）珠法民初字第48号案的案情，该案是××××公司向鑫×公司请求交付资产，调解书最终确认鑫×公司要向××××公司交付案涉房产并办理过户手续，因此该调解书属于给付性法律文书，不属于《物权法》第28条所规定的能够直接产生物权变动效力的法律文书，尚需当事人依据该调解书所列义务办理过户手续。”① 在“李某兰、孙某国与内蒙古自治区赤峰市红山区人民政府再审案”，最高人民法院认为：“赤峰市红山区人民法院早在2002年作出的关于李某兰、孙某国解除婚姻关系的调解书中，就已对双方包括案涉被征收房屋在内的共同财产进行了分割。根据《物权法》第28条的规定，因人民法院的调解书导致物权变动的，自该调解书生效之时起就发生物权变动的效力。因此，案涉房屋尽管仍登记在李某兰名下，但从调解书生效之日起，其权属情况就已发生变动，即已归李某兰与孙某国分别所有。在此情况下，该房屋被征收时，确应根据实际的权属情况，对该二人进行分户安置、分别补偿。”② 在“崔某某、徐某某确认合同无效纠纷再审案”，再审法院认为：“本案诉争房屋原系徐某某与侯某某的共同财产，登记在侯某某名下。2002年徐某某与侯某某经湖北省江陵县人民法院调解离婚，该院（2002）江民初字第231号民事调解书载明‘共同财产由被告徐某某所有’，经原审查明侯某某与徐某某离婚诉讼庭审笔录，双方共同财产包括本案诉争房屋。该民事调解书确认诉争房屋归徐某某所有，系非基于法律行为的物权变动。依据《物权法》第28

① 广东省高级人民法院〔2016〕粤民终1966号民事判决书。
② 最高人民法院〔2016〕最高法行申1805号行政裁定书。

条和《物权法司法解释（一）》第7条规定，基于法院的生效调解书发生物权变动的，即使不动产未进行变更登记，也不影响调解书生效时即发生物权变动之效果。故自2002年8月23日上述民事调解书生效时，徐某某即取得该诉争房屋的所有权。”① 但在审判实务中，一些法院没有清醒地认识到形成性调解与给付调解、确认调解的差异，不仅认为给付调解可以导致物权变动②，而且主张确认调解也能导致物权变动③，这显然是错误的，严重影响了《物权法》第28条的正确适用，也损害了当事人的合法权益。也有裁判错将给付调解书认定为形成性调解书，进而依据该生效调解书确认不动产物权已发生变动，如在“高某某、崔某案外人执行异议之诉纠纷上诉案”，二审法院认为：“湖北省武汉市江夏区人民法院于2014年1月7日作出（2014）鄂江夏民二初字第00020号民事调解书，确认：‘双方于2009年8月24日签订的《房屋转让协议》有效；高某某对涉案房屋享有所有权；过户条件具备之日起十五日内，王某某、杨某某协助高某某办理涉案房屋产权过户手续。’根据《物权法》第28条以及《物权法司法解释（一）》第7条的规定，因上述法条所规定的‘分割共有不动产或者动产等案件’属于不完全列举，故（2014）鄂江夏民二初字第00020号民事调解书亦属于上述法律规定的确定不动产物权的有效法律文书。因此，高某某基于人民法院生效民事调解书的确认，已经依法享有涉案房产的物权。”④

但“以物抵债调解书只是对当事人之间以物抵债协议的确认，其实质内容是债务人用以物抵债的方式来履行债务，此调解书不具有直接导致物权变动的内容。人民法院也仅仅是对当事人之间的以

① 湖北省高级人民法院〔2017〕鄂民申2457号民事裁定书。

② 湖南省湘潭市中级人民法院〔2011〕潭中民一终字第156号民事判决书；广东省高级人民法院〔2009〕粤高法民一终字第181号民事判决书。

③ 河南省南阳市中级人民法院〔2011〕南民一终字第27号民事判决书。

④ 湖北省高级人民法院〔2017〕鄂民终3225号民事判决书。

物抵债协议的内容是否合法作出判断，其公权力的介入仅体现在确认协议的合法性上。因此在调解书生效后，仍要当事人持调解书办理交付和过户登记，抵债物方可发生物权变动"①。因此，不宜认定以物抵债调解书能够直接引起物权变动。如在"湖北省××（集团）有限责任公司、湖北省××物资供应公司企业借贷纠纷执行审查案"，湖北省高院认为："对于人民法院针对当事人在诉讼调解中作出的以物抵债协议制作的调解书，其法律性质只是对当事人之间以物抵债协议的确认，其实质内容是债务人用以物抵债的方式来履行债务，并非对物权权属的变动。该民事调解书本身不直接发生物权变动的效力，而需要通过当事人之后的自愿履行或权利人申请人民法院强制执行来实现。"② 但须注意，即使是以物抵债的判决也不属于可直接引起物权变动的法律文书之列。所谓以物抵债，是指负有金钱给付义务的债务人不能履行到期债务时，经其与债权人协商，同意以他种给付（有体物）代替原定给付（金钱）而使债权债务消灭的行为。究其实质，属于代物清偿。代物清偿，系债权人受领他种给付，以代原定给付，使债之关系消灭之契约。债务人以代原定给付之意思为他种给付，债权人之受领他种给付亦系以许代原定给付之意思为之者始可，故代物清偿为一种契约。③ "在以物抵债中，传统民法学说认为，所谓债权人受领他种给付，在他种给付为移转不动产所有权时，仅仅有表示移转的意思尚不足够，必须要办理移转登记手续，完成交付，才算成立代物清偿。"这反映出代物清偿为要物合同，因此，不论是以物抵债判决抑或以物抵债调解书，均属于基于法律行为之物权变动，仍须经由登记始生物权变动之效力。

---

① 陈龙业：《最高人民法院研究室关于以物抵债调解书是否具有发生物权变动效力的研究意见》，载张军主编：《司法研究与指导》（2012 年第 2 辑），人民法院出版社 2012 年版，第 138—142 页。

② 湖北省高级人民法院〔2018〕鄂执监 14 号执行裁定书。

③ 郑玉波：《民法债编总论》，中国政法大学出版社 2004 年版，第 484 页。

我国也有学者持此观点，如崔建远教授认为："在判决、裁决以物抵债的，此类判决、裁决均为给付判决、裁决，因此，抵债之物的所有权不因判决、裁决送达当事人处时而移转，只有办理完毕抵债之物的所有权过户登记（不动产场合）或完成交付（动产场合）时才发生移转。"①

综上，以物抵债类型大体分为三种：债务人与债权人私下协商达成以物抵债协议；法院制作以物抵债的调解书；执行程序中的以物抵债裁定。按目前司法界的共识，前两种不能发生物权变动的效果，而第三种，按照《民法典物权编解释（一）》第 7 条规定，以物抵债裁定书被认定为《民法典》第 229 条规定的法律文书的范围，依据上述司法解释规定，只要执行程序中的以物抵债裁定生效将直接导致抵债物的物权变动。

除此之外，尚有以下法律文书需要讨论：

一方面，民事裁定是人民法院用以解决民事诉讼程序问题的断定，或者是对某些涉及实体问题而不决定实体问题的特殊断定。所谓解决程序问题，是指在诉讼过程中，出现了某些情况后，应如何处理程序上的问题。所谓涉及实体问题而不决定实体问题，是指在特定情况下，对案件采取某种应急措施时，涉及实体上的问题，但并不是决定实体权利义务关系的问题。对实体问题所采取的应急措施，只是保证对案件的实体审理，而不是对案件审理后的实体决定，如财产保全裁定、先予执行裁定等。② 裁定不仅是法院判定程序问题的法定形式，也是法院指挥民事诉讼程序运作的有效方式。因此，民事裁定主要是用来解决民事诉讼中的程序问题，即使在某些情况下涉及实体问题，也是为了保障对实体问题的审理。所以民事裁定

---

① 崔建远：《以物抵债的理论与实践》，载《河北法学》2012 年第 3 期。

② 刘家兴、潘剑锋：《民事诉讼法学教程》，北京大学出版社 2013 年版，第 239 页。

通常情况下并不能直接引起物权变动。

另一方面，仲裁机构依据仲裁程序作出的关于不动产物权变动之仲裁裁定能否如同法院形成判决一样直接发生不动产物权变动的法律效果？对此有两种不同之观点，兹述如下：否定观点认为，仲裁机构依据仲裁程序作出的仲裁裁决并不具有既判力，且裁决本身并不能最终解决争议问题，因为仲裁裁决可能需要诉诸司法渠道，最终由司法机关对仲裁裁决进行审查。对此，《纽约公约》第5条规定，如果根据法院地法裁决事项为不通过裁决解决的事项，裁决地法院有权拒绝承认与执行该外国仲裁裁决。在这种情况下，执行地法院显然是根据法院地法对裁决事项是否属于可裁决事项进行判断。从国外的法律规定来看，许多国家的法律规定对直接引起物权变动的法律文书只限于法院作出的形成判决，而不包括仲裁裁决。① 我国《仲裁法》第9条第2款之规定②也表明仲裁裁决本身并不能最终解决争议事项。肯定观点则认为，仲裁裁决具有准司法效力，它是根据有效的仲裁协议而作出的，理应受到法律的承认和保护。“仲裁裁决相当于国家法院的判决。仲裁裁决在当事人之间具有生效法院判决的效力。”③ 因此，与法院判决一样，只有仲裁机构作出的具有形成力的仲裁裁决，才属于《物权法》第28条所规定的可直接导致物权变动的法律文书。④

---

① 如《瑞士民法典》第656条第2款规定：“取得人在先占、继承、征收、强制执行或因先占、继承、征收、强制执行或法院判决之情形而取得不动产的人，在登记前即成为所有权人，但是非经登记不得在不动产登记簿上进行不动产之处分。”

② 《仲裁法》第9条第2款规定：“裁决被人民法院依法裁定撤销或者不予执行的，当事人就该纠纷可以根据双方重新达成的仲裁协议申请仲裁，也可以向人民法院起诉。”

③ ［德］罗森贝克、施瓦布、戈特瓦尔德：《德国民事诉讼法（下）》，李大雪译，中国法制出版社2007年版，第1399页。

④ 程啸：《因法律文书导致的物权变动》，载《法学》2013年第1期。

五、我国立法上可直接引起物权变动的形成判决

综上所述，唯实体法上必须通过法院诉讼行使并以判决确定其效力的形成诉权所形成的形成性判决始属于直接引起不动产物权变动的法院判决。“构成形成之诉内容的形成请求，应当在具备实体法上的要件时才能得以成立”①，亦即形成之诉的提起必须有实体法律的明确规定。② 那么，随之而来的问题是在我国民法上哪些实体法律规定所形成的判决始足当之，颇值探讨。我国有学者认为：“在我国法上，能够直接引起不动产物权变动的形成判决主要有：一为宣告合同无效或撤销合同的判决，二为基于债权人撤销权制度而作出的撤销债务人诈害债权的判决，三为共有物分割的判决。”③ 谢在全先生认为：“此种使人取得不动产物权的形成判决，在实务上所见者有三种：1. 依‘民法’第 74 条暴利行为所为撤销不动产物权移转之判决；2. 依‘民法’第 244 条债务人诈害债权行为所为撤销不动产物权移转之判决；3. 依‘民法’第 824 条第 2 项所为分割共有不动产之判决。”④

对此，笔者认为，在我国法上可直接引起不动产物权变动的形成判决主要有五种：1. 依据《合同法》第 54 条（《民法典》第 147 条至第 151 条）之规定，撤销合同的判决；2. 依据《合同法》第 74 条（《民法典》第 538 条、第 539 条）之规定，撤销债务人诈害债权行为的判决；3. 分割共有物的判决；4. 依据《物权法》第 131 条（《民法典》物权编第 337 条）、《土地管理法》第 37 条及《农村土

---

① ［日］中村英郎：《新民事诉讼法讲义》，陈刚、林剑锋、郭美松译，法律出版社 2001 年版，第 106 页。

② 张卫平：《民事诉讼法》，中国人民大学出版社 2013 年版，第 132 页。

③ 程啸：《因法律文书导致的物权变动》，载《法学》2013 年第 1 期。

④ 谢在全：《民法物权论（上册）》，中国政法大学出版社 2011 年版，第 75 页。

地承包法》第 27 条之规定，法院基于发包方诉请收回承包地而作出的终止土地承包经营权的判决；5. 依据《婚姻法》第 11 条（《民法典》第 1052 条）之规定，撤销婚姻的判决。

（一）撤销合同的判决可引起物权变动，宣告合同无效的判决不能引起物权变动

人民法院做出的撤销合同之判决为形成判决，而宣告合同无效的判决则非属形成判决。撤销权，系以自己之意思表示，消灭法律行为已生之效力为内容之权能，故其性质为形成权，其行使为单独行为。对于可撤销的法律行为（合同），大陆法系各国或地区与我国《合同法》的规定不同。在大陆法系国家或地区，对于可撤销的法律行为（合同），其撤销权的行使无须依诉讼方式为之，仅须向相对人以意思表示为之即可。如在德国民法，《德国民法典》第 143 条规定："撤销以对撤销相对人的表示为之。"就撤销的效力发生而言，仅有撤销原因是不够的，还必须有撤销的表示。对撤销相对人的表示，是单方的、须予受领的、原则上不要式的意思表示。[①] 同样在日本民法，可撤销的法律行为的范围限于当事人的无能力及意思表示瑕疵（欺诈胁迫）。撤销权的行使依权利人的单独意思表示为之。[②] 撤销的结果，在拒绝因其行为负担的债务的履行，或请求已经履行部分的返还等，多成为诉讼上进行主张的情况。但这是撤销的效果的主张，并非撤销本身。现在的法律，将撤销与其效果分离，撤销依意思表示作出，学者将此作为形成权这样一种独立的权利。[③] 在我国台湾地区撤销权的行使方法包括：（1）以诉讼（形成之诉）

---

① 陈卫佐译：《德国民法典》，法律出版社 2010 年版，第 50 页。

② 《日本民法典》第 123 条规定："在可撤销行为的相对人已经确定时，其撤销或追认，以对相对人意思表示做出。"

③ ［日］我妻荣：《我妻荣民法讲义Ⅱ：新订民法总则》，于敏译，中国法制出版社 2008 年版，第 369 页。

为必要者，如暴利行为之撤销、为债权保全方法之一的撤销或身份行为之撤销。（2）有以意思表示为已足者：撤销应以意思表示为之，其为明示或默示，或书面或口头，均非所问。[①] 而且，除法律另有规定者外，毋庸以诉讼方式为之，只要意思表示为相对人了解或到达相对人时生效。例如意思表示错误、被欺诈或胁迫时，表意人撤销权之行使仅须以意思表示为之即可。而对暴利行为之撤销则须向法院声请撤销。在诉讼上，当事人得据以向法院提起形成之诉者，仅以后一种形成权为限，当事人如请求法院，仅须以意思表示行使之形成权为判决对象，应认为无保护之必要，而以判决驳回之。我国台湾地区司法实践中认为，撤销权人，欲撤销其自己之意思表示或他人之法律行为者，除法律规定必须讼经法院为之者外，以意思表示为之为已足，毋庸提起形成之诉请求撤销。而根据我国《民法典》总则编第 147 条至第 151 条之规定，对于可撤销的合同则必须通过诉讼或仲裁的方式始可发生撤销之法律效力。[②] 因为在此类诉讼中，法院要对原告是否具备其表示的形成权的法定事由进行审查（如是否存在欺诈、胁迫等情事），在确认原告主张的情事正当且存在时，法院或仲裁机构才会做出形成判决或裁决。而人民法院宣告合同（法律行为）无效的判决乃确认判决而非形成判决。虽然有人认为："确认合同无效的请求权其性质与申请撤销合同请求权同一，即均为形成权"[③]，且确认合同无效亦须通过诉讼或仲裁的方式为之，但是"合同的无效为当然无效，无待主张，也不必经由一定程序使其失效。当事人对于合同效力有争执时，固可提起确认之诉，但此项判决仅有宣示性质，无效的合同并非因判决而成为无效"。也

---

① 林诚二：《民法总则（下册）》，法律出版社 2008 年版，第 483 页。

② 《巴西民法典》第 177 条规定："非经判决或法院依职权宣告，可撤销的法律行为并不当然无效。"

③ 最高人民法院民事审判第二庭：《最高人民法院关于民事案件诉讼时效司法解释理解与适用》，人民法院出版社 2008 年版，第 154 页。

就是说，法院作出的宣告合同无效之判决为确认判决而非形成判决。至于旨在发生不动产物权变动的合同被宣告无效后，该不动产物权究竟是从未发生过变动还是不动产物权当然复归？通说认为："在合同无效的情况下，物权自始未变动，法院确认合同无效，并非变更或消灭现存的法律关系。"① "合同无效是法律根本不赋予合同以法律效力，即使基于该无效合同而有物权的变动，则该物权变动在法律上视为自始且当然未曾发生过。因而，严格而言，自然也就谈不上物权变动的复归或回转。"② 因此，既然人民法院宣告合同无效的判决为确认判决而非形成判决，同时合同被确认无效后不动产物权视为自始未曾发生过变动，故确认合同无效的判决不属于可直接引起不动产物权变动的形成判决之列。如房绍坤教授也认为："宣告合同无效的裁决属于确认判决、确认裁决，因基于无效合同所发生的所谓物权变动亦为无效，即物权未曾发生过变动，而不会涉及物权因合同被确认无效而再次发生变动的问题。"③ 但司法实践中，有裁判将合同无效判决认定为属于《物权法》第 28 条所规定的法律文书之列，如在"朱某某等与刘某等案外人执行异议之诉上诉案"，二审法院认为："《物权法》第 28 条之规定，因人民法院、仲裁委员会的法律文书或者人民政府的征收决定等，导致物权设立、变更、转让或者消灭的，自法律文书或者人民政府的征收决定等生效时发生效力。根据已查明的事实，朱某 1 代理藺某某与朱某 2 于 2011 年 1 月 14 日签订的《存量房屋买卖合同》已经生效的人民法院判决确认无效，基于该买卖合同取得的房屋，该判决已判令朱某 1、朱某 2 协助将该房屋过户到藺某某名下。虽然，该房屋目前因法院保全措施的

---

① 王明华：《论〈物权法〉第 28 条中"法律文书"的涵义与类型》，载《法学论坛》2012 年第 5 期。

② 韩世远：《合同法总论》，法律出版社 2011 年版，第 228 页。

③ 房绍坤：《法院判决之外法律文书的物权变动效力问题研究》，载《法商研究》2015 年第 3 期。

存在仍登记在朱某某名下，但依照《物权法》的上述规定，该房屋应于人民法院的法律文书生效时即2012年4月20日即发生物权变动的法律后果。因此该房屋应属蔺某某和王某某共同共有。”① 同样，在合同被解除的场合，我国目前通说关于合同解除的效力采“直接效果说”，即合同解除后给付人请求受领人返还给付物的权利是所有物返还请求权。② 也就是说，合同解除后标的物所有权视为自始没有发生物权变动，给付物为不动产且已经办理移转登记的，则应先将受领人的登记注销，使登记恢复到给付人的名下（复原登记）。③ 因此，解除合同的判决也不能直接引起物权变动，如在“兰州××汽车销售服务有限公司与平凉××商贸有限责任公司案外人执行异议之诉上诉案”，二审法院认为：“××汽车公司按照《工矿产品购销合同》约定向××公司交付车辆后，诉争车辆所有权即转移至××公司。虽然一审法院作出的（2016）甘08民初1号民事判决确认××汽车公司与××公司之间合同予以解除。根据《物权法司法解释（一）》第7条之规定，本案中，××汽车公司与××公司之间基于买卖合同关系形成诉讼后一审法院作出的（2016）甘08民初1号民事判决，并不属于《物权法》第28条规定的导致物权变动的人民法院判决，故××公司基于一审法院上述民事判决主张其对诉争车辆享有所有权的主张因无事实及法律依据，本院不予支持。”④

而“在合同被撤销的场合，由于合同在被撤销之前为有效，也就意味着基于合同所发生的权利变动属于一度被法律认可的法律效

---

① 北京市高级人民法院〔2017〕京民终296号民事判决书。

② 崔建远：《合同法（第三版）》，北京大学出版社2016年版，第304页；韩世远：《合同法总论（第四版）》，法律出版社2018年版，第677页。

③ 崔建远：《解除权行使的法律效果》，载韩世远、下森定主编：《履行障碍法研究》，法律出版社2006年版，第262页。

④ 甘肃省高级人民法院〔2017〕甘民终24号民事判决书。

果；一旦合同被撤销，依据《民法典》总则编第155条规定，‘合同自始没有法律约束力’，此时便有了权利的回转或者逆变动问题。此时的权利逆变动，究竟是权利当然复归，还是经过履行返还财产义务后复归，尚有进一步研究的余地”①。“《民法典》总则编第157条虽然统一就民事法律行为无效或者被撤销的法律后果作了规定，其中‘返还财产’法律后果是否作统一的说明，尚有进一步推敲的余地。”② 对此，我国通说认为，合同被撤销后，基于该合同所产生的债权债务关系即归于消灭。同时，基于该合同所发生的物权变动也当然丧失其基础，从而发生物权变动的复归或回转。此时的返还财产请求权其性质为物上请求权。③ 值得注意的是，《最高人民法院关于审理民事案件适用诉讼时效制度若干问题的规定》（法释〔2008〕11号）第7条规定：“……合同被撤销，返还财产、赔偿损失请求权的诉讼时效期间从合同被撤销之日起计算。”而该司法解释言明：“当事人可以对债权请求权提出诉讼时效抗辩”，并未言及物权请求权，最高法院应该是以合同被撤销场合的返还财产请求权为债权请求权。④ 如此解释，则合同虽被撤销但不动产受让人依然享有所有权，系不动产物权变动并未因合同（债权行为）被撤销而受影响，从而返还财产请求权为债权请求权，不动产物权须经履行返还义务后始能复归。此物权变动的复归仍须践行“非经登记不生效力”之规则。但如此解释，又与我国目前不承认物权行为理论的观点相悖。“根据《物权法》第15条及《合同法司法解释（二）》第9条之规定，合同被撤销后，债权行为无效，物权行为也无效，买受人没有合法取得标的物的所有权。不存在基于物权的无因性而出现的债权行为无效、物权行为有效、只能基于债法上的不当得利请求权请求

① 韩世远：《合同法总论》，法律出版社2011年版，第228页。
② 韩世远：《合同法总论》，法律出版社2011年版，第228页。
③ 崔建远：《合同法（第四版）》，法律出版社2007年版，第117页。
④ 韩世远：《合同法总论》，法律出版社2011年版，第228页。

返还原物的问题。由于物权请求权的构成要件是‘物权’必须存在，而‘物权’存在的前提是作为物权客体的‘物’不动产或动产必须存在，故在物不存在或者因法律障碍不能返还时，该返还财产请求权应为不当得利请求权。因此，认定物仍存在并且可以返还或者有必要返还的情形下，其性质为物权请求权更符合可撤销合同的立法目的。”①

（二）分割共有物的判决可直接引起物权变动

就共有物（不动产）分割判决而言，其是否为形成判决，与共有物分割请求权的性质无必然联系。部分学者以共有物分割判决为形成判决为前提，据此推论形成判决均系行使实体法上形成权之结果，故而认为共有物分割请求权为形成权，实有商榷之必要。对共有物分割请求权之性质，学界争议颇大，主要存在形成权说与请求权说两种不同观点。

1. 形成权说。该说认为共有物分割请求权，系各共有人得以一方之意思表示，使共有人间发生应依　定分割方法以消灭共有关系之权利。此项权利虽名为请求权，条文亦定为请求，但通说认为分割共有物的权利，非请求其他共有人同为分割行为的权利，其性质为形成权之一种，并非请求权。原因在于：分割请求权不受时效限制，且为了贯彻分割自由原则，应允许共有人提出分割共有物以后，就导致物权的变动。分割请求权是针对物的分割请求，而不是针对人的分割请求。② 在日本，学界通说亦采形成权说，如近江幸治认为：“分割请求是单方提出共有关系的解除和财产的分割，而并不要

① 最高人民法院民事审判第二庭：《最高人民法院关于民事案件诉讼时效司法解释理解与适用》，人民法院出版社2008年版，第150—151页。

② 王泽鉴：《民法物权》，北京大学出版社2009年版，第242页。

求其他共有人的行为，所以具有形成权的性质。”① 田山辉明教授认为：“各共有人可以随时请求分割共有物，此之所谓请求是形成权，因此根据该请求而产生能够实现各共有人之间具体分割的法律关系。其结果是各共有人因此而负担成立分割协议的义务。”②

2. 请求权说。该说认为，共有物分割请求权和其他请求权一样都是请求他人为一定行为或不为一定行为的权利，因此，分割请求权是请求权的一种类型。认为共有人请求分割共有物的权利，包括两种：一为请求其他共有人协议分割，二为请求法院以判决分割。其中前者为请求权，因形成权之行使如以意思表示为之，则仅基于形成权人单方之意思表示，即可使权利发生变动。在诉讼上如果他方对此形成权之行使有不同的意见，则应提起确认之诉，而部分共有人请求其他共有人分割共有物，并非一有请求分割之意思表示，即可使共有关系予以消灭，仍须其他共有人的协议为之，故此显然有别于以意思表示所行使之形成权，因而仍应解为请求权。

我国学者对此也是分歧较大，多数学者认为：“共有人请求分割共有物的权利，并非请求其他共有人同意分割共有物，而是某个或某些共有人请求分割属于自己的份额（应有部分）的权利，性质上为形成权，并非请求权。③ 司法实务的观点也认为，共有人分割请求权虽然名为请求权，但并不是请求他人同意分割的权利，实质是使他人负有与其协议分割具体方法之义务。其得以一人之意志行使该项权利，因此分割共有物之请求权，实质是形成权。”④ 少数学者

---

① ［日］近江幸治：《民法讲义Ⅱ：物权法》，王茵译，北京大学出版社2006年版，第180页。

② ［日］田山辉明：《物权法》，陆庆胜译，法律出版社2001年版，第189页。

③ 崔建远：《物权：规范与学说——以中国物权法的解释论为中心（上册）》，清华大学出版社2011年版，第468页。

④ 刘德权主编：《最高人民法院司法观点集成（民事卷1）》，人民法院出版社2014年版，第86页。

认为："分割请求权是从共有权中产生的一种权利。分割请求权不是形成权，因为一方面，共有人行使分割请求权只是请求其他所有人与其一起分割共有财产，该请求权的行使并不能直接导致共有物的分割，而需要通过与其他共有人协商，或者通过裁判来确定。所以，共有人提出分割的请求并不必然发生法律关系的变动。[①] 另一方面，共有人提出分割，只是请求分割自己的部分，但具体分得哪一部分，还是仅仅获得价金，并不能立刻确定。"[②] 实务部门人士则认为："分割请求权的定性为请求权而不是形成权比较符合《物权法》的立法原意，而且属于物权请求权。"[③] 笔者认为，实体法上之形成权，并非均须以形成之诉的方式行使，法院所为之形成判决，也并非均在实现原告实体法上的形成权。"形成之诉按照其成立依据的不同，大致分为三类：1. 需经裁判行使的形成权。具体而言，是指虽然承认当事人一方具有对既存权利关系的变更权（形成权），但为了防止其权利滥用，在行使这些权利时允许国家适当地介入。2. 权利关系变更请求权。对于允许私人自由处分的法律关系，法律虽然承认当事人一方的变更权，但是其中也存在像形成权那样，通过一方的意思表示并不能发生效果，而必须依照当事人之间的合意才能发生具体效果的权利，这就是所谓的权利关系变更权（德国民诉法称之为更生请求权）。双方对于这类请求权的合意无法达成时，一方当事人可以向法院提起诉讼，通过判决要求变更法律关系。3. 针对国家的形成要求权。具体而言，是指对于不允许当事人自由处分的权利关系，即由国家持有的形成权，原告向国家提出要求变更既存权

---

① 温世扬、廖焕国：《物权法通论》，人民法院出版社 2005 年版，第 262—263 页。

② 王利明：《物权法研究（第三版）（上卷）》，中国人民大学出版社 2012 年版，第 739 页。

③ 最高人民法院物权法研究小组：《〈中华人民共和国物权法〉条文理解与适用》，人民法院出版社 2007 年版，第 307 页。

利关系的情形。例如撤销欺诈行为的诉讼。"①共有物分割之诉无疑属于上述第二种形成之诉，系在实行分割自由原则的共有法律关系中，法律承认当事人的法律关系（共有关系）变更权（分割请求权）——"通过行使这一权利，可以使各共有人之间产生以某种方式实现其具体分割的法律关系。当产生这种法律关系时，各共有人则负有达成分割协议的义务。如不能达成分割协议，可以向法院起诉以实现其分割目的"②。此外，即使主张共有物分割请求权为请求权者也认为："在法院以判决为分割，因该判决为形成判决，于判决确定时，即发生由共有变为单独所有之形成力。故分割之效力，亦于判决确定时发生。如分割者为不动产，即属因法院之判决发生的物权变动，与登记前已取得不动产物权之情形相当。"③ 所以，不论共有物分割请求权的性质为请求权抑或形成权，均不影响共有物分割判决为形成判决。故而通过争论共有物分割请求权的性质是否为形成权，进而认为分割判决为形成判决的观点并无意义，反之亦然。正如有学者认为："法院所为之形成判决，除为原告实现其实体法上之形成权效果外，也有本于司法机关之职权，就当事人之私法关系进行必要之调整，而原告并无形成权者，例如死亡宣告之判决、除权判决等。由于实体法上的形成权并非必依形成之诉行使，法院所为之形成判决，也不尽以形成权为诉讼标的，徒以共有物分割判决为形成判决，即谓原告所据以声请之权利为形成权，非无速断之失。"④

---

① ［日］中村英郎：《新民事诉讼法讲义》，陈刚、林剑锋、郭美松译，法律出版社2001年版，第106—107页。

② ［日］我妻荣：《我妻荣民法讲义Ⅱ：新订物权法》，有泉亨补订，罗丽译，中国法制出版社2008年版，第343页。

③ 姚瑞光：《民法物权论》，中国政法大学出版社2011年版，第91页。

④ 陈荣传：《共有物分割请求权是否为形成权?》，载苏永钦：《民法物权争议问题研究》，清华大学出版社2004年版，第185页。

（三）撤销债务人诈害债权的判决可直接导致物权变动

债权人撤销权乃债权人对于债务人所为之诈害债权之行为得以请求法院予以撤销的权利。其之所以必须于诉讼上行使，盖因“债权人之撤销权与代位权虽均以保全债权之共同担保为目的，但代位权系代位行使债务人现有之权利，无论对于债务人，抑或第三人，均只为本来应有事态之重申而已，其影响甚微。而撤销权乃在撤销债务人所为之行为，从而自第三人处取回担保之财产，因此乃是对已成立之法律关系的破坏，使债务人与第三人之间发生本不应有的事态，影响甚大，故须于审判上行之，俾资慎重”①。虽然债权人撤销权必须于审判上行使，但其并非诉讼法上的权利，而系实体法上的权利，且为实体法上之形成之诉。② 关于债权人撤销权的性质，我国台湾地区通说采“形成权说”，即认为：“仅依债权人单方之意思表示，使债务人与受益人间之法律行为溯及地丧失法律效力，因债务人之诈害行为而归属于受益人的权利，亦因撤销而自始失其效力，复归于债务人。债务人得请求返还利益，不过为撤销权行使之结果，而行使撤销权既足以发生债务人行为无效之效果，是撤销权为形成权，且足以发生物权变动，也称物权说。”③ 但也有学者认为：“撤销权之性质因诈害行为之态样不同而不同。如债务人与第三人间仅完成债权行为，撤销自仅发生形成效力（债权行为自始无效）；反之，如债务人与第三人间，债权行为与物权行为均已完成，则撤销之效力，即可能同时发生形成效力及请求效力。不过，严格而言，尚需视撤销权之行使态样而定。债权人须就债权及物权行为

① 郑玉波：《民法债编总论》，陈荣隆修订，中国政法大学出版社2004年版，第297页。

② 姚瑞光：《民事诉讼法论》，中国政法大学出版社2011年版，第238页。

③ 林诚二：《民法债编总论——体系化解说》，中国人民大学出版社2003年版，第415页。

同时撤销，撤销权同时发生形成及请求两种，债权人得基于撤销权，主张债权行为与物权行为无效，同时请求返还标的物于债务人。”①我国台湾地区实务中也认为，撤销权之客体包括债务人所为之债权行为与物权行为，此项撤销权之行使，债权人既可仅诉请撤销债权行为，亦可同时诉请撤销债权行为及物权行为；若不动产物权契约已办理登记，则前者得诉请转移登记，后者得诉请涂销登记。由此可见，在承认物权行为理论的国家或地区，只有同时诉请撤销债务人所为之债权行为及物权行为或仅诉请撤销物权行为，撤销判决始可直接导致物权变动。

而我国通说则采折中说②，即债权人撤销权兼具“否认诈害债权行为之效力”与“恢复债务人财产原状之效力”，兼有请求权与形成权的特点。从而，“依折中说，撤销权诉讼通常兼具形成之诉与给付之诉两种性质”③。但笔者认为，债权人撤销权制度的主要目的在于撤销债务人诈害债权人之行为，而返还财产只不过是诈害行为撤销的法律后果。不论关于债权人撤销权的性质是采形成权说抑或折中说，都认为诉请撤销债务人所为之债权行为具有形成效力。实际上，我国《民法典》合同编第542条规定：“债务人影响债权人的债权实现的行为被撤销的，自始没有法律约束力。”由此可见，我国《民法典》关于债权人撤销权的性质已采“形成权说”，具体而言是与形成

---

① 邱聪智：《新订民法债编通则（下）》，中国人民大学出版社2004年版，第311页。

② 参见王家福：《民法债权》，法律出版社1991年版，第183页；王利明：《合同法研究（第二卷）》，中国人民大学出版社2011年版，第147页；崔建远：《合同法（第三版）》，北京大学出版社2016年版，第181页；韩世远：《合同法总论（第四版）》，法律出版社2018年版，第458页；苏号朋：《合同法教程》，中国人民大学出版社2009年版，第211页。

③ 崔建远：《合同法》，北京大学出版社2012年版，第161页。

权说类似的“形成诉权说”。[1] 对此，相关学者及实务部门也予以肯定，如龙俊教授认为：“我国《民法典》在立法之中选择了与形成权说类似的形成诉权说，而没有选择折中说或者责任说。对于债权人撤销权制度，采取形成诉权说，使其效果仅限于消灭债务人与其相对人的诈害行为，就足以实现制度目的，并且如此安排使得其可以与代位权制度相衔接，避免了条文设计的叠床架屋。”[2] 立法机关与最高人民法院也认为：“债权人撤销权具有形成权而非请求权性质。”[3] 同时，我国物权法没有采纳物权行为理论，所以法院判决撤销诈害债权的行为与可撤销合同之撤销一样，均溯及地无效，标的物所有权立即复归于债务人，从而债务人自得行使所有物返还请求权。所以，债权人基于合同的保全行使撤销权，人民法院做出的撤销债务人诈害债权行为的判决亦可直接导致不动产物权变动。[4]

（四）终止土地承包经营权的判决可直接引起物权变动

我国立法为了保护农村集体成员在集体土地上的承包经营权，原则上规定发包人不得收回承包地（《民法典》物权编第 337 条、

---

① 如本节第三部分所述，形成权在理论上分为单纯的形成权与形成诉权，而形成诉权必须通过诉讼的方式行使。我国《民法典》不论是对于可撤销的民事法律行为中的撤销权还是债权人撤销权，均采取了形成诉权的构造而非单纯形成权的构造，究其原因即在于一个民事法律行为是否被撤销需要进行复杂的价值判断，若交由当事人自行决定，则容易滋生争议，故而交由人民法院决断更为妥当。

② 龙俊：《民法典中的债之担保体系》，载《比较法研究》2020 年第 4 期。

③ 最高人民法院民法典贯彻实施工作领导小组主编：《中华人民共和国民法典合同编理解与适用（一）》，人民法院出版社 2020 年版，第 524 页；黄薇主编：《中华人民共和国民法典合同编解读（上册）》，中国法制出版社 2020 年版，第 267 页。

④ 在我国立法上还有一种特殊的债权人撤销权，即《物权法》第 195 条所规定的抵押权人与抵押人协议以抵押物折价优先受偿，该协议损害其他债权人利益的，其他债权人自得请求法院撤销该协议。此种撤销判决同样会导致不动产物权的变动。

《农村土地承包法》第27条），仅在法定例外之情况下才允许发包人收回承包地。发包方收回承包地与土地承包经营权的消灭互为表里。① 发包人基于法定事由收回承包地，究其实质乃在于行使“终止权”，即权利行使仅向将来发生法律效力，无溯及力，从而有别于撤销权。我国台湾地区为明确表征用益物权的撤销不具有溯及力（即仅向将来发生消灭的法律效力），将“撤销”修改为“终止”，将“撤销权”替换为“终止权”。② 用益物权的终止是在具备法定事由时，由土地所有人基于单方之意思表示，而使用益物权归于消灭的法律制度。③ 由此可见，终止权其性质乃是一种形成权。如前所述，根据原《农村土地承包法》的规定，发包人如要行使终止权收回承包地，必须基于一定的法定事由。根据我国现行立法及司法实践，该法定事由主要为：（1）承包人举家迁入设区的市，转为非农业户口；（2）承包人举家迁入其他集体经济组织并在新居住地已取得承包地④；（3）农户消亡，即承包人全部家庭成员死亡。⑤ 除此之外，原《农

① 王宇飞：《论我国农村承包地收回制度的权利逻辑》，中国政法大学出版社2014年版，第58页。

② 谢在全：《民法物权论（中册）》，中国政法大学出版社2011年版，第489页。

③ 房绍坤：《用益物权基本问题研究》，北京大学出版社2006年版，第211页。

④ 根据原《农村土地承包法》第26条、第30条推论。土地承包经营权具有保障农民集体经济组织成员基本生活的功能，如果农户已举家迁入其他集体经济组织并已取得新的承包地，则其在原居住地所享有的承包地应当予以收回。

⑤ 根据2018年修改前《农村土地承包法》第31条推论。参见王宇飞：《论我国农村承包地收回制度的权利逻辑》，中国政法大学出版社2014年版，第101页。但有学者认为，农户成员全部死亡时应由发包方收回承包地的观点在现行法上并无明确依据。参见刘凯湘：《论农村土地承包经营权的可继承性》，载《北方法学》2014年第2期。实际上此问题涉及目前继承法修订过程中争议较大的“关于农村土地承包经营权可否作为遗产继承”的问题。笔者对此持肯定态度，不论是基于家庭承包方式取得的抑或依其他方式取得的土地承包经营权均可作为遗产继承。由此农户全部家庭成员死亡时，其土地承包经营权应由该农户成员的其他法定继承人继承，而不能作为发包方收回承包地的事由。

村土地承包法》再无关于发包方可以收回承包地之规定。但 2018 年修正后的《农村土地承包法》已经删除承包农户进城落户发包方有权收回承包地的事由，将其修改为："承包期内，发包方不得收回承包地。国家保护进城农户的土地承包经营权。不得以退出土地承包经营权作为农户进城落户的条件。承包期内，承包农户进城落户的，引导支持其按照自愿有偿原则依法在本集体经济组织内转让土地承包经营权或者将承包地交回发包方，也可以鼓励其流转土地经营权。"① "在《农村土地承包法》中，核心内容是承包期内不得随意调整农民的承包地，不得随意收回农民的承包地。使广大农民真正地感到土地承包经营权是有切实保障的。"② 但问题是如果承包方违反合理利用和保护承包地之义务，如"弃耕撂荒""改变土地用途，用于非农建设"或者"给承包地造成永久性损害"等情形，发包方可否收回承包地？《农村土地承包法》等法律则付之阙如。对此，我

① 修正后的该条意在表明：农民不因进城落户纳入城镇住房和社会保障体系而导致丧失土地承包经营权；至于是否丧失农村集体经济组织成员身份，本条虽未明确表述，但根据第 5 条和第 16 条规定，土地承包经营权人为本集体经济组织的农户，唯具有集体经济组织成员身份，才能享有土地承包经营权，故可推论，农民不因进城落户纳入城镇住房和社会保障体系而导致丧失集体经济组织成员身份。参见高圣平、王天雁、吴昭军：《〈中华人民共和国农村土地承包法〉条文理解与适用》，人民法院出版社 2019 年版，第 135 页。

② 高圣平、王天雁、吴昭军：《〈中华人民共和国农村土地承包法〉条文理解与适用》，人民法院出版社 2019 年版，第 134 页。

国相关的行政规章和司法解释均持否定态度。[①] 笔者认为，土地承包人如果存在改变土地农业用途，用于非农业建设、弃耕撂荒以及其他给土地造成永久性损害之情形，发包人亦应通过行使终止权收回承包地。正如有学者认为："强化土地承包经营权用益物权的属性及其基本生活保障的功能固然可取，也应予以坚持，但是如果过于强化土地承包经营权甚至连土地所有权都无法企及之境地，片面理解《物权法》及《农村土地承包法》的规定，忽视承包方应当承担的义务，无疑将导致承包方为所欲为，而发包方无可奈何，以用益物权侵蚀甚至虚化所有权，形成事实上的弱所有权、强经营权的权利结构，不仅颠倒了所有权与用益物权的固有逻辑，也不利于保障土地被合理利用之目的的实现。"[②] 但在上述发包人可收回承包地之事由中，其行使终止权（形成权）之方式应有所差异。具体而言，

---

① 如《国务院办公厅关于妥善解决当前农村土地承包纠纷的紧急通知》（国办发明电〔2004〕21号）要求："要严格执行《农村土地承包法》的规定，任何组织和个人不能以欠缴税费和土地撂荒为由收回农户的承包地，已收回的要立即纠正，予以退还。"《最高人民法院关于审理涉及农村土地承包纠纷案件适用法律问题的解释》第6条第1款规定："因发包方违法收回、调整承包地，或者因发包方收回承包方弃耕、撂荒的承包地产生的纠纷，按照下列情形，分别处理：（一）发包方未将承包地另行发包，承包方请求返还承包地的，应予支持；（二）发包方已将承包地另行发包给第三人，承包方以发包方和第三人为共同被告，请求确认其所签订的承包合同无效、返还承包地并赔偿损失的，应予支持。但属于承包方弃耕、撂荒情形的，对其赔偿损失的诉讼请求，不予支持。"但原《土地管理法》第37条第3款规定："承包经营耕地的单位或者个人连续二年弃耕抛荒的，原发包单位应当终止承包合同，收回发包的耕地。"该条是否因《农村土地承包法》未有规定而当然适用于农民土地承包经营关系值得探讨。值得注意的是，2019年新修正的《土地管理法》已删除原《土地管理法》第37条第3款，仅在第38条规定，禁止任何单位和个人闲置、荒芜耕地。并对已经办理审批手续的非农业建设占用耕地的闲置问题进行了规定，但并未对承包经营的耕地的弃耕撂荒问题进行规定。《基本农田保护条例》第18条第2款规定："承包经营基本农田的单位或个人连续2年弃耕抛荒的，原发包单位应当终止承包合同，收回发包的基本农田。"但该规定并没有得到司法实践的积极回应。

② 贺雪峰：《地权的逻辑——中国农村土地制度向何处去》，中国政法大学出版社2010年版，第5页。

在“承包人举家迁入设区的市，转为非农业户口”“承包人举家迁入其他集体经济组织并在新居住地已取得承包地”及“农户消亡”的情形下，发包方行使终止权只须单方向承包人为收回承包地之意思表示即生收回之效力，因上述事实较为明显且易于举证。在承包人存在“改变土地农业用途，用于非农业建设”“弃耕撂荒”以及“其他给土地造成永久性损害”之情形，由于此类事实之认定缺乏统一明确的标准容易产生争议与分歧，故发包方欲收回承包地须向法院以诉讼之方式行使终止权。亦即在前者终止权为单纯的形成权，而在后者则为形成诉权，由此人民法院作出的准予发包方收回承包地的判决为形成判决，土地承包经营权自该判决生效时归于消灭，无须登记即生效力。

（五）撤销婚姻的判决可直接引起物权变动，离婚判决不能直接引起物权变动

撤销婚姻的判决与离婚判决也属于形成判决，因其可直接导致婚姻关系之变动。而且请求撤销婚姻的请求权与请求解除婚姻关系（离婚）的请求权，学说上虽通常将其称为请求权①，但实为一种误解，究其实质乃形成权且为形成诉权，如杨立新教授认为：“救济可撤销婚姻的法定方法，是赋予权利人以撤销婚姻的形成权。这种权利是一种民法上的形成权，权利人可以变更现行的法律关系的现状。”② 值得注意的是，《民法典》婚姻家庭编第1052条关于可撤销婚姻中请求撤销婚姻的机关之规定，较之原《婚姻法》第11条的规定，删除了“婚姻登记机关”。因为可撤销婚姻中的撤销权，其性质依然是形成诉权，撤销权人只能通过人民法院行使。婚姻登记机关作为行政机关对于民事争议没有调查权，无法认定婚姻当事人是否

---

① 杨大文：《婚姻家庭法》，中国人民大学出版社2012年版，第99页。
② 杨立新：《家事法》，法律出版社2013年版，第99页。

存在胁迫事实。所以，确认婚姻登记机关有此撤销权，违背婚姻登记机关的职责。[①] 德国学者也认为："婚姻不能通过一方对其配偶作出的单方意思表示（例如：通知终止，基于恶意欺诈额撤销）而解除。该目的只能通过相应的申请或者诉讼（例如离婚，废止婚姻）被达成。只有通过有法律效力的形成判决（离婚判决[②]，废止婚姻判决[③]）婚姻才能被解除。"[④]"形成之诉，有实体法上之形成之诉与程序法上之形成之诉之别，前者如撤销诈害行为之诉、撤销婚姻之诉、离婚之诉等是；后者如宣告调解无效或撤销调解之诉、再审之诉、撤销除权判决之诉等是。"[⑤]

既然撤销婚姻的判决属于形成判决，那么其能否直接导致物权变动则取决于婚姻被撤销的效力，即婚姻被撤销后是否具有溯及力。大陆法系各国或地区对此存在三种立法例：一为"完全溯及主义"，即婚姻被撤销后溯及既往，自始无效。二为"部分溯及主义"，即以当事人的善意与否作为确定婚姻被撤销是否具有溯及力的标准，如果双方是善意缔结，则婚姻被撤销对双方仍产生婚姻的效力；如仅有一方当事人为善意时，则对善意一方发生合法配偶的效力，而不产生溯及无效的效力，对恶意一方婚姻溯及无效。采此立法例者主要有法国、意大利、俄罗斯等。三为"不溯及主义"，即婚姻被撤销

---

① 杨立新：《对修订民法典婚姻家庭编30个问题的立法建议》，载《财经法学》2017年第6期。

② 《德国民法典》第1564条规定："离婚只能根据配偶一方或双方的申请，以法院的裁判为之。在法院的裁判发生既判力时，婚姻被解除。"

③ 《德国民法典》第1313条［婚姻的废止］规定："婚姻只能根据申请，以法院的裁判予以废止。在裁判发生既判力时，婚姻被解除。"译者之所以译成"婚姻的废止"而不译成"婚姻的撤销"，是因为婚姻的废止跟离婚一样，只向着将来发生效力，而《德国民法典》总则所规定的撤销具有溯及既往的效力，即被撤销的法律行为视为自始无效。

④ ［德］汉斯·布洛克斯、沃尔夫·迪特里希·瓦尔克：《德国民法总论》，张艳译，中国人民大学出版社2012年版，第379页。

⑤ 姚瑞光：《民事诉讼法论》，中国政法大学出版社2011年版，第238页。

不具有溯及既往的效力，仅向将来发生效力。目前绝大多数国家或地区均采此立法例。如在我国台湾地区，婚姻之撤销即采不溯及主义，婚姻撤销后准用离婚财产分配之规定，各自取回其固有财产。也就是说，在采不溯及主义的立法例，依然承认被撤销之前的婚姻效力以及在此前提下的夫妻财产关系。所以撤销婚姻的判决并不能直接导致物权变动。而根据我国《民法典》婚姻家庭编第 1054 条（原《婚姻法》第 12 条）的规定，我国对婚姻被撤销的效力采溯及主义，即婚姻自始无效。婚姻被撤销后，《婚姻法》有关夫妻财产制的规定自不能适用，当事人若已签订夫妻财产制契约，该契约亦因婚姻被撤销而归于无效。根据《民法典婚姻家庭编解释（一）》第 22 条的规定，同居期间所得的财产，按共同共有处理，但有证据证明为当事人一方所有的除外。因此，婚姻被撤销后，双方同居期间所得的财产原则上属于共同共有，但有证据证明为当事人一方所有的除外。所谓“有证据证明为当事人一方所有的财产”，主要是指同居期间一方的劳动收入以及通过继承、遗赠、赠与等途径所得的财产。[①] 因而，只要能够区分且有证据证明属于一方所有的财产即因婚姻被撤销而转为个人财产，只有那些不能区分或者能够区分但无证据证明为一方所有的财产原则上始可按共同共有处理。而婚姻关

---

① 最高人民法院民事审判第一庭：《婚姻法司法解释的理解与适用》，中国法制出版社 2002 年版，第 59 页。值得注意的是，有学者认为，无效婚姻的当事人在共同生活期间所得财产，在性质上为共同共有财产。这种共同共有财产包括：（1）一方或双方劳动所得的收入和购置的财产；（2）一方或双方从事承包、租赁等生产经营活动所得的收益；（3）一方或双方因继承、受赠、受遗赠所得的财产，但遗嘱或赠与合同中指明一方为继承人、受遗赠人或受赠人的除外；（4）一方或双方取得的债权；（5）一方或双方由知识产权获得的财产；（6）一方或双方的其他合法所得的财产。（参见王丽萍：《婚姻家庭法律制度研究》，山东人民出版社 2004 年版，第 88 页。）但是这种认识存在错误，因为此认识是建立在婚姻无效或被撤销不具有溯及力的前提下，唯有如此，才可以对婚姻被撤销或宣告无效之前当事人共同生活期间所得的财产认定为准用离婚的有关规定。而我国《婚姻法》第 12 条采溯及主义。

系存续期间一方因继承、受遗赠、赠与所获得的财产除遗嘱或赠与合同约定只归一方单独所有外，为夫妻共同财产。因此，原本属于共同共有之财产因婚姻被撤销而变动为一方单独所有，自无须登记。再如，双方通过夫妻财产制契约将一方婚前的财产约定为双方共同所有，因婚姻被撤销，该财产制契约自然也失其效力，从而该财产亦由共同所有直接变动为一方单独所有，而无须经由登记。所以，撤销婚姻的判决为形成判决且亦可直接导致不动产物权的变动。

离婚判决虽然也属于形成判决，但不能直接引起物权变动。离婚不同于婚姻无效或被撤销，离婚与婚姻无效或被撤销虽然在形式上都是使已经成立的婚姻关系归于消灭，但离婚是解除现存有效的婚姻关系，而婚姻无效或被撤销则是对不符合法律规定要件的婚姻从根本上予以否定，使这种婚姻关系自始不发生法律效力。所以，离婚判决一经生效，即发生法律规定的效力，并引起相应的法律后果，但其效力均指向将来，而无溯及力。① 也就是说，离婚仅使夫妻关系向将来发生解除的法律效力，“裁判离婚时，首先应当依据当事人之间所签订的有效的夫妻财产制契约确定财产的归属。采分别财产制的，各自财产归各自所有；无夫妻财产制约定的，则适用婚后所得共同制”②。判决分割夫妻共同财产的，原则上应当均等分割。所以离婚判决本身并不能直接导致物权发生变动，而分割共同财产的判决则可以直接引起物权变动，此一如前述。

（六）撤销集体经济组织、村委会或其负责人侵害农民集体成员利益决定的判决不能直接引起物权变动

最后，需要讨论的是，我国《民法典》物权编第 265 条第 2 款

① 杨立新：《家事法》，法律出版社 2013 年版，第 145 页。

② 马俊驹、余延满：《民法原论》，法律出版社 2007 年版，第 845 页。

(原《物权法》第63条第2款)① 所创设的“农民集体成员撤销权制度”。目前随着我国城乡一体化的推进以及在土地征收和拆迁过程中所蕴藏的巨额利益，广大农村地区的集体组织、村委会或其负责人不经民主程序擅自将集体土地予以处分的情况大量发生。② 有些地方的村委会负责人或集体组织在涉及农村土地使用权流转、征地补偿等方面违反法定程序、民主议事程序，出租出售集体财产、发包集体土地、侵吞土地补偿费，甚至借集体决议、民主决议之名损害集体成员的合法权益。对集体成员的成员权利的保护，从法律层次上缺乏可操作的规范。③ 所以，物权法从有利于保护财产权的角度出发，直接赋予受侵害的集体成员可以直接请求人民法院撤销侵害集体成员合法权益的决定的权利，此即“农民集体成员撤销权制度”。因此，该制度的创设有利于遏制村委会或其负责人滥用权力侵害农民集体成员利益的行为。民法上的撤销权其性质乃形成权，故农民集体成员撤销权亦为一种形成权，同时，由于《民法典》物权编规定该撤销权之行使须通过向法院以诉讼之方式为之，故为形成诉权。为此，人民法院作出的撤销集体经济组织、村委会或其负责

---

① 该款规定：“农村集体经济组织、村民委员会或者其负责人作出的决定侵害集体成员合法权益的，受侵害的集体成员可以请求人民法院予以撤销。”

② 如根据《农村土地承包法》的规定：“四荒”土地的承包方既可以是本集体经济组织成员，也可以是本集体经济组织成员以外的单位和个人；前者在同等条件下有优先承包权，后者承包须符合一定的程序条件——事先须经本集体经济组织成员的村民会议三分之二以上成员或者三分之二以上的村民代表同意，并报乡镇政府批准。如果集体经济组织、村委会或其负责人违反上述程序规定，擅自决定将土地承包给本集体经济组织成员以外的单位和个人，即属之。

③ 最高人民法院物权法研究小组：《〈中华人民共和国物权法〉条文理解与适用》，人民法院出版社2007年版，第206页。

人侵害农民集体成员利益决定的判决当属形成判决。[①] 但是该形成判决能否直接引起物权变动，学界较少论及。有观点认为："人民法院作出的关于撤销侵害集体组织成员合法权益的判决属于《物权法》第28条规定的'法律文书'之列。"[②] 笔者认为，尽管撤销侵害集体组织成员合法权益的判决属于形成判决，但其并不能导致不动产物权变动，因村委会或其负责人以及集体经济组织作出的损害集体成员利益的决定，其内容通常不涉及物权变动事宜。这里所谓的"侵害集体成员合法权益的决定"，是指违反法律法规以及集体组织章程的规定而处分集体财产的行为。[③] "这里所说的决定，应当是有关集体所有权及其行使的决定。这里的集体成员的合法权益，不是集体成员作为一个独立于集体组织的民事主体个人的权益，而是作为集体组织的成员在集体组织中所应享有的合法权益。"[④] 例如，村委会负责人决定将征地补偿款只在部分人之间发放，从而导致另一部分集体成员的合法权益遭受侵害、决定将承包地进行调整，导致被调整的集体成员的权益受到侵害等。究其本质，集体组织成员之合法权益就是集体成员于集体经济组织中享有的成员权，包括自益

---

① 农民集体成员撤销权性质既为形成权，则其行使自应适用除斥期间，但由于《物权法》第63条第2款并未规定撤销权的行使期间，故有学者认为可类推适用《最高人民法院关于审理建筑物区分所有权纠纷案件具体应用法律若干问题的解释》第12条"依据物权法第七十八条第二款的规定请求人民法院撤销该决定的，应当在知道或者应当知道业主大会或者业主委员会作出决定之日起一年内行使"的规定。因为《物权法》第78条第2款规定的业主撤销权与农民集体成员撤销权具有相同的性质。参见管洪彦：《关于农民集体成员撤销权的几点思考》，载《法学论坛》2013年第2期。

② 参见徐同远：《物权法第28条中的"法律文书"的类别及其具体类型》，载《天津法学》2011年第1期。

③ 最高人民法院物权法研究小组：《〈中华人民共和国物权法〉条文理解与适用》，人民法院出版社2007年版，第206页。

④ 崔建远：《物权：规范与学说——以中国物权法的解释论为中心》，清华大学出版社2011年版，第393页。

权与共益权。[①] “所谓成员权，是指农村集体经济组织成员依据法律和章程对农村集体经济组织的财产权的行使和其他重大事务的处理所享有的管理权，以及收益分配权等权利。所以，集体经济组织成员权从内容上看，是一种管理财产并获取收益的权利。”[②] 由于农村集体土地所有权的主体过于抽象，与市场经济的要求不相吻合，因此需要通过确认集体的成员权使成员直接享有对土地的权益。《物权法》确认“成员集体所有”，也旨在强调集体成员对集体财产享有共同的支配权、平等的民主管理权和共同的收益权。农村集体的财产只有在法律上确认为成员集体所有，才能防止集体组织的负责人滥用集体的名义侵吞集体财产或损害集体成员的利益。“但是集体成员集体所有与一般的共同共有不同，集体财产虽然为其成员集体所有，但集体财产与其成员的个人财产是互相分离的，尤其是任何成员均无权要求分割集体财产，从而将集体财产变成个人所有。所以，集体财产是‘公有财产’而非‘共有财产’。”[③] 因此，“集体组织的成员是不能通过自益权或共益权而直接享有物权。其仅就某种财产利益而享有分配请求权。所以，其受到侵害的合法权益即为此种基于成员权所产生的财产利益分配请求权。此种财产利益分配请求权其性质属于债权，与物权变动毫无关联”[④]。在特殊情况下，“在‘决定’为邀约或承诺或单方允诺的情况下，或者‘决定’引发了与交易相对人间的法律行为的场合，如集体组织、村委会或其负责人同意了某房地产开发公司利用集体土地从事房地产开发，或将集

① 管洪彦：《农民集体成员权研究》，中国政法大学出版社 2013 年版，第 226 页。

② 王利明：《物权法研究（第三版）（上卷）》，中国人民大学出版社 2013 年版，第 534 页。

③ 王利明：《物权法研究（第三版）（上卷）》，中国人民大学出版社 2013 年版，第 531 页。

④ 参见房绍坤：《导致物权变动之法院判决类型》，载《法学研究》2015 年第 1 期。

体土地出租给了第三人，存在着善意第三人之保护问题，不得损害交易安全。则于此场合，宜参照《合同法》第74条与第75条债权人撤销权制度之规定予以处理”[①]。此外，《物权法》第78条第2款（《民法典》第280条第2款）[②] 规定的“业主撤销权”亦同。

综上，“在法治国家里，法院裁判是民事争议裁决的最后手段和最高手段，因此，法院判决生效后，其所指定的各种权利义务关系将最终得到确定，并发生法院判决指向的效果。因此，依据法院判决发生的物权变动时间是判决或调解书生效之日”[③]。但须注意，因不同判决生效的时间不同，其所引起的物权变动的具体时间也存在差异。依据我国《民事诉讼法》之规定，地方各级法院作出的、法律允许上诉的一审判决，上诉期限届满当事人未提起上诉的，该判决即确定地发生法律效力。因此，基于此类形成判决发生的物权变动的生效时间应为上诉期限届满之日。由最高人民法院作出的一审判决及中级以上法院作出的终审判决（二审判决）一经送达立即生效。所以，基于此类形成判决发生的物权变动的生效时间应为判决送达之日。

第二节　基于强制执行发生的不动产物权变动

大陆法系的许多国家或地区除规定“法院判决”为非因法律行为的不动产物权变动原因外，尚包括强制执行。如《瑞士民法典》

---

① 崔建远：《物权：规范与学说——以中国物权法的解释论为中心》，清华大学出版社2011年版，第394页。

② 《物权法》第78条第2款规定：“业主大会或者业主委员会作出的决定侵害业主合法权益的，受侵害的业主可以请求人民法院予以撤销。”

③ 孙宪忠：《中国物权法总论》，法律出版社2009年版，第303页。

第656条第2款[①]等。此之所谓“强制执行”，是指法院基于公权力拍卖标的物的行为，以拍定人缴足价金，而由法院发给权利移转证书时为物权变动之时点。“强制执行法”所规定的拍卖，虽然依我国台湾地区实务见解应解为由执行法院代替执行债务人作出出卖的意思表示，并与拍定人之间成立买卖契约，但拍定人取得执行债务人不动产物权的方式，即由其缴足价金后，经由执行法院发给权利移转证书（“强制执行法”第97条）。此为不动产拍定后，执行法院应予办理的手续之一。所谓“权利移转证书”，是指执行法院发给买受人或承受人，以证明拍卖之不动产之权利，业已移转于买受人或承受人之文书。[②] 拍定人（买受人）自领得执行法院发给的权利移转证书之日起，即取得不动产物权，而不待完成不动产物权之登记。故此，因强制执行程序取得不动产物权者，并非来自执行债务人与拍定人间有移转不动产物权之合意（物权行为），实际上系基于国家公权力使执行债务人之不动产物权消灭并使拍定人取得该不动产物权，性质上即非因法律行为所生之不动产物权变动。[③] 但反对者则认为，强制执行中的拍卖属于法律行为，须以不动产登记为物权变动的生效要件，不能自拍卖成交后就发生物权变动。[④] 同时，以物

---

① 该条规定：“取得人在先占、继承、征收、强制执行或法院判决等情况下，得在登记前，先取得所有权。但是，非在不动产登记簿上登记，不得处分土地。”

② 杨与龄：《强制执行法论》，中国政法大学出版社2002年版，第435页。

③ 林诚二：《不动产物权变动实与虚》，载《北方法学》2014年第1期。有学者认为，强制执行是公权力行为而非法律行为，强制执行程序中的拍卖成交裁定和以物抵债裁定属于形成性法律文书，能够导致物权变动。参见肖建国主编：《民事执行法》，中国人民大学出版社2014年版，第242页；谭筱清：《执行裁定导致物权变动的法律适用》，载《法律适用》2009年第5期；王明华：《论〈物权法〉第28条中“法律文书”的涵义与类型》，载《法学论坛》2012年第5期；程啸：《因法律文书导致的物权变动》，载《法学》2013年第1期。

④ 张永会：《房地产民事执行与行政管理的权力协调》，载《人民司法·应用》2007年第21期。

抵债裁定在性质上为给付裁定而非形成裁定，不能导致物权变动。①

笔者赞同肯定说，强制执行是执行机关通过一定的强制措施，强制债务人履行义务的一种公法行为，体现了公权力的强行干预，而与当事人的意思表示无关。因此，如同法院判决一样，如果强制执行中裁定属于形成性裁定，即可以直接导致物权发生变动。但问题是，强制执行的措施很多，如查封、扣押、扣留、冻结、拍卖、变卖、以物抵债等。那么，究竟哪些强制执行措施能够导致物权变动呢？对此，《最高人民法院关于人民法院民事执行中拍卖、变卖财产的规定》和《最高人民法院关于适用〈中华人民共和国民事诉讼法〉的解释》（以下简称《民事诉讼法司法解释》）仅规定强制执行中的拍卖和以物抵债能够导致物权变动，并没有赋予其他强制执行措施以物权变动的效力。从性质上说，强制执行措施有控制性执行措施和处分性执行措施之分。前者是指防止被执行人转移、隐藏、变卖、毁损财产为目的的执行措施；后者是指通过将被执行人的财产变价来清偿债务的执行措施。② 在强制执行措施中，查封、扣押、扣留、冻结等是为拍卖、变卖作准备的临时性、控制性执行措施，查封、扣押、冻结的财产仍属被执行人所有。③ 而拍卖、变卖、以物抵债等则属于处分性执行措施。因此，查封、扣押等控制性执行措施的效力主要为对其所有权所具有的占有、使用、收益、处分等权能的剥夺与限制④，在法院强制处分该财产以清偿其债务以前，债务人仍不丧失其所有权。故控制性执行措施与物权变动无涉，并

---

① 崔建远：《物权法》，中国人民大学出版社 2011 年版，第 65 页。

② 张卫平：《民事诉讼法》，中国人民大学出版社 2013 年版，第 366—367 页。

③ 江伟、肖建国主编：《民事诉讼法（第七版）》，中国人民大学出版社 2015 年版，第 470 页。

④ 肖建国主编：《民事执行法》，中国人民大学出版社 2014 年版，第 231 页。

不能直接引起被执行标的的物权变动。如在“江苏××实业有限公司与江苏××建材有限公司、江苏××桩业科技股份有限公司买卖合同纠纷执行案”，江苏省高院认为：“根据《物权法》第28条及《物权法司法解释（一）》第7条的规定，查封裁定并不发生物权确认和物权变动的法律效力。复议申请人主张宿迁中院应在查封裁定中对查封财产进行确权，没有法律依据。”① 而处分性执行措施涉及物的处分，与物权变动密切关联，因此只有处分性执行措施才有可能导致物权变动，具体包括拍卖、以物抵债、变卖。

一、拍卖成交与以物抵债裁定可直接引起物权变动

虽然我国《民法典》物权编第229条（原《物权法》第28条）并未将“强制执行”规定为非因法律行为的物权变动类型，但在我国强制执行实践中，《物权法司法解释（一）》第7条、《最高人民法院关于人民法院民事执行中拍卖、变卖财产的规定》（以下简称《民事执行拍卖、变卖财产规定》）第26条②以及《民事诉讼法司法

① 江苏省高级人民法院〔2016〕苏执复164号执行裁定书。

② 2020年修订之前的原《民事执行拍卖、变卖财产规定》（法释［2004］16号）第29条第2款规定：“不动产、有登记的特定动产或者其他财产权拍卖成交或者抵债后，该不动产、特定动产的所有权、其他财产权自拍卖成交或者抵债裁定送达买受人或者承受人时起转移。”该司法解释规定的物权变动的时间点因动产与不动产而不同，即区分不同性质的财产分别确定强制执行是否具有导致物权变动的效力：一般动产的强制执行不具有导致物权变动的效力，而不动产、登记的特定动产的强制执行具有导致物权变动的效力。《最高人民法院关于人民法院民事执行中拍卖、变卖财产的规定》制定于2005年，当时物权法尚未出台。但2014年《民事诉讼法司法解释》第493条基于现行物权法确立的物权变动规则框架，已不再区分动产与不动产，将基于司法拍卖或司法以物抵债情形下的物权变动时间点统一修改为执行裁定送达时，均具有直接导致物权变动效力。2020年最高人民法院修正后的《民事执行拍卖、变卖财产规定》第26条也采纳了《民事诉讼法解释》第493条的既定立场，规定，“不动产、动产或者其他财产权拍卖成交或者抵债后，该不动产、动产的所有权、其他财产权自拍卖成交或者抵债裁定送达买受人或者承受人时起转移。”

解释》第493条的规定："拍卖成交或者依法定程序裁定以物抵债的，标的物所有权自拍卖成交裁定或者抵债裁定送达买受人或者接受抵债物的债权人时转移。"① 所以，强制执行程序中的不动产拍卖成交裁定及以物抵债裁定则能够直接引起不动产物权变动，因而属于《物权法》第28条规定之"法律文书"之列。如在"柳州市××电器有限公司申请广西××集团有限公司执行人执行异议之诉案"，最高人民法院认为："依据《民事执行拍卖、变卖财产规定》第29条第2款的规定，案涉争议股权应自（2004）南市执字第230－4号民事裁定送达给××公司起即转移至××公司所有。该种物权变动属于《物权法》第28条规定的非依法律行为发生的物权变动，此种变动遵循的不是一般性的物权公示原则，而是法律的直接规定。自该民事裁定生效时就发生物权变动的效果，并不以登记等物权公示方式作为物权变动的生效要件。"② 对此，有学者持有异议，认为"强制执行程序中的拍卖，究其本质仍然是一种买卖，因此其属于基于法律行为的物权变动。因而应以登记为物权变动的生效要件"③，在民诉法理论中，关于强制执行程序中拍卖的法律性质，有三种不同之观点：1. 私法说。该说认为，强制执行中的拍卖，乃是民法中买卖方式的一种，具有私法的属性。2. 公法说。该说认为，强制执行中的拍卖，是执行机关依据民诉法的规定进行的拍卖，是基于公

---

① 此外，《最高人民法院、国土资源部、建设部关于依法规范人民法院执行和国土资源房地产管理部门协助执行若干问题的通知》第27条规定："人民法院制作的土地使用权、房屋所有权转移裁定送达权利受让人时即发生法律效力，人民法院应当明确告知权利受让人及时到国土资源、房地产管理部门申请土地、房屋权属变更、转移登记。国土资源、房地产管理部门依据生效法律文书进行权属登记时，当事人的土地、房屋权利应当追溯到相关法律文书生效之时。"

② 最高人民法院〔2016〕最高法民申1845号民事裁定书。

③ 张永会：《房地产民事执行与行政管理的权力协调》，载最高人民法院执行工作办公室：《执行工作指导》（2006年第3辑），人民法院出版社2007年版，第36页。

法所为的行为，因而应具有公法性质。3. 折中说。该说认为，对强制拍卖的性质，应从程序和实体两个方面来认识和把握。从程序上看，是公法上的强制处分，具有公法性质；而从实体上看，又有民法上买卖合同的属性和效果，因而又具有私法性质。通说认为，我国强制执行中的拍卖，应属于公法性质。① 笔者认为，虽然拍卖究其实质是一种买卖，但强制执行程序中的拍卖与普通的拍卖（当事人自行委托的拍卖）不同。② 执行程序中的拍卖是一种强制执行措施，虽然其中也渗透着当事人的意思表示，但该意思表示居于次要地位，整个拍卖过程渗透着公权力的介入。拍卖成交法院应当作出裁定，并于价款或需补交的差价交付后十日内送达买受人。拍卖财产的所有权于该裁定送达买受人时起即发生移转。法院应当于裁定送达后 15 日内，将拍卖财产现实地移交买受人。被执行人或第三人占有拍卖财产而拒不移交的，强制执行。所以，因强制执行而引起的（不动产）物权变动属于非因法律行为之物权变动。至于我国《民法典》物权编第 229 条非如其他大陆法系国家或地区明确规定强制执行，是因为人民法院在强制执行中作出的可直接导致物权变动的裁定可归入“人民法院的法律文书”之列。

虽然，根据上述司法解释之规定，执行程序中的以物抵债裁定可以直接导致物权变动，但理论上对此规定合理性的质疑从未间断。否定说认为，以物抵债裁定的内容是确认以物抵债成立，本身属于给付性质的法律文书而非形成判决，因此其内容没有导致物权变动

---

① 谭兵、李浩：《民事诉讼法学》，法律出版社 2010 年版，第 490 页。

② 在“新疆××建工投资集团与陈某某等排除妨碍纠纷上诉一案”，乌鲁木齐中级法院认为：“关于××建工上诉认为依照《最高人民法院关于人民法院民事执行中拍卖、变卖财产的规定》第 29 条第 2 款规定，其持有的拍卖成交确认书即为该公司享有该部分房产所有权的依据，因上述规定仅适用于法院执行过程中实行的拍卖、抵债行为，并不适用于当事人自行委托的拍卖行为，故××建工现仅以拍卖成交确认书主张其为讼争的房产所有权人依据不足。”参见乌鲁木齐中级人民法院〔2010〕乌中民四终字第 507 号民事判决书。

的意思，该裁定无法产生物权变动公示的效果。以物抵债裁定作为执行程序中的裁定，并非诉讼程序中的裁定，本身不应具有既判力，其公示效果不及判决，因而此种裁定生效后，还应当办理相应的登记手续，否则不宜认定其具有物权变动的对世效力。“以物抵债裁定其性质为给付裁定而非形成裁定，因而不属于可直接引起不动产物权变动的形成性法律文书之列。《民事执行拍卖、变卖财产规定》第29条的规定应当予以修正。”① 肯定说则认为，在强制执行程序中，以物抵债的裁定是对以不动产之实物折价的债务清偿方式的确认，其性质类似于法院对给付之诉作出的判决。但是，与民事主体之间自由进行的不动产流转关系不同，置于公权力（司法权力）控制之下的此种不动产物权变动，即使不以公示作为其物权变动的根据，也不会损害第三人的利益。所以，规定以法院执行程序中法院作出的以物抵债裁定作为不动产物权变动的依据，并无大碍。② “虽然根据《民事诉讼法司法解释》第491、492条的规定，以物抵债须经申请执行人和（或）被执行人的同意方可实施，但当事人的同意并非当事人意思表示一致，其只是法院实施以物抵债的前提，而非该裁定行为的构成要素，以物抵债仍是法院行使公权力的一种体现。在强制执行程序中，根据《民事诉讼法司法解释》第46条的规定，不论执行的客体是动产还是不动产，人民法院均已采取了扣押、查封等强制措施。在此情况下，人民法院依据《民事执行拍卖、变卖财产规定》第30条的规定，通过以物抵债裁定向申请执行人交付抵债物，而无须由被执行人向申请执行人交付。人民法院的交付是执行以物抵债裁定，与当事人的交付在性质上完全不同，因此以物抵债裁定并不是给付裁定，而是一种形成裁定，可以导致抵债物的物权变动。”③

---

① 崔建远：《物权法》，中国人民大学出版社2011年版，第64页。

② 尹田：《物权法》，北京大学出版社2013年版，第91页。

③ 房绍坤：《法院判决外之法律文书的物权变动效力问题研究》，载《法商研究》2015年第3期。

笔者认为，强制执行程序中的以物抵债具有强制性，不以被执行人的意思为转移，只要具备了法定条件法院即可予以以物抵债。根据《民事执行拍卖、变卖财产规定》第25条第2款的规定，第三次拍卖流拍且申请执行人或者其他执行债权人拒绝接受或者依法不能接受该不动产或者其他财产权抵债的，人民法院应当于第三次拍卖终结之日起七日内发出变卖公告。自公告之日起六十日内没有买受人愿意以第三次拍卖的保留价买受该财产，且申请执行人、其他执行债权人仍不表示接受该财产抵债的，应当解除查封、冻结，将该财产退还被执行人，但对该财产可以采取其他执行措施的除外。《民事诉讼法司法解释》第492条规定："被执行人的财产无法拍卖或者变卖的，经申请执行人同意，且不损害其他债权人合法权益和社会公共利益的，人民法院可以将该项财产作价后交付申请执行人抵偿债务，或者交付申请执行人管理；申请执行人拒绝接收或者管理的，退回被执行人。"由此可见，强制执行程序中的以物抵债裁定并非基于当事人的意思，且为了体现执行程序的强制性，该裁定能够直接导致物权变动，具有形成力。反之，基于当事人之意思而达成的以物抵债协议，本质上属于代物清偿，系债权人受领他种给付，以代原定给付，使债之关系消灭之契约。在他种给付为移转不动产所有权时，仅仅有表示移转的意思尚不足够，必须办理移转登记手续，完成交付，始可成立代物清偿。

二、强制变卖裁定可直接引起不动产物权变动

《民事执行拍卖、变卖财产规定》以及《民事诉讼法司法解释》均未规定强制执行措施中的变卖能否直接导致物权变动。对此，有学者认为："作为强制执行的方式，变卖与拍卖仅在交易方式和程序上存在着一定的差别，但这尚不足以导致两者在法律效力上形成本质的差异，对于变卖能否导致物权变动应类推适用拍卖的有关规定，

在解释上应认为强制变卖也具有直接导致物权变动的效力。”[①] “不动产、有登记的特定动产或其他财产权拍卖或变卖成交后，该不动产、特定动产的所有权、其他财产权自拍卖、变卖成交时起移转。”[②] 笔者认为，强制执行程序中的变卖亦可直接导致不动产物权变动。一方面，《民事诉讼法司法解释》第492条规定：“被执行人的财产无法拍卖或者变卖的，经申请执行人同意，且不损害其他债权人合法权益和社会公共利益的，人民法院可以将该项财产作价后交付申请执行人抵偿债务……”既然在被执行人的财产无法拍卖或变卖的情况下始可以物抵债，而该司法解释又规定拍卖成交裁定和以物抵债裁定均可直接导致物权变动，则变卖似无不可之理。另一方面，民事强制执行措施，依据执行措施能否直接强制义务人履行义务和实现生效法律文书的目的，可以分为“控制性执行措施”和“处分性执行措施”。前者也称为保全性执行措施，是指以防止被执行人转移、隐藏、变卖、毁损财产为目的的执行措施，例如查封、扣押、冻结等；后者是指通过将被执行人的财产变价处分来清偿债务的执行措施。[③] 由此可见，控制性执行措施与物权变动无涉，而处分性执行措施则与物权变动存在密切关联。执行措施是以国家公权力为基础，具有强制性，是促使义务人履行义务的重要保障。因此，与物权变动有关的处分性执行措施，不论是拍卖、以物抵债抑或变卖当均可直接导致物权变动。至于《民事执行拍卖、变卖财产规定》以及《民事诉讼法司法解释》缘何未规定变卖裁定能够产生物权变动的效力，笔者认为，究其原因是相关法律、司法解释并未规定人民法院须于变卖成交时制作变卖成交裁定。“最高人民法院一

---

① 房绍坤：《法院判决外之法律文书的物权变动效力问题研究》，载《法商研究》2015年第3期。

② 谭兵、李浩：《民事诉讼法学》，法律出版社2009年版，第492页。

③ 童兆洪：《民事强制执行新论》，人民法院出版社2001年版，第84页。

直坚持执行裁定能够产生物权变动的效力。”① 而《最高人民法院关于印发〈执行文书样式〉的通知》中规定了拍卖成交裁定与以物抵债裁定，但并未规定变卖成交裁定，因此拍卖成交裁定及以物抵债裁定被规定在能够直接产生物权变动效力的相关司法文件中。应当指出的是，该通知只是提供了规范的执行文书样式，并未穷尽所有的执行文书。司法实践中，一些地方法院也会在变卖成交时制作变卖成交裁定，如上海市高级人民法院就制作了变卖成交裁定书样式，以供各级法院采取变卖执行措施时使用。② 但值得注意的是，《民法典物权编解释（一）》（法释〔2020〕24 号）第 7 条在原《物权法司法解释（一）》第 7 条之基础上增加了“变卖成交裁定书”应当认定为《民法典》第 229 条所称导致物权设立、变更、转让或者消灭的人民法院、仲裁机构的法律文书。

三、执行回转裁定不能直接引起物权变动

执行回转，系指执行完毕后，因据以执行之法律文书被撤销，而依新生效之法律文书，将债权人因执行所得之利益，返还与债务人，以恢复执行程序开始前之状态而言。执行依据的存在是执行程序得以进行的前提和基础，执行依据依法被撤销后，申请人依强制执行措施获得的财产在法律上便失去了依据，自应依不当得利之规定予以返还。申请人主动返还的，自无开启执行回转之必要，仅当取得财产利益之申请人拒绝返还时，始有必要执行回转。换言之，执行回转是原执行程序中的申请人拒绝返还已失去法律依据的财产利益时，法院强制申请人返还财产的一种新的执行程序。既然是一种新的执行程序，自须有新的法律文书作为执行依据，而“撤销原

① 沈德咏主编：《最高人民法院民事诉讼法司法解释理解与适用（下）》，人民法院出版社 2012 年版，第 1315 页。

② 江必新：《新执行文书样式与制作新解》，人民法院出版社 2011 年版，第 312 页。

执行依据的法律文书本身只是宣告了原执行依据无效，并无要求执行程序中的申请人返还财产的内容，因而不能作为执行回转的依据”①。“执行回转的依据并不是新的生效法律文书，因为新的生效法律文书中仅有撤销或变更原执行依据的内容，而没有责令原债权人（申请执行人）向原债务人（被执行人）返还所受领给付的内容。”② 因此，宣告原执行依据无效的法律文书只能作为被执行人向法院申请执行回转的依据，而执行法院据此作出的执行回转裁定才是执行回转的依据。并且根据《最高人民法院执行工作办公室关于再审判决作出后如何处理原执行裁定的请示的答复函》（〔2005〕执他字第25号）的精神，发生法律效力的执行裁定，并不因据以执行的法律文书被撤销而撤销。只有在新的执行依据改变了原执行内容，需要执行回转的，人民法院才应作出执行回转的裁定；已执行的内容没有超出新的执行依据所确定内容的，人民法院应继续执行。那么，作为执行回转依据的执行回转裁定能否直接导致物权变动？肯定者认为：“当事人要求撤销原生效法律文书的权利属于形成权，因而人民法院所为新判决当属形成判决而具有形成力，当然依此判决所形成之回转裁定也具有形成力，可以导致物权变动。”③ 司法实务中也有相关裁判持此观点，如在“孝感市××置业有限公司、余某某民间借贷纠纷执行审查案”，法院认为：“根据《物权法》第28条规定，人民法院、仲裁委员会的法律文书直接导致的物权变动，不以登记、交付为生效要件，法律文书一经生效，即发生物权效力。本院查封的［孝南国用（2015）第0748号］土地使用权，目前虽登记在××公司名下，现孝感市孝南区人民法院已裁定将登记在被执行人孝感市××置业有限公司名下位于孝感市某地编号为G（2012）

① 谭兵、李浩：《民事诉讼法学》，法律出版社2009年版，第480页。

② 肖建国：《民事执行法》，中国人民大学出版社2014年版，第212页。

③ 杨琳：《民事执行裁定：径行导致物权变动之研判》，载《中共济南市委党校学报》2012年第6期。

085号土地执行回转恢复登记到湖北××房地产开发有限公司名下[原证号孝南国用（2013）第254号]，该（2018）鄂0902执826号执行裁定书和协助执行通知书已送达协助执行单位孝南区不动产登记中心，该土地的执行回转已实施。故××公司取得该土地使用权的依据已被撤销，该土地使用权目前的权利人实为××公司。”① 否定者认为：“执行回转裁定不能直接导致物权变动。因为当事人要求撤销原生效法律文书的权利不是形成权。形成权行使的结果是使民事实体法律关系发生变动，而当事人要求撤销原生效法律文书的目的和内容显然并非在于使民事法律关系发生变动。且执行回转裁定的内容是责令取得财产的申请执行人返还财产，此与法院判决债务人向债权人履行一定的财产交付义务同其道理。因此，执行回转裁定属于给付裁定而非形成裁定。”② 笔者赞同否定观点：“人民法院或其他有权机关在撤销或变更原执行依据时虽然要作出新的法律文书，但该法律文书中仅有撤销或变更原执行依据的内容，而没有责令原债权人向原债务人返还受领给付的内容。”③ 所以，法院要责成原债权人返还财产，应根据执行回转裁定进行，即责令取得财产的原申请执行人返还财产或强制执行。当原债权人自愿返还其所受领的财产时，财产所有权自应于其交付或办理变更登记时发生变动，此时并不存在执行回转之问题。仅当原债权人拒不返还受领的财产时，人民法院始应作出执行回转裁定并据以强制执行。但此种强制执行也只是人民法院通过强制措施将财产返还给原债务人，而不可能发生强制执行程序中的拍卖、变卖或以物抵债之情形。因此，执行回转裁定不可能直接导致物权发生变动。须注意的是，如果原判决为形成判决，则撤销原判决之新判决亦为形成判决，此时新判决

① 湖北省孝感市中级人民法院〔2018〕鄂09执异68号执行裁定书。

② 房绍坤：《法律判决外之法律文书的物权变动效力问题研究》，载《法商研究》2015年第3期。

③ 肖建国：《民事执行法》，中国人民大学出版社2014年版，第212页。

可直接导致被执行财产的物权发生变动。反之，如果原判决为给付判决，则撤销原判决之新判决并不能直接导致被执行财产发生物权变动。也只有在原判决为给付判决之情形下，才存在执行回转的问题。即使新判决除含有撤销或变更原判决之内容外，尚包括履行给付义务之内容，亦不能直接导致物权发生变动。

第三节　基于政府征收发生的不动产物权变动

自古以来，国家为满足其公共使用，会征收或征用私人之财产。征收之所以必要，是因为政府基于公共利益所需之产品无法通过市场机制得以实现，故舍强制别无他途。所谓征收，是指国家因公共事业之需要，或因实施国家经济政策，而征收私人之不动产。《布莱克法律词典》对征收作出了如下定义："政府以占有财产或主张权利的方式，或由于消灭财产或严重损害财产而实际上取得私人财产；或者在效果上等同于取得私人财产。当政府行为直接地影响或实质上滋扰财产所有人对财产的利用、占有和收益时便构成了征用。"①在我国法律中，所谓征收，是指国家或政府为了公共利益之需，依照法定权限与程序在给予合理补偿的前提下，强制取得原属集体或私人所有的财产所有权或其他权利的具体行政行为。

一、征收的正当性基础

国家或者说政府可以基于公共利益之需对私人财产予以强制征收，无疑是对"私有财产神圣不可侵犯原则"的破坏，因此征收必须具有正当性的基础——财产权的社会化。个人对其财产拥有绝对自由，"人们联合成为国家和置身于政府之下的重大的和主要的目

① Black Law Dictionary，p. 54.

的，便是保护他们的财产"①。私权神圣对资本主义经济的发展乃至人类文明的进步确实建立过功勋，但是近现代以来该原则受到了一定的质疑和挑战。例如，"私有财产是社会创造的，应从属于社会的需要"②，私有财产从属于一个更高的社会目标，它既为一个平等参与的良序社会而设立，在必要时也可为社会而牺牲。"几乎没有哪部宪法承认过财产权的绝对不受限制或完全禁止政府的征收权。财产权无条件的不可剥夺性只是一句豪言壮语，在革命的狂热和宪法的曙光中，人们很容易在屋顶上为其呐喊，但事后冷静下来，真要实践它却几乎是不可能的。"③ 因此，私人财产权并非绝对毫无限制，其行使应顾及社会公益，或者说财产权是一种社会职务而非天赋人权。确认财产权的内在界限和公共福利及社会政策对财产权的制约作用，去除近代财产权的神圣性、绝对性便成为公用征收制度的正当性基础。此外，征收只能针对不动产（土地和房屋），而不能适用于动产，因为不动产具有区位性和稀缺性，故国家为了公共利益之需除了通过征收这种强制购买的形式，别无他法。而非如动产因其通常不具备区位性和稀缺性的特点，故而完全可以从市场上正常购买获得。所以，不动产自身的区位性和稀缺性特点也是公用征收的正当性基础与前提。

二、征收的正当性保障

虽然国家或政府在必要时可对私人财产予以征收，但是各国宪法无不对征收设置一定的限制，从而保证征收的正当性，以防止政府权力的滥用。如英国学者安东尼·奥格斯所言，"从来没有哪个制度否认过政府的征收权，重要的是征收的法律限制，即——正当的

---

① ［英］洛克：《政府论（下篇）》，叶启芳、瞿菊农译，商务印书馆2004年版，第77页。

② 崔之元：《财产权与宪法》，载《读书》2003年第2期。

③ Fr Vinding Kruse, The Right of Property, tr. P. J. Federspeil (London, New York: Oxford University Press, 1939), p. 7.

法律程序、公平合理的补偿及公共使用目的”。一语道破保障公用征收的正当性制约因素。

1. 公共利益。政府为实现社会公益之需可以动用征收权，公共利益或公用目的成为私人财产征收的依据和界限。征收权的核心在于不需要财产所有人的同意而强制取得其财产，因而同财产所有权的保护相冲突。也正因如此，对于征收是否合宪，是否构成公权力滥用，一度成为众说纷纭、争论不休的问题。正是征收权的公共目的特征，使得其合宪与否的争论得以成立，并成为评判一项具体征收是否合法行使的唯一标准。① “在不动产法中，一项强有力的规则规定，侵入者不能仅因为他准备向所有者支付相当于私有财产之公平市场价值的价格就可以接管该财产。”② 也就是说，国家或政府只有在为了实现公益需要——所要实现的公益大于所要牺牲的私益时，征收才有其存在的正当性“外衣”和基础。我国《宪法》第10条规定：“……国家为了公共利益的需要，可以依照法律规定对土地实行征收或者征用并给予补偿……”此后，《土地管理法》第2条、《城市房地产管理法》第6条、《物权法》第42条等相继作出规定。至于何谓“公共利益”，很多学者认为给公共利益下一个明确的定义是不可能的。③ 由于其内涵的模糊和不可捉摸，以致被学者们认为是一个不得不追问的“幽灵”。按照《元照英美法词典》对“Public interest”的解释，公共利益是指“应予认可和保护的公众普遍利益；以及与作为整体的公众休戚相关的事项，尤其是证明政府管制正当性的利益”④。《布莱克法律词典》对其的解释为“值得承认和保护

---

① 柴强：《各国（地区）土地制度与政策》，北京经济学院出版社1993年版，第174页。

② ［美］理查德·A. 艾珀斯坦：《征收——私人财产和征用权》，李昊、刘刚、翟小波译，中国人民大学出版社2011年版，第176页。

③ 李春成：《公共利益的概念建构评析》，载《复旦学报》2003年第1期。

④ 薛波主编：《元照英美法词典》，北京大学出版社2013年版，第1116页。

的公众的普遍福利；与社会公众作为一个整体有关的事项，特别是证明政府管理合法化的利益”①。因此，虽然难以明确公共利益的具体内涵，但与“公众有关的”事项，或言之与绝大多数社会成员相关的“社会共享性”的利益均属公共利益之列。许多国家对于公共利益的“公共性”的理解日益宽泛，但凡国家建设需要且符合一般性公众利益的事业，如公共福利、公共交通、公共设施、教育、国民健康等公共事业的发展需要，均被认为具有公共性。② 依现代经济学理论，公共物品（Public goods）是公共利益的具体体现。人类生存发展所需要的物品可分为两大类：一为私用物品，二为公共物品。所谓“公共物品”是指具有社会公众共享性的资源、服务或产品，主要包括公共基础设施、基础义务教育、公共卫生医疗保健、公共福利、重大科研成果、国防、治安、法律制度等。而私用物品则是指具有消费排他性的资源、服务或产品，主要涉及私人的衣食住行等。我国有学者也是在此意义上定义公共利益：“所谓公共利益，是指公共卫生、公共水源及引水排水用地区域保护、灾害防治、公共道路交通、科学文化教育事业，文物古迹与风景名胜区的保护、环境保护、森林保护事业，以及国家法律规定的其他公共利益。”③ 还有学者从公共物品的多层次、多样化的角度来说明公共利益的层次性和多样性：一方面，从纵向上分为：（1）全国性公共物品：包括提供宪法、法律等制度安排，进行基础设施建设以及跨地区的公共设施（如道路）、发展初等教育等；（2）地方性公共物品：包括地方基础设施、街道照明、垃圾处理等；（3）社区性公共物品：主要包括社区治安、社区环境保护与绿化等。另一方面，从横向上分

---

① Bryan A. Garner. Black's Law Dictionary (ninth edition). West group publishing, 2009. 1350.

② 莫于川：《判断公共利益的六条标准》，载《法制日报》2004 年 5 月 27 日第 8 版。

③ 陈华彬：《物权法》，法律出版社 2004 年版，第 244 页。

为：（1）基础性公共物品，主要是指基础设施一类的公共工程；（2）管制性公共物品，主要是宪法、法律等制度安排以及国家安全或地方治安；（3）保障性公共物品，如社会保障、疾病防治等；（4）服务性公共物品，如公共交通、医疗卫生保健等公共项目。① 但诚如陈新民教授所言，"公共利益不仅在法律、法学、行政及司法实务上以各种形式上类似或不同的表达方式而被普遍使用，甚至可以说是一个用以架构公法规范体系及公权力或国家权力结构的根本要素或概念。但到底什么是公共利益，却没有哪个国家的法律有明确规定。它是一种典型的'不确定法律概念'，这是由公共利益'利益内容'的不确定和'受益对象'的不确定所决定的"②。

2. 正当程序。在社会发展过程中，人们逐渐意识到"仅有一些尽善尽美的道德律令和实体法律规范而没有相应的程序规则，将难以将所有人纳入至善之途。人类不仅需要符合人类共同存在发展的实体规则，更需要有避免错误和偏私的程序规则"③。法律程序通过合理分配程序主体之间的权力，控制权力的运用达到限制恣意输出正当程序结果，进而实现正义之目的。"正是程序决定了法治与恣意的人治之间的基本区别。"④ 无论正当程序的观念发生了多大变化，其总的目的仍是保护个人免受政府权力任意行使的侵犯，是为了保障个人权利所规定的政府行使权力所必经的步骤、应当采取的方式与不可或缺的过程。⑤ 所以，正当的财产征收程序也是保证征收正

---

① 沈开举：《征收、征用与补偿》，法律出版社2006年版，第60—61页。

② 陈新民：《德国公法学基础理论》，山东人民出版社2001年版，第182页。

③ ［美］博登海默：《法理学——法律哲学与法律方法》，邓正来译，中国政法大学出版社1999年版，第252页。

④ ［英］威廉·韦德：《行政法》，徐炳等译，中国大百科全书出版社1997年版，第94页。

⑤ Curry v. McCanless. 307 U. S. 357, 369 - 370 (1939); Hutchinson Co. v. Coughlin, 184 P. 435, 437 (Cal. 1919); Adams v. American Agric. Chem. Co., 82 So. 850, 852 (Fla. 1919); Marallis v. City of Chicago, 182 N. E. 394, 395 (Ⅲ. 1932).

当性的一道屏障。正当的财产征收程序主要包括：公共利益的认定程序、被征收财产的评估、补偿公示及强制拆迁程序、征收救济程序与听证程序等。①

3. 公平补偿。在各国征收之所以必要，是因为政府因特定公用目的需要的土地在市场上通常买不到，征收之所以要补偿，是因为其实质是一种买卖，尽管买卖具有强制性，但被征收人在强制买卖中丧失的是意思自治，即买卖自由，而不是财产权。既然是买卖，就必须对被征收人的财产损失按市场价格给予公平补偿。因此，“未经正当补偿，私人财产权不得为了公用而被征收”②。

如前所述，首先，征收实质上就是政府强制取得私人不动产，同时给予公平的市场价格，进而被称作“强制购卖”，即强制性地移转不动产所有权。而登记则需要原权利人（被征收人）的协助，因此在征收的情况下难以将登记作为物权变动的生效要件。其次，征收须经正当的法律程序，受到严格的程序限制，一般应当提前发出征收公告，程序本身即具有一定的公示性，故即使没有办理变更登记而直接发生物权变动之效力，也不会损害交易安全。最后，征收乃是政府的具体行政行为，如果征收不能直接发生物权变动，将会有损政府行政行为的权威性。如果不动产征收后，尚须办理登记始生物权变动之效力，则原权利人于登记前仍可处分不动产，债权人自然也可以申请法院扣押该被征收的不动产，如此无疑将大大影响征收的实际效果并增加成本。

三、征收决定引起物权变动的生效时间

根据《民法典》第229条之规定，对于因政府的征收决定发生的不动产物权变动，自征收决定生效时发生物权变动之效力。但征

① 沈开举：《征收、征用与补偿》，法律出版社2006年版，第84页。

② ［美］理查德·A. 艾珀斯坦：《征收——私人财产和征用权》，李昊、刘刚、翟小波译，中国人民大学出版社2011年版，第3页。

收决定自何时生效，则存在不同的观点。一种观点认为，政府的征收决定一经作出，不论是否合法，立即发生效力。《物权法》第28条规定实际上确定了物权变动的时间点应为征收决定作出之时，而不是其他时间点，如不能是政府与被征收人达成拆迁协议之时，或被征收人搬迁完毕之时、给予补偿之时等。① 另一种观点则认为，政府作出征收决定后，尚须公告，征收决定自公告之日起生效。

笔者认为，该问题并非单纯的民事问题，涉及政府征收程序合法及决定生效时间确定。单纯就立法而言，政府的征收决定应当是从决定中确定的生效时间起生效。但如此理解必然会导致对被征收人权利的漠视。因此，各国或地区立法大多规定应当在完成征收补偿之时，征收决定才能生效。根据《行政复议法》及《行政诉讼法》的相关规定，征收决定应当在被征收人未对征收决定申请行政复议或提起行政诉讼，或者虽然申请了行政复议或提起了行政诉讼但被维持，并发放完征收补偿费用后始生效力。倘若政府一作出征收决定或虽经公告，征收决定即发生效力，将会有损害被征收人的利益之虞。政府的征收决定不论是一经作出即可生效还是经公告后生效，都无法改变征收的单方具体行政行为属性。由此导致政府作出征收决定之后，被征收人可能在不知情的情况下当即丧失所有权，进而在未与征收人"讨价还价"没有机会提出异议的情形下陷入听之任之的不利境地。因此，应当为被征收人提供相应的诉求救济渠道，被征收人有权挑战征收行为的合法性与征收补偿的合理性，有权对政府的征收决定和征收补偿数额、补偿方式、征收本身是否符合公共利益之需等提出异议，由此产生的争议应当由法院最终裁决。如《国有土地上房屋征收与补偿条例》明确规定，被征收人对市、县人民政府作出的房屋征收决定、补偿决定不服的，可以依法申请行政复议，也可以依法提起行政诉讼。这既是对政府行政行为的监

① 温世扬：《物权理论探索与立法探讨》，法律出版社2010年版，第283页。

督和制约，也是确保征收正当性的合理制度设计。根据上文关于保障征收正当性的论述以及我国《民法典》物权编第243条（原《物权法》第42条）之规定可知，征收必须满足基于公共利益之需、正当的法律程序与公正合理的补偿始可发生法律效力。对此，最高人民法院也倾向于认为："结合《民法典》第243条规定，征收必须满足基于公共利益需要、符合法定权限和法定程序、依法作出补偿三个要件，征收决定的生效应具有特定含义，征收补偿完成之后，被征收人对征收决定未提起行政复议或诉讼，或者提起了行政诉讼或者行政复议后原征收决定被维持的，征收决定发生效力。"① 如在"广东省梅州市人民政府、李某珍再审案"，最高人民法院认为：

① 最高人民法院民法典贯彻实施工作领导小组主编：《中华人民共和国民法典物权编理解与适用（上）》，人民法院出版社2020年版，第163页；杜万华主编：《最高人民法院物权法司法解释（一）理解与适用》，人民法院出版社2016年版，第241页。但最高人民法院的相关裁判立场与此并不一致，如在"熊某某、宜昌市人民政府土地行政管理再审案"，最高法院认为："根据《物权法》第28条规定及《国有土地上房屋征收与补偿条例》第13条第3款，一旦征收范围内国有土地上的房屋被依法征收，人民政府的征收决定将直接导致物权变动的法律效果，该房屋所有权即转归国家所有，被征收人对其房屋不再享有所有权。城市房屋的征收也意味着建设用地使用权的收回，房屋被依法征收的，国有土地使用权亦同时收回。原土地使用权人对征收决定和补偿行为不服的，可以通过行政复议、行政诉讼等法定途径维护自身合法权益。但在房屋被依法征收之后，由于其享有的国有土地使用权已经消灭。"［最高人民法院（2017）最高法行申9297号行政裁定书；最高人民法院（2017）最高法行申1173号行政裁定书；最高人民法院（2017）最高法行申1164号行政裁定书］在"李某山与安徽省怀远县人民政府、安徽省蚌埠市人民政府再审案"，最高人民法院同样认为："一旦征收范围内的土地性质由集体所有转为国有，那么根据《物权法》第28条之规定，原集体土地所有权和使用权人涉及该土地的物权消灭，但享有向作出征收和补偿决定的主体要求给予公平补偿的权利。原集体土地所有权和使用权人对土地征收和补偿行为不服的，可通过行政复议、诉讼等法定途径维护自身合法权益。故对原集体土地所有权和使用权人合法权益产生直接影响的是作出征收土地及其相关的征地补偿行为。"［最高人民法院（2016）最高法行申3576号行政裁定书］而在"周某明、南通市人民政府再审案"，最高法院则认为："根据《物权法》第28条规定，周某明的承包土地在江苏省政府批准征收并进行征收补偿后，相关土地权利即告消灭。"［最高人民法院（2017）最高法行申4487号行政裁定书］从该判决中似乎最高人民法院认为被征收的土地权利应自作出征收决定并进行征收补偿后始生物权变动的效力。

"至起诉期限期满之日，根据《物权法》第28条的规定，被征收土地房屋的物权已经转移至国家，被征收人丧失相关土地、房屋的权利，与被征收的土地、房屋不再具有利害关系。在此之后，对行政机关就涉案土地、房屋作出的征收决定、征收补偿方案等行政行为申请行政复议、提起行政诉讼，不具有复议申请人和行政诉讼原告资格。本案中，根据梅州市政府陈述的事实，法定期限内，李某珍、夏某文未对相关征收补偿决定提起行政诉讼，根据梅江区政府的申请，梅江区人民法院于2014年9月22日作出（2014）梅江法非诉审字第57、58号行政裁定，准予强制执行，房屋搬迁已经执行完毕，补偿款提存至梅州市嘉应公证处。涉案房屋土地的物权已经转移至国家。李某珍、夏某文在对相关征收补偿决定的起诉期限届满之日，已经丧失对涉案土地房屋的所有权。"①

笔者认为，被征收土地所有权变动之效力，须待补偿费用发放完毕之时始可发生。即使认为被征收标的所有权自征收决定生效时即发生物权变动，亦应保障被征收人对被征收标的的合法占有权益，未完成征收补偿前不得强制执行，如在"宝鸡市渭滨区人民政府、时惠莲城乡建设行政管理房屋拆迁管理（拆迁）再审案"，最高人民法院认为："政府征收作为物权变动的特殊形式，因征收决定的作出而直接导致物权变动。但需要特别注意的是，在征收补偿工作完成前，仍应保障被征收人对被征收房屋或者土地的合法占有权益，被征收人未获得安置补偿前，不能予以强制执行。即征收土地和房屋除应当遵循'无补偿则无征收'的原则外，还应当遵循'先补偿、后拆迁（执行）'的原则，否则，被征收人有权拒绝搬迁，征收机关也不能强制执行。该原则不仅体现在相关法律的原则性规定中，还细化在国务院相关规定和司法解释中，如《国务院办公厅关于进一步严格征地拆迁管理工作切实维护群众合法权益的紧急通知》

① 最高人民法院〔2018〕最高法行再198号行政判决书。

第2条规定，征地涉及拆迁农民住房的，必须先安置后拆迁，妥善解决好被征地农户的居住问题，切实做到被征地拆迁农民原有生活水平不降低，长远生计有保障；《最高人民法院关于审理涉及农村集体土地行政案件若干问题的规定》第14条明确，土地管理部门申请人民法院强制执行责令交出土地决定的，应符合被征收土地所有权人、使用人已经依法得到安置补偿或者无正当理由拒绝接受安置补偿等条件；《最高人民法院关于办理申请人民法院强制执行国有土地上房屋征收补偿决定案件若干问题的规定》第6条规定，征收补偿决定明显不符合公平补偿原则，严重损害被执行人合法权益，或者使被执行人基本生活、生产经营条件没有保障的，人民法院应当裁定不准予执行。之所以明确'先补偿、后拆迁（执行）'原则，根本目的在于保障被征收人在土地或房屋被征收后，获得安置补偿前的基本生活或生产经营条件。"① 但须注意，如果补偿的方式是产权置换②，则置换房屋的所有权并非自政府的征收决定生效时发生变动，被征收人仍须办理登记手续始能取得置换房屋的所有权。

此外，应当注意的是，不动产物权虽自政府的征收决定生效时即直接发生物权变动之效力，但由于不动产物权仍登记于被征收人名下，或言之被征收人仍然是登记名义人，那么被征收人的不动产物权自何时消灭也颇值讨论。一种观点认为："被征收人的物权应自办理完毕相应的登记时方归于消灭，如征收城市国有土地上的房屋的，应自办理完毕房屋所有权移转登记时该房屋所有权就被征收人而言始归消灭；征收农村集体土地所有权与他物权的，应自办理完毕土地权利注销登记时始归消灭。"③ 另一种观点则认为："征收时

---

① 最高人民法院〔2018〕最高法行申4164号行政裁定书。

② 根据《国有土地上房屋征收与补偿条例》第21条第1款的规定："被征收人可以选择货币补偿，也可以选择房屋产权调换。"

③ 崔建远：《房屋拆迁法律问题研究》，北京大学出版社2009年版，第17页。

物权消灭的时间应当界定为：被征收人主张了权利，而且经过诉讼或其主张已经被驳回，从那个时候被征收人的不动产物权消灭比较合理。”笔者赞同第二种观点，亦即被征收人的不动产所有权消灭的时间与不动产物权因征收而发生的物权变动时间一致，但为保护交易安全及不动产登记簿记载的真实性，应尽快要求被征收人协助办理变更登记。但应注意，征收总是与房屋拆迁相伴，因为政府征收的对象通常在于房屋所占范围内的土地，所以征收通常是房屋拆迁的前提。拆迁并非法律问题，其本身不具有独立的法律地位，更非一项独立的法律制度，只是在征收过程中产生的一个事实问题。房屋的拆迁虽然属于事实行为，根据《民法典》物权编第 231 条（原《物权法》第 30 条）的规定，房屋所有权自应于拆迁事实行为成就时绝对消灭。但于征收之情形，房屋所有权及其占用范围内之建设用地使用权自征收决定生效时即已发生物权变动之效力。故房屋拆迁仅具有导致房屋所有权绝对消灭的法律效力。

第五章 基于法律规定发生的不动产物权变动

《民法典》物权编第229条至第231条关于非基于法律行为的物权变动的规定，仅为一种例示性规定，这种例示性规定并未穷尽非基于法律行为而发生的物权变动的所有情形。在《民法典》物权编之外的其他各编以及其他法律规定中，也存在着非基于法律行为的物权变动情形，本书将其称为“基于法律的规定发生的不动产物权变动”。因此种物权变动直接基于法律之规定而发生，亦无须登记，所以也属于非基于法律行为的物权变动。例如，在转让附有不动产抵押担保的债权之情形，依据我国《民法典》合同编第547条及物权编第407条之规定，该不动产抵押权之变动自也无须以登记为生效要件，盖其为债权让与之当然法律效果。再如，《民法典》合同编第807条所规定的承包人之建设工程优先权。如此，《民法典》关于非因法律行为发生的物权变动所作的规定，似乎应当解为例示性规定更符合法理。如我国台湾地区通说认为：“第759条所定四种情形，应仅是非因法律行为而使不动产物权变动之例示，于其他非因法律行为而生不动产物权变动之情形，均有该条之适用。”[①] 其他依

---

① 苏永钦：《民法物权争议问题研究》，清华大学出版社2004年版，第2页。

据法律之直接规定而发生不动产物权变动之情形，在世界各国颇为常见。如《法国民法典》中的法定抵押权、法定使用权、法定居住权、法定地役权等；《德国民法典》中的法定抵押权、法定地上权、法定地役权、法定土地债务等。

根据法律之直接规定而发生的不动产物权变动，具有如下特点：首先，该不动产物权之变动无须登记即可直接发生效力，因为法律规定具有与登记相同的公示效力。但例外的是，《瑞士民法典》第837条至第839条关于对出卖土地债权、共同继承人及其他共同权利人分割土地所产生的债权以及职工或承包人因建筑、提供劳务等产生的债权所规定法定抵押权须经登记始可发生效力。① 其次，法定不动产物权除法律有明确规定外不得单独转让，因为法定不动产物权都是法律基于保护特定主体的利益而设。

第一节　不动产抵押权的法定移转

一、不动产抵押权因债权转让而移转

抵押权作为担保物权为从权利，从属于其所担保的债权而存在，

① 《瑞士民法典》第837条规定："1. 下列债权，可请求设定法定抵押权：(1) 出卖人对出卖土地的债权；(2) 共同继承人及其他共同权利人，因分割而对原属于共同所有的土地的债权；(3) 为在土地上的建筑或其他工程提供材料及劳务或单纯提供劳务的职工或承包人，对该土地的债权；土地所有人为债务人，或承包人为债务人的，亦同。2. 权利人不得预先抛弃前款的法定抵押权。"第838条规定："出卖人、共同继承人及共同权利人的法定抵押权，最迟须在所有权转让后的三个月内登记。"第839条规定："(1) 职工及承包人的法定抵押权，自发生给付劳务义务之时起，在不动产登记簿上登记。(2) 前款情形，法定抵押权最迟须在劳务义务终止后的三个月内登记。"

基于从随主的原则，随债权转让而移转。① 《城市房地产抵押管理办法》第37条第1款规定：“抵押权可以随债权转让。抵押权转让时，应当签订抵押权转让合同，并办理抵押权变更登记。抵押权转让后，原抵押权人应当告知抵押人。”② 而《最高人民法院关于审理涉及金融资产管理公司收购、管理、处置国有银行不良贷款形成的资产的案件适用法律若干问题的规定》（以下简称《收购、管理、处置国有银行不良贷款若干问题规定》）第9条规定：“金融资产管理公司受让有抵押担保的债权后，可以依法取得对债权的抵押权，原抵押权登记继续有效。”由此，理论与实务上一直存在争议的问题是，不动产抵押权作为从权利随主债权转让而转让时，受让人取得该不动产抵押权是否须办理转移登记。

（一）学说上的争议

关于不动产抵押权随主债权转让而移转时，是否需要办理移转登记始生物权变动的效力，理论上主要有两种不同的观点：

1. 肯定说。该说认为，抵押权随担保的主债权转让而移转属于基于法律行为而取得抵押权，如果抵押权的设立以登记为生效要件，

---

① 如《德国民法典》第1153条规定：“（1）随同债权的移转，抵押权移转于新债权人。（2）债权不得不随抵押权移转，抵押权不得不随债权移转。”《意大利民法典》第1263条规定：“根据转让的效力，当债权转让时，先取特权、人的担保和物的担保及其他从权利也一并转让给受让人。”我国《民法典》物权编第407条（原《物权法》第192条）规定：“抵押权不得与债权分离而单独转让或者作为其他债权的担保。债权转让的，担保该债权的抵押权一并转让，但是法律另有规定或者当事人另有约定的除外。”

② 《不动产登记暂行条例实施细则》第69条规定：“因主债权转让导致抵押权转让的，当事人可以持不动产权属证书、不动产登记证明、被担保主债权的转让协议、债权人已经通知债务人的材料等相关材料，申请抵押权的转移登记。”

则受让人非经登记不能当然取得抵押权。[①] 意即抵押权转移登记是抵押权转移的生效要件，未办理该登记的，债权受让人并不当然取得抵押权。首先，既然不动产抵押权随债权转让而移转属于基于法律行为的不动产物权变动，则依据我国《物权法》第 9 条、第 14 条的规定，基于法律行为的不动产物权变动（设立、变更、转让和消灭）原则上以登记为生效要件，未经登记的，不发生物权变动的效力，除非法律另有规定。而所谓“法律另有规定”仅指《物权法》第 9 条第 2 款以及第二章第三节所规定的非基于法律行为的物权变动以及土地承包经营权、地役权等采取登记对抗要件主义的情形，并不包括抵押权的转移。所以，如果认为受让债权不需办理相应的抵押权转移登记受让人即当然取得抵押权，明显背离了我国《物权法》的立法精神和物权变动公示公信的原则。其次，抵押权之所以会随同债权的转让而发生转移，根本原因是转让人和受让人之间存在“债权转让协议”这一法律行为，而非仅仅因法律的规定就直接发生转让。并且，我国《物权法》第 192 条还就抵押权的从属性作出了例外性规定，即通过法律的规定或者当事人的约定可以排除抵押权从属性的适用。因此，抵押权原则上随同债权的转让而转移只是《物权法》的补充性的任意性规范，而非强行性规范。[②] 最后，将抵押权的转移登记作为不动产抵押权转移的生效要件，不仅可以将不动产物权的变动向外界加以展现，而且可以迫使债权的让与借助抵押权转移登记向外界公示，从而弥补我国现行法对债权转让没有采取登记主义模式，而仅以对债务人的通知作为债权转让的公示

① 崔建远：《物权：规范与学说——以中国物权法的解释论为中心（下册）》，清华大学出版社 2011 年版，第 767 页；陈华彬：《物权法论》，中国政法大学出版社 2018 年版，第 533 页。

② 程啸：《主债权的转让与不动产抵押权转移登记——“湖南绿兴源糖业有限公司、丁兴耀等借款合同纠纷申请再审案”》，载《财经法学》2016 年第 5 期。

方法的缺陷。①

2. 否定说。该说认为，抵押权随担保的主债权转让而移转属于基于法律规定而取得抵押权，虽然合同债权转让属于法律行为，但不动产抵押权之转让应为债权转让行为的法定效果，是非基于法律行为的不动产物权变动。② 债权人转让的债权之上如附有不动产抵押权的，该抵押权亦随主债权转让而移转于受让人，受让人即于不动产抵押权变更登记前，即该不动产抵押权在债权的转让人和受让人之间发生的变动，不受《物权法》第 9 条规定之限制。如杨立新教授认为："根据'从随主'原则，抵押权即使未经登记，也发生转移的效果，跟随债权的转移而一并转移。"③ 尹田教授也认为："根据抵押权之附从性特点，主债权一旦转归他人，抵押权必须同时转归他人。抵押权在此情形下的转移，不以登记为成立要件。"④

在德国法上，登记式抵押权随债权转移时应遵循"合意 + 登记"原则，证券式抵押权随债权转移时则应遵循"合意 + 交付"原则⑤，由此可见，对于抵押权随债权转让而移转时德国法也提出了一定的形式要求（登记或交付）。我国台湾地区多数学者如郑冠宇认为，让与之债权附有不动产抵押权者，该抵押权于债权让与时，随同移转于债权受让人，受让人于抵押权变更登记前，即取得该不动产抵押权。唯依该项法律之规定而直接取得之不动产物权。所谓"随同移转"，系属法定移转，无待登记即发生移转之效力，与意定移转须经

① 程啸：《主债权的转让与不动产抵押权转移登记——"湖南绿兴源糖业有限公司、丁兴耀等借款合同纠纷申请再审案"》，载《财经法学》2016 年第 5 期。

② 张双根：《〈物权法〉第 31 条释义》，载《华东政法大学学报》2007 年第 6 期；叶锋：《未办理抵押变更登记债权受让人亦取得抵押权》，载《人民法院报》2015 年 4 月 9 日。

③ 杨立新：《物权法》，法律出版社 2013 年版，第 365 页。

④ 尹田：《物权法》，北京大学出版社 2013 年版，第 95 页。

⑤ 孙鹏、王勤劳、范雪飞：《担保物权法原理》，中国人民大学出版社 2009 年版，第 196 页。

登记始发生移转效力者有异。少数学者如郑玉波、姚瑞光、郭振恭、刘宗荣则持相反见解，认为，抵押权随债权一并转让时，办理登记始生效力。对于债权让与时，普通抵押权未经登记，是否发生抵押权移转的效果？我国台湾地区司法实践中认为，让与之债权附有不动产抵押权者，该抵押权于债权让与时，随同移转于债权受让人，受让人于抵押权变更登记前，即取得该不动产抵押权。唯此项依法律之直接规定而取得之不动产物权，其情形与因继承、法院判决等发生的不动产物权变动无异，依规定也须经登记始得处分。而拍卖、变卖抵押物，足以发生抵押权变动之效力，抵押权人为实行抵押权，变卖或声请法院拍卖抵押物，自属抵押权的处分行为。因此，债权受让人因受让债权而依法律之规定直接取得其附随的不动产抵押权，须经登记始得实行该抵押权。

对于以上两种学说，笔者赞同否定说。虽然《城市房地产抵押管理办法》第 37 条规定，抵押权随债权转让时，应当签订抵押权转让合同，并办理抵押权变更登记。但该条在司法实务中通常被法院以法律位阶较低为由而排除适用，如“《城市房地产抵押管理办法》不属于法律，原告的抗辩理由不能成立”①，“《城市房地产抵押管理办法》系建设部发布的部门规章，且为管理性强制性规定，不能以此确定转让抵押权的效力”②，“《城市房地产抵押管理办法》第 37 条作为管理性规定，并未规定未办理抵押权转让登记不发生抵押权移转的效果”③。而在抵押权随债权移转后，要求办理抵押权变更登记，乃为贯彻物权公示的社会理想，而由法律对当事人提出的希望，不办理变更登记并不对当事人的实体权利产生不利影响。④ 当然可

---

① 四川省绵阳市中级人民法院〔2017〕川 07 民终 1605 号民事判决书。

② 天津市第二中级人民法院〔2015〕二中民二终字第 951 号民事判决书。

③ 河南省南阳市中级人民法院〔2015〕南民再终字第 00026 号民事判决书。

④ 孙鹏、王勤劳、范雪飞：《担保物权法原理》，中国人民大学出版社 2009 年版，第 196 页。

能会对受让人实现抵押权的程序产生一定的影响，如有学者认为："是否办理抵押权移转登记对于受让人的权利救济路径发生实际影响。如已经办理抵押权移转登记，受让人自可在普通民事诉讼程序和实现担保物权案件特别程序之间进行选择。由于实现担保物权案件特别程序采行简速裁判，法院对抵押权仅作形式审查，未办理抵押权移转登记，可能会提高法院在这一程序的审查难度，使之超越形式审查的范畴，进而影响担保物权特别程序的适用。"① 抵押权重在支配抵押财产的交换价值，抵押权登记制度的目的重在公示该财产已存在抵押权及抵押财产上存在多个抵押权时顺位先后的事实，至于抵押权人（债权人）究为何人某种意义上并非关注的重点。抵押权的对世性意味着抵押权并不因抵押权人的变动而变动，抵押权随担保的主债权转让而移转时，并不因此而影响原抵押登记所表征的抵押事实及抵押权顺位，仅抵押权人发生变更而已。在抵押权随债权转让而移转时，第三人无外乎债务人、抵押人等特定第三人以及其他受让债权的不特定第三人，不论是针对何种第三人，对抗要件显然是债权转让的对抗要件，而非抵押权转让的对抗要件。也就是说，在抵押权从属于债权而移转时，只要债权转让本身能对抗特定的和不特定的第三人，则从属于该债权的抵押权移转也一并获得对抗第三人的效果，而无须另行办理移转登记。

（二）司法实践中的裁判立场

我国司法实践对此问题的裁判立场较为一致，普遍认为根据"从随主"之原则，不动产抵押权即使未经登记，也发生转移的效果，跟随债权的转移而一并转移。不动产抵押权因主债权转让而转让时，不以登记为生效要件。但所持理由不一，主要有以下 5 种情形：

---

① 高圣平、曹明哲、范佳慧：《中国担保法裁判综述与规范解释（上册）》，人民法院出版社 2019 年版，第 513 页。

1. 抵押权作为从权利随主债权转让而转让系基于法律的明文规定，而非基于新的抵押合同重新设定，债权人的变更并未加重抵押人的责任。如在“中国建设银行股份有限公司广州番禺支行、中国民生银行股份有限公司广州分行抵押权纠纷再审案”，最高人民法院认为：“关于案涉抵押权的转让问题。《物权法》第192条规定：‘抵押权不得与债权分离而单独转让或者作为其他债权的担保。债权转让的，担保该债权的抵押权一并转让，但法律另有规定或者当事人另有约定的除外。’该法条系关于抵押权具有从属性的规定，抵押权作为从权利应随债权转让而转让。债权受让人取得抵押权系基于法律的明文规定，而非基于新的抵押合同重新设定。由此，原判决认定×霖公司受让民生银行广州分行对×航公司享有的债权，同时受让与债权相关的抵押权，并无不当。”① 在“郭某某与张某、重庆××建筑工程有限公司第三人撤销之诉二审案”，二审法院认为：“根据《合同法》第81条及《物权法》第192条规定，抵押权随主债权转让属于法律规定的特殊物权转移方式。《物权法》第192条的规定属于《物权法》第9条第1款所规定的‘法律另有规定的除外’的情形。故债权受让人取得的抵押权系基于法律的明确规定，并非基于新的抵押合同重新设定抵押权，故不因受让人未办理抵押权转移登记手续而消灭。”② 在“惠州市××实业投资有限公司与惠州××投资公司等借款合同纠纷案”，法院认为：“《物权法》第192条规定：‘抵押权不得与债权分离而单独转让或者作为其他债权的担保。债权转让的，担保该债权的抵押权一并转让，但法律另有规定或者当事人另有约定的除外。’本条系关于抵押权处分从属性的规定，抵押权作为从权利应随债权转让而转让。债权受让人取得的抵押权系基于法律的明确规定，并非基于新的抵押合同重新设定抵押

① 最高人民法院〔2018〕最高法民申1397号民事裁定书。
② 重庆市第一中级人民法院〔2019〕渝01民终1738号民事判决书。

权，故不因受让人未及时变更抵押权登记手续而消灭。”①

2. 根据《物权法》第 192 条、《收购、管理、处置国有银行不良贷款若干问题规定》第 9 条等规定，认定受让人直接取得抵押权，未进行抵押权变更登记不影响抵押权的取得。如在“赣州市××生态农业发展有限公司、卢某某金融不良债权追偿纠纷上诉案”，二审法院认为：“根据《物权法》第 192 条‘抵押权不得与债权分离而单独转让或者作为其他债权的担保。债权转让的，担保该债权的抵押权一并转让，但法律另有规定或者当事人另有约定的除外’及《收购、管理、处置国有银行不良贷款若干问题规定》第 9 条‘金融资产管理公司受让有抵押担保的债权后，可以依法取得对债权的抵押权，原抵押权登记继续有效’的规定，原告××资产公司已依法实际取得对被告××生态公司的债权，也就依法取得该债权的抵押

① 北京市高级人民法院〔2017〕京民初 19 号民事判决书。同类裁判还有“湖南××糖业有限公司、丁某耀等借款合同纠纷申请再审案”［最高人民法院（2015）民申字第 2040 号民事裁定书］；“南京××光电科技有限公司与南京市浦口区人民政府桥林街道办事处财产损害赔偿纠纷再审案”［江苏省高级人民法院（2018）苏民再 70 号民事判决书］；“方某某、吴某某二审案”［福建省高级人民法院（2017）闽民终 1218 号民事判决书］；“青州××房地产开发有限公司、山东省××投资有限公司债权转让合同纠纷二审案”［山东省高级人民法院（2016）鲁民终 1840 号民事判决书］；“丹东××食品有限公司、丹东××投资有限公司债权转让合同纠纷二审案”［辽宁省高级人民法院（2017）辽民终 220 号民事判决书］；“张某某与陕县农村信用合作联社、陕县住房和城乡建设局侵犯抵押权赔偿责任纠纷再审案”［河南省高级人民法院（2015）豫法立二民申字第 00323 号民事裁定书］；“秦皇岛市××养殖有限公司、秦皇岛市××商贸有限公司金融借款合同纠纷二审案”［天津市高级人民法院（2020）津民终 432 号民事判决书］；“肖某某、井冈山市房地产综合开发公司民间借贷纠纷执行案”［江西省高级人民法院（2019）赣执复 65 号执行裁定书］；“四川××资产管理有限公司与××集团有限公司、四川绵阳××机电有限公司、长春××汽车零部件制造有限公司、长春××房地产开发有限公司、四川××实业有限公司、四川绵阳××汽车零部件制造有限公司、董某、熊某借款合同纠纷一审案”［四川省高级人民法院（2016）川民初 19 号民事判决书］；“沈阳××生态园发展有限公司、孟某某债权转让合同纠纷二审案”［辽宁省沈阳市中级人民法院（2020）辽 01 民终 5922 号民事判决书］等。

权，原抵押权登记继续有效，他项权证上没有进行变更并不影响原告享有抵押权。”① 根据《物权法》第 192 条规定，已经成立的抵押权并不因为主债权转让而消灭，亦无需因转让而重新登记，从合同以及相应抵押权对主债权的依附性并不因为主债权转让而分裂。②

3. 基于当事人的约定。如在“中国 × × 资产管理公司北京办事处与上海 × × 钢管有限公司、上海 × × 巴圣钢管有限公司等金融借款合同纠纷二审案”，法院认为：“根据《盛京银行最高额抵押合同》第 2 条的约定，无需征得抵押人同意，抵押权人可将主合同债权及本抵押合同的权利一并转让给第三人，抵押人在原抵押担保范围内向新的债权人承担担保责任，该约定不违反《物权法》第 192 条之规定，故 × × 办事处取得涉案抵押权合法有效。参照《收购、管理、处置国有银行不良贷款若干问题规定》第 9 条的规定，商业

① 江西省高级人民法院（2019）赣民终 614 号民事判决书。类似案例还有“河北 × × 实业集团有限公司、吉林省信用担保投资集团有限公司借款合同纠纷二审案”［最高人民法院（2018）最高法民终 131 号民事判决书］；“赣州市 × × 生态农业发展有限公司、卢某芳金融不良债权追偿纠纷二审案”“陕西省农牧良种场、宝鸡市 × × 工贸有限公司金融借款合同纠纷再审案”［最高人民法院（2019）最高法民申 5925 号民事裁定书］；“浙江 × × 科技园开发有限公司与浙江省 × × 资产经营有限公司、金华市 × × 设备有限公司债权转让合同纠纷再审案”［最高人民法院（2014）民申字第 1725 号民事裁定书］；“浙江省 × × 资产管理有限公司、平和县 × × 房地产有限公司金融不良债权追偿纠纷二审案”［福建省高级人民法院（2019）闽民终 1145 号民事判决书］；“禹州市 × × 风景区开发有限公司、× × 资产管理有限公司案外人执行异议之诉二审案”［河南省高级人民法院（2019）豫民终 1466 号民事判决书］；“李某、杨某某执行异议之诉再审案”［辽宁省高级人民法院（2019）辽民申 2926 号民事裁定书］；“青海 × × 房地产开发有限公司与韩某某借款合同纠纷二审案”［青海省高级人民法院（2016）青民终 78 号民事判决书］；“贵州省德江县人民政府、贵州省德江县房地产交易中心与贵州 × × 资产管理有限公司房屋登记行政注销案”［贵州省高级人民法院（2015）黔高行终字第 59 号行政判决书］；“南宁市区农村信用合作联社与广西 × × 糖业集团有限公司、安徽 × × 文化置业有限公司、芜湖 × × 房地产开发有限公司金融借款合同纠纷案”［广西壮族自治区高级人民法院（2014）桂民二初字第 2 号民事判决书］。

② 浙江省高级人民法院〔2016〕浙民终 677 号民事判决书。

银行将债权转让给资产管理公司后，未办理不动产抵押权变更登记手续，不影响抵押权效力，××办事处作为资产管理公司的分支机构可以行使抵押权。”① 在“××有限公司与漳州市××工贸有限公司、龙海市××工贸有限公司金融不良债权追偿纠纷案”，法院认为：“根据《物权法》第192条、第204条，《担保法》第22条规定，本案《最高额抵押合同》《最高额保证合同》《保证合同》均约定，工行东门支行将主债权转让给第三人，无需经抵押人或保证人同意，抵押人或保证人继续按照原合同约定承担抵押、保证责任。因此，××公司受让本案债权后依法取得抵押权，保证人也应在原保证担保的范围内继续对××公司承担保证责任。”②

4. 我国现行法律并未规定抵押权随债权转让而转让，新的抵押权人须重新办理抵押登记。如在“××油脂（舟山）有限公司、舟山市××油脂有限责任公司破产债权确认纠纷二审案”，法院认为：“本案所涉债权由工行解放路支行转让给××油脂，××油脂同时取得抵押权，我国现行法律没有规定新的抵押权人必须承担重新登记的义务，尤其是作为对抗要件的登记，也无必要进行重新登记，故因受让而取得的抵押权，新抵押权人无须办理登记即可享有并行使抵押权。”③ 在“林某某与大连××商贸有限公司借款合同纠纷二审案”，法院认为：“我国现行法律法规对于债权和抵押权转让后，抵押权人发生变化是否必须办理变更登记亦无强制性规定，因此案涉

---

① 上海市高级人民法院〔2016〕沪民初7号民事判决书。类似案例还有“江西横峰××产业开发有限公司、童某某借款合同纠纷二审案”［江西省高级人民法院（2017）赣民终311号民事判决书］；“高碑店市××商贸有限公司与保定××钢板桩有限公司、北京××房地产开发有限公司借款合同纠纷案”［河北省保定市中级人民法院（2015）保民三初字第14号民事判决书］；“北京××实业有限公司与沈阳××图书城投资开发有限公司等借款合同纠纷一审案”［北京市第二中级人民法院（2018）京02民初39号民事判决书］。

② 福建省漳州市中级人民法院〔2016〕闽06民初235号民事判决书。

③ 浙江省舟山市中级人民法院〔2018〕浙09民终560号民事判决书。

抵押权的转让无需重新办理抵押登记手续或抵押权人变更登记手续。”① “随同债权一并转移的抵押权原则上不须重新办理抵押权的登记手续即可取得并行使抵押权，除非当事人就抵押权的设定有特殊的约定，即约定抵押权在随同债权一并转移时须重新办理抵押权登记手续，因案涉债权转让协议中并未约定案涉抵押权转让要重新办理抵押权登记手续，则可以认定不须重新办理抵押登记手续即可取得并行使抵押权。”②

5. 抵押权登记制度的目的系公示该财产已存在抵押权的事实，而不是公示债权人。如在“朱某某与王某某、连云港××投资有限公司债权转让合同纠纷上诉案”，二审法院认为：“虽××公司在受让抵押权后没有办理变更登记，但因抵押权登记制度的目的系公示该财产已存在抵押权的事实，而不是公示债权人，抵押权的对世性意味着其并不因抵押权人的变动而变动，故××公司虽没有变更登记也享有抵押权。”③

最高人民法院在总结上述我国司法实践中裁判立场的基础上，于2019年颁布的《全国法院民商事审判工作会议纪要》(法〔2019〕254号）第62条规定：“抵押权是从属于主合同的从权利，根据‘从随主’规则，债权转让的，除法律另有规定或者当事人另有约定外，担保该债权的抵押权一并转让。受让人向抵押人主张行使抵押权，抵押人以受让人不是抵押合同的当事人、未办理变更登记等为由提出抗辩的，人民法院不予支持。”即抵押权随主债权的转让而移转，在性质上属于抵押权的法定移转，不以办理抵押权变更登记为

① 辽宁省大连市中级人民法院〔2016〕辽02民终6891号民事判决书。
② 辽宁省大连市中级人民法院〔2016〕辽02民终3734号民事裁定书。
③ 江苏省连云港市中级人民法院〔2014〕连商终字第0084号民事判决书。

生效要件。① 但该条规定仅针对抵押权的法定移转，能否适用于动产质权等其他担保物权尚有争议。如在“富阳××贸易有限公司与浙江××橡胶化工集团有限公司民间借贷纠纷上诉案”，二审法院认为：“现行物权法仅规定了股权质权的设立登记而未明确其余，在此情形下究竟系类推适用《物权法》第9条抑或《物权法》第192条？显然，权利质权与抵押权同属于担保物权体系，权利质权的法律特征更接近于抵押权，而《物权法》第9条系以所有权为中心而展开，故股权质权的转让应当类推适用抵押权特别规定之《物权法》第192条，即债权转让的，担保该债权的股权质权亦应当一并转让，该转让并不以变更登记为生效要件。”②

（三）《民法典》合同编采“否定说”

《民法典》全面吸收我国司法审判实践经验及《全国法院民商事审判工作会议纪要》第62条之规定，进一步扩张适用于所有的担保物权随主债权转让而移转的情形，在《合同法》第81条规定之基础上，于《民法典》合同编第547条增设第2款规定：“受让人取得从权利不

---

① 对此，最高人民法院民二庭的解释是：“根据《合同法》第81条、《物权法》第192条，不动产抵押权的转让应为债权转让行为的法定效果，并非基于法律行为的不动产物权变动。物权法规定的不动产物权（含不动产抵押权）变动依登记生效，仅指设立该不动产物权，适用于不动产物权的原始取得，而随同债权取得的不动产抵押权属于继受取得，应当类推适用物权法关于继承取得不动产物权的规定，其生效不以变更登记为要件。”最高人民法院民事审判第二庭编著：《〈全国法院民商事审判工作会议纪要〉理解与适用》，人民法院出版社2019年版，第371页。笔者实不敢苟同上述观点，物权法所规定的不动产物权变动是指不动产物权的设立、变更、转让和消灭，不动产物权以登记为物权变动的生效要件乃《物权法》第9条、第14条所明确规定。而上述观点认为，物权法规定的不动产物权（含不动产抵押权）变动依登记生效，仅指设立该不动产物权，适用于不动产物权的原始取得。恰恰相反，物权变动登记生效要件规则，主要适用于不动产物权继受取得之情形。

② 浙江省杭州市中级人民法院〔2016〕浙01民终6563号民事判决书。

因该从权利未办理转移登记手续或者未转移占有而受到影响。”对此，立法机关的解释是：“债权受让人取得这些从权利是基于法律的规定，并非基于法律行为的物权变动，并且有利于保障主债权顺利实现。在债权转让前，这些从属性的担保权利已经进行公示，公示公信的效果已经达成，因此没有进一步保护第三人进而维护交易安全的必要。”① 显然，对于抵押权随债权转让而发生的变动，《民法典》采纳了“否定说”，系此种情形下的抵押权变动乃基于法律之直接规定，无须依法办理移转登记即发生效力，其与因继承、征收、法院判决等所发生的物权变动一样，均为非基于法律行为的物权变动。

二、抵押物分割

基于抵押权之不可分性，抵押物纵经分割抵押权依然存续于分割之后的各个物。也就是说，抵押物即使经分割或经让与其中一部分，抵押权也不受影响，抵押权人仍可就分割后或让与后之各个抵押物实行抵押权，甚至担保某一债权之数个抵押物，其中一个抵押物经让与后，仍为抵押权效力之所及，此种情形，与其谓为抵押权之不可分性，毋宁认为亦是抵押权追及效力之另一种形态。如果以共有不动产之应有部分抵押，则应有部分之上的抵押权于共有物分割后，不仅存在于抵押人所分得之部分，也存在于各共有人所分得之部分，抵押权人可以抵押人应有部分之比例对各共有人所分得之部分实行抵押权。如我国台湾地区规定，应有部分有抵押权或质权者，其权利不因共有物之分割而受影响。但有下列情形之一者，其权利移存于抵押人或出质人所分得之部分：一、权利人同意分割；二、权利人已参加共有物分割诉讼；三、权利人经共有人告知诉讼而未参加。也就是说，此时抵押权纵尚未变更登记，但已因法律之

---

① 黄薇主编：《中华人民共和国民法典合同编解读（上册）》，中国法制出版社 2020 年版，第 295 页。

规定，而当然存在于共有物分割后抵押人所分得之新抵押物之上。我国《物权法》虽然没有规定抵押权的不可分性，但是《担保法司法解释》分别从“抵押物和被担保债权之间的关系”① 与“抵押权和被担保债权之间的关系”② 角度作出了规定，弥补了《担保法》和《物权法》的漏洞。《民法典》物权编同样也未规定抵押权的不可分性，但可通过第406条规定在一定程度上获得解释结论。《最高人民法院关于适用〈中华人民共和国民法典〉有关担保制度的解释》（以下简称《民法典担保制度解释》）第38条规定，“主债权未受全部清偿，担保物权人主张就担保财产的全部行使担保物权的，人民法院应予支持，但是留置权人行使留置权的，应当依照民法典第四百五十条的规定处理。担保财产被分割或者部分转让，担保物权人主张就分割或者转让后的担保财产行使担保物权的，人民法院应予支持，但是法律或者司法解释另有规定的除外。”因此，基于抵押权之不可分性，抵押物纵经分割抵押权依然存续于分割后的各个独立之部分。此时抵押权即使尚未变更登记，但已因法律之规定而当然存在于共有物分割后抵押人所分得之新抵押物之上。

第二节　因夫妻财产制导致的物权变动

依据夫妻财产制发生原因的不同，可将其分为“法定财产制”与

① 《担保法司法解释》第71条规定：“主债权未受全部清偿的，抵押权人可以就抵押物的全部行使其抵押权。抵押物被分割或者部分转让的，抵押权人可以就分割或者转让后的抵押物行使抵押权。”

② 《担保法司法解释》第72条规定：“主债权被分割或者部分转让的，各债权人可以就其享有的债权份额行使抵押权。主债务被分割或者部分转让的，抵押人仍以其抵押物担保数个债务人履行债务……”一般而言，我们习惯用“抵押物之各部担保债权之全部，抵押物之全部担保债权之各部”来表述抵押权之不可分性，此即从“抵押物与被担保的债权之间关系”的角度出发。但从“抵押权和被担保债权之间关系”的角度出发，抵押权之不可分性可概括表述为“被担保的债权分，抵押权不分”。

“约定财产制”。前者为夫妻之间没有就相互间的财产归属作出约定的情况下自动对夫妻双方适用的财产制。此种财产制由立法者通过法律的直接规定，在夫妻双方没有约定的情况下即可对其予以适用。后者为夫妻双方通过婚姻契约所约定的财产制，即就其相互间之财产关系作出特别约定，从而排除法律规定的夫妻财产制，即约定优先于法定。根据契约自由原则和意思自治原则，夫妻双方当然有权通过其婚姻契约约定相互间的财产制。由此可见，约定财产制是意思自治原则在婚姻家庭法领域的应用和体现。同时，根据夫妻财产制的内容，夫妻财产制可分为分别财产制、共同财产制、财产增益共有制与联合财产制等。此两种分类，又因各国之政治经济文化、社会生活习惯以及民族传统的不同，互相搭配结合，有的被作为法定财产制从而表现为法定夫妻共同财产制或法定财产增益共有制等形式；有的被作为约定财产制以供夫妻双方根据具体情况选择适用，从而表现为约定夫妻分别财产制或约定夫妻共同财产制等形式。因而可能涉及非基于法律行为的不动产物权变动类型的夫妻共同财产制依据其发生的根据不同可分为：法定夫妻共同财产制与约定夫妻共同财产制。

一、基于法定夫妻共同财产制发生的物权变动

所谓“法定夫妻共同财产制”，是指在夫妻双方就财产关系无特别约定的情况下应直接适用法律所规定的夫妻财产制，而法律规定的夫妻财产制即为共同财产制。① 采“法定夫妻共同财产制”的国家主要有法国、意大利、俄罗斯、埃塞俄比亚、巴西、荷兰、菲律

① 虽然共同财产制根据共有的范围不同，可分为一般共同制、所得共同制、劳动所得共同制与动产及所得共同制等形式，但本书仅指婚后所得共同制，即夫妻婚后所得的财产均为夫妻共同共有。

宾、越南与我国等。[①] 在我国法定夫妻共同财产制下，夫妻任何一方于婚姻关系存续期间所得的财产，除法律规定属于一方所有的以外，均为夫妻共同财产，无须办理财产共有登记，仍因法定夫妻共同财产制而直接为夫妻共同共有。如有学者认为："根据我国《婚姻法》第 17 条、第 18 条夫妻法定共同财产制之规定，夫妻财产共有权因婚姻的成立而当然发生物权变动的效力，无须登记公示。"[②] 由此可见，我国《物权法》关于不动产物权变动的规定与《婚姻法》规定的法定夫妻共同财产制在规范上存在龃龉，互相排斥。[③] "在逻辑上，如果其中之一法条的构成要件要素为另一法条所包含（亦即该另一法条除具备前一法条之全部构成要件要素外，进一步具有前一法条所无之构成要件要素），则该另一法条相对于前一法条便具有特别性。"[④] 且"只有当系争法条分别规定之法律效力在存在上已规

① 《法国民法典》第 1387 条规定："有关夫妻之间的财产关系，仅在夫妻无特别约定时，始适用法律之规定。"第 1393 条规定："在没有与共同财产制不同的特别约定时，或者在没有用以变更共同财产制的特别约定时，第二章第一部分的各项规则即构成法国之普通法。"《瑞士民法典》第 181 条规定："配偶未以婚姻契约作其他约定，或未采用特别财产制的，配偶适用所得参与制的有关规定。"《意大利民法典》第 159 条规定："在未按本法第 162 条的规定进行约定的情况下，法定家庭财产由受本章第三节调整的共同财产构成。"《俄罗斯联邦民法典》第 33 条规定："夫妻共同财产制是夫妻法定财产制。如果婚姻合同未另行规定，夫妻法定财产制度生效。"《埃塞俄比亚民法典》第 653 条规定："除非配偶一方证明他是某项财产的唯一所有人，得推定所有的财产为共同财产。"

② 许莉：《夫妻财产归属之法律适用》，载《法学》2007 年第 12 期。

③ 在大多数大陆法系国家或地区立法中，亲属法上的"法定夫妻财产制"与物权法中的物权变动规则较少产生法律适用上的冲突。如德国、瑞士、日本等均以分别财产制为法定财产制（德国、瑞士的法定财产制虽被称为财产增益共同制，但其实质仍为分别财产制，因为婚姻关系存续期间夫妻财产归各自分别所有，只是在婚姻解除时，婚姻存续期间增益较少的一方享有债法上的补偿请求权或提高其继承份额），因此不会发生夫妻法定财产制与物权变动规则的冲突。而在以共同所有制为法定财产制的国家，如法国，因其物权变动模式采债权意思主义，因而也不会发生法定夫妻共同财产制与物权变动规则的冲突。

④ 黄茂荣：《法学方法与现代民法（第五版）》，法律出版社 2007 年版，第 210 页。

范地评价为不能并存时，该逻辑上的特别与普通关系，才能在规范上进一步将之定性为有特别法与普通法的关系，从而受特别法优于普通法之原则的适用”①。“同时，只有当具有逻辑上之特别性的法条规定之法律效力排斥具有逻辑上之普通性的法条规定之法律效力时，该特别法才有必要排斥该普通法之适用。”② 因此，笔者认为，在物权变动规则方面，《婚姻法》之规定应被视为《物权法》的特别法，即两法构成“特别法与一般法”的关系，从而“特别法优先于一般法”而适用。在《民法典》的背景下婚姻家庭编的相关规定为物权编规定的特别规定。如有判例认为：“在夫妻财产领域，存在大量夫妻婚后由一方签订买房合同，并将房屋产权登记在该方名下的情形，实际上只要夫妻之间没有另行约定，双方对婚后所得的财产即享有共同所有权，这是基于婚姻法规定的法定财产制而非当事人之间的法律行为。因为结婚作为客观事实，已经具备公示特征，无须另外再为公示。对于夫妻家庭关系内的财产问题，应当优先适用婚姻法的相关规定。”③ 也有学者对此表达了相同的观点：“就夫妻财产共有权的取得来说，《婚姻法》的规定属于特别法，理应属于《物权法》第 9 条规定的‘法律另有规定的情形’，根据该规定，当法律另有规定时，物权变动可以突破不动产登记生效的规定。”④“物权法是作为调整平等主体间因物之归属和利用而产生的财产关系的基础性法律，其重点在于关注主体对物的关系，保护交易安全以促进资源的有效利用。而婚姻法作为身份法，旨在规制调整夫妻之

---

① 黄茂荣：《法学方法与现代民法（第五版）》，法律出版社 2007 年版，第 211 页。

② 黄茂荣：《法学方法与现代民法（第五版）》，法律出版社 2007 年版，第 212 页。

③ 湖北省武汉市中级人民法院〔2017〕鄂 01 行终 612 号行政判决书。

④ 王林清、杨心忠、赵蕾：《婚姻家庭纠纷裁判精要与规则适用》，北京大学出版社 2014 年版，第 57 页；许莉：《夫妻财产归属之法律适用》，载《法学》2007 年第 12 期。

间的人身关系与财产关系，其中财产关系则依附于人身关系而产生，仅限于异性之间或家庭成员之间因身份而产生的权利义务关系，不直接体现经济目的，而是凸显亲属共同生活和家庭职能的要求。所以婚姻法关于特别人伦或财产关系的规定不是出于功利目的的创设，而是带有'公法'意味和社会保障、制度福利的色彩，将保护'弱者'和'利他'价值取向直接纳入权利义务关系的考量。因此，婚姻家庭的团体性特征决定了婚姻法不可能完全以个人为本位，而是必须考虑夫妻共同体、家庭共同体，尤其是夫妻之间关于具体财产制度的规定或约定不宜由物权法过度调整，应当由婚姻法去规范评价。如夫妻财产涉及向家庭以外的第三人处分物权，就应当适用物权法等调整一般主体之间财产关系的相关法律规定，而对于夫妻家庭关系内的财产问题，应当优先适用婚姻法的相关规定。"① 所以，如夫或妻一方婚后以自己的名义购买房屋，即使该房屋登记于该方名下，但根据《婚姻法》所规定的"法定夫妻共同财产制"，该房产无须登记（共有登记）即为夫妻共同共有，除非夫妻双方实行约定财产制。亦即婚后夫妻一方所得之财产（不动产）不论是否登记为共有，也不论是登记在一方名下还是双方名下，均因法定夫妻共同财产制而为夫妻双方共同所有。我国司法实践也采此见解，如在最高人民法院公报案例"唐某诉李某某、唐某乙法定继承纠纷案"，终审判决即认为："在夫妻财产领域，存在大量夫妻婚后由一方签订房屋买卖合同，并将房屋产权登记在该方名下的情形，但实际上只要夫妻之间没有另行约定，双方对婚后所得财产即共同共有，这是基于婚姻法规定的法定夫妻财产制而非当事人间的法律行为。因为结婚作为客观事实，已经具备公示特征，无须另外再为公示。《物权法》第 28 条至第 30 条对于非基于法律行为所引起的物权变动进行了例示性规定，列举了无须公示即可

① 北京市第三中级人民法院〔2014〕三中民终字第 09467 号民事判决书。

直接发生物权变动的情形。当然，这种例示性规定并未穷尽非因法律行为而发生的物权变动的所有情形，婚姻法及其司法解释规定的相关情形也应包括在内。”① 在“周某方与刘某艳、邢台××山庄食品有限公司、河北××担保集团有限公司、××宝盛（北京）资产管理有限公司、郑某案外人执行异议之诉再审案”，最高人民法院认为：“在婚姻关系存续期间，以法定财产制为原则，在夫妻双方无特殊约定时，符合婚姻法第十七条规定的财产范围，均属于夫妻双方共同共有的财产，并不以交付、登记等公示方式为必需要件。本案所涉房屋购买于刘某艳与郑某婚姻关系存续期间，虽然登记在郑某一方名下，但基于刘某艳与郑某的夫妻身份关系，依法也属于夫妻共同财产。”② 因此，基于法定夫妻共同财产制而发生的不动产物权变动不以登记为生效要件，故属于基于法律规定的非基于法律行为的不动产物权变动。

二、基于夫妻财产制契约发生的不动产物权变动③

夫妻财产制契约是指婚姻当事人就婚姻关系存续期间的财产关系通过协议约定采用何种财产制的法律制度。夫妻财产制契约所约定采用的财产制即为约定财产制。所谓“约定夫妻财产制”，是指法律允许当事人通过协议约定采用不同于法律规定的夫妻财产

① 北京市第三中级人民法院〔2014〕三中民终字第09467号民事判决书。

② 最高人民法院〔2019〕最高法民申5165号民事裁定书。

③ 基于夫妻财产制契约发生的物权变动虽不属于因法律规定所导致的物权变动，但本书认为基于夫妻财产制契约发生的物权变动也属于一种非基于法律行为的物权变动类型，为了与基于法定财产制所导致的物权变动保持逻辑上的一致，故将本部分内容置于此，特此说明。同时，很多学者围绕《最高人民法院公报》2014年第12期刊载的“唐某诉李某某、唐某乙法定继承纠纷案”所产生的夫妻财产制契约与不动产物权变动的关系问题，纷纷撰文表达对二审法院判决将因婚内财产分割协议或夫妻财产制契约导致的不动产物权变动作为非基于法律行为的物权变动的错误（如程啸教授、姚辉教授等）。

制，或言之，法律允许当事人通过约定以排除法定夫妻财产制适用的制度。

（一）我国婚姻法约定财产制的类型解释

约定财产制是私法自治原则在婚姻领域的体现，只不过各国对此种约定自由的限制程度不同，由此导致约定财产制在世界各国存在两种立法例：一为“限定式约定财产制”，二为“任意式约定财产制”。①

1. 选择式约定财产制

选择式约定财产制，是指民法上设置了几种典型的夫妻财产制，以供当事人选择，至于法条所未规定之夫妻财产制，则不得加以选择。② 当事人虽然可以自由约定夫妻财产制以排除法定财产制之适用，但此种自由是有限制的，即当事人仅能在法律规定的不同财产制类型中进行选择，也就是说，法律设置了几种典型的夫妻财产制，以供当事人选择，至于法条所未规定的夫妻财产制，则不得加以约定，而且当事人不得就种类内容合意变更。③ 如在德国民法，其法定财产制为“财产增益共有制”④，约定财产制法律规定了两种，即

---

① 也有学者分别称为“选择式的约定财产制”与“独创式的约定财产制”。参见许莉：《夫妻财产归属之法律适用》，载《法学》2007年第12期。

② 林秀雄：《夫妻财产制之研究》，中国政法大学出版社2001年版，第185页。

③ 如《瑞士民法典》第182条第2项规定：“未婚双方或配偶双方仅可在法律的范围内选择、终止或变更其财产制。”

④ 在德国民法，共同财产制并非法定财产制而是约定财产制，法定财产制乃是“财产增益共有制”，其基本思想是夫妻双方的劳动属于对共同财富增长的贡献，从而使其可以分享另一方的增益。法律并不是将婚姻期间所得的财产直接规定为共同财产，而是夫妻仍保留对各自财产的单独所有权，在该财产制存续期间所得的财产，也属于取得财产的一方单独所有。仅在婚姻解除时，婚姻存续期间增益较少的一方享有债法上的补偿请求权或提高其继承份额。参见［德］迪特尔·施瓦布：《德国家庭法》，王葆莳译，法律出版社2010年版，第116—117页。

“财产分别制”与“财产共同制”，同时就约定财产制的具体内容作出了详细的规定。《德国民法典》第1409条规定：“财产制不得参照不再适用的法律或者外国的法律确定。”学者对此解释道：“本规范之意旨在于对合同自由设置限制[①]，即夫妻双方仅能够约定《法典》中所规定的财产制。具体是指除作为法定财产制的净益共同关系之外，还有共同财产制和分别财产制。”[②] 因而虽名为约定财产制，倒不如称为广义的法定财产制更为贴切。

2. 独创式约定财产制

独创式约定财产制，是指法律并未事先设置几种典型的夫妻财产制以供当事人选择，而是任由当事人自行约定夫妻财产制的种类与内容，只要该约定不违反法律的强制性规定与公序良俗，如韩国、日本、波兰等即采此立法例。[③]

前者因当事人不能灵活地约定财产制的内容，从而难以适应婚姻生活的个别性与特殊性。而后者虽然符合私法自治原则，且能适应婚姻生活的特殊性，但因其任由当事人约定，使得夫妻财产制约定的内容千差万别，复杂混乱。

至于我国婚姻法中的约定财产制究竟属于何种立法例，争议颇大。多数学者认为，《婚姻法》第19条（《民法典》第1065条）[④]

---

① 《德国民法典》第1408条规定：“夫妻双方可以通过合同调整其夫妻财产制上的关系，特别是亦可以在婚姻缔结后废止或变更夫妻财产制（夫妻财产合同）。”

② 杜景林、卢谌：《德国民法典——全条文注释（下册）》，中国政法大学出版社2015年版，第924—925页。

③ 如《日本民法典》只规定了法定财产制，而没有约定财产制之具体规定。且第755条规定：“夫妻在婚姻登记之前，就其财产没有特别约定时，其财产关系依本节下款的规定。”而其中所谓之“本节下款”即指第2款“法定财产制”。

④ 该条第1款、第2款规定：“夫妻可以约定婚姻关系存续期间所得的财产以及婚前财产归各自所有、共同所有或部分各自所有、部分共同所有。约定应当采用书面形式。没有约定或约定不明确的，适用本法第十七条、第十八条的规定。夫妻对婚姻关系存续期间所得的财产以及婚前财产的约定，对双方具有约束力。”

之规定采取了“选择式的约定财产制”即当事人仅得在法律允许的三种夫妻财产制（一般共同制、限定共同制与分别财产制）中进行选择，超越该条所规定之范围的约定将不被法律承认，也无拘束力。[①] 我国司法实务也有判例认为：“我国法律所规定的夫妻约定财产制包括三种形式：一般共同制、限定共同制和分别所有制。换言之，夫妻双方可以约定其中一方的财产或归自己所有，或归夫妻共有，不包括自己的财产直接归对方所有的情形。从立法本意来讲，就夫妻约定财产制及夫妻间财产赠与的区别，婚姻法及其司法解释均认为夫妻一方可以基于夫妻间的同力协作关系把自己所有的财产和配偶共有，双方基于夫妻的身份关系，共同支配和管理该部分财产，以实现婚姻家庭的和谐及财产价值的最大化，符合人们对婚姻家庭的期待，应当适用夫妻约定财产制的规定。然而，如果夫妻一方直接把自己的财产全部归对方所有，其完全丧失了对自己财产的控制，这样的要求高于人们对婚姻家庭的期待，具有一定的道德风险，不利于婚姻家庭的稳定，不应适用夫妻约定财产制。据此，本案协议从缔约主体身份、形式和内容来看，应当属

① 余延满：《亲属法原论》，法律出版社2007年版，第286页；陈苇：《完善我国夫妻财产制的立法构想》，载《中国法学》2000年第1期；范李瑛：《夫妻关系的立法与现实问题研究》，科学出版社2011年版，第103页；田韶华：《婚姻领域内物权变动的法律适用》，载《法学》2009年第3期。

于财产赠与协议。"① 所以，"婚前或者婚姻关系存续期间，当事人约定将一方所有的房产赠与另一方的，则不属于夫妻约定财产制的

---

① 北京市第一中级人民法院〔2017〕京01民终3463号民事判决书。类似判例如在"曲某某、崔某某赠与合同纠纷上诉案"，二审法院认为："2015年2月6日崔某某给曲某某出具'协议'写明该房屋为曲某某与崔某某共同所有，是崔某某将其享有的房产份额约定为夫妻共有，并不是崔某某将一方所有的房产赠与另一方所有的情形。因此，崔某某于2015年2月6日给曲某某出具的'协议'符合《婚姻法》第19条规定的生效要件，对夫妻双方发生法律上的约束力。故，崔某某主张撤销该'协议'的诉讼请求，本院不予支持。"《婚姻法司法解释（三）》第6条规定："婚前或者婚姻关系存续期间，当事人约定将一方所有的房产赠与另一方，赠与方在赠与房产变更登记之前撤销赠与，另一方请求判令继续履行的，人民法院可以按照合同法第一百八十六条的规定处理。"该条仅适用于夫妻一方将一方所有财产约定为另一方所有的情形。此种约定不属于《婚姻法》第19条规定的约定财产制中财产类型的任意一种，因此不适用《婚姻法》第19条的规定，应当适用物权法、合同法的一般规定。曲某某、崔某某于2017年6月16日签订的合同属于夫妻间将一方所有的房产份额约定为另一方所有的赠与行为，因该房屋未办理产权变更登记，依照《合同法》第186条的规定崔某某可以行使任意撤销权，崔某某主张撤销该赠与合同的诉讼请求，符合上述司法解释及合同法的相关规定，本院予以支持［河北省承德市中级人民法院（2019）冀08民终2639号民事判决书］。在"孙某夫妻财产约定纠纷申诉案"，北京高院认为："婚前或婚姻关系存续期间，当事人可以约定将一方所有的房产赠与另一方。本案中，双方在婚姻关系存续期间签订了涉案的《婚内财产约定协议》，约定将登记在孙某名下的财产变更为夫妻共有，此协议系双方真实意思表示且不违反我国法律的禁止性规定，合法有效。该《婚内财产约定协议》并未约定双方离婚情况下相关财产如何处理，也未约定以不离婚为前提条件。孙某主张撤销该《婚内财产约定协议》的诉讼请求，缺乏法律依据。"［北京市高级人民法院（2016）京民申720号民事裁定书］。显然法院并未认定该《婚内财产约定协议》为赠与，否则赠与人可行使任意撤销权。而同样是夫妻一方在婚姻关系存续期间将一方所有的房产约定为双方共有，在"叶某某债权人撤销权纠纷申诉案"，北京高院却认定为婚内财产赠与。北京高院认为："本案中，案涉房屋产权人登记为王某某，其于2009年3月12日与叶某某签订《协议书》，将涉案房屋由王某某单独所有约定为与叶某某二人共同共有，因当时双方并未离婚，故王某某这一行为实质属于婚内赠与性质。王某某作为赠与人在房产变更登记前可以撤销赠与。后王某某向叶某某作出了撤销《协议书》的行为，且涉案房产也未发生权属变更，故王某某要求确认其向叶某某作出的撤销《协议书》之行为有效的诉讼请求，合理有据，应予支持。"［北京市高级人民法院（2014）高民申字第632号民事裁定书］。无独有偶，在"张某某、陈某某确认合同无效纠纷再审案"，福建省高院认为："根据本案查明的事实，西洋新村房屋系陈某某因继承取得的个人婚前财产。陈某某与张某某签订《协议书》，约定将西洋新村房屋作为与张某某的婚后共同财产，一、二审法院认定《协议书》对西洋新村房屋的约定系赠与，并无不当。涉案《协议书》签订后，直至西洋新村房屋被拆除，陈某某与张某某未曾办理变更登记。陈某某对西洋新村房屋的赠与行为享有撤销权。"［福建省高级人民法院（2019）闽民申1960号民事裁定书］。

内容，不适用《民法典》第1065条关于夫妻约定财产制的规定。赠与方在赠与房产变更登记之前撤销赠与，另一方请求判令继续履行的，人民法院应当按照《民法典》第658条的规定处理"①。也就是说，夫妻双方约定将一方的财产直接归对方所有的，属于夫妻间赠与而非夫妻约定财产制。

笔者认为我国婚姻法采取的是任意式（独创式）的约定财产制。② 理由是：一方面，在采选择式约定财产制的国家或地区，立法不仅明确规定了当事人可选择的财产制类型，而且对于每种类型的财产制之内容也置以明文规定。反观我国民法典的规定，显然对于每种约定财产制之内容付之阙如。另一方面，在采选择式约定财产制的国家或地区，对于当事人的选择权限大都设有强制性规定，即明文规定当事人仅可在法定范围内进行选择。而我国《民法典》第1065条（包括原《婚姻法》第19条）规定均使用的是"可以"而非"应当""必须"等带有强制色彩的立法用语，换言之，该条之规范性质为任意性法律规范，而非强制性法律规范。也就是说，该条所规定的三种约定财产制类型只是列举性、建议性的，并未穷尽（也无法穷尽）所有的可约定的类型。此亦可通过该条第2款之规定所窥知。立法者也认为："关于当事人可以约定采用哪种夫妻财产制，《民法典》第1065条未作规定，即没有对当事人可以选择的财产制进行限制。"③ 我国台湾地区有学者也认为我国婚姻法采取的是任意式的约定财产制，如戴东雄先生认为："约定夫妻财产制契约

① 房绍坤、范李瑛、张洪波：《婚姻家庭继承法（第六版）》，中国人民大学出版社2020年版，第68页。

② 我国也有学者持此观点，如李洪祥：《离婚财产分割协议的类型、性质及效力》，载《当代法学》2010年第4期。笔者在与著名的婚姻法学者裴桦教授交流请教时，裴桦老师也持此见解。

③ 黄薇主编：《中华人民共和国民法典婚姻家庭编解读》，中国法制出版社2020年版，第126页；石宏主编：《中华人民共和国民法典立法精解（下）》，中国检察出版社2020年版，第1415页。

的内容，在立法例上有不同的规定。为强调契约当事人意思自治与契约自由的原则，只要不违反法律的强制禁止规定或不抵触善良风俗，契约当事人均能自由约定。但此种立法例对保护第三人及维护交易安全，有不足之嫌，日本民法与中国婚姻法采此立法例。”

（二）夫妻财产制契约与物权变动

在夫妻采用约定共同财产制下物权变动是否须以登记为生效要件？尤其是最高人民法院2014年12月以公报形式刊载“唐某诉李某某、唐某乙法定继承纠纷案”后，基于夫妻财产制契约导致的不动产物权变动问题成为学界热议之重点，相关论述陆续见诸报端。

1. “限定式约定财产制”立法例——非基于法律行为的物权变动

德国、瑞士等采“限定式约定财产制”，如前所述，限定式约定财产制究其本质仍为一种广义之法定财产制，故其与遗产继承一样，均属于非基于法律行为的不动产物权变动。“夫妻财产制契约的订立，直接发生夫妻间的财产关系权利与义务之变动，不必再有有关所有权或其他权利移转之个别法律行为。”如果当事人选择财产共同制，各自的婚前财产与婚内财产自动成为夫妻共同财产，无须各个登记。根据《德国民法典》之规定，配偶双方若以夫妻财产合同约定实行共同财产制的，则夫与妻之财产因“共同财产制”而成为双方共同所有之财产。夫或妻在约定实行共同财产制期间所得之财产，无须以法律行为加以转让，也当然属于共同所有之财产。已登记或可登记于土地登记簿的权利已成为共同财产的，则任何一方均可请求配偶他方予以协助更正土地登记簿之记载。[1] 也就是说，夫妻之间若约定采用共同财产制，则夫妻双方各自所属之物无须通过单个处分行为将其转为共同财产，而是在该财产制开始之时自动结合为

① 参见《德国民法典》第1416条。

共同财产。夫妻共同财产根据“总括继受原则”而直接产生，此种物权之变动无须登记即可发生，虽然在土地登记簿上妻子是土地的单独所有人，但该土地在结婚时属于双方共有。即使配偶一方单独完成了所有权取得行为（《德国民法典》第929条），也不能成为单独所有人；该财产在取得之时直接成为共同财产。① “在德国民法中，于夫妻共同财产制条件下，以婚姻的成立而取得配偶的不动产物权如共同所有权、居住权以及离婚后经法院判决给予对方的居住权等情况（《德国民法典》第1450—1470条，以及第1571条等）。因法律规定与司法裁判不以当事人的意思表示为前提，而且它们本身又具有充分的社会公示性，能够满足物权成立或转移的一般需求。”②

同时，采“限定式约定财产制”之立法例，夫妻财产制契约除夫妻双方合意外，必须践行一定之方式，该契约始能生效。如在德国民法，夫妻财产制契约的订立，亦应由配偶双方于公证人面前为之，始生效力。夫妻排除或变更法定财产制者，就配偶之一方与第三人所为之法律行为，以财产制契约登记于管辖机关之登记簿，或于法律行为时已为第三人所知悉者为限，始得对抗第三人。《瑞士民法典》第184条规定：“婚姻契约须作成公式证书并由缔约人签字”，而且在夫妻财产制登记处登记，始能对第三人发生效力（《瑞士民法典》第248条、第251条），不过此部分规定已被删除。但为了保护第三人之利益，瑞士民法典规定于婚姻关系存续中订立或改废夫妻财产制契约，就契约订立或改废前已发生的财产上责任不受影响。③

---

① ［德］迪特尔·施瓦布：《德国家庭法》，王葆莳译，法律出版社2010年版，第114页。

② 孙宪忠：《德国当代物权法》，法律出版社1998年版，第139页。

③ 《瑞士民法典》第193条规定：“配偶一方或夫妻双方的债权人对某财产可提出清偿请求的，该财产不得因夫妻财产制的设定或变更，或因夫妻财产权的分割而解脱被清偿的责任。”

盖多数夫妻在婚姻关系存续期间订立或改废夫妻财产制契约，通常不无有诈害其债权人利益之嫌，故此规定能够在一定程度上缓和因删除夫妻财产制契约登记对抗规定而对第三人造成损害的风险。此登记之对抗要件，不问该第三人为善意或恶意均相同。此立法意旨全为对第三人之公示作用，并保护债权人免于受夫或妻之诈害，而维护交易之安全。同时，为贯彻物权法定主义及保护交易安全，避免夫妻借登记夫妻财产制之方式，逃避其债权人之强制执行，也就是说，其他财产权登记之效力不因其与夫妻财产制契约之登记不一致而受影响。

2. “独创式约定财产制”立法例——意思主义的物权变动

在“独创式约定财产制”下，由于当事人不仅可以自由约定财产制的类型，也可以在不违反法律的强制性规定与公序良俗之前提下自由约定财产制之具体内容，因而其较之于限定式约定财产制更能体现意思自治原则。同时，绝大多数采“独创式约定财产制”的国家，于物权变动领域均实行意思主义的物权变动模式①，即只要有意思表示就产生物权变动效力，但未经登记不得对抗第三人。而且即使是在非基于当事人之意思表示而发生的物权变动场合，也依然适用该规则。如在日本民法不动产物权变动之场合，不问物权变动之原因（不区分依法律行为与非法律行为），一概适用《日本民法典》第177条“非经登记不得对抗第三人之规定”。强制拍卖、为实行担保物权而进行的拍卖等拍卖，虽非私法上的依当事人的意思

① 韩国民法除外，韩国民法虽采独创式的约定财产制，但其物权变动模式与奥地利民法典的规定大体相同，即采债权形式主义。其第188条规定：“在不动产场合，基于法律行为的不动产物权的取得、丧失及变更，非经登记，不生效力。关于动产物权之让与，非将动产交付，不生效力。”该法典的立法理由书指出：“物权基于债权契约、交付或登记发生变动，一方面使物权变动存在与否较为明确，有利于交易安全的保护；另一方面也可避免当事人之间的关系以及他们与第三者之间关系的复杂状态。”参见王轶：《物权变动论》，中国人民大学出版社2001年版，第32页。

表示而发生的物权变动，但实际上与其并无不同。因此，依拍卖取得的所有权，为对抗第三人亦以登记为必要。国家通过公用征收，取得的农地所有权，如缺乏所有权登记，也不能对抗从原所有人处受让该农地的第三人。① 因而，有学者谓："瑞士民法（第656条）规定：因先占、继承、征收、强制执行，及判决之取得，在未登记前，取得人虽有所有权，唯非登记，不得处分，可供参考。但不得以之为日本民法之解释。"② 再如在法国民法，基于法院判决而产生的不动产抵押权（即裁判抵押权），其变动与否取决于判决，虽然裁判抵押权亦须办理登记，但这只是为了取得对抗第三人之效力，登记与否对抵押权的产生与变动没有任何影响。③ 因此，在采"独创式约定财产制"之立法例下，基于夫妻财产制契约发生的不动产物权变动同样无须登记即可发生效力，只不过未经登记不得对抗第三人。

同时，与"限定式约定财产制"立法例相同，在"独创式约定财产制"之立法例亦为夫妻财产制契约的订立、变更等设置了诸多公示条件。如在法国民法，当事人订立夫妻财产制契约，须在公证人面前，以文书作成始可。同时，为使当事人已成立之夫妻财产制契约对第三人发生效力，该契约的订立、变更，须通过其结婚证予以公开。《日本民法典》第756条规定："夫妻已订立了与法定财产制相异的契约时，未经婚姻登记之前就其进行登记，不能以该契约对抗夫妻的承继人或第三人。"《葡萄牙民法典》第1710条规定："婚前协定须以公证书订立或通过在民事登记局局长面前缮立之笔录

① ［日］近江幸治：《民法讲义Ⅱ：物权法》，王茵译，北京大学出版社2006年版，第90—92页。

② ［日］三潴信三：《物权法提要》，孙芳译，中国政法大学出版社2005年版，第28页。

③ ［法］弗朗索·瓦泰雷、菲利普·森勒尔：《法国财产法（上册）》，罗结珍译，中国法制出版社2008年版，第489页。

订立，方为有效。同时，婚前协定仅在登记后，方对第三人产生效力。”《韩国民法典》第829条第4款、第5款规定：“夫妻就其财产另行约定，但至婚姻成立时仍未登记的，不得以其对抗夫妻的承继人或第三人。根据第2款、第3款的规定或约定，变更管理人或分割共有财产的，未经登记，不得以其对抗夫妻的继承人或第三人。”在“独创式约定财产制”立法例下，夫妻财产制契约的公示方式有两种：一为登记。如《西班牙民法典》第1333条规定：“所有婚姻相关信息，如缔结的婚约（即夫妻财产制契约——笔者注）、协议、司法裁决、婚姻财产关系的修改等应在民事登记中心登记。涉及不动产的，应根据抵押法规定的格式和效力在财产登记中心登记。”二为在结婚证书中载明。如《意大利民法典》第162条规定：“配偶双方选择夫妻分别财产制的，可以在结婚证书中载明。在结婚证书备注栏中没有婚姻协议的缔结日期、受委托的公证人、缔约双方当事人身份或本条第2款中规定的对夫妻财产制选择的记载的，不得以婚姻协议对抗第三人。”此外，夫妻财产制契约的订立通常应在婚前为之，禁止婚后再为变更或虽允许变更但设置了较为严格的条件。如《法国民法典》第1395条规定：“有关夫妻财产的各项协议，应在举行结婚之前订定，但仅于结婚之日开始生效。”《日本民法典》第758条规定：“夫妻的财产关系，在婚姻登记后不能变更。”《葡萄牙民法典》第1714条规定：“除法律规定之情况外，婚姻缔结后，不得变更婚前协定及依法确定之财产制度。”《韩国民法典》第829条第2项规定：“夫妻于婚姻成立前就财产有约定的，婚姻期间不得变更。”法国民法也是如此，结婚一经举行，只有在分别财产或采取其他司法保护措施的情况下，应夫妻一方的请求，或者在以下条款所指情况下，应夫妻双方的共同请求，依判决的效力，才能对夫妻财产制进行变更。只有在未经法院干预（参与），直接变更或排除（有关夫妻财产的）法定规则或夫妻财产契约的某项条款时，才构成“对夫妻财产制的受到禁止的变更”，广而言之，凡是在婚姻存续期间订立的协议或约定的安排，对夫妻财产契约的条款或法律的规定本应产生的正规的或法定的效果造成损害或使其丧失效力时，均属于对夫妻财产制进行了“受到禁止的变更”。夫妻财产制契约的变更，自变更公证文书订立之日或判决作出之日，在各当事人之间即发生效力；对于第三人，自变更事由在夫妻双方各持一份的婚姻财产契约的备注栏内作出记载之后 3 个月发生效力；但是，即使没有作此记载，如在夫妻双方与第三人订立的文书中申明夫妻财产制已经变更，此种变更对第三人亦具有对抗力。① 夫妻财产制的变更如有侵害债权人权利的情形，原先没有提出异议的债权人仍可按照《法国民法典》第 1167 条②之规定对此种变更提出攻击。③

综上可知，不论是采“限定式约定财产制”之立法例还是采“独创式约定财产制”之立法例，基于夫妻财产制契约而发生的不动产物权变动均无须登记即可发生效力，唯前者是将其作为非基于法律行为的不动产物权变动的一种情形，后者则是因采意思主义物权变动模式之结果。同时，在此两种立法例下，均对夫妻财产制契约之订立、变更规定了严格的形式要件，且契约之内容非经登记不得对抗第三人。在独创式约定财产制下，涉及两种未经登记不得对抗第三人的规则：一为婚姻契约未经登记或公示不得对抗第三人，二为基于婚姻契约发生的物权变动未经登记不得对抗第三人。笔者认为，此两者之立法意旨不同，前者是为防止夫妻双方借订立或改废财产制契约而损害债权人之利益；后者是不区分法律行为与非法律行为而统一适用意思主义物权变动模式之结果。此外，为防止夫妻在婚姻关系存续期间通过订立或变更财产制契约而损害债权人之利益，设置了不同的防范方法：一为夫妻所订立或变更的财产制契约，

---

① 《法国民法典》第 1397 条第 6 款。

② 该条规定：“债权人也可以其本人的名义攻击债务人欺诈侵害其权利的行为。”

③ 《法国民法典》第 1397 条第 9 款。

有诈害债权人之利益时，债权人得通过债法上的撤销权制度请求法院予以撤销；二为在婚姻关系存续期间禁止订立或改废夫妻财产制契约，如有违反该契约无效；三为当事人于婚姻关系存续期间订立或改废夫妻财产制契约时，除须履行登记或公告之方式，采取不溯及既往之原则，即夫或妻在此之前对第三人已发生的债务，不因财产制契约的订立或改废而受影响。由此，反观我国《婚姻法》关于约定财产制之规定，上述两种立法例之规定颇值得借鉴。

（三）我国现有学说理论——不动产登记的弱化与谦抑

绝大多数学者都认为在任意式约定财产制下，基于夫妻财产契约而发生的物权变动规则应有别于交易行为情形下的物权变动，即应当突破物权法上物权变动须以登记或交付为生效要件的规则，唯各自所持之理由不一，主要存在以下 4 种观点：

1. 物权合同说

"夫妻财产契约直接发生夫妻财产法的效力，可直接导致该契约所涉之所有权的变动，而无须有法律行为的所有权或其他权利的移转。订立夫妻财产契约是以婚姻的成立为前提，因结婚而于夫妻之间即发生财产契约的物权效力。"① "婚前的一般共同财产制约定属于物权契约，婚后当然发生物权变动的效力，无须另经物权变动程序。"② "夫妻财产契约属于物权契约，婚姻关系的身份性决定了夫妻财产契约的前提是身份关系即婚姻的存在，财产约定在合乎法律行为规则的基础上因合法有效的婚姻存续而发生效力，应当可以直接发生物权效力。作为物权契约的结果，夫妻间的不动产物权变动不宜过分强调登记公示。"③

---

① 史尚宽：《亲属法论》，中国政法大学出版社 2000 年版，第 344 页。

② 许莉：《夫妻财产归属之法律适用》，载《法学》2007 年第 12 期。

③ 王忠、朱伟：《夫妻约定财产制下的不动产物权变动》，载《人民司法（案例）》2015 年第 4 期。

2. 债权意思主义的物权变动说

持此观点的学者认为："《婚姻法》第 19 条之规定应理解为《物权法》第 9 条规定的'法律另有规定的情形'。夫妻间关于个人财产或共有财产的归属所进行的约定一旦生效便直接发生物权变动的法律效果，物权变动所要求的法定形式，对夫妻按照约定取得的所有权没有影响，这实际上是采纳了债权意思主义。"① "夫妻财产契约因为具有特殊的身份属性，夫妻间的意思自治是其更加注重的法价值，所以按照夫妻双方的意思配置其财产的归属从而维护夫妻生活利益共同体的存续发展是其最重要的功能。因此不动产登记的行政效能应适当让位于私法自治的精神，使得夫妻可以以其自由约定决定非市场交易情形下的财产归属。所以采债权意思主义不仅可以便利快捷地实现物权变动，而且也可以避免物权变动难为外界知悉所带来的交易安全隐患。"② "在多元物权变动模式背景下，物权法虽然以债权形式主义作为原则，但也同时认可了仅凭债权合意的单一法律行为即可发生物权变动的意思主义，并在实践中得到适用和遵从。约定财产制作为婚姻法的特别规定，体现了意思主义物权变动模式，因此夫妻约定财产制下的物权变动可归入意思主义模式。"③

3. 法律直接规定说

该说认为："因当事人所选择的夫妻财产制是法律直接规定的，法律对于某种夫妻财产制的规定自然也是明确的，所以当事人取得共有财产，并非基于夫妻财产契约本身，而是基于婚姻法对其选择

---

① 范李瑛：《夫妻关系的立法与现实问题研究》，科学出版社 2011 年版，第 109 页。

② 参见姚辉：《夫妻财产契约中的物权变动论》，载《人民司法（案例）》2015 年第 4 期。

③ 王忠、朱伟：《夫妻约定财产制下的不动产物权变动》，载《人民司法（案例）》2015 年第 4 期。

的财产制的规定。”①

4. 非交易行为说

该说认为：“夫妻关系是身份关系，夫妻财产约定虽然涉及财产变动的内容，但其并非交易行为，不存在利益平衡的问题，也不同于普通的财产合同。其内容和效力均具有特殊性，不得与身份行为的后果相抵触。界定其性质和效力，必须从结婚这一特殊事实出发，此类约定不能适用物权变动的一般规则。”② 夫妻之间订立财产契约，不啻为对法定财产制的排除，更是对夫妻之间以及夫妻与第三人就财产关系的昭示。基于婚姻生活的特殊性和对民事生活意思自治原则的尊重，法律在调整婚姻财产时应当承认其约定之效力而适当排除一般的契约法则与物权规则。从夫妻财产契约的订立意图以及功能设置分析，应当认定夫妻财产契约的性质是身份契约，其适用规则理应有别于一般财产行为契约。由于夫妻财产契约的特殊身份性，其更加注重的法价值是夫妻之间的意思自治，此时不动产登记的社会行政效能应适当让位于意思自治之精神；故较之于登记所承担的社会秩序功能等，夫妻得以以约定的契约调整非进入市场流转的财产归属。③

前述第一种观点在我国现行法下不具有存在的空间，第三种观点则是建立在选择式的约定财产制之基础上，此亦有悖于我国现行法之规定。自解释论的立场，第二种观点与第四种观点则与我国现行法的相关规定较为吻合，均具有一定的合理性。笔者认为，基于任意式的约定夫妻财产制而发生的不动产物权变动无须登记，自该约定生效时即发生效力，债权意思主义物权变动说与非交易行为说

① 田韶华：《婚姻领域内物权变动的法律适用》，载《法学》2009年第3期。

② 许莉：《夫妻财产归属之法律适用》，载《法学》2007年第12期。

③ 姚辉：《民法学方法论研究》，中国人民大学出版社2020年版，第214页、第218页。

虽具有一定的合理性，但其只注意到问题的表面而未涉及更深层次的原因。学者间虽然对夫妻财产制契约的性质存在“身份行为说”“财产行为说”“附随行为（从契约）说”之争，但不论何者无不涉及婚姻这一法律事实，即使是财产行为说也不能否认“该财产制约定中的全部动机基于夫妻相互间的特殊身份关系及维护这一特殊利益共同体的存续与发展为目的”①。台湾地区学者林秀雄认为，婚姻这一法律事实具有伦理道德性与传统习俗性的特点，夫妻间的相互关系具有浓厚的伦理色彩，同时也最受传统习俗之影响。“夫妻者，本非骨肉之亲，而配合以后，苦乐与共，休戚相关，遂为终身不可离之伴侣。而人之幸福，实在于夫妇好合之间。”② “婚姻是男女合意以成立家庭、建立夫妻一体生活为目的之结合。婚姻的本质属性为设权的意思表示性，基于婚姻身份契约的特殊性，此种设权的意思表示应包括结成夫妻关系、永久共同生活之目的。”③ 婚姻这一身份法律事实的特殊性决定了其在很多制度设计方面应当有别于纯粹的财产法律制度，即使是其中涉及财产内容的法律制度。婚姻家庭的这种团体性特点决定了婚姻法不可能完全以个人为本位，必须考虑夫妻共同体、家庭共同体的利益，与物权法突出个人本位主义有所不同，在调整夫妻关系财产领域，物权法应当保持谦抑性，对婚姻法的适用空间和规制功能予以尊重。如本书第一章所述，在非因法律行为的不动产物权变动中，法律事实本身如同不动产物权交易中的登记一样，同样具有确证权利正当性和保持社会记忆之功能。如我国台湾地区学者吴光明认为：“不动产物权取得，既不需当事人意思表示，又不需登记者，即当然取得物权者。其本身即具有社会

---

① 姚辉：《夫妻财产契约中的物权变动论》，载《人民司法（案例）》2015 年第 4 期。

② 中国蔡元培研究会：《蔡元培全集（第二卷）》，浙江教育出版社 1997 年版，第 138 页。

③ 余延满：《亲属法原论》，法律出版社 2007 年版，第 133 页。

上之公示性，能够满足物权成立或移转之一般需求。”婚姻登记本身即具有社会公示性，且在一定范围内夫妻身份（谁与谁是夫妻）亦为周围公众所熟知。因此，婚姻这一身份法律事实本身即具有确证权利变动的正当性以及保持一定范围的社会记忆功能。所以，笔者认为基于夫妻财产制契约而发生的不动产物权变动也属于非基于法律行为的物权变动。非交易行为说只是婚姻内在身份本质的外在表现，而债权意思主义的物权变动说则依然是建立在夫妻财产制契约的身份属性之基础上。但是债权意思主义与债权形式主义是基于法律行为的物权变动模式，而基于法律行为的物权变动都与产权交易相关。“权利需通过一定的表征方式加以彰显，彰显权利的需要越强烈，则权利的表征方式越需明确与肯定。彰显权利的需要主要取决于两个因素：一为权利的对世性，二为权利作为交易客体的必要性与可能性。在这两个因素之中，后者更为重要。”① 所以，债权意思主义的物权变动说虽然已经认识到夫妻财产制契约具有特殊的身份性，从而基于该约定而发生的物权变动应当有别于进入市场流转的作为交易客体的物权变动规则，但究其实质，这种物权变动要件的差异恰恰源自婚姻这一特殊的身份法律事实。从表面上看，夫妻财产制契约不论其性质为身份行为抑或财产行为，但其终究为法律行为，从而将基于夫妻财产制契约发生的物权变动归于基于法律行为的物权变动，如有学者认为：“不论是婚内财产分割协议还是夫妻财产制契约，均为婚姻关系当事人即夫妻意思表示一致的产物，体现的是当事人合意。它们都属于典型的双方法律行为，由此引起的物权变动本身就是当事人所意欲的、追求的法律效果，属于基于法律行为的物权变动而非直接依据法律规定发生的物权变动。”② 但是双

---

① 李昊、常鹏翱、叶金强、高润恒：《不动产登记程序的制度建构》，北京大学出版社 2005 年版，第 93 页。

② 程啸：《婚内财产分割协议、夫妻财产制契约的效力与不动产物权变动》，载《暨南学报（哲学社会科学版）》2015 年第 3 期。

方订立夫妻财产制契约的前提、基础、动机与目的无论如何与婚姻这一身份法律事实不无关联①，没有婚姻就没有夫妻关系，更不存在夫妻财产制的约定。所以，“婚姻不成立或无效时，夫妻财产制契约不发生效力或无效。婚姻被撤销的，采溯及无效主义的，夫妻财产制契约无效；采不溯及无效主义的，撤销时即失其效力”②。此外，因遗嘱继承而发生的物权变动表面上同样看似属于基于遗嘱这一法律行为发生的物权变动，但是因继承（不论是遗嘱继承还是法定继承）发生的物权变动属于非基于法律行为的物权变动。物权在被继承人与继承人之间的变动，起决定性作用者乃被继承人死亡的事实，而非取决于法律之规定和遗嘱之约定。何况，“现代法上之‘继承’，系属财产法上制度，而与往昔所存在之‘祭祀继承’或‘身份继承’制度为身份关系而与有财产法色彩者，大有差别”。“继承虽然与身份有关，但是身份关系仅为决定继承顺序之基准而已，其总体上仍属财产法。”③ 而婚姻法却是典型的身份法，同样对夫妻之间财产所有权变动效力的发生起决定性作用者乃婚姻这一特殊的身份事实，而非取决于法定财产制抑或约定财产制，换言之，婚姻身份事实本身与财产制契约的内容两者中前者更应受到法律的评价。夫妻之间采法定财产制还是约定财产制，仅仅决定财产共有的时间和空间范围（即何时取得的何种财产），而其效力的发生则取决于婚姻身份事实本身。所以，基于夫妻财产制契约而发生的物权

① 离婚时的财产分割协议也是如此，夫妻离婚时的财产分割协议不同于一般的民事合同，双方在签订共同财产分割协议时，除了考虑利益因素以外，更多地受到子女抚养、当事人之间的感情、心理平衡等因素的影响，而不能像对待其他民事合同一样，以等价有偿作为唯一标准。因此人民法院在审理时不宜轻易地认定财产分割协议显失公平而支持一方当事人撤销或变更的诉讼主张。参见吴庆宝：《最高人民法院司法政策与指导案例（婚姻家庭卷）》，法律出版社2011年版，第173页。

② 余延满：《亲属法原论》，法律出版社2007年版，第288页。

③ 张平华、刘耀东：《继承法原理》，中国法制出版社2009年版，第6页。

变动也属于非基于法律行为的物权变动。我国司法实践中，也有持类似见解的判决出现，如在“吴某某与刘某某所有权确认纠纷上诉案”，二审法院认为：“婚内财产协议只涉及财产在夫妻之间的归属问题，依双方约定即可确定，无须以公示作为物权变动要件。夫妻之间的约定财产制，是夫妻双方通过书面形式，在平等、自愿、意思表示真实的前提下对婚前婚后共有财产归属作出的明确约定。此种约定充分体现了夫妻真实意愿，系意思自治的结果，应当受到法律尊重和保护，故就法理而言，亦应纳入非依法律行为即可发生物权变动效力的范畴。因此，当夫妻婚后共同取得的不动产物权归属发生争议时，应当根据不动产物权变动的原因行为是否有效、有无涉及第三人利益等因素进行综合判断，不宜以产权登记作为确认不动产权属的唯一依据。”① 在“唐某诉李某某、唐某乙法定继承纠纷案”，北京三中院认为：“夫妻之间的约定财产制充分体现了夫妻真实意愿，应当受到法律的遵照和保护，故就法理而言，亦应纳入非依法律行为即可发生物权变动效力的范畴。”② 对此，有学者认为：

① 辽宁省锦州市中级人民法院〔2016〕辽07民终1228号民事判决书。

② 北京市第三中级人民法院〔2014〕三中民终字第09467号民事判决书。类似判例还有“雷某与胡某某、第三人谢某某案外人执行异议纠纷案”，法院认为：“物权法的相关规定对于非基于法律行为所引起的物权变动也进行了例示性规定，并未穷尽非因法律行为而发生物权变动的所有情形，婚姻法及其司法解释规定的相关情形亦应包括在内。以上所述，物权变动不宜以产权登记作为确认不动产权属的唯一依据，只要有充分证据足以确定该不动产的权属状况，应优先保护事实物权人。因此，谢某某与胡某某在离婚时对财产分割协议只涉及财产在离婚后的归属问题，依双方约定即可确定，无须以公示作为物权变动要件。”［重庆市大足区人民法院（2016）渝0111民初4322号民事判决书］；“高某某、淮安市××酒业有限公司等案外人执行异议上诉案”，法院认为：“物权法第28条至第30条对于非基于法律行为所引起的物权变动亦进行了例示性规定，列举了无需公示即可直接发生物权变动的情形。当然，这种例示性规定并未穷尽非因法律行为而发生物权变动的所有情形，婚姻法及其司法解释规定的相关情形亦应包括在内。我国婚姻法关于夫妻财产制度的规定并非基于当事人之间的法律行为而是基于法律规定，夫妻双方对于离婚财产的约定属于非依法律行为即可发生物权变动效力的范畴。”［江苏省淮安市中级人民法院（2015）淮中民终字第02030号民事判决书］。

"夫妻财产制契约原则上不具有对抗第三人的效力，仅仅在夫妻之间发生法律效力，除非第三人知道该契约。如果按照二审法院的观点，夫妻财产制契约属于非基于法律行为的物权变动，那就等于将仅仅在夫妻内部引起的财产变动的效力扩及于外，使得原本在夫妻之间才有效力的契约产生了对外效力，这势必会引起极大的混乱。"① 笔者认为，该观点混淆了非基于法律行为的物权变动的内外效力。在夫妻生活共同体内部不论是基于法定夫妻财产制抑或夫妻财产制契约发生的不动产物权变动，均属于非基于法律行为的不动产物权变动，从而不适用物权法关于不动产物权变动的一般规则。但在夫妻生活共同体外部，即涉及第三人的情况下，第三人仍受登记公信力之保护，换言之，虽然于夫妻生活共同体内部发生的不动产物权变动无须登记即可发生效力，但一旦涉及第三人仍须办理变更登记，始得对抗之，此亦为《物权法》第 31 条"在先已登记原则"之内在要求。如在"张某某诉郑某某物权纠纷案"，法院认为："本案讼争房产系被告婚前购买并支付了首付款，且在婚前登记在被告个人名下，根据《物权法》第 9 条以及《婚姻法》第 18 条之规定，该房产系被告婚前个人财产。《房产约定》系原被告双方对被告婚前财产所有权归属的真实意思表示，根据《婚姻法》第 19 条的规定，该约定合法有效。关于被告认为其已撤销对原告的房产赠与的抗辩，本院认为《房产约定》系夫妻之间基于婚姻的感情基础对一方婚前财产归属的约定，不同于赠与合同，属于特殊的民事合同，附有婚姻的人身性质，受《婚姻法》调整而不适用《合同法》关于赠与的相关规定。同时，原被告双方对共同居住的房产约定为共有，与《婚姻法司法解释（三）》规定的可予以撤销的赠与的情形并不相同。故被告撤销的抗辩，有违诚实信用原则，不利于社会稳定，不予支

① 程啸：《婚内财产分割协议、夫妻财产制契约的效力与不动产物权变动》，载《暨南学报（哲学社会科学版）》2015 年第 3 期。

持。判决讼争房产属于原被告共同共有，被告应协助原告办理变更登记。”① 该案中双方婚后签订的《房产约定》即将一方的婚前财产约定为婚后双方的共同财产，该约定并非赠与合同，而是《婚姻法》第19条所规定的夫妻财产制契约。判决认为该约定是以婚姻为基础的特殊民事合同，系基于双方结婚的身份法律事实而约定的夫妻财产制。且一方婚前单独所有的财产因结婚的事实与该约定而直接变动为双方共同所有，此即非基于法律行为的不动产物权变动，未办理变更登记（共同共有登记）并不影响该房产为双方共有的事实。法院的判决同样只是对该事实的确认而已，系属确认判决。

（四）离婚财产分割协议的物权效力

关于离婚财产分割协议（主要是指房产）是否具有物权效力，理论与实务中存在肯定与否定两种不同的观点。肯定者认为，根据亲属法理论，夫妻双方于离婚时或婚姻关系终止时对夫妻关系存续期间所得财产及婚前财产的清算（分割）所达成的协议，也是夫妻财产制的内容之一。也就是说，夫妻对婚姻关系解除时财产清算等事项所作出的约定，也属于夫妻财产制契约的内容。离婚时的财产分割协议是对夫妻共同财产的归属所进行的约定，只是该财产归属不是为了婚姻关系的存续和发展，而是为了婚姻关系的解除。② 因此，夫妻财产制契约直接发生夫妻财产法的效力，即当事人选定的财产制度替代法定财产制适用，无须再采取其他财产变动行为。③

---

① 福建省福州市鼓楼区人民法院〔2012〕鼓民初字第3733号民事判决书。

② 参见范李瑛：《夫妻关系的立法与现实问题研究》，科学出版社2011年版，第109页；李洪祥：《离婚财产分割协议的类型、性质及效力》，载《当代法学》2010年第4期。

③ 参见薛宁兰、孙莉：《我国夫妻财产制立法若干问题探讨》，载《法学论坛》2011年第2期；裴桦：《夫妻财产制与财产法规则的冲突与协调》，载《法学研究》2017年第4期。

否定者认为："夫妻财产制契约之物权归属也属于基于法律行为的物权变动……仍然必须依据《物权法》第9条第1款、第23条的规定进行相应的不动产登记或交付。"① "离婚财产分割协议的法律属性应为财产清算协议。因离婚财产分割协议而导致房产所有权移转的，属于基于法律行为引发的物权变动。根据《物权法》第9条的规定，离婚房产权属约定必须经不动产登记才发生物权效力。离婚财产分割协议与夫妻财产制契约不同，因而它也不属于《物权法》第9条但书规定的例外情形。"② "因为离婚财产分割协议是夫妻双方离婚时对夫妻共同财产的归属的约定，而不是夫妻双方对于婚姻关系存续期间夫妻财产归属的约定。离婚财产分割协议以双方离婚为条件，如果夫妻关系未解除，既不能借此主张分割财产，也不能将离婚财产分割协议作为夫妻财产约定。夫妻财产约定可以作为夫妻离婚时财产处理的依据，但夫妻离婚财产分割协议不能作为夫妻财产约定。"③

笔者认为，因离婚时的财产分割协议而发生的物权变动也属于非基于法律行为的物权变动。如在"黄某某、高某执行异议之诉再审案"，湖北省高院认为："根据《婚姻法》的规定，主要是从身份法的角度判断离婚财产分割协议的效力，除夫妻另有约定外，离婚财产分割协议自成立时生效，能够在夫妻之间直接产生物权变动的效力。但在此情形下，离婚财产分割协议突破了《物权法》的物权变动公示公信原则，涉及第三人利益问题。为了保护第三人对物权公示手段的合理信赖，应当对离婚财产分割协议区分为对内效力和

① 程啸：《婚内财产分割协议、夫妻财产制契约的效力与不动产物权变动》，载《暨南学报（哲学社会科学版）》2015年第3期。

② 叶名怡：《离婚房产权属约定对强制执行的排除力》，载《法学》2020年第4期。

③ 参见郭丽红：《冲突与平衡：婚姻法实践性问题研究》，人民法院出版社2005年版，第155页。

对外效力。在夫妻之间，离婚协议一经生效即应当发生不动产物权的变动效果，而不需要进行权属变更登记；在对外关系方面，由于引起的物权变动属于基于法律行为的物权变动，要产生对抗第三人的法律效力仍然应当服从物权法的规则。离婚协议对不动产归属的约定可以直接引起物权变动，仅系指发生在夫妻之间的物权变动效力，无需借助登记，但若要产生对抗第三人的法律效果，仍然必须依据《物权法》第9条第1款规定进行相应的不动产登记。本案中诉争房产未办理产权过户登记，尚未登记到黄某某名下，因此，黄某某不能以其享有该房产物权为由对抗第三人。"① 因此，离婚财产分割协议中约定的不动产物权自该协议生效时即发生物权变动的效力，但要产生对抗第三人的法律效力仍然应当服从物权法的规则。②

但绝大多数裁判认为离婚时的财产分割协议不具有直接发生物权变动的效力，如在"刘某、华某执行异议之诉再审案"，最高人民法院认为："《离婚协议书》虽约定案涉房产归刘某个人所有，但该处分行为未经登记不发生物权变动的法律效力。刘某基于《离婚协议书》的相关约定不享有对案涉执行标的物足以排除强制执行的民

① 湖北省高级人民法院〔2017〕鄂民申1411号民事裁定书。同样，在"冯某与翟某某夫妻财产约定纠纷申诉案"，广东省高院认为："夫妻财产约定是以夫妻身份关系为前提的财产协议，旨在排除、变动法定夫妻财产制。以协议离婚为条件的财产分割协议是夫妻关系存续期间达成的以离婚法律事实出现为生效条件的财产分割协议。夫妻赠与虽然也是夫妻之间财产无偿转移的约定，但该财产关系的变动与夫妻身份关系的存续或解除没有直接关系，与普通赠与没有本质区别。"［广东省高级人民法院（2015）粤高法民一申字第207号民事裁定书］；在"童某某与左某某、李某某、淮安××建设工程有限公司案外人执行异议之诉案"，二审法院认为："诉争房屋应当属于李某某与左某某在婚姻存续期间所取得的共同财产。后李某某与左某某于2012年2月27日协议离婚，并在离婚协议中约定诉争房屋归左某某所有。因此，自离婚协议生效之日起，对诉争房屋的权利则应当归属左某某享有。"［江苏省淮安市中级人民法院（2017）苏08民终880号民事判决书］。

② 作为离婚条件之一的夫妻财产分割协议自婚姻登记机关发给离婚证或人民法院作出的离婚判决或调解书生效时生效。

事权益。"① 在"马某某与涂某执行异议之诉上诉案"，重庆市高院认为："离婚财产分割协议不属于《物权法》第28条及《物权法司法解释（一）》第7条规定的导致物权变动的文书。"② 还有一些法院虽然并未明确承认离婚财产分割协议关于共同财产的分割具有直接发生物权变动的效力，但仍在一定条件下（如夫妻一方对于未及时办理登记手续并无过错），承认夫妻一方享有物权。如在"孙某与安某某案外人执行异议之诉再审案"，江苏省高院认为："人民法院对登记在被执行人名下的房产采取执行措施，被执行人的原配偶以双方已经离婚且案涉房屋已经离婚财产分割协议约定归其所有为由提起执行异议之诉，如其提供证据能够证明其对未办理房屋所有权转移登记没有过错，且离婚财产分割行为早于执行依据所确定的债务形成时间的，应予支持。"③

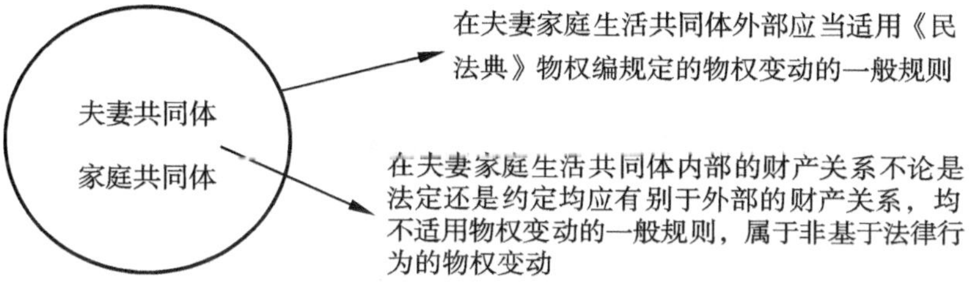

综上，夫妻之间基于财产制发生的物权变动对其效力起决定性作用者乃婚姻这一特殊的身份事实，而非取决于法定财产制抑或约

---

① 最高人民法院〔2019〕最高法民申4815号民事裁定书。类似判例还有"关某某、王某某等案外人执行异议之诉再审案"［最高人民法院（2019）最高法民申6088号民事裁定书］；"黄某、欧某某、李某执行异议之诉再审案"［四川省高级人民法院（2019）川执监78号执行裁定书］；"左某、王某、田某某案外人执行异议之诉再审案"［浙江省高级人民法院（2019）浙民申2986号民事裁定书］；"戴某某、××资源（广东）有限公司债权人撤销权纠纷再审案"［广东省高级人民法院（2019）粤民申6446号民事裁定书］。

② 重庆市高级人民法院〔2017〕渝民终157号民事判决书。

③ 江苏省高级人民法院〔2019〕苏民再2号民事判决书。

定财产制。换言之，夫妻之间采法定财产制还是约定财产制，仅仅决定财产共有的时间和空间范围（即何时取得的何种财产），而其效力的发生则取决于婚姻身份事实本身。所以，基于夫妻财产制契约而发生的物权变动也属于非基于法律行为的物权变动。同样，因离婚时的财产分割协议也属于夫妻财产制契约的内容，因此基于离婚财产分割协议而发生的物权变动也属于非基于法律行为的物权变动。

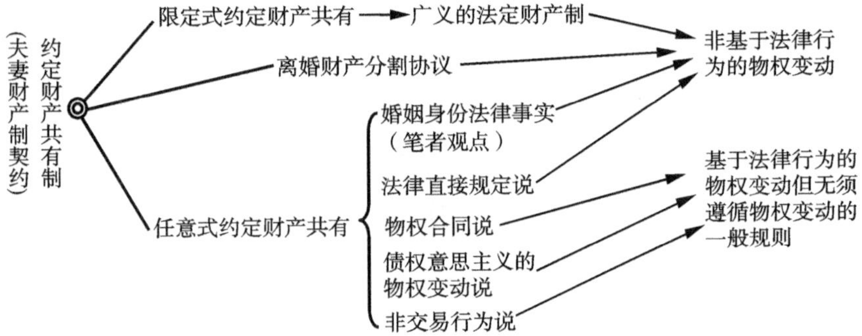

第三节　法定抵押权

所谓“法定抵押权”，是指无须经当事人合意设定，直接基于法律的规定而当然发生效力的抵押权。法定抵押权既因法律之规定而当然发生，自有别于基于当事人的合意而设定，且须经登记始生效力的意定（普通）抵押权。如《葡萄牙民法典》第 704 条规定：“法定抵押权直接由法律产生，而不取决于当事人之意思，只要存在被法定抵押权所担保的债务即可成立。”我国立法上的法定抵押权主要有两种：一为《民法典》合同编第 807 条（原《合同法》第 286 条）所规定的建设工程价款优先受偿权，二为《物权法》第 182 条规定的基于“房地合一”原则建筑物与建设用地使用权一并设定的抵押权。

一、建设工程价款优先受偿权①

法定抵押权在各国立法例中大都规定存在于承揽建造地上建筑物或其他工作物之承揽合同中，因而有时也被称为“承揽人抵押权”。但在各国立法例中关于承揽人抵押权是否为法定抵押权，进而无须经由登记即可成立，仍存有争议，学说上主要有以下两种不同的观点。

1. 登记生效要件说。该说认为，承揽人抵押权的产生须其请求定作人为抵押权登记，定作人也有会同办理登记的义务，因而双方共同申请办理抵押权登记后，乃依双方合意所为的抵押权之设定，性质上应属强制性的意定抵押权。因此承揽人抵押权非经登记不能成立。如《德国民法典》第 648 条第 1 项规定：“就建筑物或建筑物一部为承揽之人，得就其因承揽契约所生之债权，请求定作人于该建筑物之土地上为承揽人设定保全抵押权。”依据德国通说见解，承揽人于具备法定要件后，得请求定作人为抵押权的设定登记，承揽人仅得于登记成为抵押权人之后，始取得此抵押权。② 但德国学者通常认为，承揽人仅系取得请求登记为抵押权人的债权，如果定作人不为登记，则承揽人只有诉讼，如此旷日费时，不足以保护承揽人之利益；且承揽人事后纵然登记为抵押权人，也会因定作人已先向金融业融资，并将土地为其提供担保，从而无法获得保障。有鉴于此，1986 年由德国联邦司法部长所召集的破产法修正委员会曾提

① 关于我国《合同法》第 286 条规定的建设工程承包人的工程价款优先受偿权，存在着留置权说、优先权说、法定抵押权说等各种观点。留置权说依《物权法》的规定，其标的物仅限于动产，不动产不得为留置权的标的物，故非可采；优先权说亦与我国现行法律体制相悖，也不足采；法定抵押权说为正确之解释，值得采信。参见陈华彬：《民法物权论》，中国法制出版社 2010 年版，第 413 页。

② Vgl. Erman/H. C. Schwenker, §648, 11. Aufl., 2004, Rn. 1; Soergel/Teichmann, §648, 12. Aufl., Rn. 17.

出建议，重点是为了使承揽人获得确实的保障，应使其在未为抵押权登记之前享有抵押权；此外，更应使承揽人对于先设定抵押权的金融企业享有撤销权，以作为对金融企业就定作人的融资是否运用于定作之工作物而未予以适当监督的制衡手段。① 但2002年1月1日施行的德国新债法并未对承揽人抵押权作任何修改。《瑞士民法典》第837条第1项规定："就土地上建筑物和其他工作物供给材料及劳力，或单独供给劳力之手工业者或承揽人，对该土地所有人或承揽人享有之债权，得请求在该土地上登记法定土地抵押权。"瑞士通说均认为："依此规定承揽人所享有的仅为具有债之性质的登记请求权，其抵押权则须经由登记后始得存在。"② 我国台湾地区司法实践中认为，承揽工作为建筑物或其他地上工作物，或为此等工作物的重大修缮的，承揽人就其承揽关系所应得之报酬，得对于其承揽工作所附的定作人之不动产，请求定作人为抵押权登记；或对于将来完成的定作人之不动产，请求预为抵押权的登记。前项请求，承揽人亦得于承揽工作开始前为之。如承揽契约已为公证，前二项的抵押权登记，承揽人可单独申请为之。③ 对于该规定的承揽人抵押权是否为法定抵押权，学者间存在不同的理解，有学者认为："承揽人为抵押权登记的请求后，定作人因有会同办理之义务，双方遂共同声请为抵押权之登记，此即已属依双方之合意为抵押权之设定，故已属意定抵押权，仅其内容应受'民法'规定之限制而已。若仍解为法定抵押权，似与法定物权可不待登记即行取得之原则，未尽相符。准此而言，承揽人之此项抵押权性质上已非法定抵押权而系强制性之意定抵押权。唯无论其性质为何，此项抵押权非经登记无

① Vgl. Soergel/Teichmann, §648, 12. Aufl., Rn. 4.

② Josef Hofstetter, Basler Kommentar, 2. Aufl. 2003, N. 1 zu Art. 837 – 838 ZGB.

③ 1999年我国台湾地区修改相关规定为："承揽之工作为建筑物或其他土地上之工作物，或为此等工作物之重大修缮者，承揽人就承揽关系所生之债权，对于其工作所附之定作人之不动产，有抵押权。"

从成立，自属当然。”① 台湾地区学者刘春堂认为，于具备法定要件时，承揽人有抵押权登记请求权，必须经依法办妥抵押权登记，承揽人始能取得抵押权。由于此项抵押权，系因登记而发生，并非因具备法定要件而当然发生，似非法定抵押权，唯因其系于具备法定要件时，不须当事人有设定抵押权之合意，承揽人即得请求定作人为抵押权登记，与意定抵押权之成立有所不同，故仍可解为系一种法定抵押权。郭振恭认为，按法文并未规定“非经登记不生效力”，且其立法旨趣在保护承揽人，似应以登记对抗要件说为可采，即具备其要件时，抵押权即当然发生，登记仅为对抗第三人之要件而已。林诚二认为，相关规定，并非否定承揽人之法定抵押权，仅系为保护第三人及维持交易安全起见，而科予承揽人及定作人为登记之义务。条文所称‘承揽人得请求定作人为抵押权之登记或预为登记’即表示抵押权原已存在，仅再赋予承揽人登记之权利，以达公示之目的。因此，承揽人抵押权效力的发生，并无须经由登记，性质上乃属法定抵押权，登记仅系对抗善意第三人之要件而已。但我国台湾地区实务中有采登记生效要件说之判例。

2. 登记对抗要件说。该说认为，承揽人抵押权系法定抵押权，只要满足承揽人抵押权的成立要件即生效力，无须经由登记，登记仅为对抗要件。如《瑞士民法典》第836条规定：“基于公法或其他对土地所有人有普遍拘束力的，并由各地州法规定的不动产抵押权，除另有规定的外，虽未登记，仍生效力。”但法定抵押权的抛弃，乃属处分行为，则须经登记，方可为之。

我国台湾地区学者谢哲胜认为：法定抵押权是用来鼓励创造价值的行为，使承揽人不必顾虑定作人的资力而从事营建修缮行为，因而赋予法定抵押权，此种规定因具有提供生产的诱因，符合效率；又因建筑物的价值是承揽人的工作所创造，使承揽人优先受偿，也

① 谢在全：《民法物权论（中册）》，中国政法大学出版社2011年版，第918页。

符合依贡献而分配的公平理念。所以，使法定抵押权于行为完成时即发生效力，既符合公平及效率，也合于法定优先权符合法定要件即发生的法理，因此，毫无理由认为法定抵押权必须以登记为生效要件。《民法典》中也有法定抵押权的规定，如《民法典》物权编第397条[①]、合同编第807条（原《合同法》第286条）等。此外，根据我国《民事诉讼法》第100条的规定，人民法院采取财产保全措施的可以裁定要求申请人提供抵押，此种情况也是法定抵押权。[②]

此外，值得讨论的是违章建筑之上能否成立法定抵押权。虽然关于我国《合同法》第286条之规定是法定抵押权抑或优先权仍未达成一致，但在现有的物权法体系下多数学者更倾向于将其界定为法定抵押权。[③] 问题是建设工程承包人对于违章建筑是否享有法定抵押权。一种观点认为，建设工程价款主要在于保护工人的工资债权，其最初来源于对承揽工作成果的留置权，故从制度起源来说应予以肯定。另一种观点认为，根据我国的相关法律规定，违章建筑的处理规则是，在不能有效补正的情况下应依法拆除且无须补偿。因此，违章建筑不能成为一种权利，也不能对其进行拍卖。所以，违章建筑之上不能成立建设工程价款优先权。[④] 笔者认为，在违章建筑之上应可成立法定抵押权。一方面，各国之所以规定于建筑物或其他地上工作物上得成立法定抵押权，主要目的是保护承包人（承揽

---

① 该条规定："以建筑物抵押的，该建筑物占用范围内的建设用地使用权一并抵押。以建设用地使用权抵押的，该土地上的建筑物一并抵押。抵押人未依据前款规定一并抵押的，未抵押的财产视为一并抵押。"

② 孙宪忠：《中国物权法原理》，法律出版社2004年版，第193页。

③ 梁慧星：《〈合同法〉第286条的权利性质及其适用》，载《建筑时报》2001年2月9日第3版；王崇敏：《〈合同法〉第286条确立的法定抵押权》，载《海南大学学报（社会科学版）》2001年第2期。

④ 仲伟珩：《从违法建筑的法律定位分析违法建筑纠纷的处理》，载最高人民法院民事审判第一庭：《民事审判指导与参考》（总第42集），法律出版社2011年版，第49页。

人）的利益。因为在实践中，许多承包人垫资建设，而在工程完工后，发包人不及时支付工程款，使得承包人正常的经营受到极大影响，许多承包人资金周转严重困难。尤其是发包人拖欠工程款会使大量农民工不能及时领到工资报酬，可能会影响社会的安定。此正是《合同法》规定建设工程优先权的重大社会现实意义之所在。也正因如此，《最高人民法院关于建设工程价款优先受偿权问题的批复》规定："建筑工程的承包人的优先受偿权优于抵押权和其他债权。"所以，在此意义上不论建筑物是否为违章建筑，均得成立承包人法定抵押权。另一方面，建设工程价款优先权并不要求登记始得成立，故在违章建筑上成立的法定抵押权与物权法规定的不动产物权登记要件主义不相违背。

二、依"房地一体"原则设立的不动产抵押权

我国立法在涉及以建设用地使用权或建筑物所有权抵押时两者关系的处理上，一向采取"房随地走"与"地随房走"的双向统一原则，即在设定抵押权时法律将建筑物与该建筑物占用范围内的土地使用权视为一个整体。根据我国《城镇国有土地使用权出让和转让暂行条例》第33条、《城市房地产管理法》第31条、《全国法院民商事审判工作纪要》第61条①以及《民法典》物权编第397条②

---

① 根据《物权法》第182条之规定，仅以建筑物设定抵押的，抵押权的效力及于占用范围内的土地；仅以建设用地使用权抵押的，抵押权的效力亦及于其上的建筑物。在房地分别抵押，即建设用地使用权抵押给一个债权人，而其上的建筑物又抵押给另一个人的情况下，可能产生两个抵押权的冲突问题。基于"房地一体"规则，此时应当将建筑物和建设用地使用权视为同一财产，从而依照《物权法》第199条的规定确定清偿顺序：登记在先的先清偿；同时登记的，按照债权比例清偿。同一天登记的，视为同时登记。应予注意的是，根据《物权法》第200条的规定，建设用地使用权抵押后，该土地上新增的建筑物不属于抵押财产。

② 该条规定："以建筑物抵押的，该建筑物占用范围内的建设用地使用权一并抵押。以建设用地使用权抵押的，该土地上的建筑物一并抵押。抵押人未依据前款规定一并抵押的，未抵押的财产视为一并抵押。"

（原《物权法》第182条）的规定，不论当事人是以建筑物设定抵押还是以土地使用权设定抵押，均视为两者一并抵押。这种一并抵押的建筑物或建设用地使用权之上的抵押权，就是法定抵押权。也就是说，“只要在房地产之一的房屋（或者该房屋所占用的土地使用权）上设立了抵押权，则与该房屋（或者土地使用权）相对应的土地使用权（或者土地使用权之上所附着的房屋）也一并设立了抵押权，而不论该抵押权是否已经办理抵押登记手续。对于此种虽未依法登记但依据法律规定‘视为一并抵押’的抵押权，其设立时间应与该房屋上设立抵押权的时间一致，即在该房屋上登记设立抵押权的同时，该房屋所占用的土地使用权上同时设立了法律规定的抵押权”①。

虽然基于《民法典》物权编第397条第2款之规定，抵押人以建筑物或建设用地使用权单独抵押的，抵押权人就未抵押的财产取得抵押权，但对此抵押权的性质，学说上尚存有两种争议：一为“法定抵押权说”。该说认为：“视为一并抵押”并非基于当事人间的合意而生，而是基于法律的直接规定而成立，性质上属于法定抵押权，无需登记即成立。②“视为一并抵押”就明确表明，即便建设

---

① “山东××机械电力设备有限公司与德州××路桥工程材料有限公司侵权责任纠纷再审案”，最高人民法院〔2014〕最高法民申1170号民事裁定书。

② 崔建远：《物权法（第四版）》，中国人民大学出版社2017年版，第444页；陈华彬：《物权法论》，中国政法大学出版社2018年版，第533页；马俊驹、余延满：《民法原论（第四版）》，法律出版社2015年版，第410页；申卫星：《物权法原理》，中国人民大学出版社2008年版，第340页；高圣平：《担保法前沿问题与判解研究（第二卷）》，人民法院出版社2019年版，第155页。值得一提的是，高圣平教授早年对此问题则认为，建设用地使用权和地上房屋同时抵押的规定不具有法定抵押权性质，法定抵押权不以登记为必要，而《物权法》规定，建设用地使用权抵押权和房屋抵押权均以登记为生效要件。因此，《物权法》《城市房地产管理法》关于建设用地使用权及其上房屋同时抵押的规定不具有法定抵押权的性质。参见高圣平：《担保法论》，法律出版社2009年版，第317页。

用地使用权或建筑物没有办理抵押权登记，也被法律直接纳入抵押财产当中。① 二为“法律推定说”。该说认为：“视为一并抵押”是依法律推定抵押权人对未抵押的财产作出法律拟制的意思表示，一并设立抵押权。既然是意思表示，就仍然属于法律行为而生之抵押权的范畴。此与法定抵押权不需要当事人约定而根据法律规定直接产生的特点具有根本区别。换言之，拟制的抵押权并非独立的抵押权，只不过其意思表示由法律推定产生而已。②

如在“吉林省××担保投资集团有限公司、吉化集团吉林市××化工有限公司抵押权纠纷再审案”，最高人民法院认为：“借款人将自己的房屋抵押给银行，该房屋占用范围内的建设用地使用权应视为一并抵押，在该房屋抵押登记期间，即使案涉房屋所占用土地的土地使用权又被抵押给其他债权人并办理了抵押登记，对该土地使用权的抵押权并不能有效设立。”③ 在“中国银行股份有限公司海口××支行与海南××科技有限公司、海南××房地产开发有限公司等金融借款合同纠纷上诉案”，最高人民法院认为：“中行××支行与××公司已就土地使用权办理了抵押登记，依法设立了抵押权，即便在土地他项权利证明书中未注明抵押物包括地上建筑物，依据《物权法》第182条第2款之规定，案涉地上建筑物也应视为一并抵

---

① 胡康生主编：《中华人民共和国物权法释义》，法律出版社2007年版，第400页。

② 朱晓喆：《房、地分离抵押的法律效果——〈物权法〉第一百八十二条的法律教义学分析》，载《华东政法大学学报》2010年第1期。还有学者虽然也认为“视为一并抵押”属于一种法律推定，但本质上依然认为是法定抵押权。如王利明教授认为：“此种推定属于不可推翻的推定，当事人不能以协议加以排除，也不能事后否定此种一并抵押的效力。不论当事人是否同意，只要以该建筑物占地范围内的建设用地使用权抵押，该建筑物一并抵押；反之亦然。只要对其中一项进行了抵押，并办理了登记，就应认为两者一并进行了抵押。”参见王利明：《物权法研究（第三版）（下卷）》，中国人民大学出版社2013年版，第1188页。

③ 最高人民法院〔2017〕最高法民申3643号民事裁定书。

押，该土地使用权之抵押权效力及于地上建筑物，中行××支行亦应就本案享有的债权依法对案涉地上建筑物享有优先受偿权。”① 但在司法实践中，建设用地使用权抵押权之效力是否及于未设定抵押的地上建筑物，并未形成统一意见。如在“中国银行股份有限公司××支行与江西××通用航空股份有限公司、江西××生物科技有限公司金融借款合同纠纷案”，一审法院认为：“因中行××支行未举证证实××公司有以该地上建筑物作抵押担保的意思表示，亦未对该地上建筑物办理抵押登记，故中行××支行要求对××公司该地上建筑物享有优先受偿权的诉请，于法无据，不予支持。”② 在“××农村信用合作联社、三亚××银行股份有限公司等与执行案外人申请执行人执行异议之诉上诉案”，二审法院认为：“《物权法》第182条关于‘房随地走，地随房走’的原则并非法律的禁止性规定，只是法律倡导的通常规则，目的是避免因分别抵押所导致的权利冲突，在不存在权利冲突的情况下，以建设用地使用权抵押的，只有在地上建筑物未专门设立抵押的情况下，未抵押的建筑物才视为与建设用地使用权一并抵押，如果就地上建筑物专门签订抵押合同设立了抵押，那么，应视为地上建筑物与建设用地使用权分别抵押。这也属于当事人意思自治的表现。”③

如果建筑物或者建设用地使用权分别抵押给两个不同的债权人，两个抵押权均属合法有效，其效力均及于建筑物和建设用地使用权之全部。两个效力均及于建筑物和建设用地使用权的抵押权，构成抵押权的并存，根据《物权法》第199条第1项规定，依登记的先后确定两个抵押权之间的优先顺位。依据上述法律之规定，在以建筑物（或建设用地使用权）设定抵押权时，根据《物权法》第187

① 最高人民法院〔2015〕民二终字第269号民事判决书。
② 江西省南昌市中级人民法院〔2017〕赣01民初64号民事判决书。
③ 海南省高级人民法院〔2016〕琼民终219号民事判决书。

条的规定①，该抵押权须经登记且自登记时设立，但抵押建筑物占用范围内的建设用地使用权（或者抵押建设用地上的建筑物）无须登记即依法律之规定而一并抵押，因而属于非基于法律行为的不动产物权变动。

① 该条规定："以本法第一百八十条第一款第一项至第三项规定的财产或者第五项规定的正在建造的建筑物抵押的，应当办理抵押登记。抵押权自登记时设立。"《物权法》第 180 条第 1 款规定："债务人或者第三人有权处分的下列财产可以抵押：（一）建筑物和其他土地附着物；（二）建设用地使用权；（三）以招标、拍卖、公开协商等方式取得的荒地等土地承包经营权；（四）生产设备、原材料、半成品、产品；（五）正在建造的建筑物、船舶、航空器……"

第六章　非基于法律行为的不动产物权变动的效力

第一节　未经登记不得处分物权

物权法就物权变动采公示公信原则，即在保护交易安全，在物权变动依法律行为而发生者，固应有其适用。然于非因法律行为而发生的物权变动，公示公信原则无免于适用之理。非因法律行为而取得不动产物权，法律出于尊重社会实情，弥补登记生效要件主义之严苛，规定无须登记即可取得物权，但是这种未经公示的不动产物权变动，造成了法律物权与事实物权的脱离，如果物权取得人只是为了自己占有使用，而不再进一步产生交易，则不再公示也无大碍。例如房屋建造完成后自己居住，是否登记不是十分重要。但物权取得人如欲进一步从事物权交易，如将该房产出卖或抵押等，则不公示难免对交易安全和秩序造成妨害。因此立法必须建立进一步之规则以解决此一问题，此即物权取得人“未经登记不得处分其物权”①，亦即取得人如欲移转（处分）其所取得之物权，须先为登记始得为之，此登记乃不动产物权变动之处分要件。因此时物权之移转已非属法律所规定“非因法律行为而取得”之情形，故自应遵

① 此之所谓“处分”是指法律上的处分，为处分权的行使行为，即处分行为，事实上的处分非在此限。

守物权变动之要件须经登记始生效力，如此始能使登记连续一贯之，减少甚或避免登记物权与事实物权不一致情形之发生。以继承为例，倘未办理继承登记，则以继承人之名义申请办理移转所有权之登记时，其处分之当事人（即继承人），因其与登记簿记载之登记名义人（即被继承人）不符，故登记机关自不能准许其为移转不动产物权之登记行为，从而继承人自无从完成其处分行为。故，非基于法律行为的不动产物权变动，虽无须登记即可发生效力，但应须注意，此仅在符合社会实情，以保护当事人权益之范围内而言。唯有如此，始能一方面保护当事人的权益，另一方面又不致破坏民法为保护交易安全所设之公信原则。

即使在实行意思主义物权变动模式的法国，也存在非经登记不得处分物权的规则。“由于权利者的死亡，权利被转移给当然的继承人。但是，一般来说，只要前主的权利没有被登记或不同时进行登记，是不能进行登记的，所以，当继承人想要把属于继承财产的权利转移给第三者的时候，必须先以自己的名义进行登记。”① 《瑞士民法典》第656条规定：“取得土地所有权，须在不动产登记簿登记。取得人在先占、继承、征收、强制执行或法院判决等情况下，得在登记前，先取得所有权。但是，非在不动产登记簿上登记，不得处分土地。”《韩国民法典》第187条规定：“继承、公用征收、判决、拍卖及根据其他法律所定相关不动产物权的取得，无须登记。但非经登记不得处分。”唯值注意者，综观各国立法例以及我国《民法典》物权编第232条规定之文义，“非经登记不得处分”规则仅适用于非因法律行为而取得不动产物权后之处分问题，而不应类推适用于非因法律行为而取得动产物权后的处分问题。在物权法起草过程中，有学者建议稿曾提出：“对于非依法律行为发生的物权变动，

① ［日］星野英一：《现代民法基本问题》，段匡、杨永庄译，上海三联书店2012年版，第342页。

如为不动产物权而未进行不动产登记的，如为动产物权而未交付占有的，权利取得人不得处分其物。”① 实质上“非经登记不得处分”规则意在完成公示原则的回归，即由非因法律行为而取得物权时无须公示之例外回归至取得物权后处分该物权时须经公示之常态，以免妨害交易安全。而就动产物权变动而言，即使在变动常态之基于法律行为的动产物权变动情形下，作为公示方式之交付也不限于现实交付，尚包括简易交付、占有改定及指示交付等观念交付，此为我国《民法典》物权编第226条至第227条所明定。故非基于法律行为的动产物权变动，权利取得人处分该动产物权无“未经交付占有不得处分”之限制。

一、“未经登记不得处分”中登记的性质

因非基于法律行为之不动产物权变动，于登记前，物权变动之效力业已发生，故此种登记并无创设物权之效力，不过乃将已发生之不动产物权变动，宣示于人而已，此即“宣示登记”。故而与设权登记相对，因此种登记并非绝对必要，仅因不经登记不得处分物权，故也称为“相对登记”。当然，已经产生的物权不因没有登记而受影响，宣示登记后，物权当然受推定效力规范和公信力规范的保护，自不待言。而我国《民法典》物权编第232条所规定的“处分依照本节规定享有的不动产物权，依照法律规定需要办理登记的，未经登记，不发生物权效力”，与前述其他国家或地区立法例之表述有所不同，如《韩国民法典》第187条表述为“继承、公用征收、判决、拍卖及根据其他法律所定相关不动产物权的取得，无须登记。但非经登记不得处分”。我国台湾地区规定为，因继承……于登记前已取

① 梁慧星教授主持起草的《民法典草案建议稿·物权编》第255条。参见梁慧星：《中国民法典草案建议稿附理由·物权编》，法律出版社2005年版，第50页。

得不动产物权者，应经登记，始得处分其物权。上述条文中的登记均为“宣示登记”自无异议。但我国《民法典》物权编第232条中前后两个“登记”之文义是否一致颇有疑问。学界通说认为：“未经登记”之登记是指“宣示登记”而言。[①] 但是本条“处分依照本节规定享有的不动产物权，依照法律规定需要办理登记的”中之“登记”依其文义显然为“设权登记”（即《民法典》物权编第209条、第214条等条文中非经登记不发生物权变动效力的登记）。而在表达语序上“未经登记”紧接其后，不论从文义解释上抑或从表述语气上与《民法典》物权编第209条如出一辙，前后两个“登记”均应为同一性质，即设权登记，很难得出“宣示登记”之解释结论。[②]

---

① 最高人民法院物权法研究小组：《〈中华人民共和国物权法〉条文理解与适用》，人民法院出版社2007年版，第130页；全国人大常委会法制工作委员会民法室：《〈中华人民共和国物权法〉条文说明、立法理由及相关规定》，北京大学出版社2007年版，第46页；王利明、尹飞、程啸：《中国物权法教程》，人民法院出版社2007年版，第83页；梁慧星、陈华彬：《物权法》，法律出版社2007年版，第97页。

② 在物权法立法草案“第一次审议稿”与“第二次审议稿”中该条表述为“依照本法第30条至第32条的规定，导致不动产以及船舶、飞行器和汽车的物权设立、变更、转让和消灭的，应当及时补办登记”。在“第三次审议稿”中，表述为“依照本法第32条至第34条规定，导致不动产物权设立、变更、转让和消灭的，应当依照法律规定及时办理登记；未经登记，不得处分其物权”。在“第四次审议稿”中，则表述为“依照本法第31条至第33条规定，导致不动产物权设立、变更、转让或者消灭，依照法律规定需要办理登记的，未经登记，处分该不动产物权不发生物权效力”。而自“第五次审议稿”之后及至最终获得通过的《物权法》则表述为“依照本法第28条至第30条规定享有不动产物权的，处分该物权时，依照法律规定需要办理登记的，未经登记，不发生物权效力”。由上述条文的变化可知，在物权法第一次至第三次审议稿中，其登记性质为“宣示登记”自无异议。然自第四次审议稿中“登记”一词开始模棱两可，但尚可解释为“宣示登记”，及至第五次审议稿之后从文义上已无法解释为“宣示登记”。

还有学者认为："该条文中的登记既指宣示登记，也指设权登记。"①不动产物权人依据《物权法》第28条至第30条的规定取得物权后再行处分时，无非存在两种情况：一为物权取得人办理了取得登记（宣示登记）后再行处分；二为物权取得人未办理取得登记即为处分。于前者，取得人既已办理取得登记，再行处分时因已属基于法律行为的物权变动，自然"未经登记，不发生物权效力"。而于后者，为了维护不动产登记簿之公信力，保持登记簿记载的连续性，取得人未经登记（宣示登记）不得处分，而非处分物权（可得处分）时，未经登记（设权登记），不发生物权效力。由此可见，依据《民法典》物权编第232条的表达方式将其理解为"设权登记"无疑使得该条成为赘文，因其当然属于第209条、第214条之适用范围，几无另设规定之必要。

此外，物权取得人可否在提交相关证明不动产权属发生移转的材料（如遗嘱、法院或仲裁委员会的法律文书等）后，越过宣示登记而直接为受让人办理产权移转登记？在瑞士民法，早期有学者对此持肯定态度，但近期学说及判例则采否定见解，仍维持《瑞士民

---

① 在《物权法》三审之前的条文表述无疑直接借鉴了瑞士、韩国立法例，规定为"非经登记不得处分"，这无疑是关于"宣示登记"的规定。但第四次草案为何改变了表述方式？这一改变难道是无意为之？或者，虽然前后两条规定在文字表述上有较大不同，难道能说这不意味着立法者改变了此前有关"宣示登记"的规定？这一文字上的改变实际上就只能解读为立法者已经有意改变条款的规范含义，否则，在有明确的比较法上立法例可资参照的情况下而故意作出与之不同的表述和规定，是难以理解和解释的。因此对我国《物权法》第31条规定的"未经登记，不发生物权效力"中的"登记"，就不能再比照比较法上之立法例，仅将其解释为"宣示登记"了，对其准确的理解应该是包含了"宣示登记"和"设权登记"两者。参见王洪平：《违法建筑的私法问题研究》，法律出版社2014年版，第99—100页。

法典》第656条第2款但书之规定。[①] 而且就让与人签订不动产买卖合同后，在提出登记申请之前死亡的情形，瑞士联邦法院认为，不动产所有权应先依《瑞士民法典》第656条第2款之规定移转至其继承人，且仅在其继承人作为所有权人登入不动产登记簿后，继承人才可以提起有效的登记申请。[②] 可见在瑞士民法，不仅在非依法律行为取得不动产所有权的情况下，取得人处分该不动产时不得径直为受让人办理产权移转登记，而且即使是在让与人（被继承人）已签订让与合同办理产权过户登记之前死亡的情形下，也不得径直为受让人办理该不动产移转登记手续，仍须先将不动产所有权登记至其继承人名下始可为之。在德国，不动产登记贯彻《不动产登记条例》第39条“在先已登记原则”，即处分人如欲处分不动产，申请移转登记时其必须在登记簿中一直被登记为权利人，否则登记申请即被拒绝。[③] “在先已登记原则”也是在登记程序中最大限度地保障实现实体法上所规定的“登记的正确性推定效力”[④]，即登记簿中记载的权利人，法律即推定为真正的权利人。而“在先已登记原则”贯彻的结果即为不动产登记簿中的权利状态必须清晰完整地描述不动产登记发展变化的所有阶段的具体情况。因此，所有的不动产登记，不论其目的在于登记簿之更正抑或变动不动产物权，也不论登

---

① H. Rey, Die Grundlagen des Sachen rech ts und das Eigentum, Band I, 2. Aufl 2000, S. 357. 转引自张双根：《〈物权法〉第31条释义》，载《华东政法大学学报》2007年第6期。

② BGE 111 II39 ff; 109 II 101. 转引自张双根：《〈物权法〉第31条释义》，载《华东政法大学学报》2007年第6期。

③ “在先已登记原则”也是在登记程序中作为贯彻形式审查的手段，即只要处分人在先已被登记为权利人即可替代对处分人实体权利（如所有权）的实质审查，登记部门仅须确认处分人到目前为止在登记簿中是否一直被登记为权利人，即可完成形式审查职责。也正因为在《德国不动产登记条例》中规定有“在先已登记原则”，已在登记程序中保证了不动产物权变动登记的连续性，因此在《德国民法典》中难以觅得类似《瑞士民法典》第656条第2款之规定。

④ 即《德国民法典》第891条。

记之原因是因法律行为抑或非因法律行为，均须践行在“先已登记原则”。[①] 例如，被继承人死亡的事实，导致继承人取得遗产所有权的法律效果发生，如果不动产登记簿未能真实反映此一物权变动效果，即发生了登记错误。我国《物权法》第31条[②]及《物权法》颁布后实施的《房屋登记办法》第35条[③]与《土地登记办法》第45条[④]之规定实际在结果上暗合了德国法“在先已登记原则”之宗旨。虽然在《不动产登记暂行条例》中仍未明确规定“在先已登记原则”，但由国土资源部编写的《不动产登记暂行条例条文释义》中明确说明：“不动产登记机构在办理登记时应当注意，对因继承、接受遗赠和人民法院、仲裁委员会生效的法律文书或者人民政府生效的决定书取得的不动产权利再次进行转让申请登记时，为维护正常的交易程序，保证交易安全，使登记档案资料保持连续性，不动产登记机构应当先将不动产登记到继承者或法院判决书、仲裁委员会裁决书、政府征收决定书指定的当事人名下之后，再进行移转登记。”[⑤] 由此可见，为了维护不动产登记之连续性，最大限度地保障不动产登记簿能够正确反映不动产上的每一次权属变

---

① 李昊、常鹏翱、叶金强、高润恒：《不动产登记程序的制度建构》，北京大学出版社2005年版，第169页。

② 此条文表述有待商榷。

③ 《房屋登记办法》第35条第1款规定：“因人民法院或者仲裁委员会生效的法律文书、合法建造房屋、继承或者受遗赠取得房屋所有权，权利人转让该房屋所有权或者以该房屋设定抵押权时，应当将房屋登记到权利人名下后，再办理房屋所有权转移登记或者房屋抵押权设立登记。”

④ 《土地登记办法》第45条规定：“因人民法院、仲裁机构生效的法律文书或者因继承、受遗赠取得土地使用权，当事人申请登记的，应当持生效的法律文书或者死亡证明、遗嘱等相关证明材料，申请土地使用权变更登记。权利人在办理登记之前先行转让该土地使用权或者设定土地抵押权的，应当依照本办法先将土地权利申请登记到其名下后，再申请办理土地权利变更登记。”

⑤ 国土资源部政策法规司：《不动产登记暂行条例释义》，中国法制出版社2015年版，第124页。

动信息，而不论其登记之原因是基于法律行为抑或非基于法律行为，均不可省略中间登记环节。

但仍应注意的是：依本书第二章第二节之分析，《民法典》物权编第 230 条已将遗赠删除，即遗嘱仅具债权效力，不能直接导致物权变动的发生。因此，受遗赠人欲取得遗赠物所有权，仍须遵循物权变动的公示规则，即动产须经交付，不动产须经登记。那么，在遗赠物为不动产之情形，继承人是否仍要遵循《民法典》物权编第 232 条之规定，即继承人先将遗赠物登记于自己名下，然后再为受遗赠人办理移转登记？笔者认为，依《民法典》物权编第 232 条“处分依照本节规定享有的不动产物权……”，而继承人向受遗赠人交付遗赠物并非处分，乃履行继承人所负之义务，故不应受本条规定之限制，亦即继承人无须先将遗赠之不动产登记到自己名下，即可直接为受遗赠人办理过户登记。

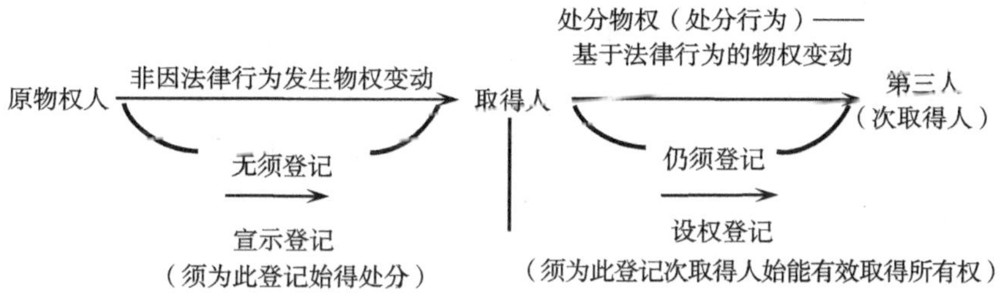

综上，尽管非基于法律行为之不动产物权变动在原因事实完成或发生效力时完成，但为了让由此产生的不动产物权能被世人所知，权利人仍须通过登记予以表彰其权利之存在，即将不动产物权已经实际变动的结果向外界予以展示，其目的仍在于贯彻不动产物权变动之公示原则。盖非因法律行为而发生的不动产物权变动易于滋生法律物权与事实物权之不一致，进而物权取得人作进一步处分时，容易妨害交易第三人的利益，对交易秩序与交易安全带来隐患。为尽量避免该问题之发生，促使物权变动公示原则及时得到回归，法

律即要求物权取得人在进一步处分其所得之不动产物权前，须先行登记，此即“在先已登记原则”。但法律所规定的“宣示登记”是对物权取得人进一步处分其不动产物权所做的要求，倘物权取得人未处分不动产物权时，法律并不强制要求其进行宣示登记。易言之，非因法律行为而取得不动产物权者，即使未予登记（宣示登记），取得人仍为真正的且受法律保护的物权人。只要取得人不对该不动产物权作进一步之处分，法律就允许其处于其所处之事实状态，并给予充分的保护。换言之，不论是基于法律行为之物权变动抑或非基于法律行为之物权变动，均须践行登记以维护交易之安全，只不过登记在两者中的性质相异，一为设权登记，一为宣示登记。但不论何者，均须依此原则而后行，因物权于积极消极两面，具有排他及物上请求权之作用，若不使世人得据某种征象，查悉其权益所在而预为之地，则必有因上述两种作用，遭遇不测之损害者。唯登记制度，依固定区域而登载，且不能过涉烦琐，而物权则随处变动，虽似登记之后，未必即能使世人尽知其底蕴，但既有此种公示，即易据以查知其真相，较之不经公示，安全已多。① 且与依法律行为之不动产物权变动相比，非依法律行为之不动产物权变动的事项要么与他人无关，要么无须他人介入，故宣示登记由权利人独立为之即可。诚如有学者认为：“不动产物权变动非因法律行为而生者，因于登记前已生变动之效果，故易发生登记所表彰之物权状况与实际之物权状况不符之情形，此自与民法物权变动之公示原则有违，为使实际之物权状况，得以登记之公示方法表彰于外，俾名实相符，乃于登记程序上，采取便捷之方式，应属符合公示原则与登记绝对主义之意旨。况此等物权人若欠缺便捷之登记方式，则于未及登记时，一旦有交易第三人介入，将因公信原则之适用，而使其陷于丧失物

① 刘志敭：《民法物权编》，中国政法大学出版社 2006 年版，第 32 页。

权之窘境，更非民法保护此等物权人之本意。”① 故登记程序规则应为非因法律行为而取得不动产物权之人办理物权登记，提供便捷之道，实值借鉴。② 但在实践中，不动产登记机构在办理与继承、遗赠等有关的不动产登记过程中，通常会要求当事人办理公证，否则不予办理登记。这一做法的依据是《房地产登记技术规程》（JGJ278－2012）以及1991年《司法部、建设部关于房产登记管理中加强公证的联合通知》（以下简称《联合通知》）中的有关规定。其中《房地产登记技术规程》附录B.O.16条第1款规定，用于申请房地产登记的下列材料应经公证：1. 因继承、受遗赠事实申请相关房地产登记的继承文书、受遗赠文书，但人民法院的生效法律文书确认相关房地产的继承、受遗赠事实的除外……上述《联合通知》也规定，遗嘱人为处分房产而设立的遗嘱，应当办理公证，遗嘱人死亡后，遗嘱受益人须持公证机关出具的“遗嘱公证书”和“遗嘱继承权公证书”或“接受遗赠公证书”，以及房产所有权证、契证到房地产管理机关办理房产所有权转移登记手续。司法实务中也有裁判对此予以认可，如在“李某晨与承德市住房和城乡建设局违法要求履行义务上诉案”，二审法院认为：“根据司法部、建设部《联合通知》规定，继承房产应当持公证机关出具的‘继承权公证书’。该《联合通知》为现行有效的规范性法律文件，因继承关系较为复杂，房产转移登记又涉及当事人的重大利益，该通知要求出具继承权公证书的立法本意也是维护房地产交易安全，保障权利人的合法权益，故

---

① 苏永钦：《民法物权争议问题研究》，清华大学出版社2004年版，第18页。

② 2015年3月生效的《不动产登记暂行条例》第三章“登记程序”第14条规定：“因买卖、设定抵押权等申请不动产登记的，应当由当事人双方共同申请。属于下列情形之一的，可以由当事人单方申请：（一）尚未登记的不动产首次申请登记的；（二）继承、接受遗赠取得不动产权利的；（三）人民法院、仲裁委员会生效的法律文书或者人民政府生效的决定等设立、变更、转让、消灭不动产权利的……”

上诉人在申请办理继承房产转移登记时，被上诉人要求其提供‘继承权公证书’并无不当。”① 我国实践中的此种做法无疑有违非因法律行为取得不动产物权应便捷登记程序的原则。与此相反，在最高人民法院公报案例“陈某华诉南京市江宁区住房与城乡建设局不履行房屋登记法定职责案”中，南京市江宁区住房与城乡建设局以原告的遗嘱没有公证为由，拒绝为原告办理遗赠房产过户手续。法院判定行政机构无权依据《房地产登记技术规程》以及《联合通知》的规定，以未经公证为由而拒绝登记申请人的登记申请。原因在于，上述《房地产登记技术规程》以及《联合通知》不属于法律、行政法规、地方性法规或规章的范畴，其规范的内容不得与《物权法》《继承法》等法律法规相抵触。行政机关不能在有关法律法规规定之外创设新的权力来限制甚至剥夺行政相对人的合法权利。行政机构无权以此为由干涉行政相对人的合法权利，要求其履行非依法赋予的强制公证责任义务。② 在“金某某与绍兴市住房和城乡建设局不履行法定职责上诉案”，二审法院也认为：“《联合通知》不能作为证明上诉人房屋登记行为合法的依据。《行政诉讼法》第 63 条第 1 款规定：‘人民法院审理行政案件，以法律和行政法规、地方性法规为依据。地方性法规适用于本行政区域内发生的行政案件。’该条第 3 款规定：‘人民法院审理行政案件，参照规章。’而《联合通知》为司法部和建设部在 1991 年联合发布的规范性文件，不属于法律、行政法规、地方性法规或规章范畴。根据《房屋登记办法》第 9 条的规定，房屋登记机构应当依照法律、法规和本办法规定，确定申请房屋登记需要提交的材料。该办法第 33 条规定申请材料包括继承证明及其他必要材

① 河北省承德市中级人民法院〔2015〕承行终字第 00166 号行政判决书；湖南省湘潭市中级人民法院〔2010〕潭中行终字第 8 号行政判决书；湖南省湘潭市中级人民法院〔2016〕湘 03 行终 6 号行政判决书。

② 《最高人民法院公报》2014 年第 8 期。

料时并未要求遗嘱继承人必须持公证机关出具的遗嘱继承权公证书，且根据《公证法》第11条第2款关于‘法律、行政法规规定应当公证的事项，有关自然人、法人或者其他组织应当向公证机构申请办理公证’的规定，上诉人在没有法律、行政法规依据的情况下，仅依据《联合通知》的规定，要求被上诉人必须就继承权进行公证，为相对人创设了新的义务，限制了相对人行使《继承法》及《物权法》赋予的继承权、物权，显然缺乏法律法规及规章依据。”① 值得注意的是，2016年1月1日公布实施的《不动产登记暂行条例实施细则》第14条规定：“因继承、受遗赠取得不动产，当事人申请登记的，应当提交死亡证明材料、遗嘱或者全部法定继承人关于不动产分配的协议以及与被继承人的亲属关系材料等，也可以提交经公证的材料或者生效的法律文书。”② 同时，为了与《不动

① 浙江省绍兴市中级人民法院〔2015〕浙绍行终字第125号行政判决书。类似判例还有“周某某诉重庆市垫江县国土资源和房屋管理局不履行房屋行政登记受理职责上诉案”，该案为重庆市高级人民法院2016年发布行政诉讼十大案例之一［重庆市第三中级人民法院（2015）渝三中法行终字第00103号行政判决书］；“于某英诉乐陵市人民政府、乐陵市房产管理局不履行房屋登记法定职责上诉案”，该案为山东省高级人民法院发布2014年全省法院十件典型行政案例之一（案号无法查询）；“杨某岚、合肥市国土资源局资源行政管理上诉案”［安徽省合肥市中级人民法院（2017）皖01行终180号行政判决书］；“石家庄市国土资源局、韩某元城乡建设行政管理上诉案”［河北省石家庄市中级人民法院（2016）冀01行终503号行政判决书］；“吴某某诉宜黄县房产管理局房屋行政登记上诉案”［江西省抚州市（地区）中级人民法院（2014）抚行终字第6号行政判决书］。

② 同样，已废止的原《房屋登记办法》第33条也并未要求遗嘱受益人、继承人需持公证机关出具的“继承权公证书”“遗嘱公证书”才能办理房屋转移登记。该条规定：“申请房屋所有权转移登记，应当提交下列材料：（一）登记申请书；（二）申请人身份证明；（三）房屋所有权证书或者房地产权证书；（四）证明房屋所有权发生转移的材料；（五）其他必要材料。前款第（四）项材料，可以是买卖合同、互换合同、赠与合同、受遗赠证明、继承证明、分割协议、合并协议、人民法院或者仲裁委员会生效的法律文书，或者其他证明房屋所有权发生转移的材料。”

产登记暂行条例》的相关规定保持一致，上述《联合通知》已于2016年7月5日被司法部废止。

二、未经登记的物权的效力

非因法律行为取得的不动产物权，取得人在宣示登记前，其法律地位与一般物权人并无不同。不动产物权变动已然发生，在不涉及交易安全时，未登记的物权与其他已登记的物权的法律效力一样，在遭遇第三人侵害或侵害之虞时，物权人仍得基于其物权，对第三人行使物上请求权，以保护其物权。如登记为甲所有之房屋，甲死亡后，其子乙因继承而取得该房屋之所有权。如于未办理登记（继承登记）前，丙无权占有该房屋时，乙虽未经登记但仍可基于《物权法》第34条之规定行使物上请求权，即是其例。唯未经宣示登记前，不动产登记簿上记载的权利人仍为原物权人，故基于登记之公信力，原物权人仍有可能处分登记项下之不动产。倘若原物权人乘物权取得人尚未办理宣示登记之际，将登记项下的不动产处分与善意第三人时，该第三人将受登记公信力之保护而取得不动产物权（善意取得），未经登记的不动产物权则将因此而消灭或受限制。例如，共有物分割判决确定后，于未为宣示登记前，共有人甲趁尚有应有部分登记存在之机会，将其登记之应有部分为善意的债权人乙设定抵押权，则乙因善意信赖甲的所有权登记，而取得抵押权，其他共有人则无从排除乙的抵押权取得。虽然根据《物权法司法解释（一）》第15条的规定①，在判断第三人是否构成善意时，尚应考虑

① 受让人受让不动产或者动产时，不知道转让人无处分权，且无重大过失的，应当认定受让人为善意。真实权利人主张受让人不构成善意的，应当承担举证证明责任。

“重大过失”标准①，但应当注意的是，一些法院将登记簿之外的因生效法律文书导致的物权变动也纳入受让人应当知道的情形。也就是说，非基于法律行为发生的物权变动如因法院的生效法律文书发生的物权变动，物权取得人尚未办理宣示登记，原物权人将不动产无权处分与第三人，在判断第三人是否为善意时，将生效法律文书纳入第三人应当知道的范围（即应当知道物权已经发生变动，出让人属无权处分）。如在“贵阳农商行执行异议之诉上诉案”，二审法院认为：“本案争议房产办理产权登记和抵押登记之前，本院（1997）黔高法执字第 21 －4 号生效民事裁定已将争议房产权利确定给了××公司，该裁定书作为生效法律文书，具有公示公信力和执行力，应视为农商行××支行依法应当知道××公司取得了争议房产权属的事实。同时，本案案涉房产早在 2000 年就已经交由××公司占有使用，农商行××支行在取得抵押登记过程中也并未进行任何现场核实工作，没有尽到合理的注意义务，故其抵押权的取得不属于善意取得。”② 此种做法将会对交易安全以及登记簿推定力和公信力造成更大的损害。物权法司法解释起草者也认为：“对非基于法律行为而发生的物权变动，从一般生活交易习惯看，不应对受让人苛以过重的注意义务。如果他人根据生效法律文书取得了物权但并未办理相

① 《物权法司法解释（一）》的起草者认为，不能将“善意”的认定标准限定在当事人不知的主观状况，而应提高认定标准，将当事人对该不知亦不负有“重大过失”一并作为认定善意的标准，其理由是考虑到我国不动产登记尚不完善的现状，不宜按照不动产公信力原则的要求。（参见杜万华主编：《最高人民法院物权法司法解释（一）理解与适用》，人民法院出版社 2016 年版，第 368 页）但有学者认为，在不动产善意取得中引入重大过失的要件，容易造成实践中过分宽泛地解释受让人“应知”的范围，进而弱化登记簿的推定力和公信力，使交易当事人不愿意也不敢信赖登记簿的记载。长此以往，势必对作为市场经济基础性制度的统一不动产登记制度的完善产生消极作用。（参见程啸：《不动产登记簿的权利事项错误与不动产善意取得》，载《法学家》2017 年第 2 期）笔者赞同此种观点，该问题并非本书讨论的重点，故不予详述。

② 贵州省高级人民法院〔2014〕黔高民终字第 12 号民事判决书。

应的登记，而转让人仍是登记簿上记载的权利人，受让人与之进行交易、支付了合理对价并完成了不动产转移登记，此时，不能仅以法律文书已经生效就推定受让人为知道转让人无处分权，而应以受让人知道该法律文书为判断标准，否则实践中大量的不动产交易的受让人均将因对不动产物权是否存在与登记所表彰的状况不同的法律文书的恐惧而无法进行交易，这明显有悖于法律所要追求的交易安全和效率，也明显与不动产登记的公示原则及权利推定力不相符合。”[①]

第二节　违反未经登记不得处分的债权合同效力

非基于法律行为之不动产物权取得人如未经登记而将其取得之不动产转让（如出卖）与他人，则其与受让人之间的债权合同效力如何？对此，我国台湾地区学说与实务并无争议，均认为：“所谓‘始得处分其物权’，系指处分行为而言，不包括买卖或租赁等债权行为在内。”[②] 所谓之处分仅指物权处分行为，即法律上之处分行为而言。而订立买卖、互易或其他债权契约则并无不可。换言之，以该不动产物权为给付内容的债权行为仍为有效，唯此须于完成物权取得登记以后，方能办理物权变动登记。”[③] 这无疑是由于我国台湾地区承认物权行为之独立性与无因性的结果。虽然我国物权法不承认物权行为理论，但对于应当区分债权合同与物权变动，即“区分

① 杜万华主编：《最高人民法院物权法司法解释（一）理解与适用》，人民法院出版社2016年版，第387页。

② 王泽鉴：《民法物权》，北京大学出版社2009年版，第80页。

③ 谢在全：《民法物权论（上册）》，中国政法大学出版社2011年版，第79页。

原则”已形成共识[①]，并为《物权法》第15条所明定。除此之外，《物权法》第9条、第23条的规定也都明确地区分债权变动和物权变动法律根据的不同，它们无疑共同组成了《物权法》中的区分原则的规则。《物权法》实施后[②]，最高人民法院在2007年4月召开的全国民事审判工作座谈会和同年5月召开的全国民商事审判工作会议上公布了在司法实践中适用合同效力与物权效力相区分原则的民事司法政策，并对该原则作出了更为明确的阐述。[③] 2009年7月，最高人民法院在《关于当前形势下进一步做好房地产纠纷案件审判工作的指导意见》（法发〔2009〕42号）第2条进一步明确要求：

---

① 也有学者指出：“至于其属于负担行为与处分行为的区分，抑或为物权变动的原因与结果的区分，合同效力与合同履行的区分，还是称为债权行为与物权行为的区分，物权变动与其基础关系的区分更为贴切，则无关紧要。事实上，各种称谓与解释之结果并无本质不同。”参见翟云岭：《对买卖合同司法解释第3条“亮点”之争的评判》，载《中国民法学研究会2014年年会论文集（下册）》，第705页。

② “重庆××盐化股份有限公司与重庆××房地产开发有限公司土地使用权转让纠纷案”是《物权法》颁布后，最高人民法院首次根据《物权法》第15条规定的“区分原则”作出的裁判。本案裁判中写道：“《物权法》第15条确定了不动产物权变动的原因与结果相区分的原则。物权转让行为不能成就，并不必然导致物权转让的原因即债权合同无效。双方签订的《联合开发协议》及《补充协议》作为讼争土地使用权转让的原因行为，是一种债权形成行为，并非该块土地使用权转让的物权变动行为。相关法律关于未经通知抵押权人而导致物权转让行为无效的规定，其效力不应及于物权变动行为的原因行为。因此，转让抵押物可能因违反法律的强制性规定而无效，但为该转让行为而签订的债权合同并不一定无效，因为调整这两种不同性质行为所依据的法律不同。”最高人民法院（2008）民一终字第122号民事判决书。参见李明义：《抵押人违反诚实信用原则不履行合同约定的解除抵押权义务，其转让行为虽未经抵押权人同意，仍应认定转让抵押物的合同有效》，载最高人民法院民事审判第一庭：《民事审判指导与参考》（2009年第1辑），法律出版社2008年版，第221页。

③ 最高人民法院民事审判第一庭：《充分发挥民商事审判职能作用，为构建社会主义和谐社会提供司法保障——在全国民商事审判工作会议上的讲话》（2007年5月30日），载最高人民法院民事审判第一庭：《民商事审判指导与参考》（2007年第1辑），人民法院出版社2007年版，第55页。

准确把握物权效力与合同效力的区分原则，尽可能维持合同效力。①另外，2008 年及 2012 年《最高人民法院关于印发修改后的〈民事案件案由规定〉的通知》当中，也明确地“按照物权变动原因与结果相区分的原则”，从案件分析的角度区分了债权意义上合同的法律效果及其根据，并将它们划分为不同的案由。“这些都纠正了《物权法》颁布之前相关立法刻意否定债权和物权这两种法律效果应该具有法律根据的区分，其实是否定物权变动应有独立法律根据的法理错误。”② 实际上，将不动产物权变动的原因行为与物权变动结果进行区分，是由我国立法采取的物权变动模式所决定的。按学界通说，我国物权法所采的物权变动模式是债权形式主义。③ 所以，一方面，基于法律行为移转物权的，需要事先达成合意，此合意仍属债权合同，并非所谓的物权合同，但如果没有完成公示方法，根本不能变动不动产物权。对此，我国台湾地区学者朱松柏认为：“就本条（《物权法》第 15 条）内容以观，此处所指之合同，应该系为物权契约，则是否意指中国物权法在论断物权变动效力时，除有不动产物权之登记以外，尚须另有以与德国民法相类严格意义之物权合意，则尚有待探讨，因为本条所规定之合同，再如何之斟酌、推敲，均甚难不被认为系属为物权变动之意思表示，亦即物权契约也。至于同条后段文句，此乃当然之理，另以法文加以强调并无意义。”另一方面，物权的变动必须通过一定的公示方法昭然于外，否则物权变动不发生效力。“区分原则”完全符合合同效力理论，合同是否有效，自然应当依照《合同法》的相关规定予以评判，物权是否变动

---

① 《最高人民法院印发〈关于当前形势下进一步做好房地产纠纷案件审判工作的指导意见〉的通知》，载《最高人民法院公报》2009 年第 9 期。

② 孙宪忠：《中国物权法总论（第三版）》，法律出版社 2014 年版，第 292 页。

③ 王利明：《关于债权合同与物权及合同无效与撤销权的关系》，载《判解研究》（2001 年第 4 辑），人民法院出版社 2002 年版，第 49 页。

乃合同的履行，通常情况下合同自订立之日起即生效，而不能依据事后合同是否得到履行或得到完全履行来决定合同的效力。合同的效力是独立存在的，其效力如何与其本身是否得到履行及履行的程度是两个不同层面的问题，毫无关联。合同是否履行或是否完全履行仅涉及违约与否的问题。而办理不动产物权变更登记即属于合同的履行问题，且根据合同履行与否来决定合同效力的观点，也不符合人们的认识规律。反之，如果不区分不动产物权变动的原因与结果，则未办理变更登记的买卖合同无效，结果无疑会鼓励纵容一方当事人违约，而守约方的利益即得不到有效的保护。最终结果自然是严重破坏市场经济秩序、交易安全及诚信原则。而《最高人民法院关于审理买卖合同纠纷案件适用法律问题的解释》（以下简称《买卖合同司法解释》）第3条①（《民法典》第597条在吸收《买卖合同司法解释》第3条的基础上，删除了《合同法》第51条与第132条第1款的规定）② 则是区分原则更进一步的应用，进而使得作为典型的、否定物权变动原因与结果相区分法理的《合同法》第51条被废止。所以依据区分原则，不动产物权取得人纵违反《物权法》第31条之规定，即处分不动产物权时未登记的，仅仅是不生物权变动之效力，但并不因此而影响取得人与次取得人之间债权合同的效力。易言之，以该不动产为给付内容的债权合同仍属有效。此外，如上所述，根据《买卖合同司法解释》之规定，即使在无权处分的情况下，合同依然有效。则根据“举重以明轻”原则取得人未经宣

① 该条规定：“当事人一方以出卖人在缔约时对标的物没有所有权或者处分权为由主张合同无效的，人民法院不予支持。出卖人因未取得所有权或者处分权致使标的物所有权不能转移，买受人要求出卖人承担违约责任或者要求解除合同并主张损害赔偿的，人民法院应予支持。”《民法典》第597条第1款规定：“因出卖人未取得处分权致使标的物所有权不能转移的，买受人可以解除合同并请求出卖人承担违约责任。”

② 黄薇主编：《中华人民共和国民法典合同编解读（上册）》，中国法制出版社2020年版，第493页。

示登记而处分该物权时其所签订的合同依然有效，因其非属无权处分而是有权处分。

第三节　违反未经登记不得处分的处分行为的效力

非因法律行为而取得不动产物权者，其物权之取得不因未经登记而受影响，然权利人如欲处分之，则仍须登记方可为之。但权利人未经登记而处分其物权时，债权合同之效力并不因登记与否而受影响，一如上述。唯物权人虽未经登记而处分其物权，但因登记机关之疏忽或错误而业已完成移转登记时，该项物权处分行为之效力如何？例如某甲依据法院之形成判决而取得不动产之所有权，甲继而将其出售与乙。甲本应先将其取得之不动产所有权办毕登记后始可处分移转与和移转于全乙，但甲却会同乙，持法院之判决及双方之买卖合同申请径直办理所有权登记于乙，而登记机关未予详查，即予以登记。该例中甲处分其不动产之行为显然违反了《民法典》第 232 条之规定，然其处分行为的效力如何颇值探讨。

对此问题，我国台湾地区学说认为其涉及相关规范意旨的解释。一种观点杨与龄先生认为：‘非经登记，不得处分其物权’之规定，应解为强行规定，旨在贯彻不动产物权变动之公示原则。在非因法律行为而生之不动产物权变动，法律为符合社会之实际，并保护物权人之权益，虽例外允许不待登记而生变动之效果，然终究是不得已之例外，故使其欲处分时，必先登记而后可为之，迫使其最后仍回归于公示原则。故违反者，自属无效。”“倘未经登记，而予处分，虽无明文规定，应解释为在未变更登记前所为之处分应属无效。因权利状态一变再变，易于混淆，且为贯彻登记制度之精神。”姚瑞光先生则认为：“相关规定在于保护交易安全，盖物权人若已先有物权之登记而后处分，则因处分而取得权利之人，有登记之物权状态可资信赖，即可受公信原则之保护，交易安全因此而得确保。反之，此等物权人若未经登记而为处分，因处分而取得权利之人，因无该物权人之物权登记可资信赖，即无公信原则之适用。准此以观，倘处分人确为物权人时，则其纵未登记而为处分，处分之相对人仍应能取得其物权，即其交易安全已可确保，而无须假手于公信原则，盖公信原则适用对象系登记上所表征者为有权处分之人，而实际却无处分权，与虽未登记，但确有处分之权者不同。故虽有违反该条之强制规定，也不应使其无效，否则有害交易安全。”谢在全、郑冠宇也认为，“非因法律行为取得物权之人，未经登记而处分其物权，虽系违反该条之强制规定，但如其处分行为业已完成时，应适用但书之规定，解为有效。事实上，此种完成处分之情形，如非出于登记机关之疏忽或错误，通常均不致发生。既因登记而完成处分行为，自应承认其效力，以确保法律行为之安定性，且倘属有权处分，亦无仅因处分前未登记其物权而否定其效力之必要。”①

“根据区分原则，物权的设立、移转、变更和废止，在法律上是一个独特的法律行为即处分行为。而处分行为之生效要件包括：1. 标的物成就，即标的物已经客观存在并已特定化；2. 处分人具有处分权；3. 为交付或登记，即动产的实际交付、不动产的登记，或者其他可从客观上表征物权变动的行为。”② 虽然我国民法学界对于物权行为理论的认识尚有分歧，但是相关立法已清晰地表明：立法者已经明确承认区分的事实，至于其属于负担行为与处分行为的区分，抑或为物权变动的原因与结果的区分，合同效力与合同履行的区分，还是称为债权行为与物权行为的区分，物权变动与其基础关系的区分更为贴切，则无关紧要。事实上，各种称谓与解释之结果并无本

---

① 苏永钦：《民法物权争议问题研究》，清华大学出版社 2004 年版，第 14 页。

② 孙宪忠：《中国物权法总论（第三版）》，法律出版社 2014 年版，第 293 页。

质不同。[①] 苏永钦教授也指出，物权行为独立于债权行为是区分对世权与对人权的逻辑使然。其实物权行为的独立，正因为在多数情形可推定与其原因行为并存于同一交易行为中，并不会造成学者质疑的交易生活的困扰，真正比较会引起“与社会观念脱节”问题的，还是独立导致的“无因”结果。但其实独立性与无因性之间并不存在任何体系逻辑关系，即物权行为既可独立而无因，亦可独立而有因。倘若以无因原则之不妥而欲否定物权行为之独立性，反而犯了逻辑上不相干的错误，至少也是因噎废食的过度反应。[②] 因负担行为仅令当事人负担给付义务，而不直接变动权利，故无处分权之要求，相反，处分行为之有效以处分权为必要。[③] 由此可见，于非因法律行为之物权变动情形下，物权取得人虽未经登记（宣示登记）而处分其物权，该处分行为并不因此而无效，盖因其为有权处分。虽然“物权行为就其本身而言，系以物权之变动为其法定唯一之内容，不含任何其他目的及动机，为一中性行为，不具伦理色彩，因此不可能有违反公序良俗之情形”[④]。但作为一种法律行为其仍然可能因违反法律法规的强制性规定而无效。由此也产生了如同我国台湾地区所争议的问题，即《物权

---

① 翟云岭：《对买卖合同司法解释第3条“亮点”之争的评判》，载《中国民法学研究会2014年年会论文集（下册）》，第705页。

② 苏永钦：《物权行为的独立性与相关问题》，载苏永钦主编：《民法物权争议问题研究》，清华大学出版社2004年版，第26页。

③ 朱庆育：《民法总论》，北京大学出版社2013年版，第155页。债权行为不会直接引起当事人积极财产即权利的减少，只是增加其消极财产即义务；处分行为则导致处分人积极财产的直接减少。处分权之所以不影响债权合同的效力，原因在于债权合同约束当事人双方，仅具相对效力。义务固然只对特定人（债权人）而存在，由此创设的债权，也只能针对特定人（债务人）主张（债的相对性原理）。债权合同之外的第三人（处分权人）既不受该契约之约束，自无从影响其有效性。相反，处分行为则生绝对效力，权利的处分，对任何人而言，均生变动效力。如果所处分的权利为绝对权（如物权），则该权利的变动尚须公示，以便能为公众所知。

④ 郑冠宇：《物权法之理论与变革》，科学出版社2009年版，第8页。

法》第31条的规范性质。由我国《物权法》起草过程中关于该条文曾经的表述“未经登记，不得处分其物权”以观，显然为禁止性法律规范之典型。按照多数学者的观点，该条旨在限制取得人之处分权。① 实际上，“未经登记，不得处分”之规定完全源于我国台湾地区相关规定②，而其最终源头则为《瑞士民法典》第656条第2款。③ 绝大多数学者所引用的该条中文翻译为：“取得土地所有权，须在不动产登记簿登记。取得人在先占、继承、征收、强制执行或法院判决等情况下，得在登记前，先取得所有权。但是，非在不动产登记簿上登记，不得处分土地。”④ 但有学者认为其应翻译为：“取得人在先占、继承、征收、强制执行或法院判决等情形，虽于登记前已取得所有权，但于土地登记簿中处分该土地，仅于登记已完成后，始得为之。”⑤ 这种翻译表述的细微差异或许也可从我国台湾地区近期的修改当中窥其端倪。原表述为，因继承、强制执行、公用征收或法院之判决，于登记前已取得不动产物权者，非经登记，不得处分其物权。此种表述于“非……不得……”之文义体例而言，应属法律

① 最高人民法院物权法研究小组：《〈中华人民共和国物权法〉条文理解与适用》，人民法院出版社2007年版，第130页；全国人大常委会法制工作委员会民法室：《〈中华人民共和国物权法〉条文说明、立法理由及相关规定》，北京大学出版社2007年版，第46页；王利明、尹飞、程啸：《中国物权法教程》，人民法院出版社2007年版，第83页；梁慧星、陈华彬：《物权法》，法律出版社2007年版，第97页。

② 全国人大常委会法制工作委员会民法室：《〈中华人民共和国物权法〉条文说明、立法理由及相关规定》，北京大学出版社2007年版，第46页。

③ 原文为：“Bei Aneignung Erbgang Enteignung Zwangsvollstreckung oder gerichtlichem Urteilerlangt indessen der Erwerber schon vorder Eintragung das Eigentum, kann aber in Grundbuch erst dann berdas Grundst ck verfgen, wenn die Eintragung erfolgtist.”

④ 《瑞士民法典》，殷生根译，艾棠校，法律出版社1987年版。

⑤ 张双根：《〈物权法〉第31条释义》，载《华东政法大学学报》2007年第6期。

之强制规定，似可肯定。[①] 但2009年1月23日修改后的则表述为，因继承、强制执行、征收、法院之判决或其他非因法律行为，于登记前已取得不动产物权者，应经登记，始得处分其物权。[②] 前者为否定禁止式，而后者则为条件式，进而已很难推导出其为禁止性规范。更有意思的是，瑞士民法中的"处分"——处分行为即为登记申请这一程序性行为本身。瑞士民法与德国民法虽然对物权行为独立性之理解并无本质区别，但对物权行为之表现形式却大相径庭。在德国民法，物权行为即独立于登记的物权合意；而在瑞士民法，物权行为则是从登记申请中得以发掘。概括而言，瑞士民法中的登记申请是在登记簿上进行处分的法律文书，其不仅是对登记机关提出的变更登记簿记载的申请，同时也是实体法上具有独立性的物权行为。[③] 在相对登记范畴登记申请也直接引发登记程序，但因不动

① 苏永钦：《民法物权争议问题研究》，清华大学出版社2004年版，第13页。

② 在"物权编修正条文对照说明"中关于该条修改的说明为："于登记前已取得不动产物权者"，非仅限于继承、强制执行、征收及法院之判决四种，其他尚有因法律之规定而取得不动产物权者，例如因除斥期间之届满而取得典物所有权等，亦有因法律事实而取得不动产物权者，例如自己出资兴建建筑物等。为其周延，爰增列概括规定"其他非因法律行为"，于登记前已取得不动产物权者，应经登记，始得处分其物权，并酌作文字修正。

③ 瑞士法中的不动产登记簿分为"日簿"和"主簿"，前者记载登记申请到达登记机关，亦即收件的时间，以之作为权利排序之基础（《瑞士民法典》第948条第1款、《瑞士土地登记法》第14条第1款b项）；而后者则是标记物权变动。一旦登记申请获得批准而在主簿上得以载明，则其效力溯及收件之时物权发生变动。因此，于转让不动产所有权等变动既有权利之情形，登记申请减少了权利人之财产，故为物权行为；而于设立限制物权之情形，登记申请则改变了所有权之内容，其同样为物权行为。由此瑞士民法中的不动产物权变动可表述为"债权行为+登记申请（物权行为）+登记记载（事实行为）"，而德国民法中的不动产物权变动可表述为"债权行为+物权行为+登记申请+登记同意+登记记载"，前两者为法律行为，登记申请与同意为程序行为。参见常鹏翱：《另一种物权行为理论——以瑞士法为考察对象》，载《环球法律评论》2010年第2期。

产物权已于登记簿之外发生变动，故登记申请并无间接导致物权变动的意思，从而缺乏法律行为所具有的形成权利之私法自治特性。所以相对登记的登记申请仅具有程序法意义，但其仍具有一定的实体法上的效力①，如登记巩固了物权取得人之法律地位，其因此可以对抗善意取得人；未登记，物权取得人即无形式上的处分权。②因此，在作为“未经登记，不得处分”规则源头的瑞士民法中，其首先且在更大程度上表现为登记程序性规范，其次始体现其实体法上的效力。而且透过其表述方式可知，其为物权取得人处分其物权之前提条件，而非为对物权本身处分的限制。我国台湾地区实务中有认为该规定系对处分权的限制，违反者，其处分行为不生效力。但我国台湾地区学者则认为：“‘非经登记，不得处分其物权’乃指非因法律行为而生之物权变动，其权利人处分其物权前，须先为‘物权取得登记’而言。或谓此项登记（宣示登记）乃不动产物权处分之要件。”③ 还有学者持此观点认为：“由我国《物权法》第31条之规定，非基于法律行为而取得所有权之人，即使未经宣示登记，其处分权也是存在的，无宣示登记并不影响取得人之处分权，该条规定并没有从限制所有权人处分权的角度来规制此种情形下的物权变动。《物权法》第31条规定要解决的‘终极问题’并不是非基于法律行为而取得之所有权的‘处分权’或‘处分能力’问题，而是

---

① 也就是说登记申请人向登记官员所发出的登记申请不仅是一种程序性行为，更是具有独立性的物权行为，两者合二为一，从而在瑞士民法中几乎不曾论及“不动产登记簿以外的处分行为”，而只讨论“不动产登记簿之外的物权取得”问题，此即《瑞士民法典》第656条第2款所列情形。

② Vgl. Deillon-Schegg, Grundbuchanmeldung und Pruefungspflicht des Grundbuchverwalters im Eintragungsverfahren, Diss. Zuerich 1997, S. 31 f. 转引自常鹏翱：《另一种物权行为理论——以瑞士法为考察对象》，载《环球法律评论》2010年第2期。

③ 史尚宽：《物权法论》，中国政法大学出版社2000年版，第33页；王泽鉴：《民法物权》，北京大学出版社2009年版，第80页。

基于《物权法》第28条至第30条规定所取得之所有权要发生有效的物权变动所需具备的登记要件问题。”① “这是因为处分人在处分该不动产时，其所享有的处分权是真实合法的。这种情况下，物权交易的安全并无受到破坏。物权交易的安全受到损害，只能是在处分人不是真正的权利人的场合。此时，由于登记显示的权利人并非实际上的权利人，就必须适用登记公信原则和权利正确性推定原则，以保护物权交易的相对方。既然处分人在处分时并非无权处分，如果仅仅因为其未办理取得登记即否定业已完成的处分行为的效力，就不得不发生复原性的物权变动，如此势必增加不必要的交易成本。”② 也就是说，物权取得人在实体法上作为所有权人当然可以处分其物权（即使未为宣示登记），但在登记程序上未为登记，权利人无法进行不动产登记簿上之有效处分。所以，该规范之性质即不能解释为禁止性规定，实质上应为不动产登记制度中的程序性规范与技术性规范。③ 也正因如此，其更应规定在《不动产登记法》中，如由学者起草的《中国不动产登记法（草案建议稿）》第6条规定：“依法律行为设立、移转、变更和废止不动产物权的，不经登记不生物权变动的效力。因法律的规定、法院的判决、政府的指

① 王洪平：《违法建筑的私法问题研究》，法律出版社2014年版，第101页。

② 张学文：《非依法律行为之不动产物权变动》，载《法学研究》2003年第1期。

③ 有学者认为：“《物权法》第9条的主要规范意旨在于作为‘一般条款’，一般性地解决基于法律行为之不动产物权变动须以登记为生效要件的问题，而《物权法》第31条规定的主要规范意旨在于解决非基于法律行为而取得之物权的有效变动问题。以基于建造行为而取得房屋所有权而言，在解决已为初始登记的房屋所有权移转的有效性时，仅以《物权法》第9条规定作为规范依据即可；而要解决未为初始登记的房屋所有权移转的有效性，就须合并适用《物权法》第31条规定和第9条规定，第9条规定的适用乃第31条规定之发挥完整规范功能的必然结果。因此，《物权法》第31条规定不仅是一条实体规范，而且还具有一定的‘转致条款’的功能。”参见王洪平：《违法建筑的私法问题研究》，法律出版社2014年版，第101页。

令发生的物权变动，自法律生效时、法院判决确定时或者政府的指令下达时生效。因继承或遗赠发生的物权变动，自继承或遗赠开始时生效。因事实行为发生的物权变动，自事实行为成就时生效。依第2、3、4款发生的不动产物权变动，如未进行不动产登记的，权利取得人不得处分该不动产。"① 再如德国的《土地登记条例》第39条与第40条。② 其第39条规定的意义在于使土地登记簿所记载之权利状态及其变动过程，查阅登记簿即可完全明了，如此始能实现设置土地登记簿旨在提供土地私法关系可靠讯息之目的，为满足公示原则，各土地权利人原则上不许为越级登记（中间省略登记）。此外经由本条第1项规定的机能，可简化登记机关关于同意权之审查，盖前登记之权利人通常乃后登记之同意权人，且尽可能使《德国民法典》第891条所推定之权利人（登记之推定力）与真实之权利状态一致，以免发生无权处分之问题。③ 程啸教授也认为："不动产登记簿的推定力是以不动产登记簿记载的物权与真实的物权在绝大多数情况下都相一致为基础的。要保证登记簿的记载与真实的权利相一致或者说在绝大多数情况下是吻合的，法律上就必须提供相应的制度保障：其一实行所谓的'登记强迫'，任何基于法律行为的不动产物权变动均以登记为其生效要件。其二不动产登记程序法以'在先登记原则'为其基本原则之一。许多国家和地区的不动产登记法

① 李昊、常鹏翱、叶金强、高润恒：《不动产登记程序的制度建构》，北京大学出版社2005年版，第530页。

② 《德国不动产登记条例》第39条［利害关系人的在先登记］第1款规定："影响某人权利的登记，仅于其已在土地登记簿上登记为权利人时，始得为之。"同时第40条［先登记的例外］第1款规定："于权利之移转或废止应经登记，或经被继承人或遗产管理人同意而申请登记，或依据对被继承人或遗产管理人为强制执行之执行名义而申请登记之情形，如因登记致权利受影响之人系登记簿上登记权利人之继承人时，不适用本法第39条第1款的规定。"

③ 苏永钦：《民法物权争议问题研究》，清华大学出版社2004年版，第11页。

都明确承认了在先登记原则。尽管我国目前尚无不动产登记法，但《物权法》第 31 条实际上就是以在先登记原则为基础的。也就是说，虽然权利人在实体法上已经取得了不动产物权，但是应当通过登记将此种尚未在登记簿上公示出来的物权变动展现出来（即宣示登记），然后才能就再行处分申请相应的处分登记。不动产登记法采取在先登记原则的主要目的就是确立不动产登记簿的推定效力。通过要求权利被涉及者的权利必须已经登记，不动产登记簿能够完整地展现不动产物权变动的全过程，这与票据背书的连续所具有的功能是相同的。不动产登记簿具有推定效力的一个重要前提就是不动产物权变动已在登记簿上得到连续、完整的记载，这使得登记簿上记载的现权利人无须逐一证明其前手以及前手的前手是如何取得权利的，从而有效地维护不动产交易的效率与安全。”① 而且“在国际上，一般认为不动产登记具有司法性特征，因为登记与否将直接或间接地决定具体的当事人之间的权利和义务。法学上，一般都认为不动产登记属于程序司法。② 但是其调整事项不在于权利义务的是非的裁判，而在于权利存在与否的法律事实的确认”③。即使将“未经登记，不得处分”认定为强制性规范，“也应当属于强行法中的取缔规定，其本身并不含有效力评价因素而偏重于对事实构成行为的控制。从物权法规范的性质看，其中尽管多数规定是强制性规范，但它只是从另外一个角度去体现物权法作为自治法的性格。也就是说，它并不禁止物权交易当事人的行为，而只是对当事人的行为起

① 程啸：《不动产登记簿之推定力》，载《法学研究》2010 年第 3 期。

② 我国起草《不动产登记条例（草案）》的指导思想即为：（一）将条例定位于程序法，明确了当事人提出不动产登记申请以及登记机关开展不动产登记的各种程序；（二）以维护交易安全、明确不动产登记的基本规则为立法宗旨。淡化行政管理的色彩，突出不动产登记在公示公信方面的基本功能。参见《不动产登记条例（草案）》（送审稿）起草说明。

③ 孙宪忠：《不动产登记条例草案建议稿》，中国社会科学出版社 2014 年版，第 9 页。

引导作用，只要当事人的行为不关涉国家利益和社会公共利益，国家就没有必要进行干预，更不必去否定其效力。所以即使将处分权限制规定作为强制性规范的性质，也不应一概认为未办理取得登记的处分行为无效”①。

综上论述，笔者认为“未经登记，不得处分”规定②其性质应主要为一登记程序性规范，而非对取得人物权处分的限制，取得人仍可为实体法上的物权处分行为，只不过在登记过程中如未经宣示登记，登记机关即不得为其办理不动产物权移转登记（设权登记）。以继承为例，倘未经继承登记，则以继承人之名义申请办理转移所有权登记时，处分行为当事人（继承人）即与不动产登记簿之记载不符，登记机构自不能为其办理转移登记，从而取得人（继承人）也无从完成其处分行为。我国的不动产登记实践也是如此，“不动产登记机构在办理登记时应当注意，对因继承、接受遗赠和人民法院、仲裁委员会生效的法律文书或者人民政府生效的决定书取得的不动产权利再次进行转让申请登记时，为维护正常的交易程序，保证交易安全，使登记档案资料保持连续性，不动产登记机构应当先将不动产登记到继承者或法院判决书、仲裁委员会裁决书、政府征收决定书指定的当事人名下之后，再进行移转登记”③。所以，如果取得人处分其所取得的不动产物权后，在登记程序中因某种原因（只可能是登记机关的原因）虽未经宣示登记但仍错误地为受让人办理了移转登记，该不动产物权之变动应为有效，正可谓“程序上之瑕疵不影响实体上之效力”，只不过一旦有权利人提出异议受让人自无法受登记公信力之保护。正如谢在全先生所言，“事实上，此种完成处

① 张学文：《非依法律行为之不动产物权变动》，载《法学研究》2003年第1期。

② 实则应表述为“须经登记，始得处分”。

③ 国土资源部政策法规司：《不动产登记暂行条例释义》，中国法制出版社2015年版，第124页。

分之情形，如非出于登记机关之疏忽或错误，通常均不致发生。既因登记而完成处分行为，自应承认其效力，以确保法律行为之安定性，且取得人属有权处分，亦无仅因处分前未登记其物权而否定其效力之必要”①。即使在《物权法》将其作为实体法律规范之情形下，似乎也应将其解释为管理性之禁止性规范，从而不至于影响处分行为之效力。如此，虽然不利于维护不动产登记簿之连续性，但毕竟其极少发生，且无碍于交易安全。

第四节　未经登记不得处分的例外

所谓“未经登记不得处分的例外”，是指非基于法律行为的不动产物权取得人纵使未为权利取得之宣示登记，但仍可将其取得之不动产物权予以处分。基于本书以上之论述结论，该例外似乎并不存在，因为取得人非因法律行为所取得之物权不受任何处分限制，即使未为宣示登记，其仍可处分其物权，只不过在登记程序中须先为宣示登记始得办理转移登记，否则其处分不发生法律效力。所以，该部分论述的内容为取得人在登记过程中即使未为宣示登记，但仍可办理移转登记之情形。

一、违法建筑的强制执行

我国台湾地区实务认为，拍卖的不动产，买受人自领取执行法院发给的权利移转证书之日起，即取得该不动产之所有权，债务人之违章建筑既经法院拍卖，由承买人承买并取得权利移转证书，即应认为承买人为该违章建筑之所有人，纵不能依法登记，亦仅不能处分其物权，但不能否认其已取得之所有权。至于拍卖违法建筑之

① 苏永钦：《民法物权争议问题研究》，清华大学出版社2004年版，第11页。

房屋，而债务人并非原始建筑人时，究系拍卖其所有权，抑或拍卖物之交付请求权？实务上也认为拍定人系取得该违法建筑之所有权。按违法建筑的出资人固于建筑完成时，取得其所有权，盖此亦系非因法律行为而生物权变动，故不待登记即生效力，然非经登记不得处分。依此，债务人（出资人）取得的违法建筑物所有权，可无须登记，而经由强制执行程序，由承买人取得所有权，是为构成例外。[①] 那么，在我国是否也存在同样的情况？首先要解决的问题是违法建筑能否被强制执行？或言之，违法建筑是不是适格的执行标的？对此问题，绝大多数观点均持否定态度，司法实务中也存在这样的观点，如在“咸宁市咸安区市场监督管理局、刘某拍卖合同纠纷上诉案”，二审法院认为：“涉案门店建筑为未经行政主管部门许可或批准、擅自搭建的临时建筑，应属于违法建筑。咸宁市咸安区市场监督管理局将该建筑作为其拍卖的标的，对外拍卖转让，既未提供该建筑的不动产登记信息，也未提供该临时建筑被其占有、使用、收益的相关证据材料，即使在拍卖时告知了刘某该建筑存在局部共墙等瑕疵情况，但该临时建筑依法不属于可以转让的房屋，故拍卖行为无效。”[②] 但也有学者认为：“我国实务界的主流观点已经认为，违法建筑成为执行标的是具有必要性和

---

① 苏永钦：《民法物权争议问题研究》，清华大学出版社 2004 年版，第 8 页。

② 湖北省咸宁市中级人民法院〔2018〕鄂 12 民终 1930 号民事判决书。再如“乌鲁木齐××商贸有限公司诉新疆××拍卖有限公司等拍卖合同纠纷案”，法院认为：“临建市场在拍卖前即应依法予以拆除，管理局不得再将其进行有偿转让。根据《拍卖法》第六条、第七条的规定，拍卖标的应当是委托人所有或依法可以处分的物品或者财产权利，行政法规禁止买卖的物品或财产权利，不得作为拍卖标的。管理局委托拍卖临建市场，违反了国家法律的强制性规定，其与拍卖公司签订的《委托拍卖合同》中有关临建市场部门的约定依法当属无效。”［新疆维吾尔族自治区高级人民法院（2006）新民二初字第 85 号民事判决书］。

可行性的。"① 司法实务中也有相关裁判承认违法建筑可以成为拍卖标的，在"新疆××旅游有限公司与中国农业银行××营业部、新疆××拍卖有限公司拍卖合同纠纷案"，法院认为："建筑物违章，是相关行政部门予以处罚的事项，政府相关部门亦未对此标的物以违章建筑或其他违规情形为由提出异议。故××公司受法院委托，按照法定程序进行的拍卖活动不符合认定合同无效的条件，应认定合法有效。××公司与××旅游公司签署的拍卖成交确认书是双方当事人的真实意思表示，内容亦不违反法律法规的强制性规定，亦应认定合法有效，××旅游公司关于拍卖成立确认书无效的诉讼请求不能成立。"②《最高人民法院关于转发住房和城乡建设部〈关于无证房产依据协助执行文书办理产权登记有关问题的函〉的通知》（法〔2012〕151号）③ 中即已指出："要防止'违法建筑'通过协助执行行为合法化。但于执行程序中处置因不具备初始登记条件而未能办理初始登记的房屋时，原则上实行'现状处置'，即处置前应

① 李海军：《执行程序中违章建筑的认定及处理》，载《山东审判》2007年第5期。

② 最高人民法院〔2011〕民二终字第40号民事判决书。

③ 一、各级人民法院在执行程序中，既要依法履行强制执行职责，又要尊重房屋登记机构依法享有的行政权力；既要保证执行工作的顺利开展，也要防止"违法建筑"等不符合法律、行政法规规定的房屋通过协助执行行为合法化。二、执行程序中处置未办理初始登记的房屋时，具备初始登记条件的，执行法院处置后可以依法向房屋登记机构发出《协助执行通知书》；暂时不具备初始登记条件的，执行法院处置后可以向房屋登记机构发出《协助执行通知书》，并载明待房屋买受人或承受人完善相关手续具备初始登记条件后，由房屋登记机构按照《协助执行通知书》予以登记；不具备初始登记条件的，原则上进行"现状处置"，即处置前披露房屋不具备初始登记条件的现状，买受人或承受人按照房屋的权利现状取得房屋，后续的产权登记事项由买受人或承受人自行负责。三、执行法院向房屋登记机构发出《协助执行通知书》，房屋登记机构认为不具备初始登记条件并作出书面说明的，执行法院应在30日内依照法律和有关规定，参照行政规章，对其说明理由进行审查。理由成立的，撤销或变更《协助执行通知书》并书面通知房屋登记机构；理由不成立的，书面通知房屋登记机构限期按《协助执行通知书》办理。

披露不具备初始登记条件的房屋现状，买受人或承受人如欲取得则应按照房屋的权利现状取得，同时后续产权登记等事项也由买受人或承受人自负其责。”① 也就是说，违法建筑并不因执行程序而转化为合法建筑，但其仍不失为适格之执行标的②，只不过买受人或承

---

① 在“陈某平、胡某民间借贷纠纷执行申诉案”，最高人民法院认为：“根据《最高人民法院关于转发住房和城乡建设部〈关于无证房产依据协助执行文书办理产权登记有关问题的函〉的通知》中关于‘现状处置’的原则，对无证建筑的拍卖，于法有据。”[最高人民法院（2019）最高法执监19号执行裁定书]；在“陈某某、深圳市罗湖区规划土地监察局城乡建设行政管理再审案”，再审法院认为：“是否属于违法建筑应以有权机关认定为准，其并不因司法拍卖而改变违法建筑性质。”[广东省高级人民法院（2018）粤行申279号行政裁定书]；在“太仓市××热处理有限公司、太仓××五金制品有限公司合同、无因管理、不当得利纠纷执行申诉案”，法院认为：“根据《最高人民法院关于转发住房和城乡建设部〈关于无证房产依据协助执行文书办理产权登记有关问题的函〉的通知》规定，不具备初始登记条件的房屋有使用、收益权能，具有财产价值，法院亦可以拍卖处置，只是买受后的风险由买受人或承受人承担。本案建筑物虽系无证，但被××公司作为生产经营用房，具有使用、收益的财产价值，经法院拍卖后，买受人亦未对拍卖事宜提出异议，太仓法院拍卖处置前披露了房屋不具备初始登记条件的现状，拍卖买受人按照房屋的权利现状取得房屋。故太仓法院对涉案房产进行拍卖并无不当。因此，异议人关于涉案房产不能进行拍卖的复议理由不能成立。”（江苏省高级人民法院〔2014〕苏执监字第00137号通知书）；在“广西××物业服务有限公司不服南宁市中级人民法院执行裁定申请复议案”，法院认为：“广西××拍卖有限公司对南丰大厦房产公开拍卖时，告知了竞买人被拍卖的房产存在产权瑕疵等问题，处置前披露房屋不具备初始登记条件的现状，买受人或承受人按照房屋的权利现状取得房屋后，后续的房产登记事项由买受人或承受人自行负责的规定，南宁市中级人民法院拍卖南丰大厦部分房产并无不当。”[广西壮族自治区高级人民法院（2012）桂执复字第3号执行裁定书]。

② 还有学者认为：“虽然《拍卖法》第7条规定，法律、行政法规禁止买卖的物品或财产权利，不得作为拍卖标的。但在解释论上，违法建筑之上是存在所有权的，违法建筑转让合同是有效的，经由转让买受人是可以取得违建所有权的。在我国现行法上，违法建筑并不属于‘法律、行政法规禁止买卖的物品或财产权利’。因而《拍卖法》第7条并不能作为禁止违法建筑拍卖的法律依据。”参见王洪平：《违法建筑的私法问题研究》，法律出版社2014年版，第101页。

受人应承受因其属于违法建筑所带来的一切法律后果而已。① 如在“山东××置业有限公司、山东××投资担保有限公司企业借贷纠纷执行复议案”，法院认为：“《拍卖法》第7条规定，法律、行政法规禁止买卖的物品或者财产权利，不得作为拍卖标的。上述规定中禁止拍卖的物品，是指文物、走私物品、管制药品等法律法规明确禁止买卖的物品。本案中，涉案地上建筑物虽然未按照《建设工程规划许可证》和批准的施工图纸施工，但并不是法律法规明确禁止买卖的物品；异议人所提《城乡规划法》第64条的规定，其仅是行政法规对于违法违章建筑的处罚规定，并不影响对该标的的评估、拍卖。根据最高人民法院上述通知精神，涉案地上建筑物能否取得权属证书，并不影响对该地上建筑物的拍卖处置。即便该地上建筑物不具备初始登记条件，人民法院也可以在对该事实进行披露的前提下进行‘现状处置’。而作为拍卖处置中的买受人也只能按照权利现状取得相应建筑物，并承受相应的权利瑕疵。基于此，将涉案土地使用权及其地上建筑物予以处置，并不会导致使违反建设规划的建筑物合法化的结果，也不会造成与行政权的冲突。”② 因此，执行程序中违法建筑的买受人或承受人之所有权取得，对于初始所有人而言即属于“未经登记，不得处分”之例外。实际上，此例外中包含了两个非基于法律行为之所有权变动：一为基于事实行为（建造

① 但执行法院（委托拍卖法院）以及拍卖行应当履行“如实告知义务”，换言之，买受人或承受人享有“知情同意权”。最高人民法院在《关于转发住房和城乡建设部〈关于无证房产依据协助执行文书办理产权登记有关问题的函〉的通知》（法〔2012〕151号）中也对此予以明确，即对于不具备初始登记条件的房屋处置前应披露其不具备初始登记条件的状况。在我国台湾地区，对违章建筑进行拍卖时，一般情况下法院的拍卖公告会明确作出如下标注：本标内暂编号之建筑物，系未办理建筑物所有权第一次登记之不动产，拍定后拍定人不能持权利移转证书办理所有权移转登记，亦不得以面积不符，请求减少价金，或撤销拍定；且若该建筑物经建筑主管机关认定为违章建筑，拍定人应自行承担受拆除之风险。

② 山东省高级人民法院〔2018〕鲁执复103号执行裁定书。

行为）而取得所有权，二为基于法院之强制执行而取得所有权。后者的取得对于前者构成了“未经登记，不得处分”之例外。

二、未办理初始登记的建筑物所有权的让与

建筑物之出资人于建筑物建造完成时无须登记（初始登记）即可原始取得其所有权。如若出资人为两人或两人以上（实践中的合资开发房地产），则于建筑物建造完成时也无须经由登记而由所有的出资人共同所有，自无异议。如果其中某一出资人于建筑物初始登记前将其对该建筑物所享有的所有权份额转让给其他共有人，最终建筑物初始登记于其他共有人名下的，实践中也时常发生。而共有人之一将其共有份额转让与其他共有人之行为无疑为处分行为，因此自然也属于“未经登记，不得处分”之例外情形。而对基于“一方出资一方出地的联建协议”所建造的建筑物纵未经初始登记，事实上是由提供土地使用权的一方原始取得建筑物所有权①，即使双方于联建协议中规定了各自的产权归属比例。如果联建双方不仅在联建协议中规定了各自的产权比例，而且在办理土地使用权转让手续时还按照各自的产权比例确定了彼此的土地使用权占有比例的，则建筑物建造完成时由双方共同取得所有权，从而依然可以发生上述之例外情况。此外，在我国台湾地区也存在此种例外情形：申请建筑物所有权初始登记（保存登记）时，除了使用执照所载之起造人外，其在办理保存登记前，受让建筑物所有权之人亦得为之。故建筑物所有权之受让人如经让与人同意，以起造人之名义申请发给使用执照，或出具移转契约书，以受让人名义径行办理保存登记，

① 此由司法实践中的相关判决亦可得出相同的结论。如“联建协议无效，出资一方的资金已经物化为双方联建的房屋，则联建的房屋应随同土地使用权归出地方所有，出地方应当给予出资方适当补偿”。参见“北京××房地产开发有限公司诉中国共产党××区委员会党校合作开发房地产合同纠纷案”（最高人民法院〔2010〕民一终字第47号民事判决书）。

即因登记而发生所有权移转效力。[①] 因此，建筑物的出资人于建筑物建造完成后而原始取得其所有权时，可不必先登记为己有，即可处分其所有权。

三、不动产共有人之一死亡而有无继承人不明时的共有物分割

如前文所述，分割共有物于性质上乃处分行为，因此不动产共有人中如有已死亡者，则在已死亡共有人之继承人未为继承登记（宣示登记）前，其他共有人（包括继承人）即不得请求分割共有不动产。对此在我国台湾地区为求诉讼经济，对于以死亡共有人之继承人为被告之情形，司法实务上作为原告的其他共有人可就继承登记与分割共有不动产之诉合并为之。但倘若该死亡共有人无继承人或有无继承人不明时，即无从经由其办理继承登记而后再行分割。有时虽存在遗产管理人，但其终究非为继承人。对此我国台湾地区"民事诉讼法"允许遗产管理人代替继承人之地位进行诉讼，允许其不经登记而进行共有物之分割诉讼，以免妨害共有物分割不能之窘境，并致害其他共有人分割请求权之自由行使，从而也构成"未经登记，不得处分"之例外。

结　论

非基于法律行为之不动产物权变动，是指因法律行为以外的原因事实而引起的不动产物权之发生、变更、转移与消灭。在基于法律行为的不动产物权变动中，物权变动发生的内在动因是当事人变动物权的意思表示，或者说当事人的意思表示对物权变动的发生起着决定性的作用；而在非基于法律行为的不动产物权变动中，通常并不存在当事人的意思表示，即使存在当事人的意思表示，其也不

---

① 参见谢在全：《民法物权论（上册）》，中国政法大学出版社2009年版，第81页。

被法律所考虑和评价，更非影响物权变动的决定性因素。基于法律行为之不动产物权变动，究其实质乃产权交易，如果产权没有界定清楚，就无法进行交易。而产权交易必然涉及交易成本，登记的公示与公信无疑可以降低交易成本，提高交易效率。而在非基于法律行为的不动产物权变动场合，由于不涉及产权交易，从而交易成本自然无从谈起，对权利表征方式的需要也并不强烈，故无须登记即可发生物权变动。而“未经登记，不得处分”又要求登记，则因其涉及产权交易。非基于法律行为的不动产物权变动之所以无须登记即可直接发生法律效力，是法律出于对社会生活实情的尊重而作出的立法政策选择。在基于法律行为的物权交易中，形式具有确证权利正当性和保持社会记忆的功能。不动产物权变动的过程及其产生的正当性后果正是通过特定个体对交易的参与与记忆，再通过个体记忆的广泛传播，经由时间而被普遍化。个体记忆渐渐地转化为社会集体记忆，从而形成用法律外形（登记）所表现出来的现实生活传统。所以，不动产物权交易通过有形的形式以及无形的特定个体的记忆而转化为人们的生活习性，并成为人们在日常生活和交易中不断重复着的活动经验。而在非基于法律行为的不动产物权变动中，虽无须登记即可发生物权变动，但法律事实本身如同不动产物权交易中的登记一样，同样具有一定程度的确证权利正当性和保持社会记忆之功能。

在采遗嘱继承与遗赠同一立法模式或承认概括遗赠的立法例，不论是概括遗赠还是特定遗赠都具有物权性效力，遗赠物的所有权均自遗嘱人死亡时起即发生物权变动之效力。唯对于特定遗赠而言，因承认概括遗赠的立法例均采意思主义的物权变动模式，所以受遗赠人虽于遗嘱人死亡时即取得遗赠物之所有权，但该所有权的取得未经登记不得对抗第三人。而在采区分遗嘱继承与遗赠模式的国家或地区，因不承认概括遗赠，故遗赠仅为受遗赠人与继承人或遗赠义务人之间的债权债务关系，其本质如同遗产债务一样，因而自与继承具有直接导致物权变动的效力有别。同时，在区分模式立法例中，其物权变动均采形式主义的物权变动模式，因此，遗赠物的所有权仍须为登记或交付始生物权变动的效力。因我国现行立法采区分遗嘱继承与遗赠的立法模式以及形式主义的物权变动模式，所以遗赠不具有直接导致物权变动的物权效力而仅具有债权效力，即遗赠不能与继承并列作为非基于法律行为的物权变动类型。对此，《民法典》第230条已将受遗赠删除，但对该条删除受遗赠的解释，立法机关、最高人民法院以及相关学者均存在谬误，混淆了遗赠与赠与、遗赠与继承的区分。遗赠为单方法律行为，不问受遗赠人的意思如何，即于遗赠人死亡时当然发生效力；而遗赠通常又对受遗赠人有益，但纵为有益也不能违反受遗赠人意思而强制其受益，因此各国或地区立法通常赋予受遗赠人以承认与抛弃遗赠的自由。只要遗赠生效，受遗赠人即当然取得受遗赠权——请求遗赠义务人交付遗赠物之权利。受遗赠人的受遗赠权并非来自受遗赠人的承认，而是来自遗嘱的效力，受遗赠人于遗赠生效后所作出的接受遗赠的表示只是对受遗赠权的一种承认而已，并非承诺；受遗赠人放弃受遗赠，则是对受遗赠权的放弃。如同在直接继承之情形下，继承人也有承认继承与抛弃继承之自由。如果按照上述立法机关与有关学者的解释逻辑，继承是否也因继承人作出承认继承的意思表示而认定其性质为双方法律行为？既然遗赠只具有债权效力，遗赠系遗产上之负担，与遗产债权居于同等地位，只不过其受偿顺序居于遗产债权之后而已。但《民法典》继承编第1163条却将遗嘱继承人与受遗赠人在遗产债务清偿中置于同等地位，实乃立法缺陷。受遗赠人不是概括继承的主体，不承担遗产债务清偿的责任。因此应将《民法典》第1163条解释为：受遗赠人虽与遗嘱继承人承担一定比例的清偿责任，但遗嘱继承人的责任产生于概括继承，即使遗产未分割也承担清偿责任；而受遗赠人的清偿义务并不来自概括继承，而是因其受领了遗赠，在受领遗赠前其本不负担清偿义务。因此，受遗赠人的清偿义务发生原因是遗产债务不足以被清偿前先行履行了遗赠的法律事实，即将该条解释为“不当受领人返还义务”，亦即受害人（遗产债权人）求偿权的请求权基础。如此，被继承人的债权人（受害人）可以直接向受遗赠人行使清偿债务的请求权，从而有利于保护债权人并维护遗产债务公平分配原则。此外，不论遗产酌给请求权定性为债权、法定遗赠抑或法定遗产债务，终究仅具债权效力，无从发生继承的效力，遗产酌给请求权的行使并不能直接导致酌给遗产的物权变动。在无人继承遗产的情形下，国库作为最后遗产归属人的地位为各国立法之通例。国库取得无人承认继承的遗产乃基于法律的直接规定而取得，自无须为动产之交付与不动产之登记即可发生物权变动效力。

对于违法建筑而言，违法的是行为，而不是房屋，而且违法行为应仅限于违反公法而言。“违法建筑”之概念是指行为人取得该建筑物之行为违反了公法规范。而公法与私法存在不同的规范功能，公法管制和私权自治完全是两个独立的体系，违法建筑的私权属性根本不受公法管制的影响。行为人之取得物之行为纵因违反公法规范而构成违法行为，但其违反公法之违法行为不应导致阻却于私法上取得物之所有权。物之本身并无合法与违法之区分，则建筑物是否已经完成所有权初始登记，以及是否属于违法建筑，均不影响建造人取得所有权。因此，对于违法建筑不能因其违反行政法律规范而否定建造人对其所有权之取得。此外，违法建筑并不属于“法律、行政法规禁止买卖的物品或财产权利，其有使用、收益权能，具有财产价值，仍然可以处分，只不过买受人只能按照权利现状取得相应建筑物，并承受相应的权利瑕疵。

《民法典》第229条规定的法律文书仅指人民法院基于实体法上之形成诉权而作出的形成判决或调解书，而不包括确认判决与给付判决。确认判决并无变更既存物权状态之效力，仅系对物权既有状态的司法确认。依照物权确认判决，当事人对涉诉不动产物权依据其权利取得的法律事实而自始享有或自始不能享有，但无论如何并未引起物权变动的发生。给付判决，是指原告主张对于被告有特定的私法上之请求权，被告有给付之义务，如请求法院命被告为一定金额之支付、特定物之交付、一定之意思表示等。判决之后仍须践行登记或交付始可发生物权变动之法律效果。形成之诉既非确认也非实现现存的法律状态，而是改造现存的法律状态并创造新的法律状态。形成之诉所预设的处理是，法律行为或其他一定的要件事实之发生，不会直接导致法律关系变动，而只有在当事人通过诉讼来主张存在符合该要件的事实，且法院也认可其存在，并以判决宣告法律关系变动时，才产生变动之法律效果，只要形成判决没有确定，就不能向任何人主张作为诉讼标的的法律关系的变动。形成之诉与实体法上的形成权存在一定的联系，通常在于实现实体法上的形成权，是形成权的行使方式。但并非所有的形成权都可以适用形成之诉和形成判决，而只有那些不能通过单方意思表示行使的、而必须以（起诉和）支持性判决为前提的权利才能适用（形成诉权）。只要被告通过自己的表示或者协助能够变更法律关系者，乃“非真正的形成之诉”；只有那些必须通过起诉和判决才能引起法律关系之变更者，始为可直接引起物权变动的形成判决，系“真正的形成之诉”。同样，也只有形成性的调解书才属于可直接导致物权变动的法律文书。以物抵债调解书只是对当事人之间以物抵债协议的确认，其实质内容是债务人用以物抵债的方式来履行债务，此调解书不具有直接导致物权变动的内容。在我国法律中可直接引起不动产物权变动的形成判决主要有五种：1. 依据《民法典》第 147 条至第 151 条之规定，撤销合同的判决；2. 分割共有物的判决；3. 依据《民法典》第 538 条、第 539 条之规定，撤销债务人诈害债权行为的判决；4. 依据《民法典》物权编第 337 条、《土地管理法》第 37 条及《农村土地承包法》第 27 条之规定，法院基于发包方诉请收回承包地而作出的终止土地承包经营权的判决；5. 依据《民法典》第 1052 条之规定，撤销婚姻的判决。此外，执行程序中的拍卖是一种强制执行措施，虽然其中也渗透着当事人的意思表示，但该意思表示居于次要地位，整个拍卖过程无处不渗透着公权力的介入。同样，执行程序中的以物抵债也是法院行使公权力的一种体现，以物抵债裁定并非基于当事人的意思，为了体现执行程序的强制性该裁定能够直接导致物权变动，具有形成力。所以，强制执行程序中的不动产拍卖成交裁定及以物抵债裁定则能够直接引起不动产物权变动，属于《民法典》第229条规定的“法律文书”之列。执行回转裁定的内容是责令取得财产的申请执行人返还财产，此与法院判决债务人向债权人履行一定的财产交付义务是同样道理。因此，执行回转裁定不可能直接导致物权发生变动。

《民法典》物权编第229条至第231条关于非基于法律行为的物权变动的规定，仅为一种例示性规定，这种例示性规定并未穷尽非基于法律行为而发生的物权变动的所有情形。在《民法典》物权编以及其他法律规定中，也存在着非基于法律行为的物权变动情形，即基于法律的规定发生的不动产物权变动。对此，本书着重分析了不动产抵押权的法定移转、基于夫妻财产制发生的物权变动与法定抵押权。就不动产抵押权随主债权转让而移转时，是否需要办理移转登记始生物权变动的效力，理论与实务上虽然一直存在争议，但我国司法实践对此问题的裁判立场较为一致，普遍认为根据“从随主”之原则，抵押权随主债权的转让而移转，在性质上属于抵押权的法定移转，不以办理抵押权变更登记为生效要件。《全国法院民商事审判工作纪要》对此予以肯定，《民法典》也在全面吸收我国司法审判实践经验及《全国法院民商事审判工作纪要》之基础上，增设第547条第2款规定“受让人取得从权利不因该从权利未办理转移登记手续或者未转移占有而受到影响”。就基于夫妻财产制发生的物权变动而言，因法定夫妻财产制而发生的不动产物权变动不以登记为生效要件，故属于基于法律规定的非基于法律行为的不动产物权变动。所以，根据《婚姻法》所规定的法定夫妻共同财产制，婚后夫妻一方所得之财产（不动产）不论是否登记为共有，也不论是登记在一方名下还是双方名下，均因法定夫妻财产制而为夫妻双方共同所有。婚姻家庭的团体性特征决定了夫妻之间关于具体财产制度的规定或约定不宜由物权法过度调整，应当由婚姻法去规范评价。对夫妻之间财产所有权变动效力的发生起决定性作用者乃婚姻这一特殊的身份事实，而非取决于法定财产制抑或约定财产制，换言之，婚姻身份事实本身与财产制契约的内容两者中前者更应受到法律的评价。夫妻之间采法定财产制还是约定财产制，仅仅决定财产共有的时间和空间范围（即何时取得的何种财产），而其效力的发生则取决于婚姻身份事实本身。所以，基于夫妻财产制契约而发生的物权变动也属于非基于法律行为的物权变动。根据“房随地走”与“地随房走”的双向统一原则，只要在房地产之一的房屋（或者该房屋所占用的土地使用权）上设立了抵押权，则与该房屋（或者土地使用权）相对应的土地使用权（或者土地使用权之上所附着的房屋）也一并设立了抵押权，而不论该抵押权是否已经办理抵押登记手续。如果建筑物或者建设用地使用权分别抵押给两个不同的债权人，两个抵押权均属合法有效，其效力均及于建筑物和建设用地使用权之全部。只不过应根据《民法典》第 414 条第 1 款的规定，依登记的先后确定两个抵押权之间的优先顺位。但抵押建筑物占用范围内的建设用地使用权（或者抵押建设用地上的建筑物）无须登记即依法律之规定而一并抵押，因而属于非基于法律行为的不动产物权变动。

非基于法律行为而取得不动产物权，法律出于尊重社会实情，弥补登记生效要件主义之严苛，规定无须登记即可取得物权，但是这种未经公示的不动产物权变动，造成了法律物权与事实物权的脱离，因此物权取得人如欲进一步从事物权交易，仍须经由登记始得为之，否则难免会对交易安全和秩序造成妨害。此即大陆法系各国或地区民法所规定的“未经登记，不得处分”规则。唯此登记之性质因物权变动于登记前业已发生，故其并无创设物权之效力，不过乃将已发生之不动产物权变动宣示于人而已，即为“宣示登记”。我国《民法典》第 232 条规定中的“登记”依其文义或表达方式与《民法典》第 209 条如出一辙，但仍然应将其解释为“宣示登记”。非基于法律行为取得的不动产物权，取得人在宣示登记前，其法律地位与一般物权人并无不同。不动产物权变动已然发生，在不涉及交易安全时，未登记的物权与其他已登记的物权具有相同的法律效力。非因法律行为而取得不动产物权之人，未经登记（宣示登记）而处分其不动产物权时，根据区分原则债权合同并不因此而无效。我国《民法典》第 232 条借鉴了《瑞士民法典》第 656 条、《韩国民法典》第 187 条之规定。但在作为“未经登记，不得处分”规则源头的瑞士民法中，其首先且在更大程度上表现为登记程序性规范，其次始体现其实体法上的效力。而且透过其表述方式可知，其为物权取得人处分其物权之前提条件，而非对物权本身处分的限制。《民法典》第 232 条规定要解决的“终极问题”并不是非基于法律行为而取得之所有权的“处分权”或“处分能力”问题，而是基于《民法典》第 229 条至第 231 条规定所取得之所有权要发生有效的物权变动所需具备的登记要件问题。因此，物权取得人在实体法上作为所有权人当然可以处分其物权（即使未为宣示登记），但在登记程序上未为登记，权利人无法进行不动产登记簿上之有效处分。所以，该规范之性质即不能解释为禁止性规定，实质上应为不动产登记制度中的程序性规范与技术性规范。但如果取得人处分其所取得的不动产物权后，在登记程序中出于某种原因（只可能是登记机关的原因）虽未经宣示登记但仍错误地为受让人办理了移转登记，该不动产物权之变动仍为有效，正可谓“程序上之瑕疵不影响实体上之效力”，只不过一旦有权利人提出异议，受让人自无法受登记公信力之保护。虽然非基于法律行为之不动产物权取得人未为登记不得处分其所取得之不动产物权，但仍存在例外情况。在执行程序中违法建筑的买受人或承受人之所有权取得，对于初始所有人而言即属于“未经登记，不得处分”之例外。此外，在未办理初始登记的建筑物所有权之让与及不动产共有人之一死亡而有无继承人不明时之共有物分割中，也均有此例外。

参考文献

一、著作类

1. 黄茂荣：《民法裁判百选》，中国政法大学出版社 2002 年版。

2. 姚瑞光：《民事诉讼法》，中国政法大学出版社 2011 年版。

3. 林诚二：《民法总则（上册）》，法律出版社 2008 年版。

4. 谢在全：《民法物权论（上册）》，中国政法大学出版社 2011 年版。

5. 史尚宽：《物权法论》，中国政法大学出版社 2000 年版。

6. 史尚宽：《继承法论》，中国政法大学出版社 2000 年版。

7. 史尚宽：《亲属法论》，中国政法大学出版社 2000 年版。

8. 姚瑞光：《民法物权论》，中国政法大学出版社 2011 年版。

9. 施启扬：《民法总则（修订第八版）》，中国法制出版社 2010 年版。

10. 曹杰：《中国民法物权论》，中国方正出版社 2004 年版。

11. 杨与龄：《民法概要》，中国政法大学出版社 2013 年版。

12. 刘志敭：《民法物权编》，中国政法大学出版社 2006 年版。

13. 范扬：《继承法要义》，商务印书馆 1935 年版。

14. 胡长清：《中国民法继承论》，商务印书馆 1936 年版。

15. 李宜琛：《现行继承法论》，商务印书馆 1946 年版。

16. 丘汉平：《罗马法》，中国方正出版社 2004 年版。

17. 李宜琛：《日耳曼法概说》，中国政法大学出版社 2003 年版。

18. 杨仁寿：《法学方法论（第二版）》，中国政法大学出版社 2013 年版。

19. 周枏：《罗马法原论（上下册）》，商务印书馆 2009 年版。

20. 黄右昌：《罗马法与现代》，中国方正出版社 2006 年版。

21. 苏永钦：《寻找新民法》，北京大学出版社 2012 年版。

22. 陈苇：《外国继承法比较与中国民法典继承编制定研究》，北京大学出版社 2013 年版。

23. 房绍坤：《物权法的变革与完善》，北京大学出版社 2019 年版。

24. 中国审判理论研究会民事审判理论专业委员会编著：《民法典物权编条文理解与司法适用》，法律出版社 2020 年版。

25. 最高人民法院民法典贯彻实施工作领导小组主编：《中华人民共和国民法典物权编理解与适用（上）》，人民法院出版社 2020 年版。

26. 崔建远：《中国民法典释评物权编（上卷）》，中国人民大学出版社 2020 年版。

27. 黄薇主编：《中华人民共和国民法典合同编解读（上册）》，中国法制出版社 2020 年版。

28. 黄薇主编：《中华人民共和国民法典婚姻家庭编解读》，中国法制出版社 2020 年版。

29. 黄薇主编：《中华人民共和国民法典物权编解读》，中国法制出版社 2020 年版。

30. 孙毅、刘耀东：《中华人民共和国民法典·继承编释义》，人民出版社 2020 年版。

31. 石宏主编：《中华人民共和国民法典立法精解（上）》，中国检察出版社 2020 年版。

32. 房绍坤、范李瑛、张洪波：《婚姻家庭继承法（第六版）》，中国人民大学出版社 2020 年版。

33. 崔建远：《物权：规范与学说——以中国物权法的解释论为中心》，清华大学出版社 2011 年版。

34. 周江洪：《合同法案例研习》，法律出版社 2019 年版。

35. 高圣平：《担保法论》，法律出版社 2009 年版。

37. 高圣平：《担保法前沿问题与判解研究（第二卷）》，人民法院出版社 2019 年版。

38. 程啸：《担保物权研究（第二版）》，中国人民大学出版社 2019 年版。

39. 尹田：《法国物权法》，法律出版社 2009 年版。

40. 孙宪忠：《不动产登记条例草案建议稿》，中国社会科学出版社 2014 年版。

41. 于海涌：《法国不动产担保物权研究》，法律出版社 2004 年版。

42. 姚辉：《民法学方法论研究》，中国人民大学出版社 2020 年版。

43. 朱庆育：《民法总论》，北京大学出版社 2013 年版。

44. 杨晋玲：《亲属法基础理论问题研究》，法律出版社 2017 年版。

45. 张卫平、陈刚：《法国民事诉讼法导论》，中国政法大学出版社 1997 年版。

46. 陈苇：《中国继承法修改热点难点问题研究》，群众出版社 2013 年版。

47. 于飞：《公序良俗原则研究——以基本原则的具体化为中心》，北京大学出版社 2006 年版。

48. 胡康生主编：《中华人民共和国物权法释义》，法律出版社 2007 年版。

49. 田平安：《民事诉讼法学》，法律出版社 2013 年版。

50. 谭兵、李浩：《民事诉讼法学》，法律出版社 2010 年版。

51. 张卫平：《民事诉讼法》，中国人民大学出版社 2013 年版。

52. 常鹏翱：《物权法的基础与进阶》，中国社会科学出版社 2016 年版。

53. 赵冀韬：《负担行为与处分行为的区分——以德国法为考察对象》，法律出版社 2006 年版。

54. 吴光荣：《物权诉讼：原理与实务》，人民法院出版社 2009 年版。

55. 马栩生：《登记公信力研究》，人民法院出版社 2006 年版。

56. 王茵：《不动产物权变动和交易安全》，商务印书馆 2004 年版。

57. 尹田：《物权法》，北京大学出版社 2013 年版。

58. 李锡鹤：《民法原理论稿》，法律出版社 2012 年版。

59. 顾祝轩：《制造“拉伦茨神话”德国法学方法论史》，法律出版社 2011 年版。

60. 孙宪忠：《中国物权法总论（第三版）》，法律出版社 2014 年版。

61. 常鹏翱：《物权程序的建构与效应》，中国人民大学出版社 2005 年版。

62. 苏永钦：《民事立法与公私法的接轨》，北京大学出版社 2005 年版。

63. 苏永钦：《民法物权争议问题研究》，清华大学出版社 2004 年版。

64. 温世扬：《物权理论探索与立法探讨》，法律出版社 2010 年版。

65. 孙鹏、王勤劳、范雪飞：《担保物权法原理》，中国人民大学出版社 2009 年版。

66. 程啸：《不动产登记法研究》，法律出版社 2011 年版。

67. 郑玉波：《法谚（一）》，法律出版社 2007 年版。

68. 郭明瑞、仲相、司艳丽：《优先权制度研究》，北京大学出版社 2004 年版。

69. 王利明：《物权法研究（第三版）（上卷）》，中国人民大学出版社 2012 年版。

70. 杨立新：《家事法》，法律出版社 2013 年版。

71. 崔建远：《合同法（第三版）》，北京大学出版社 2016 年版。

72. 王立争：《民法推定规范研究》，法律出版社 2013 年版。

73. 王洪平：《公私法交融视域下的违法建筑问题研究》，中国人民大学出版社 2020 年版。

74. 刘春茂：《中国民法学·财产继承》，人民法院出版社 2008 年版。

75. 陈新民：《德国公法学基础理论》，山东人民出版社 2001 年版。

76. 杨立新：《物权法》，法律出版社 2013 年版。

77. 王洪平：《违法建筑的私法问题研究》，法律出版社 2014 年版。

78. 冉克平：《物权法总论》，法律出版社 2015 年版。

79. 尹田：《法国现代合同法》，法律出版社 2009 年版。

80. 陈华彬：《我国物权立法难点问题研究》，首都经济贸易大学出版社 2014 年版。

81. 张红：《基本权利与私法》，法律出版社 2010 年版。

82. 刘家兴、潘剑锋：《民事诉讼法学教程》，北京大学出版社 2013 年版。

83. 刘德权、王松：《最高人民法院司法观点集成（民事卷 3）》，人民法院出版社 2014 年版。

84. 申海恩：《私法中的权力：形成权理论之新开展》，北京大学出版社 2011 年版。

85. 张卫平：《民事诉讼法》，中国人民大学出版社 2013 年版。

86. 韩松等编：《物权法（第二版）》，法律出版社 2013 年版。

87. 中国法学会婚姻法学研究会：《外国婚姻家庭法汇编》，群众出版社 2000 年版。

88. 贺雪峰：《地权的逻辑——中国农村土地制度向何处去》，中国政法大学出版社 2010 年版。

89. 崔吉子：《韩国物权法专题研究》，北京大学出版社 2013 年版。

90. 朱凡：《物权法及配套规定适用与解析》，法律出版社 2014 年版。

91. 国土资源部政策法规司：《不动产登记暂行条例释义》，中国法制出版社 2015 年版。

92. 李昊、常鹏翱、叶金强、高润恒：《不动产登记程序的制度建构》，北京大学出版社 2005 年版。

93. 蒋月：《英国婚姻家庭制定法选集》，法律出版社 2008 年版。

94. 沈开举：《征收、征用与补偿》，法律出版社 2006 年版。

95. 李凤章：《登记限度论——以不动产权利登记制为中心》，法律出版社 2007 年版。

96. 应松年：《行政处罚法教程》，法律出版社 2012 年版。

97. 肖建国：《民事执行法》，中国人民大学出版社 2014 年版。

98. 朱广新：《合同法总则（上册）》，中国人民大学出版社 2018 年版。

99. 郭明瑞、房绍坤、关涛：《继承法研究》，中国人民大学出版社 2003 年版。

100. 马俊驹、余延满：《民法原论》，法律出版社 2017 年版。

101. 王丽萍：《婚姻家庭法律制度研究》，山东人民出版社 2004 年版。

102. 马忆南:《婚姻家庭继承法学》，北京大学出版社 2016 年版。

103. 张民安:《法国民法》，清华大学出版社 2015 年版。

104. 常鹏翱:《物权法的展开与反思》，法律出版社 2007 年版。

105. 江伟、肖建国:《民事诉讼法》，中国人民大学出版社 2015 年版。

106. 姜明安:《行政法与行政诉讼法》，北京大学出版社、高等教育出版社 2002 年版。

107. 曲新久:《刑法学》，中国政法大学出版社 2011 年版。

108. 刘建文、熊伟:《财政税收法》，法律出版社 2011 年版。

109. 范李瑛:《夫妻关系的立法与现实问题研究》，中国社会出版社 2011 年版。

110. 杨大文:《婚姻家庭法》，中国人民大学出版社 2012 年版。

111. 吴庆宝:《最高人民法院司法政策与指导案例（婚姻家庭卷)》，法律出版社 2011 年版。

112. 余延满:《亲属法原论》，法律出版社 2007 年版。

113. 王泽鉴:《民法物权》，北京大学出版社 2009 年版。

114. 杜景林、卢谌:《德国民法典——全条文注释（下册)》，中国政法大学出版社 2015 年版。

115. 郭丽红:《冲突与平衡：婚姻法实践性问题研究》，人民法院出版社 2005 年版。

116. 中国蔡元培研究会:《蔡元培全集（第二卷)》，浙江教育出版社 1997 年版。

117. 张平华、刘耀东:《继承法原理》，中国法制出版社 2009 年版。

118. 最高人民法院民事审判第一庭:《民事审判指导与参考》(2006 年第 4 辑)，法律出版社 2006 年版。

119. 童兆洪:《民事强制执行新论》，人民法院出版社 2001 年版。

120. 最高人民法院物权法研究小组：《婚姻法司法解释的理解与适用》，中国法制出版社 2002 年版。

二、中文译著类

121. ［德］拉德布鲁赫：《法学导论》，米健、朱林译，中国大百科全书出版社 1997 年版。

122. ［德］汉斯·普维庭：《现代证明责任问题》，吴越译，法律出版社 2006 年版。

123. ［德］鲍尔、施蒂尔纳：《德国物权法》，张双根译，法律出版社 2004 年版。

124. ［德］M. 沃尔夫：《物权法》，吴越、李大雪译，法律出版社 2004 年版。

125. ［日］我妻荣：《我妻荣民法讲义Ⅱ：新订物权法》，罗丽译，中国法制出版社 2008 年版。

126. ［日］三潴信三：《物权法提要》，孙芳译，中国政法大学出版社 2005 年版。

127. ［日］田山辉明：《物权法》，陆庆胜译，法律出版社 2001 年版。

128. ［日］近江幸治：《民法讲义Ⅱ：物权法》，王茵译，北京大学出版社 2006 年版。

129. ［美］约翰·G. 斯普兰克林：《美国财产法精解》，钟书峰译，北京大学出版社 2009 年版。

130. ［英］F. H. 劳森、伯纳德·冉得：《英国财产法导论》，曹培译，法律出版社 2011 年版。

131. ［德］伯恩·魏德士：《法理学》，丁晓春、吴越译，法律出版社 2013 年版。

132. ［法］弗朗索·瓦泰雷、菲利普·森勒尔：《法国财产法》，罗结珍译，中国法制出版社 2008 年版。

133. ［德］维尔纳·弗卢梅：《法律行为论》，迟颖译，法律出版社 2013 年版。

134. ［德］卡尔·拉伦茨：《德国民法通论》，王晓晔等译，法律出版社 2003 年版。

135. ［德］迪特尔·施瓦布：《德国家庭法》，王葆莳译，法律出版社 2010 年版。

136. ［德］迪特尔·施瓦布：《民法导论》，郑冲译，法律出版社 2006 年版。

137. ［德］迪特尔·梅迪库斯：《德国民法总论》，邵建东译，法律出版社 2001 年版。

138. ［德］汉斯·布洛克斯、沃尔夫·迪特里希·瓦尔克：《德国民法总论》，张艳译，中国人民大学出版社 2012 年版。

139. ［德］卡尔·拉伦茨：《法学方法论》，徐显明译，商务印书馆 2005 年版。

140. ［德］卡尔·恩吉施：《法律思维导论》，郑永流译，法律出版社 2008 年版。

141. ［日］大木雅夫：《比较法》，范愉译，法律出版社 2006 年版。

142. ［德］K. 茨威格特、H. 克茨：《比较法总论》，潘汉典等译，法律出版社 2003 年版。

143. ［葡］威廉·德奥利维拉、弗朗西斯科·佩雷拉·科埃略：《亲属法教程》，林笑云译，法律出版社 2019 年版。

144. ［德］弗里德里希·卡尔·冯·萨维尼：《论立法与法学的当代使命》，许章润译，中国法制出版社 2001 年版。

145. ［德］哈里·韦斯特曼：《德国民法基本概念》，张定军、葛平亮、唐晓琳译，中国人民大学出版社 2013 年版。

146. ［法］雅克·盖斯旦、吉勒·古博：《法国民法总论》，陈鹏等译，法律出版社 2004 年版。

147. [德] 赖因哈德·齐默尔曼:《罗马法、当代法与欧洲法现今的民法传统》,常鹏翱译,北京大学出版社 2009 年版。

148. [德] 黑格尔:《法哲学原理》,范扬等译,商务印书馆 1961 年版。

149.《日本民法条文与判例(上册)》,王融擎编译,中国法制出版社 2018 年版。

150. [美] 罗伯特·考特、托马斯·尤伦:《法和经济学》,张军等译,上海三联书店、上海人民出版社 1994 年版。

151. [英] 安东尼·吉登斯、斯科特·拉什:《自反性现代化:现代社会秩序中的政治、传统与美学》,赵文书译,商务印书馆 2001 年版。

152. [美] 迈克尔·D. 贝勒斯:《法律的原则——一个规范的分析》,张文显等译,中国大百科全书出版社 1996 年版。

153. [美] 詹姆斯·戈德雷:《私法的基础》,张家勇译,法律出版社 2007 年版。

154. [美] 约翰·梅西·赞恩:《西方法律的历史》,孙远申译,陕西师范大学出版社 2009 年版。

155. [英] 休谟:《人性论(下册)》,关文运译,商务印书馆 1996 年版。

156. [加拿大] 欧内斯特·J. 温里布:《私法的理念》,徐爱国译,北京大学出版社 2007 年版。

157. [意] 桑德罗·斯奇巴尼:《物与物权》,范怀俊译,中国政法大学出版社 1999 年版。

158. [美] 约翰·菲尼斯:《自然法与自然权利》,董娇娇等译,中国政法大学出版社 2005 年版。

159. [日] 星野英一:《现代民法基本问题》,段匡、杨永庄译,上海三联书店 2012 年版。

160. [美] 理查德·A. 艾珀斯坦:《征收——私人财产和征用

权》，李昊等译，中国人民大学出版社 2011 年版。

161. ［葡］叶士朋：《欧洲法学史导论》，中国政法大学出版社 1998 年版。

162. ［日］中村英郎：《新民事诉讼法讲义》，陈刚、林剑锋、郭美松译，法律出版社 2001 年版。

163. ［日］新堂幸司：《新民事诉讼法》，林剑锋译，法律出版社 2008 年版。

164. ［德］奥特马·尧厄尼希：《民事诉讼法》，周翠译，法律出版社 2003 年版。

165. ［德］罗森贝克、施瓦布、戈特瓦尔德：《德国民事诉讼法》，李大雪译，中国法制出版社 2008 年版。

166. ［日］滋贺秀三：《中国家族法原理》，张建国、李力译，商务印书馆 2012 年版。

167. ［德］安雅·阿门特－特劳特：《德国继承法》，李大雪、龙柯宇、龚倩倩译，法律出版社 2015 年版。

168. ［美］博登海默：《法理学——法律哲学与法律方法》，邓正来译，中国政法大学出版社 2017 年版。

169. ［英］威廉·韦德：《行政法》，徐炳等译，中国大百科全书出版社 1997 年版。

170. ［英］H. F. 乔洛维茨、巴里·尼古拉斯：《罗马法研究历史导论》，薛军译，商务印书馆 2013 年版。

171. ［德］雷纳·弗兰克、托比亚斯·海尔姆斯：《德国继承法（第六版）》，王葆莳、林佳业译，中国政法大学出版社 2015 年版。

172. ［德］海因·克茨：《欧洲合同法》，周忠海、李居迁等译，法律出版社 2001 年版。

173. ［日］四宫和夫：《日本民法总则》，唐晖、钱孟姗译，台北五南图书出版公司 1995 年版。

174. ［日］我妻荣：《新订民法总则》，于敏译，中国法制出版社 2008 年版。

175. [日] 铃木禄弥:《物权的变动与对抗》，渠涛译，社会科学文献出版社 1999 年版。

176. [日] 高桥宏志:《民事诉讼法制度与理论的深层分析》，林剑锋译，法律出版社 2003 年版。

177. [德] 哈特穆特·毛雷尔:《行政法学总论》，高家伟译，法律出版社 2000 年版。

178. [日] 我妻荣:《债权各论(上卷)》，徐慧译，中国法制出版社 2008 年版。

179. [德] 本德·吕斯特、阿斯特丽德·施塔德勒:《德国民法总论》，于馨淼、张姝译，法律出版社 2017 年版。

180. [德] 马蒂亚斯·施默克尔:《德国继承法(第五版)》，吴逸越译，中国人民大学出版社 2020 年版。

181. [德] 克劳斯·菲韦格、安娜·勒特尔:《德国物权法案例研习(第三版)》，王立栋、任倩霄译，中国法制出版社 2019 年版。

182. [德] 霍斯特·艾登穆勒、马丁·弗里斯:《德国继承法案例研习(第六版)》，胡坚明译，中国法制出版社 2019 年版。

183. [英] 巴里·尼古拉斯:《罗马法概论(第二版)》，黄风译，法律出版社 2004 年版。

三、论文类

184. 房绍坤:《论民法典继承编与物权编的立法协调》，载《法学家》2019 年第 5 期。

185. 房绍坤:《论继承导致的物权变动》，载《政法论丛》2018 年第 6 期。

186. 程啸:《因法律文书导致的物权变动》，载《法学》2013 年第 1 期。

187. 杨延超:《违法建筑物之私法问题研究》，载《现代法学》

2004 年第 2 期。

188. 林诚二：《不动产物权变动实与虚》，载《北方法学》2014 年第 1 期。

189. 陈永强：《未登记已占有的房屋买受人的权利保护》，载《环球法律评论》2013 年第 3 期。

190. 李春成：《公共利益的概念建构评析》，载《复旦学报》2003 年第 1 期。

191. 程啸：《主债权的转让与不动产抵押权转移登记——“湖南绿兴源糖业有限公司、丁兴耀等借款合同纠纷申请再审案”》，载《财经法学》2016 年第 5 期。

192. 刘凯湘：《论农村土地承包经营权的可继承性》，载《北方法学》2014 年第 2 期。

193. 张双根：《〈物权法〉第 31 条释义》，载《华东政法大学学报》2007 年第 6 期。

194. 常鹏翱：《另一种物权行为理论——以瑞士法为考察对象》，载《环球法律评论》2010 年第 2 期。

195. 周友军：《违章建筑的物权法定位及其体系效应》，载《法律适用》2010 年第 4 期。

196. 刘武元：《违法建筑在私法上的地位》，载《现代法学》2001 年第 4 期。

197. 杨延超：《违法建筑物之私法问题研究》，载《现代法学》2004 年第 2 期。

198. 黄刚：《违法建筑之上存在权利吗?》，载《法律适用》2005 年第 9 期。

199. 刘耀东：《论基于法律文书发生的不动产物权变动——以〈物权法〉第 28 条为中心》，载《东方法学》2016 年第 1 期。

200. 张俊：《论依法行政中公权力与私权利的界限——以违法建筑的归属及其利用为视角》，载《辽宁教育行政学院学报》2011

年第3期。

201. 李海军：《执行程序中违章建筑的认定及处理》，载《山东审判》2007年第5期。

202. 申海恩：《论解除权效力之法理构成》，载《政法论丛》2010年第2期。

203. 蔡立东：《论合同解除制度的重构》，载《法制与社会发展》2001年第5期。

204. 房绍坤：《导致物权变动之法院判决类型》，载《法学研究》2015年第1期。

205. 汪志刚：《如何理解物权法第28条中的"法律文书"》，载《西部法学评论》2011年第3期。

206. 王明华：《论〈物权法〉第28条中"法律文书"的涵义与类型》，载《法学论坛》2012年第5期。

207. 徐同远：《物权法第28条中的"法律文书"的类别及其具体类型》，载《天津法学》2011年第1期。

208. 汪渊智：《形成权理论初探》，载《中国法学》2003年第6期。

209. 任重：《形成判决的效力——兼论我国物权法第28条》，载《政法论坛》2014年第1期。

210. 刘哲玮：《普通形成权诉讼类型考辨——以合同解除权为例》，载《中外法学》2014年第5期。

211. 冷传莉：《集体成员撤销权的构造缺陷及弥补》，载《法律适用》2011年第3期。

212. 许莉：《夫妻财产归属之法律适用》，载《法学》2007年第12期。

213. 刘耀东：《论基于继承与遗赠发生的不动产物权变动》，载《现代法学》2015年第1期。

214. 张明楷：《论刑法中的没收》，载《法学家》2012年第

3 期。

215. 冉克平：《论违约解除后的责任承担》，载《法律科学》2013 年第 5 期。

216. 田韶华：《婚姻领域内物权变动的法律适用》，载《法学》2009 年第 5 期。

217. 许莉：《夫妻财产归属之法律适用》，载《法学》2007 年第 5 期。

218. 姚辉：《夫妻财产契约中的物权变动论》，载《人民司法·案例》2015 年第 4 期。

219. 房绍坤：《论因事实行为导致的物权变动》，载《山东社会科学》2014 年第 10 期。

220. 王全弟、余铁峰：《非依法律行为的不动产物权变动研究》，载《复旦学报（社会科学版）》2005 年第 5 期。

221. 张学文：《非依法律行为之不动产物权变动》，载《法学研究》2003 年第 1 期。

222. 赵晋山：《非基于法律行为引起的物权变动》，载《人民司法》2007 年第 4 期。

223. 王轶：《论民事法律事实的类型区分》，载《中国法学》2013 年第 1 期。

224. 程啸：《婚内财产分割协议、夫妻财产制契约的效力与不动产物权变动》，载《暨南学报（哲学社会科学版）》2015 年第 3 期。

225. 崔建远：《以物抵债的理论与实践》，载《河北法学》2012 年第 3 期。

226. 程啸：《不动产登记簿之推定力》，载《法学研究》2010 年第 3 期。

227. 程啸：《论不动产登记簿公信力与动产善意取得的区分》，载《中外法学》2010 年第 4 期。

228. 鲁春雅：《论不动产登记簿公信力制度构成中的善意要件》，载《中外法学》2011 年第 3 期。

229. 石少红：《当事人利用法律文书规避执行问题的司法应对——以物抵债民事调解书能否直接引起不动产物权变动》，载《山东审判》2012 年第 1 期。

230. 王忠、朱伟：《夫妻约定财产制下的不动产物权变动》，载《人民司法·案例》2015 年第 4 期。

241. 房绍坤：《法院判决外之法律文书的物权变动效力问题研究》，载《法商研究》2015 年第 3 期。

242. 房绍坤：《遗赠能够引起物权变动吗》，载《当代法学》2012 年第 6 期。

243. 汪志刚、王小兵：《也论遗赠能否直接引起物权变动》，载《江西财经大学学报》2019 年第 1 期。

244. 房绍坤：《论民法典中的居住权》，载《现代法学》2020 年第 4 期。

245. 贺剑：《夫妻个人财产的婚后增值归属》，载《法学家》2015 年第 4 期。

246. 孙宪忠：《论民法典贯彻体系性科学逻辑的几个要点》，载《东方法学》2020 年第 4 期。

247. 房绍坤：《民法典物权编用益物权的立法建议》，载《清华法学》2018 年第 2 期。

248. 薛宁兰、许莉：《我国夫妻财产制立法若干问题探讨》，载《法学论坛》2011 年第 2 期。

249. 龙俊：《夫妻共同财产的潜在共有》，载《法学研究》2017 年第 4 期。

250. 庄加园：《试论遗赠的债物两分效力》，载《法学家》2015 年第 5 期。

251. 朱晓喆：《房、地分离抵押的法律效果——〈物权法〉第一百八十二条的法律教义学分析》，载《华东政法大学学报》2010年第1期。

252. 叶名怡：《离婚房产权属约定对强制执行的排除力》，载《法学》2020年第4期。

四、外文文献

253. Fr Vinding Kruse, The Right of Property, tr. P. J. Federspeil. London: Oxford University Press, 1939.

254. Bryan A. Garner, Black's Law Dictionary (ninth edition), West group publishing, 2009.

255. John Locke, Second Treatise of Government, in Two Treatises of Government (P. Laslett, ed., Cambridge, 1963), § 25.

256. Thomas Aquinas, Summa Theologica, I, Q. 3, Art. 3, in Introduction to St. Thomas Aquinas, 29 (Anton C. Pegis, ed. 1948).

257. Anderw Reeve. Property. Basingstoke: Macmilan Education Ltd., 1986.

258. A. James Casner, W. Barton Leach&Susan F. French. Cases and Text on Property. 4th ed. Aspen Publishers, 2000.

259. Joseph William Singer. Property Law: Rules, Policies, and Practices. 2nd ed. Aspen Publishers, 1997.

260. Alastair, Hudson ed. New Perspectives on Property Law, Obligations and Restitution. Caverdish Publishing, 2004.

261. Karl Renner. The Institutions of Private Law and Their Social Functions. London: Routledge & K. Paul, 1949.

262. Samuel Blumenfeld, ed. Property in a Human Economy. Publication Information. Open Court, La Salle, Illinois, 1974.

263. Jon W. Bruce & James W. Ely, Jr. ed. Cases and Materials on Modern Property Law. 4th ed. St. Paul, Minn.: West Group, 1999.

264. Vinding Kruse. The Right of Property. Oxford University Press,1953.

265. Cheshire and Burn. Modern Law of Real Property. 13th ed. London:Butterworths,1982.

266. Alderson, Hants: Property rights and the Limits of Democracy. Edward Elgar,1993.

267. Kenny. Phillip H:Property Law. London Butterworths,1994.

268. Watson, Alan: The Making of the Civil Law. Cambridge, Mass, Harvard University Press,1987.

269. Munzer. Stephen R: A Theory of Property. Cambridge University Press, 1990.

后　记

本书是在我的博士学位论文基础上修改而成的。人将“博士生”称为“博士僧”，盖以衷诉此段求学历程之清苦孤寂。霍姆斯曾言：“如若将法律比作情人，只能用持久与孤寂之激情才能追求，只有倾其所有如同对待神祇般方可赢得其芳心。”其实于喧嚣俗世，能觅一清幽之地，参禅悟道也是幸事。风拂长松，泉响花香，古道幽草，梵钟悠扬，余心向往。世间一切学问之求取如同修行，禅宗以十牛图解说禅悟历程，心之焦躁不安，犹如蛮牛，芒绳鞭挞，策驯有度，好习渐成，几经调适，偶有故态复萌，亦能自律。开悟见性，终获清净心智。牧牛者如师者，遁入博士僧，每遇思之困，茅之塞时，便有幸蒙得“圣僧大德”点化开悟，虽不敢言修成正果，但淤泥塞茅尽除，思路浚疏矣，终有所得。“玉之在璞，追琢则珪璋；水之发源，疏浚则川沼。”师者之授业解惑，无不是“追琢璞石，疏浚茅塞”。余自本科便负笈海大，后历硕士研究生及至今日博士生涯即将结束，感谢那些启我、授我、惠我、助我之师！每一个时代，都有激励我们奋进的力量，都有值得我们追随的人。这种力量，像是漠漠荒野中一条坚实的路径；这些人，好像茫茫大海中一道不变的航标。

感谢恩师翟公云岭教授！作为我的硕士生与博士生导师，翟老师对学生学业上的鼓励与鞭策，事业上的提携与帮助，生活上的关心与叮嘱，时常令我感动。先生治学之严谨，胸襟之坦荡，情怀之儒雅，足以津逮后学。更让学生深深懂得“水深波浪静，学广语声低。山高鸟飞集，德厚人自亲”。感谢导师尹伟民教授，自本科始即与尹老师谙熟，后又成为我的硕士生导师，不论学业、事业抑或生活，均有尹老师叮咛劝慰之身影。感谢李志文教授，正是本科期间选修李老师的《船舶物权法》，令我对物权法情有独钟。感谢裴桦教授，裴老师犹如母亲一般，耳提面命，关怀备至。论文中部分内容涉及夫妻财产制与物权法间之冲突，一度疑惑，亦得益于裴老师之启发与释然。

感谢拨冗参加我博士学位论文答辩的崔建远教授、房绍坤教授、於向平教授、李志文教授与裴桦教授。尤其是崔建远老师与房绍坤老师，两位老师不辞辛苦，房老师甚至推掉了当天正在烟台大学召开的“民商法与民诉法学者对话论坛”上的发言，远道前来参加我的博士学位论文答辩，并在答辩过程中对论文提出了许多宝贵的修改意见。同时，房老师百忙之中欣然应允为拙作作序，身为晚辈后学由衷地感动与感谢，诸位前辈学人温文尔雅，学者之德，师者之范，令人如沐春风。感谢家舅张平华教授引领我走上继承法研习之路。研究生二年级时，家舅命我修改完善其继承法相关著述，此即后来出版的《继承法原理》一书。自幼深受舅舅教诲，负笈海大，每每回乡，与之交流讨教，不论专业知识抑或人生哲理，受益良多。其勤勉、睿智和严谨更使我得以反省自身，不敢有半点虚妄和浮躁。感谢杨立新教授、郭明瑞教授、薛宁兰教授、王歌雅教授、叶知年教授、董学立教授、刘云生教授、孙毅教授、刘经靖教授、李岩教授、李天生教授、张玉东教授、陈光副教授、武腾副教授、曹相见副教授、瞿灵敏副教授、任江副教授、王毅纯副教授、缪宇博士等前辈与侪辈学人的支持与鼓励。

感谢辽宁师范大学法学院于沛霖老院长、丁慧院长、韩秀义院长等各位领导与同事。感谢他们对我工作上的无私帮助与生活上的无微关照，让我在辽师法学院感受到了家一样的温暖与厚爱！

“嘤其鸣矣，求其友声。相彼鸟矣，犹求友声。”念同窗，思共学。感谢樊志军博士、王慧博士、刘佳佳博士、曲佳博士、赵昭博士诸君，同窗之谊没齿难忘！感谢辽宁法大律师事务所的潘波律师、大连海洋大学的张兴全副教授与大连海事大学的洪刚副教授，彼此志趣相投，心境淡荡，均对书法、篆刻、香茶道、文玩字画等传统文化兴致盎然，时常雅集，或谈古论今，或鉴瓷赏画，或清谈小酌，杯盏之间，足可濑心，忙碌之余得享几分清闲。

感谢我的爷爷，爷爷曾是民国初小教员，深感传统教育对幼学之重。是故幼年祖父教余练习书法，背诵古文，并赐取名字，以寄勉旃读书，望耀门闾。命余牢记“量宽福厚，器小禄薄；长幼有序，孝悌仁爱”。及至今日忝列人师，倍感今之教育重技能而轻德行心性，有悖传统之德育为先技艺为后。武者，贵乎武德；医者，贵乎医德。为学者，终其一生无不在“明心见性”。而今爷爷已是耄耋之年，耳聪目明，精神矍铄，唯愿爷爷康健永昌。感谢父母之生养，坎坷崎岖之求学路上，无父母之鼓励支持，难有今日。“父母之恩，云何可报？慈如河海，孝若涓尘。”人当婴孺之时，爱恋父母至切；父母于子婴孺之时，爱念尤厚，抚育无所不至。故子虽终身承颜致养，极尽孝道，终不能报其少小爱念抚育之恩，况孝道有不尽者。而立之年越发懂得“父母亲长”不会在原地等你，生活清贫富足都不重要，有爸有妈就有家。人生奋斗旅途中，惠我助我者众，师长亲恩浩荡，均令我感念良深，不能一一致谢，我自铭记于心。

余暇，时常诵读半山先生之《游褒禅山记》，尤爱以下字句：“夫夷以近，则游者众；险以远，则至者少。而世之奇伟、瑰怪，非常之观，常在于险远，而人之所罕至焉，故非有志者不能至也。有志矣，不随以止也，然力不足者，亦不能至也。有志与力，而又不随以怠，至于幽暗昏惑而无物以相之，亦不能至也。然力足以至焉，于人为可讥，而在己为有悔；尽吾志也而不能至者，可以无悔矣！”人生之路、学业之路、学术之路莫不如此。挽上滩之舟，停一棹则退千寻。“博士僧”之僧侣生活虽终，然学术研习之路漫漫依然。君子莫大于学，莫害于昼，莫病于自足，莫罪于自弃。前路泥泞之多艰，关山重重之险远，然唯在泥泞之道路上方可留下脚印，唯在艰险之峰巅方可一览众山。

最后，于本书付梓之际，感谢中国法制出版社的胡艺编辑为本书的顺利出版所付出的汗水与辛劳！

2020 年 9 月

图书在版编目（CIP）数据

非基于法律行为的不动产物权变动研究／刘耀东著．—北京：中国法制出版社，2021.4
（法学格致文库系列）
ISBN 978－7－5216－1692－7

Ⅰ．①非… Ⅱ．①刘… Ⅲ．①不动产－物权法－研究－中国 Ⅳ．①D923.24

中国版本图书馆 CIP 数据核字（2021）第 047170 号

责任编辑 胡艺 周熔希 封面设计 杨泽江

非基于法律行为的不动产物权变动研究
FEI JIYU FALÜ XINGWEI DE BUDONGCHAN WUQUAN BIANDONG YANJIU

著者/刘耀东
经销/新华书店
印刷/北京虎彩文化传播有限公司
开本/640 毫米×960 毫米 16 开 印张／23.5 字数／295 千
版次/2021 年 4 月第 1 版 2021 年 4 月第 1 次印刷

中国法制出版社出版
书号 ISBN 978－7－5216－1692－7 定价：78.00 元

北京西单横二条 2 号
邮政编码 100031 传真：010－66031119
网址：http：//www.zgfzs.com **编辑部电话：010－66034985**
市场营销部电话：010－66033393 **邮购部电话：010－66033288**

（如有印装质量问题，请与本社印务部联系调换。电话：010－66032926）